曲直

笛卡尔《沉思集》
深度解析与启示

高鹏 著

北京时代华文书局

图书在版编目（CIP）数据

曲直：笛卡尔《沉思集》深度解析与启示 / 高鹏著 . -- 北京：北京时代华文书局，2021.8

ISBN 978-7-5699-3952-1

Ⅰ . ①曲… Ⅱ . ①高… Ⅲ . ①笛卡尔（Descartes, Rene 1596-1650）—哲学思想—研究 Ⅳ . ① B565.21

中国版本图书馆 CIP 数据核字（2020）第 231023 号

曲直：笛卡尔《沉思集》深度解析与启示
QUZHI : DIKA'ER CHENSIJI SHENDU JIEXI YU QISHI

著　　者 | 高　鹏
出 版 人 | 陈　涛
责任编辑 | 周海燕
责任校对 | 陈冬梅
封面设计 | 天行健设计
版式设计 | 迟　稳
责任印制 | 訾　敬

出版发行 | 北京时代华文书局 http://www.bjsdsj.com.cn
　　　　　北京市东城区安定门外大街 138 号皇城国际大厦 A 座 8 楼
　　　　　邮编：100011　电话：010 - 64267955　64267677

印　　刷 | 三河市嘉科万达彩色印刷有限公司　0316-3156777
　　　　　（如发现印装质量问题，请与印刷厂联系调换）

开　　本 | 710mm×1000mm　1/16　　印　张 | 24.5　　字　数 | 360 千字
版　　次 | 2021 年 9 月第 1 版　　　　印　次 | 2021 年 9 月第 1 次印刷
书　　号 | ISBN 978-7-5699-3952-1
定　　价 | 88.00 元

版权所有，侵权必究

前　言

勒内·笛卡尔（René Descartes，1596—1650），法国人，西方近代哲学的创始人之一，被誉为"西方现代主义哲学之父"，在西方哲学界有着巨大的影响力。在他生活的时代，新兴的资产阶级已经在欧洲登上了历史舞台，正在积聚力量，为进一步发展壮大而斗争。在少数先进地区，例如英国和荷兰，资产阶级已经初步取得政权；但是在大部分地区，传统封建势力还占统治地位，而新兴资产阶级还处在被压迫的无权状态中，在笛卡尔的祖国——法国，就是这样。

笛卡尔于1596年出生在法国的一个贵族家庭，父亲是布勒丹省法院的法官，一岁时母亲去世，父亲再婚后对他的直接照顾很少，笛卡尔的身体也不是很好，这应该是他的性格更容易倾向独立性的一个原因。西方哲学界一般认为，英国的培根是欧洲现代哲学的预示者，而笛卡尔是真正的创始者和奠基人。我们可以借助一系列的历史教科书的章节题目来描绘一下当时的欧洲大陆的社会状态：宗教笼罩、工业革命、科学兴起、文艺复兴、思想启蒙、资产阶级萌芽等等，可以肯定的是，当时的社会处在人文思想多元化以及各种社会冲突系统性出现的大环境。

从8岁到16岁，笛卡尔在当时欧洲最著名的学校拉·弗来施公学读书。

他系统学习了古典语文、历史、文学、修辞、神学、哲学、法学、医学、数学等课程，课外还读了大量稀奇古怪的书，其中也包括一些宣传有悖权威神学思想的科学书，甚至禁书。他在20岁时取得法学硕士学位，22岁参军入伍，幸运的是他没有经历过真正的战争，却借此到处旅行，也结识了很多科学家朋友。一句话总结一下：有钱有闲、读万卷书、行万里路、广交好友。1629年笛卡尔由于在法国遇到的干扰较多，不利于科学研究，于是卖掉祖传的采地，避居荷兰，在那里一共住了20年。他在隐居生活中写下他的绝大部分著作，首先是《论世界》，采取哥白尼的太阳中心说观点，讨论物理学和天文学问题。他还没有写完这部书，就鉴于伽利略因为持太阳中心说而被罗马教廷审讯迫害的情况，恐怕遭到物议，决定不予发表。他在35岁左右已经在科学上取得相当不错的成就，发明了解析几何，最为我们熟知的就是笛卡尔直角坐标系。在笛卡尔的年代，数学在科学中的决定性、基础性地位还没有完全形成，实验还是当时更为普遍的研究方法，所以科学家们的研究一般都是通科的，并不像现在这样细分。笛卡尔除了自然科学的研究成果，也陆陆续续地写过一些哲学作品。1637年他出版了《谈谈方法》，这是他出版的第一部著作，影响很大。书中着重论述了他的方法论思想，并且附有三篇附录《几何学》《折光学》《气象学》，作为使用他的新方法的例子。

1641年他出版了《沉思集》这部可以代表他人生最高成就的著作。关于开始写作时的心情，我们从他给麦尔塞纳神父的信中可以体会到一些："很久以来，我就感觉到我的很多认知都是不可靠的，因此，如果我想要科学地建立起可靠的认知体系的话，就必须把我以往旧的认知统统清除出去，再重新开始。可是这个工作量是巨大的，所以我一直等待我达到一个足够成熟的年纪。现在，我的精神已经从一切干扰中解放了出来，又在一种恬静的隐居生活中得到一个稳定的休息，那么我要认真地开始了。不过，理智告诉我说，我不需要把所有有疑问的细节都拿来一个个地检查，只需要检查那些基础性的部分就足够了，因为拆掉基础就必然引起大厦的其余部分随之倒塌，所以我首先将从我的全部旧认知的那些原则入手。"

对于伽利略被宗教法庭宣判入狱，他还写道："这个事件使我大为震惊，以至于我几乎想把我的全部手稿都烧掉，或者再不拿给任何人看。"

笛卡尔的这部著作最后能成为今天这个样子，跟笛卡尔当时所处的社会背景是分不开的。曾经因为发明天文望远镜而震动整个科学界、神学界的伽利略在1633年受到宗教裁判所的监禁，布鲁诺也已经被教会处死，一些同时代的科学家都不同程度地受到了神学界的抵制和迫害。因此对于自己的命运，笛卡尔还是颇为担心的，但是内心的驱使和好友的鼓励使他最终选择了前行，用科学的精神开启了他在一生当中最重要的一次革命性的思考，也是与时代思想纷乱的一次大辩论。看待一个人的学术价值就必须联系当时的时代背景，正所谓：世乱待英豪，思乱盼大师。

伴随着笛卡尔的哲学被学术界广泛关注，最终还是因为和基督教会的宗教哲学对立而遭到禁止，因此他后来又过上了迁居、隐居的生活，最后接受了一个年轻女粉丝瑞典女王克里斯蒂娜的邀请，到瑞典居住，不幸于几年后去世，终年54岁。笛卡尔的最后一部著作《论灵魂的感情》发表于1649年，讨论心理学问题，特别是身心关系问题。

在那个时代，新兴的资产阶级首先要解决无知的问题，接着才要求解决无权的问题。在17世纪，最突出、最迫切的问题还是前者。英国的培根在17世纪初首先喊出了"知识就是力量"的口号，这个口号鲜明地表达了时代的精神。他向经院哲学轰击了第一炮。在这最重要的一点上，笛卡尔和培根对于经院哲学的态度是一致的。他们都认为经院哲学的错误关键在于认识方法的不对。经院哲学的方法是：以某些宗教信条为根据，依照一系列固定的逻辑公式，如三段式，推出维护宗教的结论，它所根据的前提是不是可靠，它是从来不管的。即使前提可靠，推出来的东西也只能限于前提里所包含的，一点也不能给人新的知识。而且，固定的逻辑公式只涉及事物的形式方面，与内容完全无关，得出的结论好像玄之又玄，其实空而又空，完全是废话，是脱离实际的，它就完全可以按照各人自己的需要任意胡诌，彼此冲突矛盾，永远争论不休。总体来说，经院哲学有三个特点：一个是信仰主义，一个是先验主义，一个是形式主义，这三个特点是互为表里的。

培根提出了经验主义，来对付经院哲学的先验主义。笛卡尔则提出理性主义，来对付经院哲学的信仰主义。这两个人都大力提倡具体的科学研究，来对付经院哲学的形式主义。由于偏重的方面不同，所以发生的影响不同，后来人们把培根的哲学称为经验主义，把笛卡尔的哲学称为理性主义。这两个名称很好地说明了他们的特点，只是很容易使人们忽略他们的共同特点，把一条战壕里并肩战斗的战友误解为互相对立的敌人。这好像有两个人一同去打蛇，一个专打蛇头，一个专打七寸，我们可不能把一个看成蛇头派，一个看成七寸派，忘了他们打的是同一条蛇，把他们的共同斗争说成势不两立的内讧。

笛卡尔把"上帝"理解为一个名称而非具体的形象，是理性推论的结果，他也承认这个结果是与生俱来的天赋。这个天赋指的就是判别真假的理智，与盲目信仰对立，也与感觉经验对立，虽然它不完满，但确是追求真理的唯一方法。他以人人具有的理性为标准，对以往的各种知识做了一个总的检查，是一次彻底的知识革命。他为了建立可靠的新科学，先把一切不可靠的东西推倒，腾出地基。他这普遍怀疑是去伪存真的批判，批判不等于打倒，而是打倒假的，肯定真的。把不可靠的统统看成假的，剩下来的也就是真的了。笛卡尔认为真理并不是彼此孤立的、平列的，而是一些有主有从的原理，构成一个有机的体系。他要找出这个大体系，所以不肯只是一笔一笔地记流水账，一定要算清总账。他说："整个哲学好像一棵大树，树根是形而上学，树干是物理学，从这树干上发出的枝条是各种其他科学，主要分为三门，就是医学、力学和道德学。"他所谓的树根，是指最根本的哲学原理，首先是关于人类认识的原理。

有些学者认为理性主义与经验主义完全对立，经验主义只要经验，理性主义完全不要经验，只要理性，所以只能是唯心论。我认为这讲不通，因为他们采纳了一个旧译名"唯理论"来翻译rationalism这个词，而中国的"唯"字当"只"讲，于是以为笛卡尔主张只有理性在那里孤孤单单地认识真理，感觉只会骗人，必须排除干净。笛卡尔从来没有要求完全否定感觉，正好相反，他是科学家，一辈子从事科学试验，在许多科学部门中都有重大贡献，并不是空想家，天天躺在床上猜测。他只是认为单凭感觉得不到普遍的科学真理，而通过对于感觉的科学理论论证才具有普遍规律性。相比之下，笛卡尔哲学包含的辩证法因素还要多一些，马克思和恩格斯甚至称他为辩证法家。

此外，在笛卡尔哲学中已经把"灵魂"完全等同于"理智或理性"，已经把它与肉体甚至与肉体相关的意识活动做了明确的区分。举例来说，按照笛卡尔表述的逻辑，牛顿的灵魂就是万有引力规律，爱因斯坦的灵魂就是相对论，而王阳明的"知行合一"中的"知"就已经超出了笛卡尔哲学所定义的灵魂的范畴，因此"灵魂"一词在笛卡尔哲学中与我们日常生活中所理解的"灵魂"一词所指代的对象不同。甚至可以这样说，如果我们今天仍然相信爱因斯坦的相对论，那么我们就是爱因斯坦灵魂的转世者或者信仰者。同样，斯宾诺莎[①]在自己的研究中大量地接受了笛卡尔的哲学方法，最大的不同之处是他在对于"上帝"的态度上，仍然把他作为"神"来对待，而笛卡尔仅仅把"上帝"作为一个名称。因此，我们不能因为一个相同用词而曲解作者论述对象的逻辑本质。我认为，"灵魂"一词在笛卡尔的哲学中也有特定的逻辑指代，他指代科学的精神和数学的方法，从这个角度讲，笛卡尔哲学比同为西方近代理性主义三大代表人物的斯宾诺莎和莱布尼茨[②]应该是更科学主义和唯物论的，只不过关于理智（灵魂）、激情、行为、肉体的关系问题，后笛

[①] 巴鲁赫·德·斯宾诺莎（Baruch de Spinoza，1632—1677），犹太人，近代西方哲学的三大理性主义者之一，与笛卡尔和莱布尼茨齐名。他的主要著作有《笛卡尔哲学原理》《神学政治论》《伦理学》《知性改进论》等。
[②] 戈特弗里德·威廉·莱布尼茨（Gottfried Wilhelm Leibniz，1646—1716），德国哲学家、数学家，历史上少见的通才，被誉为17世纪的亚里士多德。他本人是一名律师，经常往返于各大城镇，他许多的公式都是在颠簸的马车上完成的。

卡尔时代的费尔巴哈、马克思等学者对于辩证唯物主义、历史唯物主义等有了更加深入、具体的阐述，并将这种思想与实践联系得更加紧密了。

拉丁文在欧洲只有少数的教会、贵族、学术阶层才能看懂，后来为了更多的人能够阅读，经好友克莱尔色列翻译成法文并由笛卡尔亲自校对，出版了法文第一版。坦白地说，很多国内现行翻译版本对于普通读者都是有一定难度的，主要是由于笛卡尔使用的是一种逻辑思辨的方法，这种方法有点儿像用语言、文字来解决数学问题，就像我们上小学时做过的应用题，但是随着学习阶段的深入，我们就越来越转向数学公式本身，而很难再准确地还原成语言、文字的表达。原因很简单，数学在表达逻辑上更精准、更高效，语言更模糊、更笨拙，当然也更难翻译尤其是跨语系翻译。很多时候我们更愿意阅读中国古文、现代外文原版，而读不懂现代中文的翻译版，我想往往也是这个原因。但是我们又没法设想广大读者都精通拉丁文、法文或至少是英文。

为此，此次我采取中、英、法文对照的翻译方法，进行了重新校对和整理，也把法文第一版和一个英文翻译版放在了附录里。很多人认为，与中文相比，拉丁语系的单词指代更单纯，因此就需要用逻辑的长句子来表达准确的意思，而中文文字本身指代丰富，往往单字、单词、单成语、非逻辑短句就能表达丰富的内涵，但丰富也就意味着歧义。我想，如果希望了解和学习全人类的现代思想体系，我们就更应该跨越语言的界限，做到融会贯通。

为了兼顾尊重原著与方便阅读，我把反驳和答辩的部分按照沉思中的问题进行了重新编排，使读者更方便聚焦重要问题本身和论证、辩论过程，同时也适时地根据自己的认识或疑问加入了一些点评。笛卡尔反复告诫我们，理性思考和现实生活相关但不等同，生活该怎么过就还怎么过，理性思考仅仅是为了追求真理而采用的一种思维方法。生活在今天的我们，对于涉及自然科学的问题似乎更容易用语言把握和描述，因为大家都有一些基本的科学常识；而对于人文科学、社会科学就不一定，因为此类学科往往要基于心理学、社会学、政治学、法理学、伦理学等来理解，没有统一确定的答案，需要带有归纳性、猜测性、权威性、思辨性来建立系统性的认知关系，进而有可能逐渐形成普遍共识。我相信，面对口号式的煽动、乱象丛生的知识、心理诱惑的骗局、伦理信仰的选择、朴素道德的判断等方面，理智虽然未必能够让人做出正确的选择，但至少是避免盲目和冲动的手段之一。

部分读者如果是出于实用的或快速消费的目的，可以用少量的时间只看看我的点评部分即可；而如果希望通过我们与笛卡尔一起沉思，提高思考的能力，我建议大家要慢慢地通读，边读边思考，甚至可以忽略我加入的绝大部分点评。人生表面成就也许是靠奋斗和感悟，而思考的能力却需要慢慢地磨炼，这跟其他学科的学习过程是一样的，不一定有捷径。时至今日，理论科学的几次大发展，从牛顿的万有引力到爱因斯坦的相对论，以及现在更热门的量子力学，我们对于物质世界的认知已经大范围地延展了，对于人类的意识活动也有了更多的有关心理学、神经学等学科的研究。笛卡尔受到当时科学发展水平和生产力发展水平的限制，认识中的局限性是必然的，有些甚至是可笑的。但是不管时代如何发展和进步，追求真理的心是一样的，对待问题保持理性严谨的科学态度都是必要的。我们可以想象一下，如果我们回到笛卡尔的时代，同样受到像他一样的教育，拥有丰富的人生阅历，也给予足够的闲暇和生活保障，我们是否会有这种勇气挑战权威、挑战成见，在质疑和沉思中无私地给后人以光明呢？最后我想说，理性思考和艺术想象一样，都是人类在精神世界的更高追求和灵魂享受。

目 录

导 引 / 1

第一章　第一个沉思：可以引起怀疑的事物 / 19

第二章　对第一个沉思的反驳与答辩 / 25

第三章　第二个沉思：人的精神的本质以及精神比肉体更容易认知 / 37

第四章　对第二个沉思的反驳与答辩 / 47

第五章　第三个沉思：上帝，他存在 / 61

第六章　对第三个沉思的反驳与答辩 / 77

第七章　第四个沉思：正确和错误 / 125

第八章　对第四个沉思的反驳与答辩 / 135

第九章　第五个沉思：物质性东西的本质，再论上帝他存在 / 149

第十章　对第五个沉思的反驳与答辩 / 157

第十一章　第六个沉思：物质性东西的本质，人的灵魂
　　　　　 和肉体之间的实在区别 / 175

第十二章　对第六个沉思的反驳与答辩 / 189

后记一　笛卡尔对于后人的启示 / 224

后记二　笛卡尔对财富理性的启示 / 240

跋 / 247

附录一　英文译本（没有反驳和答辩）/ 250

附录二　法文原版（没有反驳和答辩）/ 311

导 引

第一节　关于标题

【原文】

《沉思集》

笛卡尔的形而上学

——论第一哲学中，上帝存在和人类灵魂与肉体的真实区别

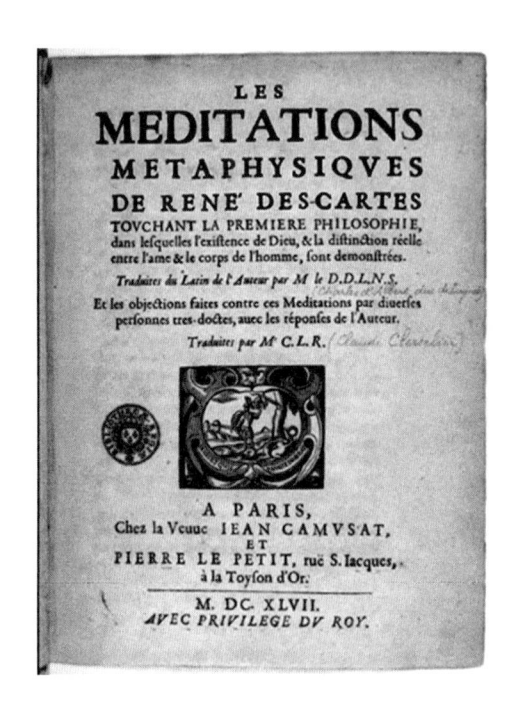

【点评】

在拉丁文第一版出版时，书名叫作《笛卡尔形而上学〈沉思集〉——论第一哲学中，上帝存在和灵魂不灭》，英文、中文翻译版一般翻译成《第一哲学沉思集》，我们可以理解为笛卡尔采用形而上学的方法对第一哲学问题的沉思集。而且，笛卡尔的这部沉思集完全把语言学、逻辑学、数学融为一体，因此应该是不同于亚里士多德和其他古代哲学家的方法论，或者说笛卡尔的形而上学本身就是这部著作的重要学术价值之一，因此我在本文中仍然保留"形而上学"的表述方式，而不与"第一哲学"等同。我们理解笛卡尔的学术地位就要从他对于形而上学方法的重新定义开始，后面我们会发现笛卡尔的形而上学几乎是纯粹的数理逻辑方法。

关于笛卡尔在本书中的"第一哲学"，我们理解为传统的关于世界本源的问题，包括存在、实体、物质、灵魂、上帝等，即所谓的"第一性原理"。笛卡尔在这本著作中反复探讨"我是什么？我如何存在？人类灵魂和肉体的关系是什么样的？上帝是否存在？"等。

本书的拉丁文和法文第一版都没有论述"灵魂不灭"，只谈到了"人类灵魂与肉体"的真实区别，但笛卡尔当时坚持使用这个书名，直到1642年再版时才把副标题改成"论第一哲学中，上帝存在和人类灵魂与肉体的真实区别"。我想其中的缘由是可以理解的，他就是怕引起巴黎神学院乃至基督教会的怀疑和抵制，笛卡尔为了追求真理，可谓用心良苦，这也应该是我们理解笛卡尔核心主张的重要线索。

第二节　关于致信

【原文】

致神圣的巴黎神学院院长和圣师们

先生们：

请允许我向你们推荐这本书。我深信，你们在了解到我写这本书的用意以后，会有正当的理由把它置于你们的保护之下。因此，首先我想向你们简单地说明一下我的写作目的。

关于上帝。我一向认为，上帝和灵魂这两个问题应该用哲学的逻辑而不应该用神学的逻辑去论证。尽管对于像我们这样的一些信教的人，光凭对于神信仰就足以使我们相信有一个上帝，相信人的灵魂不灭。可是对于什么宗教都不信，甚至什么道德都不信的人，如果不首先用非神学的逻辑来证明这两个东西，就肯定说服不了他们。特别是往往罪恶的行为经常比道德的行为，在现实生活中给人们带来的好处要更多。这样一来，如果不是因为害怕上帝的惩罚和向往来世的福报而在行为上有所克制，就很少有人愿意行善而不愿意作恶。因此，一定要让他们相信有一个上帝，因为我们相信上帝，我们一定要相信《圣经》所说："信仰，是上帝的一种恩赐，上帝既然给了我们圣宠使我们不相信别的东西，那么他同样也能给我们圣宠让我们相信他自己的存在。"不过这个理由不能被不信基督教的人接受。因为他们会认为我们在这上面犯了逻辑学家称为循环论证的错误。

坦白地说，所有神学家不仅肯定知道上帝的存在是能够用非神学的逻辑来证明的，而且也肯定知道从《圣经》推论出来的关于上帝的认知，比人们关于许多造物的认识更清楚。事实上，这种认识是非常容易得到的，没有这种认识的人是有罪的。就像《智慧篇》第十三章里所说的那样："他们的无知是不可饶恕的，因为如果说他们关于世界上的事物深知到如此程度，那么他们从这些事物中怎么可能不更加容易地认出至上的主来呢？"在《达罗马人书》第一章里，说他们是"不可原谅的"，并且在同章里用这样的话说："关于上帝的认识，都明明白白地存在于他们的心中。"就好像，凡是对于上帝的认知，都可以用我们的意识去领会，不必从别处去寻找。我们的精神能够把这些认知提供给自己。就是因为这个原因，我在这里提出用某种方法做到认识上帝比认识世界上的事物要更容易、更确切。我想，这才不会违背一个哲学家的责任。

关于灵魂，很多人认为不容易认识它的本质。甚至说，相信灵魂是和肉体一起死亡的，只有信仰才能告诉他们错在哪里。既然在利奥十世主持下的拉特兰宗教会议第八次会上对他们进行了谴责，并且特别命令基督教哲学家们要对那些人的观点加以驳斥，要全力以赴地去阐明真理，我就愿意通过这本书执行这个任务。

此外，我知道很多没有信仰的人不愿相信有一个上帝，不愿相信人的灵魂有别于肉体。他们希望没有人能够对这两个问题进行证明。我不同意他们的意见，相反，我认为那么多伟大学者对于这两个问题提出过的绝大部分论证都足以作为证明。但是我仍然认为，如果能从哲学的逻辑上，再一次找出一些更好的、更有力的证据，然后用这些证据做一个完整的论证，以便今后大家都确信这些结论，那么哲学就发挥了它最好的工具价值。

很多人都把希望寄托在我身上，他们知道我制定过某一种解决科学中各种难题的方法。老实说，这种方法并不新颖，因为再没有什么东西能比理智更古老的。他们知道我在其他领域的研究中比较熟练地使用过这种方法，因此我有责任在这些问题上再来试一试。关于这些问题，我都写在了这个集子里。我在这里并不是要把他们抛给我们的问题一一加以证明，因为我从来不认为那样做有什么必要，更何况那些结论基本没有什么靠得住的逻辑论证。我仅仅需要论证第一性的、最主要的东西。这些论证非常清晰、非常可靠。我认为凭人的能力，再也没有什么方法可以做得更好。由于这件事非常重要，关系到上帝的荣耀，因此我责无旁贷。

尽管我认为这些理由是可靠的、明显的，但是我并不认为大家都理解得了。在几何学里，很多论证是阿基米德①、阿波罗尼奥斯②、帕普斯③等给我们留下的。这些论证被公认是可靠的，因为如果把它们逐段地检查，非常容易理解，并且逻辑衔接也很好。只不过这些论证有点长，需要专心去思考，因此只有少数人才能理解。同样，我想在本书里使用的方法和几何学的论证同样可靠，甚至比几何学的论证更可靠。但是我怕很多人还是不能充分理解，一方面是因为这些论证也有点长，并且它们彼此相互关联；更重要的是，它们要求在精神上摆脱一切成见，摆脱感官的干扰。老实说，世界上善于做形而上学思考的人确实不如善于做几何学思考的人多。此外，在几何学里，大家都认为没有一个可靠的论证就不能前进一步，对于在这方面不是完全内行的人，为了标榜他们是内行，经常肯定了一些错误的论证，而否定了一些正确的论证。在哲学里，大家都认为凡是哲学上的命题都是有问题的，因而只有很少的人才乐于追求真理。更糟糕的是，很多人为了博取学者的头衔，竟然恬不知耻地对最明显的真理进行疯狂的攻击。

---

① 阿基米德（前287—前212），伟大的古希腊哲学家、百科式科学家、数学家、物理学家、力学家，静态力学和流体静力学的奠基人，并且享有"力学之父"的美称，阿基米德和高斯、牛顿并列为世界三大数学家。
② 阿波罗尼奥斯（Apollonius of Perga，约前262—前190），古希腊数学家，与欧几里得、阿基米德齐名。他的著作《圆锥曲线论》是古代世界光辉的科学成果，它将圆锥曲线的性质网罗殆尽，几乎使后人没有插足的余地。
③ 帕普斯（Pappus，3—4世纪，也译作巴普士），古希腊数学家，他是亚历山大学派的最后一位伟大的几何学家。生前有大量著作，但只有《数学汇编》保存下来。《数学汇编》对数学史具有重大的意义，这部著作对前辈学者的著作做了系统整理，并发展了前辈的某些思想，保存了很多古代珍贵的数学作品的资料。

先生们，就是因为这个原因，不管我的理由的说服力有多大，既然它们是属于哲学范畴的，那么如果不把它放在你们的保护之下，就没有希望在学术界产生广泛的影响。因为大家对贵学院的评价如此之高，"索尔朋纳"这一名称的威望如此之大。自从神圣的宗教会议以后大家从来没有这样赞扬过任何其他教团的判断，不仅在有关信仰上，而且在人类哲学上，大家都认为在别的地方不可能再有什么更坚毅有力、知识丰富、小心持重、完整无缺的判断了。我毫不怀疑，如果你们肯于关心这部作品，愿意首先对它加以修订，我将不胜感激。我对于我的缺点和无知是有自知之明的，因此我不敢肯定书中就没有什么错误。把漏洞填补起来，把不够好的地方加以改善，在有必要的地方加上一些，或者至少告诉我应该在哪里加强，使我用来证明"上帝存在和灵魂有别于肉体"的那些论证更加完备，让大家可以确信引用我的结论。如你们在这一点上能够不辞辛苦地做一个声明，声明它们是真实可靠的，无疑在有关这两个问题上曾经发生的错误见解就会很快从他们心中清除出去。理智将使一切博学的人士赞成你们的判断，承认你们的权威。而目空一切、藐视逻辑的无神论者们，将会不再保持他们的对抗情绪。在看到学者都把这些结论接受之后，他们可以认识到自己的一无所知，他们自己也会接受这些结论，到最后其余的人也会彻底认输。从此，就不会有人再对上帝的存在和人的灵魂与肉体的区别产生怀疑了。

  你们已经看到了，怀疑自己的信仰，造成了多么大的混乱，现在是要你们下决心的时候了。一旦把信仰很好地建立起来，那将会是多么美好的局面啊！如果我在这里把上帝和宗教的问题，对一向是这个事业最牢固支柱的你们继续班门弄斧下去，那未免太狂妄自大了。

【点评】

我认为从这封信中我们至少应该关注以下几点：

第一，笛卡尔时代的教会学院掌握着相当高的学术权威，取得他们的支持、不反对或至少是不禁止作品的出版，对于一个有理想的学者是非常重要的。因此，无论论证的结果是什么，笛卡尔都必须论证"上帝的存在"和"灵魂不灭"，否则再好的理论也有可能胎死腹中，理智的人不仅要懂得坚持真理，更要懂得坚持真理的策略，慷慨赴死固然可敬，但绝不是唯一的路径。

第二，神学与哲学的本质区别。当时的神学院里是有哲学专业的，所以我们有理由认为这个所谓的经院哲学本质上一定是以神的存在为大前提的，一般人们称其为客观唯心主义哲学，与神学学科的不同无非就是方法论上的差异。当时的神学院里面神学部分的大师们，主要是做研读、评价、讲解《圣经》以及相关的神学经典著作等方面的工作，哲学也必然是方法论化的。

第三，灵魂不灭是宗教的又一个高压线，除了神任何灵魂都会被灭失或者不存在的主张必将成为教会的敌人，所以笛卡尔不得不把讨论这个问题作为赢得教会认可他哲学思想的前提。我们都清楚，笛卡尔的伟大贡献肯定不在于此，因为在他之前就这两个宗教的本源问题已经有无数的经院哲学家进行过很多的论证，他想在这两个问题上取得大的突破几乎是不可能的。

伴随着笛卡尔的哲学被学术界的广泛关注，最终还是因为和基督教会的宗教哲学对立而遭到禁止，因此他后来又过上了迁居、隐居的生活。如果大家仔细读完此书，就会恍然大悟，《沉思集》原来是一次彻彻底底地对当时教会组织的背叛，它使用理性的分析、严谨的逻辑吹响了科学、哲学联合起来向神学进攻的号角，大踏步地向着真理进发。

第三节　关于前言

【原文】

关于上帝和人的灵魂这两个问题，我已经在《谈正确引导理性和在科学中探求真理的方法》一书中谈过。该书是1637年用法文出版的。在这两个问题上，那时我不过是顺便一谈，并无意深论，为的是看一看大家对这两个问题如何判断，我好从中摸索出一个方法来，以便我以后用这个方法谈论这两个问题。我一向认为这两个问题非常重要，最好是多谈几次；而在解释这两个问题上，我采取的方式又很生僻，和人们通常用的方法大不相同，因此我认为在大家都能看得懂的法文书《谈谈方法》里把这两个问题提出来，不会有什么好处，我怕一般知识浅薄的人会以为我许可他们也来试探一下往这条路上走。

在《谈谈方法》里，我曾请凡是在我的书里看出什么值得指责的地方的人，费心把这些地方告诉我；可是在我谈到的这两个问题上，除了提出来两点反驳以外，他们没有指出什么别的重要意见。对于这两点反驳，我想在我比较确切地解释以前，先简短地在这里回答一下。

第一个反驳是：自己意识到自己仅仅是一个"有意识的东西"，但不能推断人的本质仅仅是意识。因为这样一来，"仅仅"这一词就把其他凡是属于灵魂的东西都排除掉了。我对这个反驳的答辩是：我在那地方并不是按照事物的实在情况的次序（因为那时我还没有谈到事物的实在情况），而仅仅是按照我的思路的次序，先不去讨论它们。我的意思是我除了知道"我是一个有意识的东西"之外，我还不知道我还有什么其他的本质。在后面，我将指出我是怎么从我不知道别的东西属于我的本质，引申出来事实上并没有别的东西是属于我的本质的。

第二个反驳是：从我的意识里有一个比我完满的东西的观念这件事不能

得出结论说这个观念比我完满，更不能说这个观念所代表的东西存在。我的答辩是："观念"这个词在这里是有不同含义的。一方面可以被解释为我理智的一种活动，不能说观念比我完满；另一方面可以被解释为我的意志活动，是观念所表现的对象，虽然不能承认它存在于我的理智之外，但是由于它的本质，它确实可以比我完满。在本书里，我也将用更大的篇幅说明我怎么仅仅从自己的意识有比我完满的一个东西的观念，引申出这个东西真实的存在。

除了这两个反驳以外，我还看到两个篇幅相当长的反驳。不过，这两篇反驳与其说是攻击我所提出来的论证，还不如说是直接攻击我得出的结论。这两篇反驳所用的论据都是从无神论者那里搬过来的。由于这一类论据不可能在以后能够正确理解我的论证的人们心中产生什么影响，同时也由于很多人的判断能力薄弱，他们经常宁愿相信对事物先入为主，而不愿相信相反的意见，尽管这种相反的意见很有说服力，并且真实可靠。因此对这两篇反驳我不愿意在这里进行答辩，我如果要去答辩，就不得不把这两篇反驳的内容重新介绍一遍。

现在，在充分理解了大家的意见之后，我再重新开始讨论关于上帝和人的灵魂问题，同时也给第一哲学打个基础。我既不想得到什么好评，也不希望很多人能够读懂我的书。除了希望和我一起进行严肃认真的沉思，并且能够脱离感官的干扰、完全从各种成见中摆脱出来的人以外，我绝不劝一般人读我的书。至于不考虑我沉思的次序和联系而专门断章取义、吹毛求疵的那些人，他们读了我的书也不会有任何收获。尽管他们也许会横加指责，然而他们挖空心思也做不了什么有价值、值得答辩的反驳来。

我既不向别人许愿，说我能立即让他们满意，也不认为我有那么大本领足以使每个人接受。因而我将在《沉思集》里首先阐明我个人的想法，按照这种想法我是怎么认识了正确、显明的真理，试试看是否用同样的论证也能让别人相信这个真理，以后我再对那些博学多才的人给我做的反驳进行答辩。我已经把我的《沉思集》给他们寄去了，让他们在该书出版之前审查一下。他们已经做了各种各样的反驳。应该说，别人很难再提出什么更重要、更有价值的反驳了。

因此我对《沉思集》的读者做个请求，请他们费心在看过所有那些反驳和我对那些反驳所做的答辩之前，先不要下什么判断。

【点评】

在这里笛卡尔提到了两本书，一本是《谈谈方法》，另一本是《沉思集》，其实还有一本《哲学原理》也值得我们关注。可以看出，他写作针对的读者是不一样的，所以三本书的写作重点也是不一样的。《谈谈方法》可以理解为一本科普读物，是面向大众的，所以更多的是知识点，涵盖了他在科学、哲学领域的研究成果；《沉思集》更侧重方法论，因此我们既需要阅读它的六个沉思，也需要阅读反驳与答辩，就学习的难度而言，前者是提出问题和分析问题，后者更像是答疑和解惑；《哲学原理》主要面向专业学者，表达方式也从文字的论述进一步过渡到三段式的文字逻辑论证，由于这本书没有完整的中文译本和英文译本，因此建议大家参考斯宾诺莎的《笛卡尔哲学原理》。

第四节　六个沉思的内容提要

【原文】

在第一个沉思里，我提出了"除了到目前为止通过科学总结的结论以外，普遍怀疑其他一切事物，特别是物质性的东西"。尽管普遍怀疑的好处在开始时还不显著，不过，由于它可以让我们排除各种各样的成见，给我们准备好一条非常容易遵循的道路，让我们的精神逐渐习惯脱离感官，并且最后让我们对后来发现是真的东西绝不可能再有什么怀疑，所以它的好处非常大。

在第二个沉思里，意识只要对事物有一点点怀疑，就假定它们都不存在，不过绝不能认为它们不存在。这有一个非常大的好处，因为用这个办法意识很容易把属于意识的东西和属于物质性的东西区分开。但是，有些人可能会等待我在这里拿出一些证据来证明灵魂的不灭。我现在想告诉他们：对于凡是我没有非常准确论证过的东西都不准备写进这本书里，因此我不得不遵循几何学家所使用的同样次序——先举出求证的命题的全部论据，然后再下结论。在认识灵魂不灭之前，第一个就是给灵魂做成一个清楚、明白的观念，这个观念要完全有别于肉体的观念，这一点我在《沉思集》里已经做到了。

除此以外，还要知道我们所清楚、分明领会的一切东西，本来就是按照我们所领会的那样都是真实的，这在第四个沉思以前还没有能够论证。还有，什么叫物质性，还必须有一个清楚的定义，这个定义一部分见于第二个沉思，一部分见于第五个和第六个沉思。还应该从这一切里得出一个结论：凡是清楚、分明地领会为不同本质的东西，就像领会意识不同于肉体那样，它们都有实质的区别。它们之间的本质区别在第六个沉思里做出了结论。在这个沉思里我还证实了一点：我们把肉体都理解为是可分的，而灵魂是不可分的。事实上我们绝不能领会半个灵魂，而我们却能够领会哪怕是再小的物体中的半个物体。因此，肉体和灵魂在本质上不仅不同，甚至在某种情况下相反。我没有必要在这本书里再谈这个问题，一方面因为这已经足够清楚地说明：从肉体的腐烂得不出来灵魂的死亡；另一方面也足够给人们在死后有一个第二次生命给予希望，并且可以去推断灵魂不朽。我们可以由之而推论出灵魂不灭的那些论据都来自物理学的方法：首先，一般来说，一切不是被上帝所创造就不能存在的东西，从它们的本质来说是不可毁灭的，要不是同一个上帝想要撤回他的创造，它就永远不能停止存在。其次，很多物体的存在是不腐烂的，但是人的肉体不同，其有别于其他的物体，它是由一些特殊的东西有机组合而成，容易腐烂；而人的灵魂不同，它是一种单纯的存在。因为即使它的一切属性都改变了，例如它认识某些东西，它希望另一些东西，它感觉一些东西等，它永远是同一的灵魂；而人的肉体，仅仅由于它的某些部分的形状改变，它就不再是同一的肉体了。由此可见，人的肉体很容易腐烂，但是人的灵魂，从它的本质来说是不会轻易腐朽的。

在第三个沉思里，我详细地论证了上帝的存在。为了尽量让读者的理智从感官干扰中摆脱出来，我不想用物质性的东西进行比较，因而也留下很多模糊不清的地方。这些模糊不清的地方，我希望在后面的反驳与答辩中予以澄清。比如在众多的反驳当中有一个反驳：在我们的意识里有一个至上完满存在体的观念，如何包含那么多的客观实在性？也就是说，表象里拥有了那么大程度的存在性和完满性，以至它必然应当来自一个至上完满的原因，这是相当难于理解的。在答辩里我用了一个十分精巧的机器作为比较来说明：这个机器的观念是存在于某一个工匠的心里，这个观念在技术上一定有一个客观的原因，或者是工匠的学识，或者是工匠的天赋。同理，上帝的观念也不可能没有它的原因，这个原因就是上帝本身。

在第四个沉思里我指出：凡是被我们领会得非常清楚、非常分明的东西，都是真的；同时也解释了导致判断的原因，一方面是为了证实以前的那些真理，一方面也是为了更好地理解以后的那些真理。需要指出的是：我在这个地方不讨论在追求善恶中的错误，只讨论辨别真伪时的错误。我不打算在这里谈属于信仰的东西，或属于日常生活行为的东西，只谈有关经过思辨的对错，那些基于真理的灵魂认知。

在第五个沉思里，除解释一般意义下的物质性以外，我还用新的论据来论证上帝的存在，虽然在论证的过程中也遇到一些困难，这些困难我将在对反驳所做的答辩里解决。在那里也可以看到，几何学论证的正确性取决于对上帝观念的认知这一点的正确性。

在第六个沉思里，我把意识的判断活动和想象活动进行了区分。我指出，人的意识有别于肉体，然而又和肉体紧密融合得像一个整体。此外，由感官产生的错误以及避免错误的办法都在那里阐明了。最后，我在那里提出了各种论据来证明物质性东西的存在：我认为这些论据对于证明客观存在的东西可能没有什么价值。例如有一个世界、人有肉体等，这些都是任何一个正常人从来没有怀疑过的事情。但是通过这样的论证，我们对上帝的存在和灵魂不灭的认识就显得更清晰了。这就是我在这六个沉思里论证的全部东西。我在这里省略了很多问题，关于那些问题，我在这本书里的其他部分也提到了。

【点评】

可以看出，笛卡尔沉思的逻辑是非常严谨的，顺序上是先本后末。我是按照我阅读全书的理解对于类似"思维、理性、理智、灵魂、精神、认知、感知、感觉"等进行再翻译，和市面上主流的翻译不尽相同，主要是基于逻辑合理性的考虑。比如，关于他的名言"我思故我在"这个中文的翻译我一直存在很大的疑虑，因为字面的理解似乎是"我思维，所以我存在"。这也是笛卡尔被归入主观唯心主义哲学代表人物的原因。按照现代哲学界关于唯心主义、唯物主义的划分，核心是精神第一性还是物质第一性的问题。既然笛卡尔所谓的思维是人存在的原因，那么他当然应该属于唯心主义哲学家。但是当我反复研究这本著作以后，我认为中文一般翻译为"思维"的东西在书中的定义和解释，跟我们今天的理解完全不同，这个在我以后点评各个沉思时大家就会看到，这个被普遍翻译成"思维"的单词，其实代表人类甚至所有动物的全部意识活动，应该翻译成"意识"更为契合原意。虽然我也没有从书中任何一个地方看到笛卡尔论证"我的意识是我存在的原因"，但是在对反驳的答辩中明确否定了对"因为我有意识，所以我存在"的反驳，他明确表明了自己的立场，即"我是一个有意识的东西"。因此，按照我理解的笛卡尔的本意，把所有的"思维"统统替换成"意识"，那么，笛卡尔的那句名言就应该被表述为"我意同我在"。

如果我以上的理解是正确的，那么毫无疑问我们将可以以此为突破口重新了解这位哲学巨匠的思想精髓。

第五节　从语言和文字开始

从上一节我们可以看出，对于文字内涵如果理解得不准确、有歧义，那么对于哲学的理解和交流是有巨大伤害的，甚至对于我们在理论、学术等严谨的交流都会形成巨大的障碍。为了大家的有效阅读，我认为有必要从单词的准确定义开始。当然这个定义一方面是为了顺利地阅读本书的需要，另一方面更是为了在今后的研究中养成严谨的语言逻辑习惯。这种习惯从自发到自觉对于我们更广泛地理解政治学、经济学、社会学等更加纷繁复杂的学术领域尤为重要。正如洛克所言："语言的本质决定了它的软弱，面对理性的逻辑，语言往往是混乱的簇拥者。"① 因此，如果我们希望自己成为一个理性的现代人，那么我们的理性思维就应该从严谨地对待语言和文字开始。这也是我本人的第一个重要认知：哲学在传播的过程中，语言胜于文字，而且它几乎不可能跨母语体系直接传播，需要母语哲学工作者在意会的基础上重新工作。

为了让中文的表达更符合逻辑，在这里首先对《沉思集》中关键单词的中文含义表达如下。

1. 哲学（philosophie/philosophy）：中文也可以称为"理学"，是研究宇宙本源和总规律的学问，是全体其他学科的原理学，如今已包含了形而上学。

2. 东西（chose/things）：也可以表述为"存在"，泛指一切研究对象。

3. 意识（pense/think）：经常被翻译成"思维"，泛指一切生命体当中的与物质性相对立的部分。

4. 理智（raison/reason）：意识中与情感、想象相对立的部分，作为形容词、

---

① [英] 约翰·洛克《人类理解论》。约翰·洛克（1632—1704），英国哲学家和医生，被广泛认为是最有影响力的一个启蒙思想家和"自由主义"之父。他对古典共和主义和自由主义理论的贡献反映在美国《独立宣言》中。

副词使用可以表达为理性的、理性地。

5. 意志（volonte/will）：情感中与感受、想象相对立的部分，是带有主观性的意识。

6. 感受（sera/feel）：情感中与意志对立的部分，是由感官刺激产生的带有被动性的意识。

7. 感知（perception/perception）：由于感受所形成的理性认知。

8. 观念（idee/idea）：意识活动中与意志、情感相对立的部分；由主观形成的判断。

9. 知识（connaissances/knowledge）：没有经过理智判断而从第三方接受过来的结论，与观念对立时表述为"成见"。

10. 想象（imaginer/imagine）：没有经过理智判断，主观的直接构建的印象。

11. 判断（jugement/judgement）：观念成为理智的方式。

12. 认知（cognition/cognition）：理性地形成观念的过程。

13. 精神（esprit/spirit）：泛指人类和动物类似的意识活动，现代汉语含有一定的文学修饰色彩。

14. 灵魂（ame/soul）：与肉体相对立的存在，本书中它是被论证的对象，等同于理智。

15. 物质（substance/substance）：与意识存在相对立的存在（东西）。

16. 物体（body/body）：由物质构成的有形体。

17. 属性（propriete/property）：一类存在的性质，即作为一"种"存在的"属"的共同性质。

18. 逻辑（logique/logic）：理性的关系。

19. 逻辑因（logique causale/logic causal）：与现实原因与结果相对立，是没有时间先后的原因与结果的关系。

20. 数学（mathemtiques/mathematics）：也称为数理逻辑，是用数字符号表达的因果逻辑。

21. 科学（sience/science）：以追求真理为目标，以猜想为假设，通过逻辑因果为研究过程，以达成理性普遍共识的方法论。

22. 公理（axiome/generally acknowledged truth）：科学研究的阶段性普遍性共识，同时也必须成为科学研究的对象，是真理的可能性。

23. 现代科学（sience moderne/modern science）：以数理逻辑方法为基础，以其他方法为补充的方法论。

24. 科学精神（esprit scientifique/scientific spirit）：以因果逻辑为基础的研究或思考的态度。

第一章

第一个沉思：可以引起怀疑的事物

【原文】

很久以来，我感觉到我的很多认知都是不可靠的，如果我想要建立起科学的、可靠的认知体系就必须把以往旧的认知统统清除，重新开始。可是这个工作量是巨大的，所以我一直等待我达到一个足够成熟的年纪。

现在，我的精神已经从一切干扰中解放出来，又在一种恬静的隐居生活中，那么我要认真地开始了。不过，理智告诉我说，并不需要把所有疑问的细节都拿来逐一地检查，只需要检查那些基础性的部分就足够了，因为拆掉基础就必然引起大厦倾覆，所以我首先将从原则性的成见入手。

到现在为止，我认为最可靠的认知大多是通过感官得来的，我觉得感官是经常骗人的。有些东西我们通过感官认识它们，似乎没有理由怀疑它们，比如，我坐在炉火旁边，穿着衣服，两只手上拿着这张纸，等等。我怎么能怀疑这两只手和这个身体是不是属于我的呢？除非是我疯了，身无分文却以为自己是一个国王，哪怕一丝不挂，却以为自己穿金戴银，或者幻想自己是盆子、罐子，或者身体是玻璃做的。

我也是人，我的梦里也出现过跟疯子们相似的情况，有时甚至更加荒唐。有多少次我梦见我在这个地方，穿着衣服，坐在炉火旁边，虽然可能真实的情况是我一丝不挂地躺在被窝里。我现在确实以为我并不是用睡着的眼睛看这张纸，我摇晃着的这个脑袋也并没有发昏，我主动地、自觉地伸出这只手，我感觉到了这只手，而出现在梦里的情况好像并不这么清楚。但仔细想想，我就想起来我时常在睡梦中也有过类似的场景。想到这里，我明显地感到，没有什么确定不移的标记，也没有什么可靠的迹象使人能够从这上面清楚地分辨出清醒和睡梦。这不禁使我大吃一惊，吃惊到几乎让我相信我现在是在睡觉。

那么让我们现在就假定我是睡着了，假定所有这些场景，都不过是一些虚幻的假象，让我们就觉得我们的手以及整个身体都不是像我们看到的样子。尽管如此，至少必须承认出现在我们梦里的那些东西就像图画一样，它们只有模仿某种真实的东西才能呈现。老实说，当画家们使用各种技法画出我们从来没有见到过的抽象图案时，那些构成这种图案的颜色总应该是真实的吧。

同样道理，就算诸如眼睛、脑袋、手等这些一般的东西都是幻想出来的，可是总得承认有更简单、更一般的东西是真实的、存在的。不管这些东西是真的、存在的也罢，是虚构的、诡异的也罢，也是真实的颜色的掺杂。由于这些东西的掺杂，不多不少，刚好形成了存在于我们意识当中的影像。一般的物体性质加上它的广延以及它的形状、重量、大小和数量以及这些东西的地点、时间都应该属于这一类。显然，像算学、几何学等不考虑实际自然界的理论学科，都含有某种确定无疑的东西，而像物理学、天文学、医学等应用科学都是存在不确定的东西。

长久以来，我一直有一个想法：有一个上帝，他是全能的，就是由他把我按照现在这个样子创造出来的。谁能向我证明这个上帝没有这样做过，即本来没有地、没有天、没有带有广延性的物体、没有形状、没有大小、没有地点，而我却偏偏具有这一切东西的感知，所有这些都像我所看见的那个样子存在呢？除此以外，导致我经常判断错误的，也可能是上帝有意让我每次在二加三，或者在数一个正方形的边上，或者在判断什么更容易的东西上弄错。但是，也许上帝并没有故意让我弄错，因为他被人说成是至善的。如果说把我做成这样，让我总是弄错，这是和他的善良性相抵触的话，那么我有时弄错好像也是和他的善良性相违背的，因而我不能怀疑他会容许我这样做。

也许有人宁愿否认一个如此强大的上帝存在，而不去怀疑其他一切事物都是不可靠的。我们目前还不去反对他们，还要站在他们的立场去假定在这里所说的凡是关于上帝的话题都是无稽之谈。无论他们把我所具有的意识和存在做怎样的假定，归之于宿命也罢，归之于偶然也罢，当作事物的一种结合也罢，既然失误和弄错是一种不完满，那么可以肯定的是：给"我"的来源所指定的作者越是无能，"我"就越可能是不完满的。对于这样的一些理由，不需要辩驳，但是我不得不承认，没有哪个过去的认知是我现在不能怀疑的。如果我想科学地找到确信的东西，我就必须全部否定掉我此前全部的、没有科学论证过的，哪怕是最简单的认知。

仅仅做了这些注意还不够，我还必须用心把这些记住。因为这些旧的、平常的认知经常回到我的意识中来，它们跟我相处得实在太久了，让它们不经意间就支配了我的理智。我要保持这种怀疑的态度，无论接下去的路多么艰辛。从此以后我要初心不改、谨慎小心，在追求理智的道路上坚定前行。

我要假定有某一个妖怪，而不是一个真正的上帝（他是至上的真理源泉）。这个妖怪的狡诈程度不亚于上帝，他用尽心思来骗我。我要假定天、地、空气、颜色、形状、声音以及我们所感知的一切外界事物都不过是他用来骗取我信任的假象和骗局。我要把自己看成是从来就没有手、没有眼睛、没有肉、没有血，什么感官都没有，却错误地相信我有这些东西。我要坚决地保持这种态度，如果用这个办法我还追寻不到真理，那么至少我不会草率地做判断。因此，我要在理智上做好准备去对付这个大骗子，让他永远没有可能强加给我任何东西。我也知道持续保持这样的态度是非常辛苦的，很容易放弃，就像一个奴隶在睡梦中享受一种虚构的自由，与其说醒来还不如一直沉睡。我也担心，在这个本可以轻松休息的恬静梦境中辛苦工作，结果一觉醒来，大汗淋漓，在探寻真理的道路上却毫无进步。

【点评】

　　这是笛卡尔的第一个沉思，也是笛卡尔思想的原点，相信和怀疑一直都是人类推动社会进步的两个相生相伴的巨大力量。因为相信，一个宗教的信徒可以突破生理极限一路行匍匐之礼，只为前往布达拉宫朝圣。但是，正像阴阳相伴，怀疑也是推动社会进步的另外一面。因为怀疑，哥白尼凭一己之力挑战地心说；因为怀疑，牛顿提出了万有引力的宇宙架构；同样因为怀疑，爱因斯坦用相对论把时空弯曲甚至折叠。

　　因为怀疑，笛卡尔首先选择了摧毁一切，怀疑自己所见，怀疑自己所感，怀疑自己所思，不破不立，笛卡尔用怀疑这个核武器把自己40多年的世界观一次摧毁，然后寻找一个原点用他40多年研究数理逻辑积累的思想工具重建他的哲学大厦，他希望建成以后，推开大门，赫然发现原来他的上帝就在那里。

　　笛卡尔展开了一系列的思想实验，当然由于受当时的科学技术条件所限制，他的思想实验和科学实验都有很大的局限性，但这并不阻碍他在自己的脑海中推倒他这40多年来所有的过往经历所形成的认知。

　　第一个沉思叫"可以引起怀疑的事物"，按照笛卡尔的思考逻辑，他对自己的所知所感怀疑，对科学规律怀疑，对那个最后需要被证明的上帝也怀疑，对现实和梦境怀疑，对自己的存在形式怀疑，后人给这个思维模型起了个名字叫"普遍怀疑"。笛卡尔也由此被后人归入怀疑主义学派，而笛卡尔的怀疑主义，是可知论的怀疑主义，他的本质是希望通过怀疑来相信，而不是盲目地相信。在科学大力发展的时代，教会已经无法再用重复的宣传、充满仪式感的活动以及残酷的压迫来使科学家们信仰上帝。笛卡尔希望自己对待上帝的态度是从一个理性的怀疑者变成一个理性的信仰者，以使一个科学家在对科学和对上帝这种看似矛盾的信仰中找到逻辑的答案。

　　这种怀疑的态度是积极的、正面的，它大大推动了人们对于世界本质的好奇和科学的研究，从而成为推动社会生产力发展的原因。质疑的精神既是科学发展的动力，也是哲学发展的基础。笛卡尔怀疑一切知识，尤其是直接感知的外部世界，这种怀疑是为了不再怀疑，使理论有更牢固的基础。历史上，无数的哲学体系有更替、科学假设被颠覆，都是以这种怀疑的精神为起点的。如果没有这样的怀疑，理智就不是真正的理智，在后面我们会渐渐懂得笛卡尔的怀疑态度和今天我们讲的科学的精神是完全一致的。笛卡尔的怀疑对宗教的超自然理论做出质疑，指出怀疑必须由科学的逻辑推导和实验进行客观检验。

希拉里·普特南（Hilary Putnam）1981年在他的《理性、真相与历史》（*Reason, Truth and History*）一书中，也曾提出过"缸中之脑"假说，与笛卡尔对于感知的怀疑如出一辙。"一个人（可以假设是你自己）被邪恶科学家施行了手术，他的脑被从身体上切了下来，放进一个盛有维持脑存活营养液的缸中。脑的神经末梢连接在计算机上，这台计算机按照程序向脑传送信息，以使他保持一切完全正常的幻觉。对于他来说，似乎人、物体、天空还都存在，自身的运动、身体感觉都可以输入。这个脑还可以被输入或截取记忆（截取大脑手术的记忆，然后输入他可能经历的各种环境、日常生活）。他甚至可以被输入代码，'感觉'到他自己正在这里阅读一段有趣而荒唐的文字。"有关这个假想的最基本的问题是："你如何担保你自己不是在这种困境之中？"

有朋友问我："到底是人类的本能本身就存在普遍怀疑一切的素质，进而通过不断的质疑和追问推动了社会的发展进步，还是因为哲学家的探索发现，催生或强化了人们的这种素质？"我想说，这正是哲学所讨论的关于人的定义问题。怀疑论学派认为怀疑是哲学意义上人的第一人性，或者说"怀疑所以为人"。

第二章
对第一个沉思的反驳与答辩

第一节　第一组反驳与答辩

【反驳者的来信】

先生们：

　　看到你们希望我认真地检查一下笛卡尔先生的作品，我想我有义务满足诸位尊长的要求。一方面是为了由此证明我对于友谊的珍视，另一方面也是为了让你们了解我的不足之处以及心灵的完满性还缺少什么。此后如果我有做得不周到的地方也请对我多多包涵。如果我不能达到你们的要求，下次就请给我免掉这类工作。

　　他说："我有意识所以我存在，甚至我是意识本身，这话说得对。"他说："在有意识的时候，我意识里有事物的观念，而且首先我有一个非常完满的、无限的存在体的观念。"这些我都同意。

【笛卡尔的回信】

作者对一个荷兰神学家的反驳的答辩

先生们：

　　我不得不承认你们给我找了一个强大的对手，假如这位权威的、虔诚的神学家不是愿意和他弱小的答辩者共同维护上帝的事业，他肯定会公开攻击我对上帝的论证，他的才华和学识就会给我带来很多麻烦。他正直地没有使用他的权威，因此我如果妄自尊大地不好好答辩，那岂不是辜负了他的苦心。我的计划是在这里把他作为为了支持我而提供了一些新论据的盟友，而不是把他当作一个对手来进行答辩。

【点评】

　　这组反驳的作者是荷兰基督教神学家卡特鲁斯（Caterus），他只针对第三、第五和第六个沉思做了反驳。我有些好奇，笛卡尔的前两个沉思的学术价值是显而易见的，而这位神学家却忽视或者出于其他的原因直接跳到了第三个沉思，这里是很可疑的。从信中我们似乎可以找到一些蛛丝马迹：这个反驳是卡特鲁斯接到的一个任务或者说应该为教会承担的义务，他并不一定很情愿，以后他也没有打算继续这项工作。如果不是纯粹为了寒暄，他应该是抱着学习的态度来阅读的，因此他将反驳集中在了关于上帝存在和灵魂不灭这两个教会最关心的问题上是可以理解的。至于哲学的方法论可能他并不关心，但是我认为他对笛卡尔前两个沉思的理解显然和笛卡尔是不同的。

　　首先，从逻辑上"我有意识，所以我存在"是因果关系，我有意识是我存在的原因，这是典型的唯心主义思想。这一点我们在笛卡尔此后的论述中需要反复确认，笛卡尔自己反复强调的是"我是一个有意识的东西"，这和卡特鲁斯的理解是完全不同的。

　　其次，在第二个沉思以前笛卡尔仅仅止步于"意识"，即人类所有的大脑意识活动。所以从一开始卡特鲁斯就表现得极其不严谨，也可能是拉丁语在有关意识、精神、理解、认知、思考、认识等方面是准确的，仅仅是翻译成中文过程中的对于表意比较含糊的中文单词的使用不当。因此，我们在后面的工作中，对于关键用词的准确性方面应该也更加谨慎。据我所知，历史上像苏格拉底、孔子这样的伟大先哲都没有留下自己的文字，而只是用语言表达思想、讨论哲学问题，后来经学生们用语录体整理成文，可能也是这个原因。这样的问题在数学中就几乎不存在，因为基本表意单位都彻底地被符号化了，也就避免了跨语言翻译的歧义。

我们经常听到这样一句话："科学是无国界的，但是科学家是有国界的。"我想这句话在这里很应景，也是对于科学精神的很好诠释，对于神学的上帝和笛卡尔的上帝二者很可能风马牛不相及，但是逻辑思辨的方法是两位学者对于追求真理所达成的一致共识。这种在方法论上的严谨态度在后面的章节中我们还将看到，科学的精神是只论对错、不论善恶，因为善恶的区分没有客观的标准，主要依赖于主观的判断。

从笛卡尔的回应中我们也可以看出，作为对于上帝的基本概念二者显然是水火不容的，但是笛卡尔也意识到，作为神学家的反驳者既然同意使用哲学的方法来对笛卡尔的沉思进行反驳，本身就是一种包容态度和妥协精神。从他后面的反驳当中我们看出，他并没有使用神学家维护上帝的权威方式，而是希望把"上帝"的哲学形象包装得比神更完满。

第二节　第二组反驳

【反驳者的来信】

先生：

本世纪（17世纪——编者注）的一些新的巨人们竟敢向一切事物的造物主进行挑战，为了使他们感到狼狈，你用证明造物主的存在来巩固了他的宝座，而且你的计划似乎执行得非常完善，善良的人们都希望从今以后不再有人在仔细读过你的《沉思集》以后，不得不承认有一个为一切事物所依存的永恒的上帝。因此，我们告诉你同时也请求你，我们将在下面向你指出某些地方上在传播这样一种真理，使你的著作中不存留任何没有经过非常清楚、非常分明地证明了的东西。由于不断的沉思，多年以来你已经锻炼你的理智到了如此地步，以至在别人认为模糊的、靠不住的那些东西上，对你来说可以是比较清楚的，你可以用一种单纯理智来理解它们。那么，最好是把那些需要更清楚地、更大量地加以解释和证明的东西告诉你，而且，当你在这一点上满足我们以后，我们就认为没有什么人能够否认你为了上帝的荣光和公众的利益所取得的成果，那些你已经推导出的结论就应该被采纳了。

【点评】

第二组反驳是由多位神学家和哲学家口述、麦尔塞纳神父搜集整理的，对第二、第三和第五个沉思的反驳。关于麦尔塞纳神父，我们了解不多，我们仅从本书的一些细节能够获取到的信息是，他与笛卡尔的关系很好，而且笛卡尔也很信任他，自己的很多真实想法也会跟他交流，即便是在他隐居和避难期间，他同外界的信件、书稿也大都是由麦尔塞纳神父转寄。其他文献也证实，麦尔塞纳当时非常关注宗教、哲学和科学的理论关系，并不像很多保守派神学家那样跟科学界水火不容，他希望找到基督教同哲学、科学和谐相处的理论，甚至对于基督教神学理论的必要革新。因此，他对于笛卡尔通过哲学的方式解决宗教和科学的冲突持非常积极的态度，也给予了尽可能的帮助。所以，第二组反驳与其说是反驳，还不如说是变相地对笛卡尔思想体系的支持，单从他给笛卡尔来信的开头就已经很明显地感受到他的态度。

第三节　第三组反驳与答辩

【反驳】

笛卡尔说，没有什么明确的标志可以使我们得以分辨出来什么是梦、什么是醒以及感知的真实性。因而人们认为醒着时所感觉到的影像并不是自然界事物的属性，它们不能用来充分证明自然界事物的真实存在。如果不借助其他推理，光凭我们的感官得到的认知是值得怀疑的。我认为笛卡尔的这个沉思是对的，只不过没有创新。

【答辩】

这位哲学家接受柏拉图等古代哲学家的结论就是不谨慎的。我之所以使用了普遍怀疑的态度，一方面是让读者做好理智上的准备，时刻提醒他们保持理智性，从而将理智的东西从物体性的东西中分辨出来；另一方面是为了沉思的起点是坚实、可信的。您所说的古代哲学家的结论也不是普遍被接受的，所以我从这些怀疑谈起不是为了窃取先哲的荣誉，仅仅是为了从头开始。

【点评】

这个反驳的作者，在法文第二版已经标注了，他就是英国著名的哲学家霍布斯。霍布斯是早期机械主义唯物论的代表人物，机械唯物主义更倾向于孤立地研究物质世界，他主张世界的本源是物质的，物质不依赖于人的意识，所以从本质上他对于宗教和唯心主义哲学是反对的。在政治方面，他主张把社会看成一部机器，忽略人性差异，按照严格的法制来运行。很多人认为作为同时代的学者，他也是反对笛卡尔的二元论。这里存在两个问题：第一，笛卡尔的哲学是否是"二元论"？第二，他对笛卡尔的态度到底是怎样的？

这组辩论里两个人没有分歧，都是认为直接感知到的东西是靠不住的，都是需要其他的更为合理的科学解释的，其目的跟我们今天的科学路径是一致的，无可厚非。从全文来看，关于醒着还是做梦的区分也不是笛卡尔的论题，仅仅是对"普遍怀疑"必要性的佐证。一方面，他强调感知的不可靠；另一方面，他强调日常生活和理性思辨的区别。所以我们没必要追问笛卡尔是否真的分不清醒着还是睡觉。在后面的章节中，我会把他们关于这个问题的讨论尽量精练，以缩减篇幅。

第四节　第四组反驳与答辩

【反驳者的信】

尊敬的神父：

承你好意把笛卡尔先生的《沉思集》转交给我让我阅读，我十分感激。不过由于你知道它的价值，所以你就附带了高额的条件。如果我不首先答应向你回复我阅读后的感想，你就不肯允许我享受阅读这本杰作的快乐。假如不是为了见识一下这样好的东西的强烈欲望，对于这个条件我是不会接受的。由于这种好奇心所驱使，我才落得如此下场。假使我认为有可能很容易得到你的宽免，我宁可要求豁免这个条件，就像从前古罗马执政官对那些在逼供之下承认的事情予以宽免一样。

你要我反驳作者吗？这个我绝不行。你很久以前就知道我对他本人的评价多么高，对他的智慧和他的学识是多么敬佩。你也清楚现在我公务缠身，你的确高估了我的才能，这一点我是有自知之明的。你交给我去检查的东西要求一种非常高的能力和很多的宁静与闲暇，以便让理智摆脱世俗事务，让意识中只有理智。没有一个非常深刻的沉思和一个非常大的精神集中显然就做不了。尽管如此，既然你要我这样做，我就只好遵命了。但是有一个条件，即你将做我的保证人，并且我的一切错误都将由你来承担。虽然哲学可以自夸独自生产了这个著作，但是由于我们的作者非常谦虚，自己来到神学法庭上，那么我将在这里扮演两个角色，在第一角色里，我以哲学家的身份出现，我将提出两个主要问题，这两个问题我断定是从事这一职业的人们能够提出的问题，即关于人类意识本性问题和上帝的存在性问题。此后，我将穿上神学家的制服，提出一个神学家对于这本著作的疑惑。

【回信】

作者致麦尔塞纳神父的信

尊敬的神父：

我很难找到一个比你给我寄来反驳意见的那个人更明智、更能助人为乐的人来对我的作品做检查了，因为他对待我是那么温文尔雅，以至我看得很清楚他的计划并不是反对我，也不是反对我所从事的事业。在检查他反驳的东西时，我看出他是那么细心，以至我有理由相信他什么都没有漏掉。他非常激烈地反对他所不能同意的东西，使我没有理由害怕人们会认为这种客气态度掩盖了什么本质的东西。这就是为什么我对他的反驳并不那么难受，看到他在我的著作中的更多的东西上没有提出反对意见，我反而感到一丝欣慰。

【点评】

由于阿尔诺的反驳也是从第二个沉思开始的，所以本节仍然没有反驳的内容，但是他写给麦尔塞纳这封信也是蛮有趣味的。要知道他可是一位地地道道的科班出身的神学家，他对笛卡尔反驳的强度至关重要。

我们再一次看出作为神学家的麦尔塞纳神父对笛卡尔的态度：第一，阿尔诺要求参与这项检查所导致的一切后果需要由麦尔塞纳神父承担，神父显然是答应了；第二，阿尔诺对笛卡尔的学术影响力的认同溢于言表；第三，他对于自己的工作角色的划分也暗示了他的态度：哲学是他的学术能力，神学是他的职责所在。这里有一个问题，神学和无神论在信仰层面是水火不容的，如果他还是怀着这样分裂的态度进行论证，总有些许欲盖弥彰的味道。

同时，在后面的章节中我们将看到，阿尔诺的第四组反驳与笛卡尔的答辩非常针锋相对，论证方法彼此很接近，不同的无非是在信仰上的不同或者是同一种基本假设的不同表述方式。在笛卡尔有针对性的答辩之后，《沉思集》的逻辑严谨性进一步提高了，在我眼里这才是最可取之处，建议大家重点关注。

第五节　第五组反驳与答辩

【反驳者的信】

伽森狄先生致笛卡尔先生

先生：

尊贵的麦尔塞纳神父让我参与到你关于第一哲学所写的这些深邃的沉思里边来，这种好意使我非常感激，因为其主题的宏伟、思辨的强劲和言辞的纯练，已使我异常喜悦。同时，看到你那样意气风发、勇气百倍，并如此成功地为推进科学而工作，看到你开始为我们发现了在过去的时代从未被人认识到的东西，这也使我感到高兴。

只有一件事情不如我意，那就是他要我在读过你的《沉思集》之后，如果还有什么疑难问题，就把它们写出来给你。按照你的逻辑，假如我不赞成他的那些道理，我写出来的东西只不过是我自己理智上的缺陷，假如我提出一些相反的意见，那只说明我自己的愚昧无知。尽管如此，我还是没能拒绝我朋友的要求，这并不是我的本意。也因为我知道你是个通情达理的人，你会很容易相信我只是经过了深思熟虑向你提出我的疑问，此外没有任何想法。如果你能不厌其烦地从头看到尾，那就已经很好了。我绝不想让我的这些疑问把你的情绪弄坏，从而质疑自己的判断，或者在我这里浪费无谓的时间和精力。我绝对不想造成这样的结果。我甚至连把这些疑问提出来都有些不好意思，因为我提的这些疑问都是你认为特别重要，而且是经过深思熟虑的。

我把它们提了出来仅仅是供你参考，请不要介意。我的这些疑问并不反对你所谈的以及打算论证的那些东西，它们只是反对你在论证那些东西时所用的方法和逻辑。事实上，我公开承认我相信有一个上帝，相信我们的灵魂是不灭的。我的问题仅在于想弄明白你在证明这些时所使用的形而上学的方法，在证明著作中的其他问题时运用的效果如何。

【回信】

作者关于第五组反驳的声明

在《沉思集》第一版出版之前，我曾想把它拿给巴黎神学院的圣师和肯费心一读的其他学者去检查，希望把这些反驳和我的答辩印出来作为我的《沉思集》的继续，每一组都按照收到的次序排列，这样将会使我的逻辑更加明确。虽然给我寄来的、在次序上排列第五的那些反驳对我来说并不是最重要的，并且篇幅也过长，我还是把它们按照应有的位置印出来了。本以为这样才不辜负作者的心意，而且我还让人把印刷的校样拿给他看，唯恐他有什么地方不满意。但那之后他又写了一本著作，包括他第五组反驳、我的答辩以及几条新的反驳，并且埋怨我不该把他对我的反驳公之于众，好像我这样做是违背了他的意愿，并且说他之所以把那些反驳送给我只是为我个人看的。

既然如此，在这本书里就不出现他的反驳了。这也是当知道了克莱尔色列先生辛苦地翻译其他反驳时，我请求他不再翻译第五组反驳的原因。为了让读者对于缺少这些反驳不致感到失望起见，我不得不在这里奉告诸位，我最近又把这些反驳重新阅读了一遍，同时我也把这本厚书里所包含的全部新的反对论点阅读了一遍，目的是从这里抽出我认为需要加以答辩的一些论点。我的判断是，他的反驳对于《沉思集》论证的完善几乎没有太大价值。至于仅从书的厚薄或书名上来判断书的好坏的人们，我并不奢求得到他们的称赞。

【点评】

伽森狄也是一位法国哲学家、物理学家、天文学家，神学博士，天主教神职人员，埃克斯大学教授，生于法国普罗旺斯省一个农民家庭，著有《伊壁鸠鲁哲学汇编》等。

在收到笛卡尔的出版小样之后，他反对笛卡尔出版这一部分，并且把反驳和笛卡尔的答辩以及他再次的反驳单独出版了自己的著作《对笛卡尔〈沉思〉的诘难》，我觉得，他应该是出于对知识产权保护的考虑吧。因此笛卡尔按照他的意愿做了，并且做了一个声明，一方面对于他的反驳表示感谢，同时也表明了自己的立场。由于以上多种原因，我决定在本书中忽略对第五组反驳与答辩的整理，仅仅用几句话点评我看过他们的反驳与答辩之后的总体结论，也保留他们之间的沟通部分。我相信这样做对于理解笛卡尔的这部作品丝毫不会造成影响，甚至利大于弊。

站在一个基督教神学家的既定立场，伽森狄认为把不信任完满的上帝直接归结为人类自身的不完满性是想当然的，这显然是他完全没有看出来笛卡尔真实意图的结果。固然笛卡尔提出的普遍怀疑对于物质世界的研究是有价值的，这已经完全接近了现代科学的方法论，而笛卡尔当下的首要任务就是把作为神的上帝从神坛上拉下来，而使用哲学逻辑的方法重构一个属于自己的上帝，并坚信不疑。这个分歧也直接导致他们后面的讨论的基本原点就是南辕北辙的，一个是信仰基督教的上帝，一个是希望找到科学逻辑上可以信仰的上帝。我想在后面的章节中笛卡尔之所以不惜笔墨地对他长篇累牍的反驳加以答辩，要么是出于尊重，要么就纯粹是为了掩人耳目。

对于从时间顺序上笛卡尔收到的第五组反驳，是否在本书中进行点评我也一度纠结过。首先，因为在我所重点参考的法文第一版中没有这一部分，是在第二版加上去的；其次，它的篇幅很长，仅反驳部分就有八万余字，虽然他自认为是切中了要害，但无论是笛卡尔本人还是我通读下来，感觉都没有什么大的价值，大多是在形式上的无谓纠缠。对于理解笛卡尔的学术体系弊大于利；再次，更让我不欣赏的是，它的言辞当中还夹杂人身攻击的表达，作为学术之间的交流客观中肯即可，无须人身攻击。所以，我决定大篇幅减少对原文的引用，只保留必要的部分以作为参考，把他们之间的书信往来和笛卡尔的声明放在这里就足够了。

第六节　关于第六组反驳

第六组反驳是多位哲学家共同完成的，篇幅不长，而且也没有按照笛卡尔沉思的顺序依次有针对性地提出，只是直接提出他们的共同疑问。我想这可能是因为他们已经阅读过前五个反驳与答辩，已经解决了大部分问题。客观地说，这些反驳与答辩对抗也不是很激烈，有点狗尾续貂的味道，因此我把第六组反驳和答辩集中放在最后面的章节一次性进行分析和点评。

第三章

第二个沉思：人的精神的本质以及精神比肉体更容易认知

【原文】

昨天的沉思让我的理智产生了那么多的怀疑，可是我却看不出能用什么办法解决，感觉如坠深渊、无法自拔。尽管如此，我仍将努力沿着我昨天的道路继续前进，在遇到可靠的东西之前，把怀疑像错误一样对待。阿基米德声称，只需要一个确定的点，他就可以撬动地球。同样，如果我有幸找到哪怕是一件确切无疑的东西，这个工作就有希望。

我假定凡是我看见的东西都是假的，我把自己的记忆全都清空，假设自己什么感官都没有，物体、形状、广延、运动和位置都是虚构的。那么，有什么东西可以确认是真实的呢？有没有可能是上帝或者别的什么力量，把这些想法放在我的意识中？或许是我自己就能够产生这些想法？退一万步说，难道"我"也不是什么东西吗？我已经否认了我有感官和身体，难道我就是非依靠身体的感官不可吗？我曾说服我自己相信世界上什么都没有，没有天、没有地、没有精神，也没有物质。我是否也曾说服自己相信我也不存在呢？绝对没有，如果我曾说服自己相信什么东西，或者仅仅是想到过什么东西，毫无疑问那就是"存在的我"。假如有一个非常强大、非常狡猾的骗子，他总是用尽一切手段来骗我，那么他既然骗我，就说明"有个我，我存在"。他想怎么骗就怎么骗，只要我想到我是一个什么东西，就不会使我成为什么都不是。所以，通过以上细致的思考，同时对一切事物仔细地检查之后，我的精神必须做出确定无疑的结论："有个我，我存在。"这个命题必然是真的。

可是我还不大清楚，这个确实知道我存在的我到底是什么，所以今后我必须小心从事，不要冒冒失失地把别的什么东西当成我，千万别在这个我认为比以前所有认知都更可靠、更明显的认知上再弄错了。在我有上述这些想法之前，我要重新回忆一下，从前我认为的我是什么，并且把凡是与我刚才讲的那些相矛盾的东西，全部从我旧的认知中清除，只保留确信的部分。我以前认为我是什么呢？显然，我曾想过我是一个人。一个人是什么？一个有理智的动物吗？这样做不好，因为接下来我就必须追问什么是动物，什么是有理智。那我就要从仅有一个问题，不知不觉地陷入更多、更困难、更麻烦的问题上去了。我绝不愿意把我仅有的时间浪费在这样的无穷追问中。可是，我还是要在这里回忆从前在我理智里的那些想法，那些想法不过是在我进行思考"我的存在"时从我自己的本性中生出来的。

首先，曾把我看成是有脸、手、胳臂以及骨头和肉组合成的一部整套的机器，就像在尸体上看到的那样。这部机器，我曾称之为身体。其次，我还曾认为我吃饭、走路、感觉、意识，并且我把我所有这些行动都归到灵魂上去，但是我还没有进一步细想这个灵魂到底是什么，它也许就是什么极其稀薄、极其精细的东西，好像一阵风、一股火焰，或者一股非常稀薄的气，这个东西钻进并且散布到我的那些比较粗浊的部分里。

至于物体，我没有怀疑过它们的性质，我曾以为我把它认识得非常清楚了。如果我要按照我以前具有的概念来解释物体的话，我就会这样描述：物体，指一切能为某种形状所限定的东西，它能占据某个位置，能充满某个空间，从那里把其他物体都排挤出去，它能由触觉、视觉、听觉、味觉、嗅觉等被感觉到，它能以某种方式被移动，不是被它本身，而是被它以外的东西，它受到那个东西的接触和压力，从而被推动。本身具备运动、感觉和意识等功能的东西，我以前认为不应该归之于物体。如果看到这些功能出现在某些物体之中，我会感到非常奇怪。

如果我假定有某一个极其强大、极其恶毒狡诈的人，用尽他的狡诈来骗我，那么我到底是什么呢？我能够肯定我具有我刚才归之于物体性的那些东西吗？我左思右想也没有找到其中任何一个是我可以说存在于我意识里的东西。就拿灵魂的那些属性来说吧，看看有没有一个是在我意识里的。首先是吃饭和走路，假如我真是没有身体，我也就既不能走路，也不能吃饭；其次是感觉，假如没有身体就不能感觉，除非只是幻象；再次是意识，现在我觉得意识是属于我的一个属性，只有它不能跟我分开。"有我，我存在"这是靠得住的。那么，存在多长时间？我有意识多长时间，我就存在多长时间。因为假如我的意识停止了，也许我的存在就同时停止了。我现在对不是确信真实的东西一概予以否认。严格来说，"我只是一个有意识的东西"。也就是说，一个精神、一个理智，这些名称的意义是我以前不知道的。那么我作为一个真的东西、真正的存在，是一个什么东西呢？我说过，是一个有意识的东西。还能是别的什么呢？我要再发动我的想象力来看看我是不是能再多一点什么东西。我不是由肢体拼凑起来的人们称为人体的那种东西吗？我不是一种稀薄、无孔不入、渗透到所有肢体里的空气吗？我不是风，不是呼气，不是水汽，也不是我所能虚构和想象出来的任何东西，因为我假定过这些都是不存在的，而且即使不改变这个假定，我觉得这也不妨碍我确实知道我是一个东西。

还有另外一种可能性：由于我不认识而假定不存在的那些东西，同我所认识的我并没有什么不同。这个我不知道，也暂时不去讨论，我只能给我认识的东西下判断。我已经认识到我存在，现在我追问已经认识到我存在的这个我究竟是什么呢？关于我对"我"这个观念和认知，严格来说，既不取决于我还不知道其存在的那些东西，也不取决于任何一个用想象虚构出来的东西，这一点是非常靠得住的。何况虚构和想象这两个词就说明我是错误的。如果我把我想象成一个什么东西，那么实际上我就是虚构了我，想象就是去想一个物体性东西的形状或影像。首先，我已经确实知道了我存在，同时也确实知道了所有那些影像都很可能是梦或幻想；其次，我清楚地知道，如果我说我要发动我的想象力以便更清楚地认识我是谁，这和我说我现在是醒着，我看到某种实在和真实的东西，但是由于我看得还不够明白，我要故意睡着，好让我的梦给我把它变得更真实、更明显的逻辑一样没道理。这样一来，我确切地认识到，凡是我能用想象的办法来理解的东西，都不属于我对我自己的认知。如果想让理智把它的性质认识清楚，就不能继续用这种方式来理解事物，而要改弦更张、另寻出路。

那么我究竟是什么呢？是一个有意识的东西。什么是一个有意识的东西呢？一个在怀疑、在理解、在肯定、在否定、在愿意、在不愿意，也在想象、在感觉的东西。如果所有这些东西都属于我的本质，那就不算少了。难道这些东西会不属于我的本质吗？难道我不就是差不多什么都怀疑，却只理解某些东西，确认和肯定只有这些东西是真实的，否认一切别的东西，愿意和希望认知得更多一些，不愿意受骗，甚至有时不自觉地想象很多东西，就像由于身体的一些器官感觉到很多东西的那个东西吗？尽管我总是睡觉，可能使我存在的那个人用尽他所有的力量来骗我，难道所有这一切就没有一件是和确实有我、我确实存在同样真实吗？在这些属性里边有没有哪一个是能够同我的意识不同，或者可以说是同我自己分开呢？显然，是我在怀疑，在了解，在希望。所以，在这里用不着增加什么来解释它。我当然也有能力去想象，哪怕我所想象的那些东西不是真的，可是这种想象的能力仍然在我意识里，是我意识的一部分。总之，我就是那个有感觉的东西，也就是说，好像是通过感觉器官接受和认识事物的东西，因为事实上我看见了光，听到了声音，感到了热。也许有人将对我说：这些现象是假的，你是在睡觉。即便如此，至少我觉得看见了、听见了、热了，这总是千真万确的吧，这就是在我意识里叫作感觉的东西，这就是在意识。从这里我就开始比以前更清楚明白地认识了我是什么。

我相信，落于感官的那些有物体性的东西的影像，比不落于感官的东西、不知道是哪一部分的我，认识得更清楚。以往，我以外的一些东西，反倒好像是被我认识得比那些真实的、确切的、属于我自己的东西更清楚。现在我找到了原因,是我的意识心猿意马,还不能把自己限制在理性的正确边界之内。

让我们继续考虑认识的、我们相信是最清楚的东西,我们先不用考虑复杂的物质,而只是考虑一些简单的物质——我们看得见、摸得着的物体。以一块刚从蜂房里取出来的蜂蜡为例,它还没有失去它含有的蜜的甜味,还保存着一点它从花里采来的香气,它的颜色、形状、大小,是明显的,它是硬的、凉的、容易摸的,如果你敲它一下,它就发出声音。总之,凡是能够使人清楚地认识一个物体的属性,它都具备。可是,当我说话的时候,有人把它拿到火旁边,接下来味道发散了,香气消失了,颜色变了,形状和原来不一样了,它的体积增大了,它变成液体了,它热了,摸不得了,敲它也发不出声音了。在发生了这些变化之后,原来的蜂蜡还继续存在吗?必须承认它还继续存在,对这一点任何人也不能否认。那么以前在这块蜂蜡上认识得那么清楚的是什么呢?当然不可能是我在这块蜂蜡上通过感官所感到的什么东西,因为凡是落于味觉、嗅觉、视觉、触觉、听觉的东西都改变了,不过本来的蜂蜡还继续存在。也许是我现在所想的这个蜂蜡,并不是这个蜜的甜味,也不是这种花的香味,也不是这种白的颜色,也不是这种形状,也不是这种声音,而仅仅是形式表现但现在又以另外一些形式表现的物体。确切说来,在我像这个样子理解它时,我想象的是什么呢?让我们对这件事仔细考虑一下,把凡是不属于蜂蜡的东西都去掉,看一看还剩些什么。当然剩下的只有广延的、有伸缩性的、可以变动的东西。那么,有伸缩性的、可以变动的,这是指什么说的?是不是我想象这块圆的蜂蜡可以变成方的,可以从方的变成三角形的?当然不是,因为我把它理解为可能接受无数像这样的改变,而我却不能用我的想象来一个个地认识,因此我所具有的蜂蜡的概念是不能用想象的功能来定义的。

那么这个广延是什么呢? 在蜂蜡融化的时候它就增大,在蜂蜡完全融化的时候它就变得更大,而当热度再增加时它就变得越发大了。如果我没有想到蜂蜡能够按照广延而接受更多的花样，多到出乎我的想象之外，我就不会清楚地按照真实的情况来理解什么是蜂蜡。所以我必须承认我不能用想象理解蜂蜡是什么，只有我的理智才能够理解它。对于一般的蜂蜡，就更明显了。那么只有理智才能理解的这个蜂蜡是什么呢？就是我看见的、我摸到的、我想象的那块蜂蜡，就是我一开始认识的那块蜂蜡。要注意，不能是对它的感觉，不是看、不是摸、不是想象，而仅仅是用理智去检查，可以是像以前那样片面的、模糊的，也可以是像现在这样清楚的。根据我对在它内部的或组成它的那些东西注意得多少而定。我发现，我的理智很软弱，会不知不觉地趋向错误。即使我默默地在我自己意识里考虑这一切，可是语言却限制了我，普通语言的词句引入了错误。如果人们把原来的蜂蜡拿给我，说我看见的就是刚才那块蜂蜡，因为它有着同样的颜色和同样的形状，但是，它却不是我判断出来的。假如我偶然从一个窗口看街上过路的人，我说我看见了一些人，就像我说我看见蜂蜡一样，那么我就会说：人们认识蜂蜡是用眼睛看的，而不是仅用理智检查的。可我从窗口看见了什么呢？无非是一些帽子和衣服，而帽子和衣服遮盖下的可能是一些幽灵，或者是一些只用弹簧才能移动的假人。如果我判断这是一些真实的人，那只是因为我以为我眼睛看见了。

接下来专门去考虑一下我最初看到的，用外感官，或至少像他们说的那样，用常识，也就是说用感官的办法来理解蜂蜡是什么，是否比我现在这样，在更准确地检查它是什么以及能用什么办法去认识它之后，把它理解得更清楚、更全面些呢？当然，连这个都怀疑起来，那是可笑的。因为在这初步的知觉里有什么是清楚、明显的，不能同样落于其他低等动物的感官里呢？可是，当我把蜂蜡从它的外表区分出来，就像把街上东西衣服脱下来那样，把它赤裸裸地考虑起来，也许我的判断里还可能存在某些错误，但是，如果没有人的理智，我就不能再理解了。

关于这个精神，也就是说关于我自己（我只承认，我是一个有意识的东西），关于好像那么清楚分明地理解了这块蜂蜡的这个我，我对我自己认识得难道不是更加真实、确切而且更加清楚、分明了吗？如果由于我看见蜂蜡而断定有蜂蜡，或者蜂蜡存在，那么由于我看见蜂蜡因此有我，或者我存在这件事当然也就越发明显，因为有可能是我所看见的实际上并不是蜂蜡，也有可能是我连看东西的眼睛都没有；可是，当我对看见和我以为是看见的我不再加以区别的时候，这个在意识着的我就不可能不是个什么东西。同样，如果由于我摸到了蜂蜡而断定它存在，其结果也一样，即我存在；如果由我的想象使我相信而断定它存在，我也总是得出同样的结论。我在这里关于蜂蜡所说的话也可以适用于外在于我、在我以外的其他一切东西上。

那么，如果说蜂蜡不仅经过视觉或触觉，同时也经过很多别的原因而被发现了之后，我对它的观念和认识好像是更加清楚。那么，我不是应该越发明显地认识我自己了吗？因为一切用以理解蜂蜡的本质或别的物质的本质的论据，都更加容易、更加明显地证明我的精神的本质。我终于在不知不觉中来到了我本来想要去的地方，既然事情现在已经清楚了，我只是通过在我的意识里的理智功能，而不是通过想象，也不是通过感官来理解物体，只是由于我用理智来理解它。由于习惯的原因，我们不可能这么快就破除全部旧认知，最好在这里暂时打住，以便经过这么长时间的沉思，我把这一个新的认知深深地印到我的记忆里去。

【点评】

首先让我们看一看笛卡尔的这一部分沉思的递进逻辑。

第一步通过普遍怀疑，否定了世界是虚无的，人是虚无的，得出第一个确信的结论"有个我，我存在"，这个命题引起人们很大的兴趣，也带来很多的争辩。因为它牵涉意识和存在的关系问题，好像是从意识里推出存在来，所以有些学者认为这一推论非常严重，是纯粹主观唯心论的虚构；但是也有一些哲学家，例如康德和罗素，认为实际上这并不是推论。我们可以先看一看它的实际意义，不必急于给它定性。近代哲学的主要目标是为科学建立基础，所以它拿认识论作为第一任务。认识论的对象就是人的认识。笛卡尔当作出发点的那个命题，显然是从认识论的角度提出的。他不只是抽象地谈一般意识活动，而是具体地提出"我有意识"作为认识的确存在的证据。他不提我看见、我听见等等，是强调我有意识，因为一定要有意识伴随着看见的、听到的才能成为我所知道的，才有可能成为认知。说"我有意识"，只是陈述一件事实，并不涉及意识与存在的关系问题，也就更与唯心论无关了。同时，在笛卡尔本人校订过的法语中也没有提示我们这种因果关系。

第二步，由于"有个我，我存在"是我的一个"意识"，所以我确信"有意识是我的一个属性"。这里我们需要注意属性和存在的关系。举个例子，我们说"铁是金属"，严格的理解就是"铁属于金属，或铁具有金属的属性"，就像生物分类学里"属"与"种"的关系，当然铁还有黑色的属性。在这一步，笛卡尔仅仅确信了"存在的我具有意识的属性"。这里我们就不能理解为"我是意识"，因为这会导致错误的理解。因为我们说"铁是金属"，这句大白话是基于大家对于现代物理学基础知识普及的基础上的，铁是金属、铜是金属、金银是金属，大家都知道是属于的意思，而如果说"我是意识"，很容易让读者错误地理解为我就是意识，意识就是我。基于前两步得到的结论：因为"我存在"并且"我有意识的属性"，所以"我是有意识的东西"，至于我还有没有其他属性，我还是不是其他的什么东西，笛卡尔在这个沉思里的结论是"不知道，也暂时不研究"。显然这里的东西和客观存在是完全同义的，但是整个著作中的"存在"和"东西"不一定都是。

第三步，对于"意识"和"存在"在时间上的关系，在这里笛卡尔没有做结论，他说"如果我的意识不在了，那么很可能我就停止了存在"。这里，"很可能"是关键词，这只是笛卡尔的猜测，而不是结论，对于逻辑上没有论证的事情，暂时不做结论。如果结合我们今天的"植物人""脑死亡"等生物学现象，笛卡尔的结论仍然是没有瑕疵的。

接下来是笛卡尔这个沉思的第二部分，关于感觉。既然感觉也是意识的一部分，那么这部分意识可靠吗？笛卡尔的结论很坚决："靠不住！"因为值得怀疑的地方实在是太多了，如果这些感觉可信，那么自己的身体岂不是更可信？今天看来如果确信了自己的身体，那么跟现代医学的人体解剖学对于人体的认知就大相径庭了。物质性的东西是同样的道理，它需要复杂的科学实验进行检验。他以一块蜂蜡这种简单的物体为例，说明就连看得见、摸得着的物体的属性都难以认识，显然对于更复杂的大量其他物质就更难了，从而得出非常重要的结论：意识比肉体更容易认知。所以当年笛卡尔选择了首先相信意识存在，他也由此得出了本章标题的结论。

我想说，正是因为如此，人们才更容易被各种表面的现象所迷惑。因为任何以物质形态存在的客观世界，现象背后的本质只有依靠科学才能证明，数据要真实、模型要有效、计算要准确、公理要正确，这其中只要动摇了一点点，结果就很有可能谬以千里。

第四章

对第二个沉思的反驳与答辩

第一节　第一组反驳与答辩

【反驳】

我请问：一个观念要求什么原因？或者告诉我，观念到底是什么东西？就其是客观地存在于理智之中而言，观念是被理智思考的东西吗？客观地存在于理智之中是什么意思？如果我理解得不错的话，就是针对一个对象的意识活动。实际上，这无非是对命名的调整，它给对象本身增加不了什么实在的东西。因为这就跟被看见一样，在我意识里不过是看的动作向意识延伸。同样，被思考或者被客观地放在理智之中，这本身就是思考的意识活动，而在事物本身上用不着什么运动和改变，甚至用不着事物存在。那么，一个现实如果并不存在，一个单纯的名称还有什么意义呢？

这个伟大的人物说："从一个观念包含一个这样的客观实在性而不包含别的客观实在性来说，它无疑地要有什么原因。"我认为正好相反，它什么原因也没有，因为观念的客观实在性是一个纯粹的称号，它在现实上并不存在。可是，一个原因所给予的影响却是实在的、现实的。现实不存在的东西并不能有原因，从而不能产生于任何真正的原因，也不需要原因。因此，应该是我有一些观念，而这些观念没有什么原因。

这位伟大的人物接着说："一种东西客观地用它的观念而存在于理智之中的这种存在方式，不管它是多么不完满，总不能说它什么都不是吧，也不能因此就说这个观念来自无吧。"

这里面有歧义：假如什么都不是这一词和现实不存在是一回事，那么它就真是什么都不是，因为它现实上并不存在，它就是来自无。也就是说，它没有原因。不过，假如什么都不是这一词是指由理智虚构出来的，人们一般称为想象的东西，那么这就不是什么都不是。由于它仅仅是被想象出来的，而且它现实又不存在，因此它即便可以被想象出来，也绝不是由原因引起的，绝不能被放在理智之中。

【答辩】

问题的关键在于如何理解"观念"这个词。我说过，观念就其客观地存在于理智之中而言，就是被想象东西的观念本身。对于这句话，他故意理解得和我不同。他说："客观地在理智之中，这就是针对一个对象的意识活动，而观念只是一个外部的名称，它给事物增加不了什么实在的东西，这个外部的名称不能被放在理智之中。"但是，我谈到的"观念"，它绝不是在理智之外的，你所谓的客观地存在只是人们习惯上理解的对象。如果有人问，太阳的观念客观地存在于我的理智之中，这太阳是什么呢？你们会回答，这不过是一个外部的名称，它是针对一个对象的意识行为。但我的回答是，这是就我的理智认识到的太阳的观念本身，没有人会把它理解为太阳的观念就是太阳本身。客观地存在于理智之中也并不意味着针对一个对象的意识活动，而只是意味着这些东西经常以我们习惯的理解方式而存在于理智之中，从而导致太阳的观念就像太阳本身存在于理智之中。这种理解观念的方式，虽然比理解观念存在于理智之外的方式要可疑得多，但既然是可疑的，就不能说它什么都不是。

你认为"什么都不是"这句话是有歧义的。你说："以其观念而存在于理智之中的这样一个东西并不是一个实在的、现实的物体，不能想象出来的什么东西，或者说一个由逻辑推论出来的存在体，就证明它是一个实在的东西。

因为这个东西仅仅是被想象出来的，而在现实中并不存在，它可以被想象，可是它不能被什么原因所引起，因而存在于理智之外。"不过，为了被想象起见，它当然需要原因。

比如，如果有人在意识里想到一个精巧机器的观念，人们有理由问这个观念的原因是什么。那个说这个观念在理智之外什么都不是，从而它不能被什么原因所引起而只能被理解的答案是不会令人满意的，因为人们在这里问的是这个观念之所以被想象出来的原因。如果说精神本身就是它的原因，同样不会令人满意，因为人们对于这一点并不怀疑，人们想问的只是出现精巧机器的观念里面的客观原因，即设计原理。这个客观原因和上帝的观念的客观原因的逻辑是一样的。人们可以给这个观念找出种种原因，或者是因为人们看到过什么实在的、类似的机器，这个观念就是模仿这个机器做成的；或者是因为这个人的理智之中对于机械的广博知识；或者那个人也许是一个天才，他能够在没有任何机械知识的情况下发明了这个机器。我必须指出，任何技术的观念都必须遵循这个设计的原因，不管这个原因是什么。

【点评】

这一部分的重点是关于观念的定义，我们已经看到了二人的本质差异。反驳者认为观念就是针对客观实体对象的意识活动，不需要原因。而笛卡尔认为，观念是理智基于逻辑思考形成的结论本身。所谓观念的原因就是理智做出判断的逻辑原因，比如三角形观念的原因是基于几何学公理对于三角形的定义；机器观念的原因是机器的设计原理或天才发明等。

第二节　第二组反驳与答辩

【反驳】

第一点，你尽你所能把物体的一切影像都抛弃掉了，以便推论出你仅仅是一个有意识的东西。怕的是在这以后，也许别人得出的结论却是：你不是在事实上，而是在想象上，你是一个有意识的东西。所以，这并不是老实的、真诚的研究态度，而仅仅是一种想象。这是我们从你的头两个沉思里所找出的问题。在那两个沉思里，你清楚地指出至少有意识的你是一个什么东西，这一点是靠得住的。到此为止，你认识到你是一个有意识的东西，可是你还不知道这个有意识的东西是什么。你怎么知道这不是一个物体由于它的各种不同的运动和接触而做出的你称为意识的活动呢？虽然你认为你已经抛弃了一切物体，但是你可能在这上面弄错了，因为你并没有把你自己抛弃，你自己是一个物体。你怎么证明一个物体不能有意识，或者一些物体性的运动不是意识的本身呢？为什么你认为已经抛弃的肉体的全部或某几个部分，比如大脑，是这些部分有助于做出我们称为意识的活动的呢？你说，我是一个有意识的东西。可是你怎么证明你不是一个物质性的运动或者被推动起来的物体呢？

【答辩】

我已经在我的第二个沉思里指出过我已经想得够多了，因为我在那个地方使用了这样的话："也有可能是由于我不认识而假定不存在的那些东西，事实上同我所认识的我并没有什么不同，关于这一点，我现在不去讨论。"通过这几句话，我想要特别告诉读者的是，在这个地方我还没去追查灵魂是否和肉体不同，我仅仅是检查灵魂的哪些特性使我能够有一种清楚、可靠的认识。

尽管我在那里指出许多特性，我的确不知道一个有意识的东西到底是什么。虽然我承认我还不知道这个有意识的东西是否与物体不同，或它就是物体，但我并不承认我对它就毫无认识。我说过对任何一个东西认识到那种程度，以至于他知道在它里边的除了他认识的东西以外就没有任何别的了吗？我们认为最好的解释是：是我们认识这样的一个东西，在这个东西里边有着比我们所认识的更多的特性。我们对每天与之谈话的那些人认识，比只认识他们的名字或面貌的那些人，有更多认识，不过我们并不否认我们对后者有认识的更多的可能性。从这个角度说，我认为已经足够说明了不连带人们习惯上认知的，有关物体的那些东西而单独认识的意识，要比不连带意识而单独认知物体更容易。这就是我在第二个沉思里打算去证明的全部东西。

关于第一哲学我只写了六个沉思，读者很奇怪在头两个沉思里我仅仅推论出我刚刚说的东西，他们就觉得太贫乏了，不值得拿出来面世。对此，我不担心，那些带着判断来读我写过的其余部分的人们会有机会怀疑我。而我认为，那些要求特别加以注意、应该被彼此分开去考虑的东西，已经分开放在几个沉思里了。因此，为了达到对事物的一种坚实的、可靠的认识，必须习惯先去怀疑一切，并且特别怀疑那些物质性的东西。我不知道有什么更好的办法，尽管在很久以前我读过几本由怀疑论者和科学院士写的关于这方面的书，但本质上都是老生常谈。我想要让读者不仅要用必要的时间来读它，而且要用几个月，至少几个星期来考虑它谈到的内容，然后再读别的，因为这样一来他们才有可能从书的其余部分得到更多的收获。

此外，很多人直到现在还难以建立仅属于意识，而没有掺杂任何其他东西的清晰观念，这也是人们没有能足够清楚地理解我所说的关于上帝和灵魂的主要原因。我曾想，如果我指出为什么必须把意识的性质同物质的性质区分开，以及怎么去从本质上认识它们，这就足够了。因此，为了很好地理解非物质的或形而上的东西，必须把意识从感官中摆脱出来，可是据我所知，还没有人指出过用什么办法能做到这一点。我认为，这样做的真正的、有效的办法已经包含在我的第二个沉思里了，而且这种办法使用一次是不够的，必须经常检查它而且长时间地使用它，以便避免把意识的东西和物质的东西混为一谈，把它们分开，至少需要几天时间的锻炼才可以。这就是我在第二个沉思里不去谈论其他东西的主要原因。

你们在这里问我怎么论证物体不能意识。请原谅，我到第六个沉思才开始谈到这个问题。

【点评】

这里是笛卡尔在重申第三步的必要性，就像我们在对第一个沉思中所点评的，他没有否定"我"除了意识这个属性之外，没有其他的属性，只是我现在还不知道，而且首先确认一个存在的属性再去寻找其他属性这样更合理。反驳者在笛卡尔未下结论的一个地方进行反驳，显然是找错了地方，反驳也就失去了意义。笛卡尔认为，如果按照同样的方法，先去审视物质性的存在，他觉得确实更为困难，不如先去确定有意识的存在更为简单直接。

今天看来，按照当时的科技发展水平，对于物质性东西的理论知识正处在全面颠覆的时期，就像伽利略发明的天文望远镜，极大地支持了哥白尼的"日心说"，几乎完全颠覆了传统地心说对于宇宙性质的全部认知一样，如果在天文望远镜之前，花费再多的力气想去确定天体的运行规律从而证明地心说的可靠性，与按照天文望远镜的观察后的认知比较，这显然是南辕北辙的。

第三节　第三组反驳与答辩

【第二个反驳:"我是一个有意识的东西。"】

您说得非常好,因为从我有意识或从我有一个观念,可以推论出我是有意识的。因为我有意识和我是在意识着的,是一个意思。从我是在意识着的,得出我存在,而且,有意识的东西并非什么都不是。不过,我们的作者在这里加上了"也就是说,一个精神、一个灵魂、一个理智……"。这里就产生出来一个疑问:说我是有意识的,因而我是一个意识,这样的推理是不正确的。因为我也可以用同样的推理说:我在散步,因而我是一个散步。笛卡尔先生把有意识的东西和意识当作一回事了,或者至少他说在理解的东西和意识是同一个东西。可是所有的哲学家都把主体(体)跟它的行为(用)分开,也就是说,跟它的属性和本质相区别。因为东西本身的存在和它的本身不是一回事,因此一个有意识的东西可以是精神、理智的主体,所以是物质性的东西。可是他提出来的是与此不一致的,却没有加以证明。

他又说:"我认识到了我存在。现在我追问:我认识了我存在这个我究竟是什么?我能确定的是关于'我自己'这个概念和认识,严格来说,他不取决于我是否知道他是什么。"

对我存在这个命题的认识取决于我意识这个命题是非常可靠的。可是对我有意识这个命题的认识是从哪里来的呢?这无非是来自:没有主体(体),我们就不能认识其任何行为(用),就像没有一个在意识的东西就不能认识意识,没有一个在知道的东西就不能理解知道,没有一个散步的东西就不能理解散步一样。 似乎应该得出这样一个结论:一个有意识的东西是某种物质性的东西,因为一切行为(用)的主体(体)都是在物体性的或物质性的基础上才能被认知。正像他不久以后用蜂蜡的例子所指出的那样：蜡的颜色、软硬、形状以及其他一切行为（用）虽然变了，可是蜡仍然被理解为还是那块蜡。也就是说，那个物质可能有各种变化，可是我的认知并没有变化。因为即使有谁能够意识到他曾经有过意识，可是绝不能意识到他正在意识，也绝不能知道他在知道。因为这会是一个没完没了的问句：你从哪里知道你知道你知道的？……

因此，既然对我存在这个命题的认识是取决于对我有意识这个命题的意识的，而对于"我有意识这个命题"的意识是取决于我们的一个意识，那么似乎应该得出这样的结论：一个在意识的东西是物质，不是意识。

【答辩】

我说过"也就是说一个精神、一个灵魂、一个理智……"，我用这几个名称不是指单独的功能，而是指能有意识功能的东西说的。这是我用非常明显的词句解释过的，我看不出有什么可疑的地方。

用散步和意识进行类比是不恰当的。因为散步除了行动本身之外，从来不指别的，而意识有时指活动，有时指功能，有时指寓于这个功能之内的东西。我并没有说意识和意识到的东西是一回事，而仅仅是当意识被当作有意识的东西时，它们是一回事。我承认，为了说明一个东西或一个实体，我要把凡是不属于它的东西都要从它身上去掉，为此我尽可能使用了简单、抽象的词句。相反，这位哲学家为了说明实体，却使用了另外的一些非常具体、非常复杂的词句，比如主体、物质或物体，以便尽可能地不把意识和物体分开。我并不认为他使用的方法比我所使用的方法更能有效地认识真理。他认为："一个在意识的东西可以是物质性的，而我提出来的倒是相反的东西。"对此我没有加以证明。不是的，我没有提出相反的东西，我也绝对没有把它当作论据，我一直到第六个沉思才对它加以证明。

后来他说："没有主体（体），我们就不能理解其任何行为（用），就像没有一个意识的东西，就不能理解意识一样，因为在意识的东西不是无。"他接着说："从这里似乎应该得出这样一个结论，即一个在意识的东西是某种物质性的东西。"这毫无道理，不合逻辑，因为一切行为（用）的主体（体）当然是指实体说的，所有逻辑学家，甚至大多数普通人都会认为：实体之中，有一些是意识性的，另一些是物质性的。我用蜂蜡这个例子只是证明颜色、软硬、形状等并不是蜂蜡的必要条件。

你说一个意识不能是另一个意识的主体，这也是错误的。意识不能没有一个在意识的东西，一般来说，任何一个属性或行为都不能没有一个实体，行为是实体的行为。可是，既然我们不能直接认识实体本身，而只能由于它是某些行为（用）的主体（体）才认识它，那么非常合理地，我们用不同的名称来把我们认识为完全不同的行为（用）或属性的主体（体）叫作实体，然后我们再检查是否这些不同的名称意味着不同的东西或相同的东西。有一些行为（用）我们叫作物质性的，如大小、形状、运动或者不占空间的其他东西，我们把它们寓于其中的实体称为物体，而不能错误地以为形状的主体是一个物体，位置移动的主体是另外一个物体。一切行为（用）在它们以广延为前提的情况下都是彼此一致的。有一些其他的行为（用），我们称为意识，如理解、意愿、想象、感觉，所有这些，它们的共同特点都是意识活动，它们寓于其中的实体，我们把它叫作有意识的东西，如精神、感觉、想象等。只要我们不把它跟物质性的实体混为一谈就行。因为意识性的行为（用）跟物质性的行为（用）完全相反，意识和广延截然不同。在我们形成了这两种实体不同的认知以后，再去看第六个沉思里讲到的话，我们就很容易认识到，它们到底是同一种东西还是两种不同的东西了。

【第三个反驳】

笛卡尔说："有什么是有别于我的意识的？有什么是可以说同我自己分开的？"

我们认为，我是有别于我的意识的。虽然意识和我分不开，可是它却和我不同，就像散步有别于散步的人。假如笛卡尔先生指的"有意识的人和人的意识"是一回事，我们就陷入矛盾中了：意识去意识，观看去观看，愿意去愿意。应该是散步的功能去散步，意识的功能可以去意识。所有这些事情都被弄得一塌糊涂，这和笛卡尔先生平素的睿智完全不同。

【答辩】

我并不反对有意识的我有别于我的意识，就好像一个东西有别于它的形态一样。我讲的是："有什么是有别于我的意识的？"这句话我是从几种意识方式来讲的，而不是讲我的实体。我接着说："有什么是可以同我自己分开的？"我不过是想说，在我的意识里所有这些意识方式，在我以外不能存在。这里，我既看不到有什么可以使人怀疑的地方，也看不出你们为什么在这个地方谴责我弄得一塌糊涂。

【第四个反驳】

笛卡尔说："我必须承认我用想象是不能理解这块蜂蜡是什么，只有我的理智才能够理解它。"

想象和理智推理之间有很大的不同，可是笛卡尔先生没有解释它们的不同在哪里。如果推理就是用"是"字串连起来的一连串的名称的总和，那么其结果就是：用推理，我们得不出任何有关事物的本质的结论，只能得出有关这些事物的名称。如果是这样的话，那么推理将取决于名称，名称将取决于想象，想象也许将取决于物体性器官的活动，因此意识无非是在有机物体的某些部分里的活动。

【答辩】

在第二个沉思里我用蜂蜡的例子，指出什么是我们在蜂蜡里想象的东西，什么是我们单用推理的东西，我解释了想象和推理的不同。我在别的地方也解释了我们推理一个东西为什么跟我们想象这个东西不同。举例来说，我想象一个五边形，就需要特别集中精力把这个形状弄得好像是在面前一样；我去理解一个五边形，就不使用这个方法。在推论里所做的总和并不是名称的总和，而是名称所意味着的事物的总和。我奇怪为什么有人能够想到相反方向上去了。

有谁会认为法国人是每一个法国人名字的总和呢？当这位哲学家对于随意定义名称时，难道他不是在谴责自己吗？如果他承认什么东西是由言语来表达它的意义，那么为什么他不愿意承认，我们的言辞和推理是表现为对有意义东西的言辞和推理，而不仅仅是语言本身的推理呢？当然，他可以用同样的方式得出结论说，意识是一种运动；他也可以得出结论说，地是天；或者他愿意说什么就说什么。因为意识和物体是两种完全不同的实体！

【点评】

这里最需要注意的问题是反驳者对于"我是有意识的东西"和"我存在"二者关系的理解。他说"从我是有意识的，得出我存在"，反驳者用物质性东西的主体（体）和运动（用）来类比意识的主体（体）和意识活动（用），笛卡尔予以了坚决否定。笛卡尔认为这完全是两码事，与物质性的东西不同，意识活动是活动寓于主体本身的一类主体。因此，意识和存在的关系也不是"因为意识，所以有意识"，而是这个存在就是意识寓于存在的"意识存在"，即"我是个有意识的东西"。这也为此后笛卡尔进一步论证"物质性存在和意识性存在的本质不同"做好了准备。

此外，在这里我想说说"广延"一词，因为学术界都使用了这个翻译。我认为它就是我们在逻辑表达上的"包括但不限于"。举例来说，铁的属性包括但不限于"金属、黑色、导电等"，这是一个典型的逻辑概念，而不是像很多学者所解释的笛卡尔首次提出了"广延"的物质概念。我相信被中文翻译成"广延"的这个外文单词，在很多笛卡尔之前的哲学著作中很可能已经出现过，因此大家也就习以为常了，这一点我们暂且不去查阅历史资料。但是，很有可能就是这种习以为常或者对于一个单词词性的误读，让我们错判了笛卡尔对前代哲学的进步价值。单词可能还是那个单词，在逻辑中的关系发生了变化，其确切的表意也就自然而然地会发生变化。

最后，关于多边形的讨论也再一次印证了笛卡尔关于几何图形本身与观念差异性的定义。这里笛卡尔主要讲的是认知的方式，一种是推理，一种是想象。想象一个五边形就是要在意识中构建一个虚拟的影像，而推导一个五边形，仅仅需要推导出由五条线段首尾连接而成的东西就可以了。

第四节　第四组反驳与答辩

【反驳：关于人的意识本质】

根据我以往所读过的著作，笛卡尔先生作为他的全部哲学基础和第一原则而建立的东西和前人没有什么不同。（引用先哲的话，删减）

既然他从他的意识里排除一切物质性的东西，仅仅是按照他的思路和推理的次序，那么，他的意思是除了他是一个"有意识的东西"以外，他不认识其他任何东西是属于他的本质的。显然，争论依然停留在原来的地方，问题依然完全没有解决，除了他是一个有意识的东西以外，如何得出没有其他任何东西属于他的本质？

【答辩】

也许在我里边有许多东西是我还不认识的，可是只要我认识到在我里面的东西，仅仅因为这个就足以使我存在，我就确实知道上帝可以不用我还不认识的其他东西而创造我，从而那些其他东西并不属于我的本质。我认为，任何东西，凡是没有它，别的东西也可以存在，他就不包含在那个别的东西的本质里。虽然意识不是人的本质，并且意识与肉体相结合，肉体也并不是人的本质。也就是说，用一种把事物理解得很不完满的意识抽象功能来理解一个东西而不牵涉另外一个东西，从这里不能得出两个东西之间的实在分别，只有把两个东西的任何一个完全不牵涉另外一个，才能得出两个东西之间的实在分别。

我不认为像阿尔诺先生所说的那样，需要一种全部的、完整的认识。如果一个认识完整的话，就必须本身包含所认识的东西的一切特性，因此只有上帝自己才知道他有对一切东西的全部的、完整的认识。即使一个被创造的理智对于许多事物也许真有全部的、完整的认识，但如果上帝本身不特别启示他，他就永远不能知道他有这些认识。为了使他对于什么东西有一种全部的、完整的认识，只要求在他里边的认识能力等于这个东西，这是容易做到的。但是，要使他认识到上帝在这个东西里边有没有放进更多的东西，那他的认识能力就必须等于上帝的无限能力，这是完全不可能的。

【点评】

同其他几位反驳者一样，他还在追问为什么"我是个有意识的东西"而不是别的什么东西；而笛卡尔只反复强调的是：我是个有意识的东西，至于我还是不是别的东西，我现在还不知道。他还在答辩的最后做了一个结论：知道一个东西里有什么，只要你的认知能力和那个东西一样就可以了；如果想知道一个东西里有没有其他的东西那是不可能的。也就是说已知的答案永远是因为已有的认知能力，认知能力改变了，答案就有可能改变。我认为这个论断在全文中隐藏得很深，但是非常重要，他提醒人们对于人类自身的认知局限性要时刻保持清醒的头脑，永远不能自以为是。

第五章

第三个沉思：上帝，他存在

【原文】

现在我要闭上眼睛，堵上耳朵，脱离我的一切感官，我甚至要把一切物质性东西的影像都从我的意识里排除出去，至少把它们看作是假的。这样一来，由于我仅仅和自己打交道，仅仅考虑我的内部，因此我要试着一点点地进一步认识我自己，对我自己进一步亲热起来。我是一个有意识的东西，我是一个在怀疑、在肯定、在否定，知道的很少、不知道的很多，在爱、在恨、在愿意、在不愿意，也在想象、在感觉的东西。即使我所感觉和想象的东西也许不是在我以外，但我确实知道我称为感觉和想象的这种意识方式，一定是存在和出现在我意识里的。

现在我要更准确地考虑一下，在我意识里还有没有其他的认知。我确实知道了我是一个有意识的东西。在这个初步的认知里，只有一个清楚、明白的意识。假如万一我认识得如此清楚、分明的东西竟是假的，那么就没有任何认识能使我知道它是真的。我觉得我已经能够把"凡是我们理解得清楚、明显的东西都是真的"这一条定为总则；如果没有什么其他的让我理解得清楚、明显的东西证明它是假的，我就确信无疑。那么为什么我以前当作非常可靠、非常明显而接受和承认下来，后来我又都认为是可疑的、不可靠的那些东西是什么呢？是地、天、星辰，以及凡是我通过我的感官所感到的其他东西。可是，我在这些东西里边曾理解得清楚、明白的是什么呢？当然不是别的，无非是那些东西在我意识里呈现的印象或观念，并且就是现在我还不否认这些观念是在我意识里。可是还有另外一件事情是我曾经确实知道的，并且由于习惯的原因使我相信它，我曾经以为看得非常清楚，而实际上我并没有看清楚它，即有些东西在我以外，这些观念就是从那里发生的，并且似乎和那些东西一模一样。我就是在这件事情上弄错了，假如我认为它是按照事实真相判断的，那只能说我做出判断的原因的真实性并不准确。

可是当我考虑有关算学和几何学某种十分简单、十分容易的东西，比如三加二等于五，等等，我至少把它们理解得清清楚楚，确实知道它们是真的。假如从那以后，我认为可以对这些东西怀疑的话，那一定不是由于别的理由，只能是我意识里产生想法，也许是一个什么上帝，他给了我这样的本性，让我甚至在我觉得是最明显的一些东西上弄错。但是每当上述关于一个上帝的至高无上的能力这种观念出现在我的意识里时，我都不得不承认，如果他愿意，他就很容易使我甚至在我相信认识得非常清楚的东西上弄错。反过来，每当我转向我以为理解得十分清楚的东西上的时候，我是如此地被这些东西说服，以致我自己不得不说："上帝能怎么骗我就怎么骗我吧。"只要我想我是什么东西，他就绝不能使我什么都不是，以及我认为存在这件事是真的，他就绝不能使我从来没有存在过，他也绝不能使三加二之和不等于五，以及我看得很清楚的诸如此类的事情上不是我所理解的那样。

既然我没有任何理由相信上帝是骗子，既然我还对证明有一个上帝进行过考虑，因此构建在这个观念之上的怀疑当然是非常轻率的，而且是非形而上学的。为了排除这个疑虑，一旦时机成熟，我就要检查一下是否有一个上帝，如果一旦我找到了那个上帝，我就要检查一下他是否是骗子。如果不认识这个事实的真相，我就看不出我能够把任何一件事情当作是可靠的。为了我能够有机会去做这种检查而不至于中断我给自己提出来的沉思次序，即从在我意识里先找到的观念一步步地推论到可能在我意识里找到的其他观念，我就必须在这里把我的全部意识分为几类，必须考虑在哪些类里有真理或有错误。

在我的各类意识之中，有些是事物的影像，因为只有这样，另外一些意识才真正适合观念这一名称。比如我想起一个人，或者一个怪物，或者天，或者一个天使，或者上帝本身。另外一些意识有另外的形式，比如我想要，我害怕，我肯定，我否定。我虽然把某种东西理解为我意识的活动的主体，但是我也用这个主体把某些东西加到我具有的观念上了，后一类意识叫作意志或情感，前一类叫作观念或判断。

至于观念，如果只就其本身而不把它们牵涉到别的东西上去，观念本身不是假的。因为不管我想象一只山羊或一个怪物，在我想象上这个观念都是真的。

也不要害怕在情感或意志里边会有假的，因为即使我可以希望一些坏事情，或者甚至这些事情从来不存在，但是不能因此就说我对这些事情的希望不是真的。这样，就只剩下判断了。在判断里我应该小心谨慎以免弄错。在判断里可能出现的最经常的错误就是我把在我意识里的观念和在我以外的一些东西看成等同的了。如果我把观念仅仅看成是我的意识的一种结果，不把它们牵涉别的什么外界东西上去，它们当然就不会错。

在这些观念里边，有些我认为是与我俱生的，有些是外来的，有些是由我自己主观臆断的。我有理解一个东西，或一个理智，或一个意识的功能，我觉得这种功能不是外来的，而是出自我的本质。但是，如果我现在听见了什么声音，看见了太阳，感觉到了热，那么我就判断这些感觉都是从存在于我以外的什么东西发出的，而人鱼、鸷马以及诸如此类的其他一切怪物都是一些虚构和由我的理智凭空捏造出来的。很可能这些观念都不是外来的，而都是和我与生俱来的，或者说都是我的意识产生的。因为到现在为止，我还没有清楚地发现它们的真正来源。我现在要做的主要事情是，在有关我觉得来自我以外的什么对象的那些观念，看看有哪些理由使我不得不相信它们是和这些对象等同的。

外来的观念必须具备两个条件之一：第一，我觉得这是大自然告诉我的；第二，我自己体会到这些观念是不以我的意志为转移的。比如不管我愿意也罢，不愿意也罢，我感觉到了热，而由于这个原因就使我相信热这种感觉是由于一种不同于我的东西,即由于我旁边的火炉的热产生给我的。除了判断这个外来东西只是把它的影像印到我意识里以外,我看不出有什么合理的解释。

现在我必须看一看这些理由是否过硬,是否有足够的说服力。当我说我觉得这是大自然告诉我的,我用大自然这一词所指的仅仅是某一种倾向,这种倾向使我相信这个事情,而不是理智使我判断这个事情是真的。这二者之间有很大的不同,因为对于理智告诉我的真实的事情,我一点都不能怀疑,就像我意识到我存在,我就能够推论出我存在。在辨别真和假上,我没有任何别的功能或能力能够告诉我,这个理智指给我的真的东西并不是真的,让我能够对于那种功能和对于理智同样地加以信赖。至于倾向,我觉得它们对我来说是不同的,当问题在于对善与恶之间进行选择的时候,倾向使我选择恶的时候并不比使我选择善的时候少。这就是在关于真和假的问题上我也并不依靠倾向做判断的原因。

至于这些观念既然不以我的意志为转移,那么它们必然是从别处来的,我认为这同样没有说服力。我刚才所说的那些倾向是在我的意识里,尽管它们不总是和我的理智一致,同样,也许是我意识里有什么功能或能力,专门产生这些观念而并不借助什么外在的东西。虽然我对这个功能和能力还一无所知,事实上到现在我总觉得当我睡觉的时候,这些观念也同样在我的意识里形成而不借助它们所表现物质性的对象。最后,即使我同意它们是由这些对象引起的,也不能因此而一定说它们应该和那些对象等同。相反,在很多事例上我经常看到对象和对象的观念之间有很大的不同。比如对于太阳,我觉得我的意识里有两种截然不同的观念,一种是来源于感官的,另一种从与我俱生的某些观念里得出来,根据这个观念我觉得它非常小;另外一个是来自天文学的知识,是由我自己用什么方法得出来的,根据这个观念,我觉得太阳比整个地球大很多倍。我对太阳所形成的这两个观念当然不能指向同一的太阳。理性使我相信直接来自它的外表的那个观念是和它不一样的。

这些足够使我认识到,直到现在我曾经相信有些东西在我以外,和我不同,它们通过我的感官,或者用随便什么别的方法,把它们的观念或影像传送给我，并且给我印上它们的形象，这都不是一种可靠的、经过深思熟虑的判断，而仅仅是盲目的、草率的判断。

可是还有另外一种途径做判断，在我意识里有其观念的那些东西中间，是否有些是存在于我以外的？比如，如果把这些观念看作只不过是意识的某些功能，那么我就认不出在它们之间有什么不同，好像是以同样方式由我生出来的。可是，如果把它们看作是影像，其中一些表现一个东西，另外一些表现另外一个东西，那么显然它们彼此之间是不同的。给我表现物质性实体的那些观念，无疑地比仅仅给我表现物质性样式或属性的那些观念更多一点什么东西，并且本身包含着更多的客观实在性。也就是说，通过表现物质性而反映更大的存在完满性。我由之而体会到一个至高无上的、永恒的、无限的、不变的、全知的、全能的，他自己以外的一切事物的普遍创造者的上帝的观念，他本身比给我表现物质性有限的实体的那些观念要有更多的客观实在性。

现在可以看出，在结果的原因里一定至少和结果有同样的实在性。因为结果如果不从它的原因里来，那么能从哪里取得实在性呢？这个原因如果本身没有实在性，怎么能够把它传给它的结果呢？

由此可见，不仅无中不能生有，而且更完满的东西，本身包含更多实在性的东西，也不能是更不完满的东西的结果。这个无论是在哲学家称为现实的或必要的实在性的那些结果里，还是在人们仅仅从中考虑哲学家称为客观实在性的那些观念里，都是清楚、明显的。例如：没有存在过的石头，如果它是由一个东西所产生，那个东西本身必须包含可能进入石头本质中的一切，即它本身包含着和石头所有的同样的东西或者更多一些别的东西，那么石头现在就不能开始存在。热如果不是由于在等级上、程度上，或者种类上至少是和它一样完满的一个东西产生，就不能在一个以前没有热的物质中产生，以此类推。此外，热的观念或者石头的观念如果不是由于一个本身包含至少像我在热或者石头里所认知的同样多的实在性，它也就不可能在我意识里。虽然那个原因不能把它们客观的实在性的任何东西传送到我的观念里，但不应该因此就认为那个原因不存在。我们必须知道，既然每个观念都是意识的作品，那么它的本性使它除了它从意识所接受或拿过来的那种实在性以外，自然不要求别的实在性。而观念只是意识的一种形式，一个观念之所以包含这样一个而不包含那样一个客观实在性，这无疑是来自什么原因，在这个原因里的形式实在性至少同这个观念所包含的客观实在性一样多。如果我们设想在观念里有它原因里所没有的东西，那么这个东西就一定是从无中来的。一种东西形式地或者通过表象，用它的观念而存在于理智之中的这种存在方式，不管它是多么不完满，总不能说它不存在，因而也不能说这个观念来自无。正如存在的方式是由于观念的本质而客观地存在于观念中一样，存在方式也由于观念的本质而更客观地存在于这些观念的原因中。即便一个观念有可能产生另一个观念，可是这种现象也不可能是无穷无尽的，它最终必须达到一个第一观念，这个第一观念的原因就像一个原型一样，在它里边必须包含着全部的客观实在性。这样，理性的观念在我的意识里就像一些绘画或者图像一样，它们有可能很容易减少它们物质性的完满性，可是绝不能包含什么更完满的东西。

越是长时间地、仔细地考察所有这些事物，我就越是清楚、明白地看出它们是真的。不过最后我从这里能得出什么结论来呢？结论就是：如果我的某一个观念的客观实在性使我清楚地认识到它不是必然地存在于我，因此我自己不可能是它的原因，那么结果必然是在世界上并不是只有我一个人，而是还有别的什么东西存在，它就是这个观念的原因。另外，如果这样的观念的客观实在性不存在于我，我就没有任何论据能够说服我并且使我确实知道除了我自己以外就没有任何别的东西存在。我曾经仔细地寻找过，可是直到现在我没有找到任何别的论据。

在所有这些观念之中，只有表现为物质性的我这个观念是毋庸置疑的，其他诸如表现为物质性上帝的观念、物质性天使的观念、有生命的物质性动物的观念、无生命的物质性东西的观念以及像我一样物质性人的观念都是可以用另外的方式理解的。我们完全可以认为物质性的人、动物、天使这些观念，可以由我关于物质性上帝的观念同其他一些观念混合而成，而世界上根本没有动物、天使和其他的人。至于无生命物质性东西的观念，我并不认为在它们里边有什么东西使我觉得它们不能来自我自己。如果我再仔细地考虑它们，像我昨天考察蜂蜡的观念那样考察它们，我认为在那里只有很少的东西是我理解得清清楚楚的，比如大小或者长、宽、厚的广延。用这几个词和边界组成的形状，不同形状形成起来的各个物体之间所保持的位置，以及这种位置的运动或变化，还可以加上时间和数目。至于别的东西，像光、颜色、声音、气味、味道、热、冷，以及落于触觉的其他一些观念，它们在我的意识里边是那么模糊不清以至我简直不知道它们到底是真的还是假的。也就是说，我不知道对于这些性质所形成的观念是否真的表象了一种实在的东西，或者说很有可能这些性质所表现出来的物质性东西的观念本身就是我想象出来的，而并不是真实存在的物质性东西的表象。虽然我以前提出过，只有在判断里才能有真正的真和假，在观念里则可能有某种实质的假，当观念把什么都不是的东西表现为物质性是什么东西的时候就是这样。比如：我对于冷的观念和热的观念很不清楚、不明白，以致按照它们的办法我不能分辨出到底冷仅仅是缺少热呢，还是热是缺少冷呢？或者二者都是实在的物质，或者都不是。既然观念就像影像一样，没有任何一个观念似乎不给我们表现物质性什么东西，如果说冷真的不过是缺少热，那么当作实在的、肯定的什么东西而把它给我表现出来的观念就不应该被叫作假的，其他类似的观念也一样。我当然没有必要把它们的作者归之于别人而不归之于我自己。因为如果它们是假的，就是说，如果它们表现物质性的东西并不存在，那么理智使我看出它们产生于无，也就是说它们之所以在我意识里只是由于我的本性缺少什么东西，并不是非常完满的。如果这些观念是真的，那么即使它们给我表现物质性的实在性少到我甚至不能清楚地分辨出来什么是所表现的东西，什么是无，我也看不出有什么理由使它们不能由我自己产生，使我是它们的作者。

至于我具有的物质性的东西的清楚明白的观念，有些似乎是我能够从我自己的观念中得出来的，像我具有的实体的观念、时间的观念、数目的观念等等。我想到石头是一个实体，或者一个本身可以存在的东西，想到我是一个实体，虽然我理解得很清楚我是一个有意识而没有广延的东西，相反石头是一个有广延没有意识的东西，这样，在这两个概念之间有着明显的不同，可是，无论如何它们在物质性实体这一点上似乎是一致的。同样，我想到我现在存在，并且除此以外我记得我从前也存在，我理解许多不同的观念，认识到这些观念的数目，这个时候我就在我的意识里得到时间和数目的观念，从此我就可以把这两种观念随心所欲地传给其他一切东西。

至于物质性的东西的观念由之而形成的其他一些性质，即广延、形状、地位、变动等，它们固然不是必然地存在于我意识里，因为我不过是一个在有意识东西，由于这仅仅是实体的某些形态，好像一些衣服一样，物质性的实体就在这些衣服下面给我们表现出来，而且我自己也是一个实体，因此它们似乎是必然地包含在我的意识里。

接下来就只剩下上帝的观念了，在这个观念里边，必须考虑一下是否有什么东西是能够来源于我自己的。用上帝这个名称，我是指一个无限的、永恒的、常住不变的、不依存于别的东西的、至上完满的、无所不能的，以及我自己和其他一切东西（假如真有东西存在的话）由之而被创造和产生的实体说的。这些优点是这样巨大、这样卓越，以至我越认真考虑它们，就越不相信我对它们所具有的观念能够单独来源于我。因此，从上面所说的一切中，必然得出上帝存在这一结论。因为虽然实体的观念之在我意识里就是由于我是一个实体，不过我是一个有限的东西，假如不是一个什么真正无限的实体把这个观念放在我意识里，我就不能有一个无限的实体的观念。

我无法想象我不是通过一个真正的观念，而仅仅是通过有限的东西的否定来理解无限的，就像我通过对动和光明的否定来理解静和黑暗。相反，我明显地看到在无限的实体里，比在一个有限的实体里具有更多的实在性。因此，我以某种方式在我的意识里首先有的无限的观念而不是有限的观念。也就是说，首先有的是上帝的观念而不是我自己的观念。假如在我的观念里，没有一个比我的存在体更完满的存在体，我怎么可能认识到我怀疑和我希望。也就是说，我如何认识到我缺少什么东西、我不是完满的呢？

因此，不能说这个上帝的观念是假的，是我从无中得出来的。也许因为我有缺陷，所以它可能没有存在于我的意识里，就像我以前关于热和冷的观念以及诸如此类的其他东西的观念所说的那样。相反，这个观念是非常清楚、非常明白的，它本身比任何别的观念都含有更多的客观实在性，所以大自然没有一个观念比它更真实，能够更少被人怀疑为假的。这个无上完满的、无限的存在体的观念是完全真实的。也许人们可以设想这样一个存在体是不存在的，可是不能设想它的观念不给我表现任何实在的东西。

这个观念也是非常清楚、非常明白的，因为凡是我的理智清楚、明显地理解为实在和真的，并且本身含有什么完满性的东西，都完全包含在这个观念里边了。虽然我不理解无限，或者虽然在上帝里边有我所不能理解的，也许用意识不能认知到无限的事物，但这都无碍于上面所说的这个事实是真的。因为我的本质是有限的，不能理解无限，这是由于无限的本质所决定的。只要我很好地理解这个道理，把凡是我理解得清清楚楚的东西，其中我知道有什么完满性，也许还有无数的其他完满性是我不知道的，都断定为必然地、客观地存在于上帝里边，使我对上帝所具有的观念在我意识里边的一切观念中是最真实、最清楚、最明白的。

可也许我是比我所想象得更多一点什么，也许我归之于一个上帝本质的一切完满性是以某种方式潜在于我自己之中。只是由它们的行动表现出来。事实上，我已经体验出我的认识逐渐增长，逐渐完满起来，我看不出有什么能够阻止它越来越向无限方面增长。还有，既然像这样增长和完满下去，我也看不出有什么阻止我按照这个办法获得上帝本质的一切完满性。如果我取得这些完满性的能力是存在于我的意识里，它就能够把这些完满性的观念引到我的意识里去。在我更仔细一点的观察下，我就看出这是不可能的。

首先，即使我的认识真是每天都取得进一步的完满，我的本质里真是有很多潜在的东西还没有成为现实的存在，可是所有这些优点也绝对不属于我。因为在上帝的观念里，没有仅仅是潜在的东西，全都是现实存在的、实在的东西，尤其是从我的认识逐渐增加，一步步增长这一事实上，难道不就是必然的、非常可靠的证据，说明我的认识是不完满的吗？再说，虽然我的认识越来越增长，可是我仍然认为它不能是无限的，因为它永远不能达到一个不能再有所增加的那样高度的完满性。可是我把上帝的无限的理解到在他所具有的至高无上的完满性上再也不能有所增加这样一个高度。我理解得十分清楚：一个观念的客观的存在体不能由一个仅仅是潜在的存在体产生，它只能由一个客观的、现实的存在体产生。

在刚才我所说的一切里，对于凡是愿意在这上面仔细进行思考的人，我看不出有什么不是通过理智认识的。可是，当我把我的注意力稍一放松，我的理智就被可感觉的东西的影像弄得模糊起来，好像瞎了一样。不容易记得我对于比我的存在体更完满的一个存在体所具有的观念为什么应该必然地被一个实际上更完满的存在体放在我意识里。这就是为什么我现在放下别的，只考虑一下具有上帝的这个观念的我自己。在没有上帝的情况下，我能不能存在？我是从谁那里得到我的存在呢？也许从我自己，或者从我的父母，或者从不如上帝完满的什么其他原因。因为不能想象有比上帝更完满，或者和上帝一样完满的东西。那么，如果我不依存于其他一切东西，如果我自己是我的存在的作者，我一定就不怀疑任何东西，我一定就不再有希望，最后我一定不缺少任何完满性。因为凡是在我意识里有什么观念的东西，我自己都会给我，这样一来我就是上帝了。

我无法想象我缺少的东西也许比我已经有的东西更难取得。我是一个有意识的东西，如果这个我是从无中生出来的，那么理智告诉我这显然是错误的。这样一来，毫无疑问，如果我给了我自己更多的东西，也就是说，如果我是我产生的，那么我至少不会缺少比较容易取得的东西，至少不会缺少在我理解上帝的观念中所含有的任何东西，因为那些东西里边没有一件是我觉得更难取得的。如果有一种更难取得的东西，那一定是我的能力确实不能达到上帝的境界。虽然我可以假定我过去也许一直是像我现在这样存在，但是我不会因此而怀疑这个推理的效力，也不能不认识到上帝是我的存在的作者。因为我的全部生存时间可以分为无数部分，而每一部分都绝对不取决于其余部分，假如不是在这个时候有什么原因重新产生我、创造我、保存我，从不久以前我存在过这件事上并不能得出我现在一定存在。

事实上，这对于凡是要仔细考虑时间性质的人都是非常清楚、非常明显的，即一个实体，为了在它延续的一切时刻里被保存下来，需要同一的能力和同一的行动，这种行动是为了重新产生它和创造它。因此，理智使我看得很清楚，保存和创造只是从我们的思想方法来看才是不同的，而从事实上来看并没有什么不同。所以，只有现在我才必须问我自己，我是否具有什么能力使现在存在的我将来还存在？因为既然我无非是一个有意识的东西，那么如果这样的一种力量存在于我的意识里，我一定会时刻想到它并且对它有所认识。可是，我觉得像这样的东西，在我的意识里一点都没有，因此我明显地认识到我依存于一个和我不同的存在体。

也许我所依存的这个存在体并不是我叫作上帝的东西，而是我的父母，或者由不如上帝完满的什么其他原因。不可能是这样，因为我以前已经说过，显然在原因里一定至少和在它的结果里有一样多的实在性。因此，既然我是一个有意识的、在我意识里有上帝的观念的东西，不管最后归之于我的本质的原因是什么，但必须承认它一定同样地是一个有意识的东西，本身具有我归之于上帝本质的一切完满性的观念。然后可以重新追问这个原因的来源和存在是由于它本身呢，还是由于别的什么东西。如果是由于它本身，那么根据我以前说过的道理，其结果是它自己一定是上帝，因为它有了由于本身而存在的能力。那么它无疑地也一定有能力现实地具有它所理解其观念的一切完满性。也就是说，我所理解为在上帝里边的一切完满性。如果它的来源和存在是由于它本身以外的什么原因,那么可以根据同样的道理重新再问:这第二个原因是由于它本身而存在的呢,还是由于别的什么东西而存在的?一直到一步步地,最终问到一个最后原因,这最后原因就是上帝。很明显,在这上面再无穷无尽地追问下去是没有用的。

世界上不能有两个上帝。我也不能假定也许我的产生是由很多原因共同做成的,我从这一个原因接受了我归之于上帝的那些完满性之一的观念,从另外一个原因接受了另外什么的观念。那样一来,所有这些完满性即使真的都存在于宇宙的什么地方,可是也不能都结合在一起存在于唯一的地方。相反,在上帝里边有一切东西的统一性,或单纯性,或不可分性,是我在上帝里所理解的主要的完满性之一;而上帝的一切完满性各种统一和集合的观念一定不可能是由任何一个原因放在我的意识里。因为如果这个原因不让我同时知道它们是什么,不让我以某种方式完全认识它们,就不能让我把它们理解为不可分的。

至于我的父母,好像我是他们生的,关于他们,即使我过去所相信的都是真的,也并不等于是他们保存了我,也不等于他们把我做成是一个有意识的东西。因为他们不过是把某些部分放在一个物质里,我断定在这个物质里边关着的就是我自己。也就是说,我是一个有意识的东西。关于父母,我必然得出这样的结论:单从我存在和我意识里有一个至上完满的存在体的观念,就非常明显地证明了上帝的存在。

我只剩去检查一下我是用什么方法取得了这个观念的。因为我不是通过感官把它接受过来的,而且它也从来不是像可感知的东西的观念那样,在可感知的东西提供或者似乎提供给我的感觉的外部器官的时候,不管我期待不期待而硬提供给我。它也不是纯粹由我的意识产生出来或虚构出来的,因为我没有能力在上面加减任何东西。因此没有别的话好说,只能说它和我自己的观念一样,是从我被创造那时起与我俱生的。

这不足为奇,上帝在创造我的时候把这个观念放在我的意识里,就如同工匠把标记刻印在他的作品上一样。这个标记也不必一定和这个作品相同。只就上帝创造我这一点来说，非常可信的是，他是照他的形象产生的我，对这个形象，我是用我理解我自己的那个功能去理解的。也就是说，当我对我自己进行反省的时候，我不仅认识到我是一个不完满、不完全、依存于别人的东西，这个东西不停地倾向、希望接近比我更好、更伟大的东西。而且我同时也认识到我所依存的那个别人，在他本身里边具有我所希求的、在我意识里有其观念的一切伟大的东西，不是不确定的、仅仅是潜在的，而是实际的、现实的、无限的，因此他就是上帝。我在这里用来证明上帝存在的论据，它的效果就在于我认识到：假如上帝真不存在，我的本质就不可能是这个样子，也就是说，我不可能在我理智里有一个上帝的观念。我再说一遍，恰恰是这个上帝，我在我的意识里有其观念。也就是说，他具有所有高尚的完满性，对于这些完满性我们的意识里有一些观念，却不能全部理解。他不可能有任何缺点，凡是标志任何不完满性的东西，他都没有。

这就足以明显地说明他不能是骗子，因为理智告诉我们，欺骗必然是由于什么缺点而来的。在我把这件事更仔细地进行检查并对人们能够从其中取得的其他理智进行考虑之前，我认为最好是停下来一些时候专去深思这个完满无缺的上帝，消消停停地衡量一下他的美妙的属性，至少可以说是为之神眩目夺的理智的全部能力去深思、赞美、崇爱这个灿烂的光辉之无与伦比的美。因为信仰告诉我们，来世至高无上的幸福就在于对上帝的这种深思之中。我们从现在起就体验出，像这样的一个沉思，尽管它在完满程度上差得太远，却使我们感受到我们在此世所能感受的最大满足。

【点评】

在这里，笛卡尔已经明确地暗示我们上帝只是一个名称，其实就是真理的别名，这个别名只是为了蒙蔽教会而已。而且本文中所指的信仰，显然指的是对于真理的信仰。

这里笛卡尔使用的是排除法，他反复地寻找哪些观念是来自外部的，来自外部的观念需要进行验证；哪些观念是来自我内部的，来自内部的就是与生俱来的，可以作为今后验证疑问的理智。我们就看看他是如何把外来的观念从自己确信的东西中排除出去的。

首先，"凡是我们理解得清楚、明显的东西都是真实的"这一条定为总则，到目前为止，笛卡尔唯一十分清楚、十分分明的东西就是"我是一个有意识的东西"。

其次，他更确信关于数学上的公理，比如三加二等于五。假如这个也错误，那么就是上帝让他弄错的。那么三加二等于五有没有可能弄错呢？今天我说当然可以，比如我们使用四进制，那么三加二就等于一一，使用五进制，那么三加二就等于一〇。可见，这里笛卡尔所谓的"上帝"是数学或者几何学中的公理以及公理的使用的体系。

接下来就是一场关于观念的大讨论。

第一，意识分两类：一类诸如我想要、我害怕、我肯定、我否定，这些叫作意志或情感；除此以外的第二类叫作观念或判断。

第二，观念本身不是假的。如果说观念形式存在于我的理智之中，那么它所表现的对象就客观地存在于某处，以此类推，最终的对象就会客观地存在于现实之中。

第三，把观念看成影像，就可以由之而体会到一个至高无上的、永恒的、无限的、不变的、全知的、全能的，他自己以外的一切事物的普遍创造者的上帝的那个观念，在他本身里比给我物质性有限的实体的那些观念要有更多的客观实在性。

第四，无中不能生有，本身包含更多的实在性的东西，也不能是比较不完满的东西的结果。因此上帝的完满的观念的原因一定是一个完满的上帝的存在。即便一个观念有可能产生另一个观念，但是推到底还是来源于一个完满的上帝的存在的观念。

第五，观念分两类，一类是与我俱生的，一类是外来的，是由自己的理智认知的。

第六，如果我的某一个观念的客观实在性使我清楚地认识到它不是必然的存在于我，所以我自己不可能是它的原因，那么结果必然是在世界上并不是只有我一个人，而是还有别的什么东西存在，它就是这个观念的原因；另外，如果这样的观念不存在于我，我就没有任何论据能够说服我并且使我确实知道除了我自己以外就没有任何别的东西存在。

第七，来自外部的观念给我表现一个上帝，另外一些观念给我表现物质性的、无生命的东西，另外一些观念给我表现天使，另外一些观念给我表现动物，最后，还有一些观念给我表现和我一样的人。

第八，有一类物质性东西的观念就像意识给物体披上的外衣，这个外衣就是我的意识。

第九，上帝的观念。用上帝这个名称，我是指一个无限的、永恒的、常住不变的、不依存于别的东西的、至上完满的、无所不能的，以及我自己和其他一切东西（假如真有东西存在的话）由之而被创造和产生的实体说的。这些优点是这样巨大、这样卓越，以至我越认真考虑它们，就越不相信我对它们所具有的观念能够单独地来源于我。

经过这样的一大串的排除法，笛卡尔把最后的剩下的东西起了个名字叫作"上帝"，在他的意识当中所反映的"上帝"的观念的原因就是他叫作上帝的那一大堆东西。这样我们就好理解了，他代表未经确定证明的东西、代表有限认知以外无限的认知、代表他所描述的那些词汇的总和，明白了吧，这个名字可以是"宇宙"，可以是"真理"，也可以是"张三"，也可以是"李四"。接下来的问题只有一个，就是这个"某某"是不是唯一的？逻辑上是肯定的，因为无限必唯一，无限包含无限、两个无限同在都是伪命题。但是笛卡尔在此后还是使用了大量的篇幅进行论证，要么就是表现严谨，要么就是掩人耳目。他甚至去检查有没有可能是父母，我觉得这纯粹是故弄玄虚。

第六章

对第三个沉思的反驳与答辩

第一节　第一组反驳与答辩

【反驳】

我认为,"由本身"这几个字有两种讲法。第一种讲法是作者的意思,就像由一个原因那样由它本身,这样就会由本身而存在,并且把存在性给予它自己。假如他事先就选择好并把想要的东西都给了自己,毫无疑问他可以把一切东西都给自己,那么他就是上帝;"由本身"的第二种讲法是我们的意思,是不由别人的意思。如果按照我们的理解,一个东西不是由别人而存在,你由此怎么证明他包含一切并且是无限的呢?如果按照你的理解,"因为我,所以我自己存在",我就很容易把一切东西给了我自己。我想说,它并不像由一个原因那样使自己而存在,因为在他还没有存在之前,他也不可能预见自己可能是什么,从而选择他以后会是什么。

如果就按你说的,一个东西因为它本身而存在,也就是说,它不是因为别的东西而存在,如果这种原因是来自它内部的组成它的那些要素、来自它自身的本质。在对于这种本质你还没有证明它是无限的之前,你怎么证明它自己的无限呢?比如,你认为热就是由于热本身,就是来自它就内部组成热的要素,而不是由于冷。

我同意这位伟大的人物所建立的普遍规则:"我们理解得十分清楚、十分分明的东西都是真的。"而我却相信凡是我感觉到的都是真的,并且从很长的时间以来我就抛弃一切想象和由理智推论出来的东西，因为任何一种能力都不能改变感知的对象本身，如果想象和理智活动起来，它就会产生倾向。我认为，感官本身并不能弄错，因为视觉看见它所看见的东西，耳朵听到它所听到的东西都很真实，如果我们看见了闪烁着金黄色的铜片，我们就看到了。但是当我们用判断力断定我们所看见的是金子，我们就弄错了。因此，笛卡尔先生把一切错误都归之于判断，这是很有道理的。

接下来让我们看看，他从这个规则推论出来的东西是否正确。他说："我清楚、分明地认识到无限的存在体，所以它是一个真实的存在体，它是一个什么东西。"我想问他："你清楚、分明地认识无限的存在体吗？"我想大家都会承认一个事实："无限，因为它是无限的，所以是不可知的。"如果说当我想到一个千边形，可我不能清楚地描绘出这个千边形来。那么，既然我不能清楚、准确地看到构成它的那些无限的现实性，我怎么能清清楚楚地理解作为无限的存在体呢？

即便我们同意他这个原则并且让我们假定笛卡尔先生具有一个至上的、至高无上完满的存在体的清楚、分明的观念，那么他又能从那里推论出什么结论来呢？他非常肯定这个无限的存在体是存在的，就跟从数学的论证得出来的结论同样的肯定。也就是说，理解一个上帝，理解一个至上完满的存在体，然而却缺少现实的存在性，这和理解一座山而没有谷是同样不妥当的。这就是全部问题的关键，目前谁要是退让，谁就必须认输。

笛卡尔先生好像在他的论据里没有同样的前提。上帝是一个至上完满的存在体，至上完满的存在体包含着存在，否则他就不是至上完满的。

这里我也用简单的几句话反驳一下：即便人们同意至上完满的存在体由于它本身的名称就包含着存在性，这不等于说这种存在性在大自然里就现实地是什么东西，而仅仅是由于有着至上存在体这个观念，存在性与这个观念才是不可分割地被连在一起。从这里，如果你不先假定这个至上完满的存在体在现实中存在着，你就不能推论出上帝的存在在现实中是一个什么东西。

如果你们不事先假定这个至上存在体存在,那就不等于说这个存在性在现实中是什么东西,他即使具有他的其他一切完满性,在现实上包含着存在性的完满性,也必须再证明这个至上完满的存在体现实存在。

对于我来说,我要对付的是一个强有力的对手,我必须躲一躲他的锋芒。既然总归是要输的,我至少可以拖延一段时间。

【答辩】

同样,也必须想到在上帝观念中的客观实在性,即上帝的现实存在性。假如上帝不是现实地存在的话,那么这个全部的实在性或者完满性能够在什么里边呢?对于这个问题他首先反驳说:"一切观念都和关于三角形的观念一样,即使也许世界上任何地方都没有三角形,可是这并不妨碍有三角形的某一种确定不移的性质,这是我将告诉你们说这是来自我们人类意识的不完满等等。"也就是说,在我们意识中仅仅是上帝的观念是由于我们理智的不完满,同我们想象一个非常精巧的机器而不去想象一个不完满的机器是由于对于机器的无知是一样的。

我的观点正好相反,如果有人具有一个机器的观念,在这个观念里含有人们可能想象出来的全部技术,那么人们就可以由之而推论出这个观念是从一个原因产生的,在这个原因里实在地、事实上有全部可想象的技术。同样道理,既然我们在意识里有上帝的观念,在这个观念里含有人们所能理解到的全部完满性,那么人们就可以由之而非常明显地得出结论说,这个观念取决并产生于什么原因,这个原因本身真正地含有全部的这种完满性,即上帝现实存在的这种完满性。由于并不是所有的人都是精通机械学的,因而对于十分精巧的机器不能理解,同样如果大家也不是都理解哲学,那么这就难于理解上帝的观念。可是,因为这种观念是以同样的方式刻印在大家的精神里,而且我们看到它绝不是来自别处,而只是来自我们的意识,所以我们假定它是属于我们理智的本性。不过我们忘记了应该考虑的另一件事,如果我们的理智仅仅是一个有限的东西，而且它没有上帝这一原因作为它存在的原因的话，那么本身有着上帝的观念的这种功能就不能在我们心中。这就是为什么我曾经问过下面的话：如果在没有上帝的情况下我是否能够存在？我不是为了提出一个与前面不同的解释，而是为了更完满地解释它。

　　我的论据并不是从我可感觉的东西里的某种动力因中提出来的，而是因为我想到上帝的存在性是远比任何一种可感觉的东西的存在性更为明显，也是因为我没有想到这种认识有其他原因，而只是使我认识我自己的不完满。因为我不能理解无限的东西怎么能如此永恒地彼此相续而没有第一原因。我不能理解它，这并不等于说没有一个第一原因。同理，由于我不能理解一个有限的量可以无限分割，也不等于说我们不能达到一个最后分割。只等于说我的理智是有限的，不能理解无限，这就是为什么我更喜欢把我的推理依靠在我自己的存在性上。这个存在性的持续不取决于任何原因，而且没有什么别的东西比我自己认识得更多。关于这一点，我并没有追寻我从前是由什么原因被产生的，现在保存我的是什么原因，以便我用这个方法使我从我持续存在的原因中摆脱出来。到此我还没有谈论我是否是肉体和灵魂的组合，而仅仅是作为一个有意识的东西，来追寻我的存在的原因。坚信任何我没有认识的东西都不能存在于我的意识里，这样对于我摆脱成见、趋向真理大有益处。同样，如果我考虑我的存在是因为我的父亲，而我的父亲也是来自他的父亲，如果看到也在追寻父亲的父亲时，我不能把这种进程继续到无限，为了结束这种追寻，我断言我的存在有一个第一原因。同时，就我是一个有意识的东西而言，在各种各样的意识中间，我认出了在我的意识里有着一个至上完满的存在体的观念。我论证的全部力量就是取决于它。

　　首先，因为这个观念使我认识上帝是什么，至少是按照我所能认识他的那种程度。按照真正的逻辑规律，如果首先不知道它是什么，绝不要问它是否存在。其次，因为就是这个观念给了我机会去检查我是由我自己还是由别人而存在的，也给了我机会认识我的缺陷。最后，就是这个观念，它教导我不仅我的存在有一个原因，而更多的是这个原因含有各种各样的完满性，而这个原因就是上帝。

我没有说过一个东西不可能是它自己的动力因。虽然人们把动力的定义限定在与其结果不相同或者在时间上在其结果之先的那些原因是可以理解的，可是在这个问题上它好像没必要这样限定它。一方面，那会是一个毫无意义的问题，因为谁都知道同一的东西不能与其自身不同，也不能在时间上先于它自身。另一方面，真理并没有告诉我们动力因的本质在时间上在它的结果之先。相反，如果没有产生结果，它就既没有动力因的名称，也没有动力因的本质，从而它并不是在结果之先。真理告诉我们，没有任何东西是不可以问它为什么存在的，或者不能追寻它的动力因。假如它没有动力因，那么还可以问它为什么不需要动力因。因此，如果我想找出任何东西与它自己的动力因果关系，我就还得找出这个动力因的动力因。这样我就永远不会达到一个第一的原因。因此，我们必须承认有个什么东西，在这个东西里边有一种能力，这种能力是如此强大、如此无限，它绝不需要任何帮助而存在，并且它现在也不需要任何帮助被保存，它在某种方式上就是自己的原因，我理解上帝就是这样的。因为即使我过去是永恒存在的，在我之先什么都没有，可是当我看到时间的各个部分是彼此分开的，我现在存在并不说明我以后还应该存在。如果我是每时每刻都重新被什么原因创造的话，我就可以把这个原因称为动力因，它不断地创造我、保存我。这样一来，因为上帝过去存在，而且他自己保存他自己，所以他似乎自己就是自己的动力因。必须指出，我的意思并不是由动力因可以保存任意一种结果，而仅仅是认为上帝的本质是这样的，他不可能不是永远存在的。

说明了这一点，我就很容易回答"由本身"这个词的含义。那些只拘泥于动力因一词旧有的、狭隘的意义的人们认为一个东西不可能是自己的动力因，而不在这里指出与动力因有关的、类似的其他种类的原因。当他们说，一个由本身存在，应该理解为不由别的东西存在。与其说关注的是逻辑，不如说他们是在咬文嚼字。可是他们会很容易地认识到，"由本身"这一词的反面意义不过是人类理智的不完满，这种反面意义在逻辑上没有任何意义。而正面意义是为了逻辑意义得出来的，我的论据就是根据这种正面意义的。比如，如果有人认为一个物体是由它自己而存在的，他的意思就是说这个物体是没有动力因的，这样就不能用任何正面的原因，而只能用一种反面的方式来肯定他所认为的东西。这是因为他对这个物体的任何动力因都没有认知，只能证明了在他的认知上的某种不完满。他以后可以很容易认识到，如果他考虑到时间的各个部分彼此不相依存，考虑到他假定这个物体到现在为止是由自己而存在的，没有原因，这并不等于说，如果没有一个能力不断地重新产生它，它以后还可以存在。在物体的观念里显然没有这种能力，因此就很容易推论出这个物体不是由自己而存在的，这样就会把由自己而存在这一词当作是正面的。同样，当我们说上帝是由自己而存在的，我们也可以把这理解为反面的，认为他的存在没有任何别的原因。可是我们以前曾经追寻过他为什么存在或者为什么他不停止存在的原因，如果考虑包含在他的观念里的广大无垠、深不可测的能力，我们把这种能力认识为如此饱满、如此丰富，以至事实上这种能力就是他为什么存在以及不停止存在的原因，如果除了这个原因以外不能有别的原因，那么我们说上帝是由自己而存在的。这不再是在反面的意义上，而是在正面的意义上的。为了避免人们对动力因这个词继续争论下去，也不必说他是自己本身的动力因，因为我们看到他是由自己而存在的，或者使他没有不同于本身的原因并不是从无中生出来的，而是从他的能力的实在的、真正的广大无垠性中生出来的，所以我们完全有理由想到他以某方式对于他本身做跟动力因对于结果所一样的事情，从而他是正面地由自己而存在的。每个人也有权问自己：在这种意义上我们是否是由本身而存在的？当他在他本身里找不到任何一种能力可以保存自己哪怕是一刹那，他就有理由相信他是由一个别人而存在的，甚至由一个由自己而存在的人而存在的。任何结果不能仅仅追究到一个第二原因，如果它有着那么大的能力以至能够保存一个在它以外的东西，就更有理由用它本身的能力保存它本身，这样一来它就是由自己而存在的。

当人们说任何局限性都是由于一种原因，人们理解对了，只不过他们没有用准确的言辞把它表示出来，或者是因为没有去掉自身的成见。局限性不过是一个更大的完满性的缺陷，这个缺陷不是一个原因，而是由原因的局限性导致的。一切局限性的原因，必须从这个局限性的原因之外寻找证明。这位精细的神学家回答得很好，一个东西可以因为两个方面产生局限性：或者是因为产生它的那个东西没有给它更多的完满性；或者是因为它的本性有缺陷，即它只能接受某一些完满性。就好像三角形的本性不能有三个以上的边那样。不过我认为凡是存在的东西都是由于一个原因，可以是由于自己，把自己作为原因而存在。既然我不仅对于存在性，同时也对于存在性的否定理解得很清楚，那么就没有什么我们能非要对一个我们认为"由本身存在的东西"找出理由说明为什么它存在而不是不存在。这样我们就永远应该正面地说明"由本身而存在"这几个字，就好像这是由于一个他本身固有的一种非常丰富的能力而存在，这种能力只能是在上帝那里。

他随后说，虽然他对下面的问题事实上没有疑问，但这是个经常被人忽略的问题，这个问题对于把哲学从黑暗中挽救出来十分重要。所以为了在我的事业上给予帮助，他用他的权威来进行肯定。

他又说："是否清楚、分明地认知无限？这个问题非常容易被任何人提出来，所以你对它回答一下是有必要的。"首先，"无限"就其是无限的来说无法被认知，不过它是可以被理解的。因为清楚、分明地把一个东西理解为在它里边绝没有限制，这就是清楚地理解了它是无限的。我在这里把无穷（indefini）和无限（infini）做了区别，没有什么东西是我真正称为"无限的"，除非在它里边什么地方我都看不到限制，在这种意义上只有上帝是无限的。对那我看不到止境的东西，比如空间的广延、数不清的数目、量的各部分的可分割性等，我把它们叫作无穷。不管怎么说，它们并不是无止境的，也不是没有界限的。还有，我把无限的观念或无限性，同无限的东西加以区别。无限的观念或无限性，虽然我们把它理解为正面的东西，可是我们只是以一种反面的方式，即从我们看不出在这种东西里边有任何界限来理解它。至于无限的东西，我们把它也从正面来理解，可是只是理解它的局部。也就是说，我们不理解在它里边的所有的存在。当我们看一下海，不能不说我们看见了海，虽然我们的视觉并没有达到海的全部，也没有衡量海的全部领域。当我们只是从远处看它，就好像我想要用眼睛把它全部一览无余，可是我们只是模模糊糊地看见了它，就像当我们试图想象一个千边形所有的边的时候，我们也只能模模糊糊想象它。可是当我们的视觉仅仅停止在海的一部分的时候，我们所看见的就能够是十分清楚、十分分明的。同样，当我们只想象一个千边形的一两个边的时候，我们的想象也能够是十分清楚、十分分明的。同样，我和所有的神学家都同样认为，上帝是不能被人类理智认知的。那些试图用理智把他全部一览无余的尝试，就如同从远处看他的人一样，也不能清楚地见到他。（此处删除作者对托马斯的引用）至于我，每次当我说上帝是能够被清楚、分明地认识的时候，我的意思从来都只是认知有限的、适合于我的理智的小小的能量的那一部分。就像人们将会很容易看到的那样，对这个问题我只在两个地方说到过：一个地方是，当问题在于是否什么实在的东西包含在我们关于上帝所做成的观念里边，或者是否有一个事物的否定，就像人们可以怀疑是否在冷的观念里有一个热的否定，尽管人们不懂得无限，这也是很容易被认识的；在另一个地方是，我主张的存在性属于至上完满的存在体的本质，就像三个边属于三角形的本质一样，用不着具有广阔到把包含在上帝里边的一切东西都认识的认识能力，这也是可以充分认知的。

【点评】

因为反驳者反复强调不引用权威的论点，所以我就把他反驳过程中的所有引用都去掉了，当然，我也把他们两个人辩论中多余的客气话都删除了，只保留了他们自己的反驳和答辩。

首先是关于"上帝由本身存在"的无限存在性问题。反驳者的观点是：不是由于其他的东西而存在无法证明由本身存在的自己是无限的。笛卡尔的方法是，把不由别的东西看成是逻辑上论证上的认知缺陷。而只有把"上帝由本身存在"的动力因果关系拓展为逻辑因果，即时间上没有先后的因果关系，由本身才有逻辑的现实意义，因为这样的"由本身存在的"才是广大无垠的上帝。

他们争论的核心是客观存在是否现实存在。他们把结果与原因的实在性从形式存在与客观存在的关系进一步拓展到客观存在与现实存在的关系。反驳者值得现实存在应该是物质性的存在，而笛卡尔认为它仍然是逻辑性的现实存在。在开篇我就说过，这个反驳者作为一个神学家应该说是有进步性的，他已经退让到可以不讨论上帝的神性，而只讨论上帝的先验性，我们可以把先验性理解为依靠与生俱来的、经验的、知识的结论，不需要证明的东西。也就是说对于他来说，需要假设上帝存在的观念是先于人的意识而现实存在，这已经明显地看出他已经走在由客观唯心主义向主观唯心主义转变的路上，是神学向哲学的转变。在今天看来，似乎这种转变只是一小步，你可以指责他的局限性，但客观地说，很多生活在今天的人们，除了愿意从书本、权威、媒体、老师、学者那里快速接受先验的结论之外，是不是连用自己独立的理智向前走一小步的勇气和意愿都没有呢？笛卡尔论证的目标是上帝的观念存在，如果这个观念仅仅是一种观念，那么从某种意义上讲他至少是要否定客观唯心主义对于上帝的定义的主观唯心性。

后面反驳者希望笛卡尔阐述一下对于无限的认知，笛卡尔简明扼要地讲了两点：第一是从有限认知中无法得到无限的观念；第二是我们可以认知无限的局部。

第二节　第二组反驳和答辩

【反驳】

　　第二点，从你认为有一个不能是由你产生的至上存在体的观念，你就得出一个至上存在体的存在，以及你意识里的其他观念都由它产生。如果是我们在自己的心中找到一个充分的证据，没有至上存在体，或者不知道是否有一个至上存在体，或者想不到它的存在性，只有依靠它我们就能做成这个观念，那么，我岂不是看到我有意识的功能，就有某种程度的完满性吗？这样别人不就也有和我一样程度的完满性吗？既然如此，我就有理由认为这个意识的程度可以增加，一直可以增加到无穷。同样，哪怕世界上只有一种程度的热或光，我都可以在上面永远加上一些新的程度的热或光以至无穷。为什么我不能同样地在我意识里发觉的某种存在的程度上加上其他任何程度，并且把可能加上的一切程度做成一个完满的存在体的观念呢？可是你说，结果里所有的任何程度的完满性或实在性只能是在它的原因里所拥有的东西。可是，我们每天看到苍蝇以及许多其他动物、植物都是由太阳、雨水和土产生的，在太阳、雨水和土里生出来，而它们里边并没有像在这些动植物里边的生命，这种生命是比其他任何纯粹物质性的东西更完满。由此可见，结果从它的原因里引出某种实在性，可是这种实在性并不在它的原因里。一个观念不过是一个理性的存在体，它并不比理解你的理性更完满。再说，如果你一辈子都生活在荒无人烟的地方，不是和一些有学问的人共事的话，你怎么知道这种观念一定会呈现在你的意识里呢？难道人们不会说这个观念是你从你以前的认知里、从书本里、从与朋友们的谈论里得来，而不是光从你的理性里、从一个存在着的至上存在体里得来的呢？所以你必须更清楚地证明一下，如果没有一个至上的存在体，这个观念也能在你意识里，到那时，我们大家就都心服口服了。

就像我刚刚说过的，加拿大人、休伦人，以及其他的野蛮人没有这样一种观念。如果这个观念是你可以从你对物质性的东西的认识中做成，那么你的观念就只表现物体界，它包含你所能想象的一切物体的完满性，所以你所能得出的结论不过是有一个非常完满的物质性的存在体。除非你再加上什么东西，这个东西把我们的理性一直提高到对于灵魂的认识上去。我们在这里也可以说一个天使的观念能够在你的意识里，和一个非常完满的存在体的观念一样。因为天使比你更完满，所以你在心里做成一个实际存在的天使的观念。可是，我们没有上帝的观念，也没有一个无限的数目或一个无穷的线的观念，虽然你可以有数目和线的观念，可是无穷是不可能的。还有，把其他一切的完满性都囊括成为唯一的完满性，这种统一化和单一化只能由推理来完成。这和共相的统一所做的是一样东西，这种共相的统一并不存在于事物之中，而只存在于理智之中，就像人们将种统一成属一样。

【答辩】

第二点，当你们说我在我本身里找不到足以做成上帝的观念的根据时，你们并没有说出同我意见相反的东西。在第三个沉思的末尾我自己明确地说：这个观念是我与生俱来的，它不是来自别处，只是来自我自己。应该说，即使我们不知道有一个至上的存在体，我也承认我们可以做成它，而不是事实上如果没有一个至上的存在体，而我能够这样做。我曾说过，我的论据的全部力量就在于：如果我没有被上帝创造，那么做成这个观念的功能就不可能在我的意识里。

你关于苍蝇、植物等所说的话也绝不能证明某种完满性可以在结果里而并不在它的原因里。要么是在动物里没有完满性，即动物和非生物一样没有生命，否则，如果它有什么完满性，这种完满性就是从别处来的，而太阳、雨水和土并不是这些动物的全部原因。如果你们仅仅由于他不知道他所说的东西仅仅是有助于一个苍蝇出生的原因，并不是有着和在一个苍蝇里的一样程度的完满性，却不知道此外还有别的一些完满性，那我就无话可说了。

我再加上一句：你们在这里对于苍蝇的论述，认为从对物质性的考虑中得出来的东西，是不会来到这些人的意识中来的，你们可以按照我沉思的次序把意识从可感知的一些东西上避开以便开始进行哲学思考。

你们说在我们心中上帝的观念不过是一个理性的存在体，我认为这一点也反驳不着我。如果一个理性的存在体指的是一个不存在的东西，那就说不通了。只有把凡是意识的活动都被当作理性的存在体，那才是对的。在这个意义上，这个世界的全部也可以被称为一个上帝的理性的存在体，也就是说，由上帝的理智的一个简单行为创造的一个存在体。我已经在几个地方充分说明过，我仅仅谈上帝的观念的完满性或客观实在性，这种完满性或客观实在性也同样要求一个原因，这个原因里边包含全部通过物表象呈现的东西，这和某一个工匠由于拥有的一个非常巧妙的机器的认知，所以呈现出高超的制作机器的技巧是一样的。

假如不是读者不把他们原有的旧的成见抛弃掉，习惯信任全新的一些观念，就不可能理解：如果一个至上的存在体不存在，这个观念就不能在我们心中。在一个结果里没有什么东西不是曾经以一种同样的或更加完满的方式存在于它的原因里的，这个基本观念是明显得不能再明显了。而无中不能生有是另一个基本观念，后一个概念包括了前一个。假如人们同意在结果里有什么东西不是曾在它的原因里有过，那么就必须同意这个结果是从无中产生的，而显然"无"不能是什么东西的原因，那只能是这个原因并不是这个结果的原因。

观念里的全部实在性，或者全部完满性，必定必要地或者充要地在它们的原因里，这也是一个基本观念。我们一向所具有的关于在我们理性之外的东西的存在性的全部理解就是依靠这个观念的。如果你们用这些东西的观念之来自感官的说法来反驳我们，那么我想问：如果没有感官给我们的观念，我们怎么能猜测到我们之外的东西的存在呢？

在我意识里有一个至上强大、完满的存在体的什么观念，同时这个观念的客观实在性既不是必要也不是充要地在我们意识里。这对于那些认真思考的、愿意和我一起对它进行沉思的人是显而易见的。不过我不能强迫那些只把我的《沉思集》当作小说读来解闷而不用心地去理性思考的人去理解。显然，人们可以从这些沉思里非常明显地得出上帝存在的结论。尽管如此，为了那些缺乏基本逻辑，从而看不到在一个观念之中的全部完满性一定是客观存在于某种原因里的人，我曾用一种更容易理解的方式证明：有着这个观念的理性不能由自己而存在。

你们说给我表现上帝的观念也许是我从以前有过的认知里、从书本的学习里、从朋友们的谈论里获得，而不是单独从我的理性里获得的，这话我看不出你们能够反驳我什么。因为说我是从他们那里接受上帝观念的人，如果我问他们是从他们自己还是从别人那里有这个观念的，我的论据仍然会有同样的力量。我仍然会得出最前面的那个人是上帝，这个观念首先就是从他那里得出来的。

至于你们接着说它可以由对物质性的东西的认识而生成那些观念，我认为那等于是说你们说我们没有任何听觉器官，却可以单独用看颜色的视觉就能够得到真实的对声音的感知。因为众所周知，在颜色和声音之间，比在物质性的东西和上帝之间，存在着更大的类似性。当你们要求我再加上什么东西把我提高到对非物质性或理性的存在体的认识上时，请你们最好看看我的第二个沉思。因为仅仅为这个问题我就准备长长的一段话来说明，如果那都没有作用，我在这里用一两个段落又有什么作用呢？对第二个沉思，我认为比我所发表的任何一个别的著作都下功夫。

虽然在这个沉思里我仅仅说到人类的理智，但它并不因此就对于认识上帝的本质和物质的东西的本性之间的不同就没有价值。我很愿意在这里坦率地承认，我们所具有的观念，就像一个无限的数和二进制数或三进制数不同，对我来说，理性的上帝观念和理性的我自己的观念也没有什么不同。只不过对于上帝的全部本质，我们的理智只认识了一点点。

除此而外，我们在上帝那里理解到一种广大无垠性、单纯性或绝对统一性，它囊括了其他一切。对于这种广大无垠性、单纯性或绝对统一性，无论是在我们的意识里，或是在别处，我们都找不到。我曾说过，它就如同工匠刻印在他的作品上的标记，用这个办法我们认识到：按照学院所指定的特定含义，由于我们理智的弱点，我们零星地归之于上帝的那些个别属性，没有一个像在我们理智里所体验的那样属于上帝的全部。

我也认识到，很多具体有关无穷的观念，比如无穷的知识、无穷的力量、无穷的数量、无穷的长度以及各种无穷的东西的观念，有些是形式地包含在我们所具有上帝的观念之中，像知识和力量，其他一些是充分地包含在我们所具有的上帝的观念之中，如数目和长度。假如这个观念是在我的理智中虚构出来的，事物当然就不会是这种样子的。

它也不会这么容易地被所有的人以同样的方式理解。非常值得注意的是，一切形而上学家在他们对上帝属性的描述上，至少是仅仅对于被人的理性所认识的那些属性的描述上意见是一致。没有任何物理的、可感知的东西，没有任何由于我们的特异功能可触及的东西。哲学家们关于这个观念的性质，没有太大的分歧。

如果大家对至上完满存在体的观念加以注意，就一定能对于上帝的本质有所认识。那些把这个观念掺杂上什么别的一些观念的人，组成了一个虚构的上帝本质，在这样的一个上帝的本质里存在一些互相矛盾的东西。在这样组合以后，如果他们否认由一个虚假的观念给他们表现的上帝之存在，那是不足为奇的。当你们在这里谈到一个非常完满的物体的存在体时，你们把非常完满这一名称物体化了，解为一个在其中有着一切完满性存在体的物体，那么你们就说了互相矛盾的话，因为物体的本质包含着许多不完满性。举例来说，物体可以分为许多部分，每一个部分都不是另外一个部分。不能被分割比能被分割有着更大的完满性，这是自明的道理。如果你们仅仅像理解物体那样来理解非常完满的东西，那它就不是真正的上帝。

你接着说到一个天使的观念，这个观念比我们更完满，用不着这个观念由一个天使放在我们心中。我很同意你的意见，因为我自己曾在第三个沉思里说过，它可以由我们所具有的上帝的观念和人的观念组合而成。在这上面一点都反对不着我。

至于那些否认在他们意识里有上帝的观念，而假造某种偶像来代替上帝的观念的人，我说，那些人否认事实而承认名称。我不认为这个观念是和可以被任意描画的物质的东西的观念属于同一性质。相反，我认为它只能单独被理智所理解，它就是由理智的第一个活动、第二个活动，或者第三个活动使我们认识的观念，不管这个完满性是用什么办法表现给理智的，它一定是在我之上的什么完满性成为我的理智的对象。比如，仅仅由于我发觉我永远不能数到一个比一切数字更大的数字，我认识到在数目上有什么东西是超出我的认知能力，我就必然能够得出无限的数目可能存在的结论，而不是像你们所说的无限的数目的存在性含有矛盾。我想说，这种在我所认知的最大的数目上永远有更大的数目的理解能力，不是来自我自己，而是来自什么比我更完满的别的东西。

把对于一个无穷的数目的认知叫作观念，或者不叫作观念，这倒没有什么关系。我不能找到它的终点，而实际上终点是存在的，这和无限的距离不是一回事。为了理解这个比我更完满的存在体是什么，那就必须考虑他的一切完满性，除给我这个观念的能力以外，还可以包含更大完满性，那么这个东西就是上帝。

最后，关于上帝的统一性，这要从一种完整的、全面的观念来理解。这个观念包括全部完满的东西，而不包含我们不美好的、不完满的东西，这种观念足以使我们认识上帝存在。你说在上帝里的一切完满性的统一的观念是由类似属对种一样的共相统一，这你也证明不了我有错误。这完全是两码事，上帝里的是一种统一的、整体的完满性，而类似属对种的共相统一对于其中的每一个个体什么实在的东西都增加不了。

【反驳】

第三点,你说你还不确实知道上帝的存在。按照你的说法,这种认识取决于对一个存在着的上帝的清楚认识,而这种认识你还没有在你断言你清楚地认识你是什么的那些地方证明过。如果你不首先肯定地、清楚地认识上帝存在,你就不能确实知道任何东西,或者你就不能清楚、分明地认识任何东西,那么这就等于你还不知道你是一个在意识着的东西。此外,一个无神论者清楚、分明地认识三角形三角之和等于二直角,虽然他决不信上帝存在。他会说,假如上帝存在,那就会有一个至上的存在体和一个至上的善。而在一切完满性上都无限的那种东西排斥其他一切东西,不仅排除一切种类的存在体和善,也排除一切种类的非存在体和恶。事实上,仍然有许多存在体和许多善,也有许多非存在体和许多恶。对于这种反驳,我们认为你应该给以答辩才好,以便使得不信神的人再没有什么可以反驳的,再没有什么可以作为他们不信神的借口。

【答辩】

第三点,我说如果我们不首先认识上帝存在,我们就什么都不能确定地知道。我在那个地方是用特别的词句说我只谈这个结论。当我们不再想我们从什么地方得出的这个结论时,这些结论的记忆可以回到我们的理智中来。因为对于第一原理认识不会被逻辑学家(dialecticiens)称为习惯或知识。可是当我们发觉我们是有意识的东西时,这是一个第一观念,这个观念并不是从任何三段论式推论出来的。当有人说:因为我有意识,所以我存在时,他从他有意识,按照三段式的逻辑得出他的存在的,那是不对的。我是作为一个自明的事情,是用意识的一种单纯的灵感看出它来的。显然,如果他是从一种三段论式推论出来的,他就要事先认知一个普遍前提:凡是在意识的东西都存在,这显然是由于他自己感觉到如果他不存在他就不能有意识这件事告诉他的。由个别的认识做成普遍的命题,这是人们理智经常犯的逻辑错误。

我并不否认,一个无神论者能够清楚地认识三角形三角之和等于二直角。但我认为他的认识并不是一种真正的认知,因为凡是可以怀疑的只是都不能叫作理智的认知。既然人们假定他是一个无神论者,他不能肯定在他认为非常明显的事情上没有弄错,也许这种怀疑他没有想到,但是如果他检查一下,或者如果别人向他提出,他仍然可以怀疑。如果他不承认一个上帝,他就永远不能摆脱知识被怀疑的风险。

也许他认为他有一套论证来证明没有上帝,这也没有关系,因为这些所谓的论证都是错误的。我们总是可以使他认识到那些论证的错误,到那时他们就会改变看法。不管他有多少理由,只要你们拿出我在这里提到的理由就够了,比如在一切事情上都是完满的无限性排除其他所有无限性。

如果我们问他,他从哪里知道的排除其他东西的这种排除是属于无限的本质的,他会回答不出来。因为在无限这个名称上,人们没有习惯把它理解为排除其他无限事物的存在;而对于什么都不是的东西的本质,他们几乎一无所知。"无"没有特殊的本质,有的只是单独的、普通的意义上的一种东西的名称。此外,如果这个理性的无限什么都创造不了,那么它的无限的力量有什么用处呢?从我们体验在我们自己的心中有什么意识的能力,我们就很容易理解到这样的一种能力可以存在于什么别的东西里,甚至比我们更强大。虽然我们认为那个能力是无限的,但是只要我们在心中遵从上帝的意志,我们就不由此而害怕在我们意识里的能力变小了。他的其他一切本质也是如此,产生本身以外结果的能力也是如此。因此我们就完全能够理解,他的无限丝毫无碍于被创造东西的存在。

【反驳】

第四点,你否认上帝能够撒谎或欺骗,尽管有些经院哲学家主张相反的论点。你为了避免你在你认为认识得清楚、分明的东西上受骗而假想一个骗子上帝，这是多么可怕呀！虽然你没有想到，但受骗的原因可能是在你。因为你怎么知道总是受骗或者经常地受骗不是你的本性如此呢？你认为你在清楚、分明地认识的东西上肯定从来没有受骗，而且你也不能受骗，你这是从哪里知道的？因为有多少次我们看到有些人在他们以为比看见太阳还清楚的一些事物上弄错。由此可见，需要把清楚、分明地认识这条原则解释得非常清楚、分明，让凡是有理智的人今后不会在他们相信知道得清楚、分明的事情上受骗，否则，我们还看不到我们可以靠得住的东西以保证任何事物的真实性。

【答辩】

第四点，当我说上帝既不能撒谎，也不是骗子的时候，我认为我和所有的神学家的意见都是一致的。你们所提出的全部相反的意见都不比下面的事实更有说服力。我反对《圣经》上的有些地方，即上帝生了气或者他受灵魂的其他激情的支配，这似乎是把人类的某些情绪加给了上帝。

我们都知道《圣经》上谈到上帝使用的是朴素的方式，这种方式是适合一般人的理解能力的。它们包含着某种理智，不过这些理智只关系到人，表示一种简单、朴素的理智。至于那些逻辑方法论方面的理智，在本质上是稳定的。我还没有假定我认识的任何一个人不是在进行哲学思考时使用它们。我在我的《沉思集》中也不得不主要地使用这些逻辑的方法。到目前为止我还没有假定我是一个人，也没有考虑到我是肉体和灵魂的组合，我仅仅考虑到我是一个意识的东西。

显然在这个地方我并没有谈到用言语表示的谎言，而仅仅谈到谎言本身。虽然你们提出一些经院哲学家认为上帝会撒谎和欺骗，认为那是善意的谎言。有时我们看到我们真的上了上帝所给我们的天然本能的当，就像当一个水肿病人口渴时那样，因为那时他真是受上帝为了保存他的肉体所给他的天性促使他喝水，但是这种天性骗了他。因为喝水对他是有害的，不过我在第六个沉思里解释过这不可以与上帝的善和真相提并论。

在那些不是我们非常清楚、非常准确的判断上，判断如果是错误的，就不能被其他更清楚的判断所纠正，也不能借助其他任何一个天然功能来改正；而在这些我们非常清楚、非常准确的判断上，我坚决认为我们不会受骗。因为上帝既然是至上存在体，他必然也是至上的善，至上的真，从而他必然反对来自他的什么东西正面地趋向于错误。只是由于在我们意识里不能有任何实在的东西不是他给我们的，就像在证明他的存在性时已经表明的那样，同时由于我们意识里有一个认识什么是真的以及把它与假的东西分别开来的功能，因此即便这个功能不趋向于真，至少是当我们正确使用它的时候，当我们只对我们理解得清楚、分明的东西表示同意的时候，我们当然可以把这个功能给了我们的上帝被当作是一个骗子。如果是这样，我就要怀疑我们理解得清楚、分明的事物，我们在认识了上帝存在之后就会想象他是骗子，这就进入了死循环。因此，我们就必须承认上帝绝对不会骗我。

然而，我看出你们还停留在我在第一个沉思里所提出的问题。我在这里把我认为已经足够准确地在沉思里已经排除的怀疑再解释一遍。首先，我们一旦认为清楚地理解了什么真实性，我们就坚决地相信它。如果这种信念坚定到我们永远不能有任何怀疑的理由达到我们相信的程度，那么就不需要进一步质疑，我们就有理由认为这件事情是全部可靠性。也许有人硬说我们如此强烈相信其真实性的东西在上帝的眼里或者在天使的眼里是错误的，因此就是绝对错误的，这和我们没有关系。既然我们对于这个说我们"绝对的错误"的声音不予理睬，我们费事管它做什么呢？因为我们先对一个信念坚定到不可动摇的程度，那么这个信念就是非常可靠的信念。当然，人们还可以怀疑人是否有这样可靠性的本性，或者什么坚定不移的信念。

人们不能对模糊不清的东西有什么信念，即使是一点点的模糊不清也不行。因为不管什么样的模糊不清都是我们对这些东西怀疑的原因。对于由感觉得来的东西也不能有信念，因为我们经常发现在感官里可能有错误，就像当一个水肿病人口渴或者有黄疸病的人把雪看成是黄色的，因为那个人把雪看得清楚、分明的程度并不比我们差，而我们看雪是白的。因此，如果人们能够有信念，那仅仅是理性理解得清楚、明白的东西。

在这些东西里边，有一些是那么清楚，同时又是那么简单，以致我们不可能想到它们而不认为它们是真的。例如，当我有意识时我存在，一经做成的东西就不能是没有做成的，等等。关于这些东西，我们显然是具有十足的把握的。就像我刚才说的那样，如果我们不想到那些东西，我们就不会怀疑它们，如果我们不相信它们是真的，我们就绝不会想到它们。结论就是：如果我们不能同时既怀疑它们又想着它们，我们就必须相信它们。

人们时常发现，有些人在他们以为比看见太阳还清楚的一些事物上弄错，这也没有什么。因为任何人都没有看见过这样的事情发生在那些单独从他们的理智中得出全部清楚、分明性的人身上，只看见过这样的事情发生在那些从感官或者从什么错误的偏见中得出全部清楚、分明性的人身上。想要欺骗我们认为在上帝或者天使这类问题有错误的人，也无须理会，因为我们的理智决不允许我们去听从那些谎言。

对于所有的事情，当我们仔细检查对它们的认识所依据的那些理由时，我们的理智对它们理解就会十分清楚，因此我们不怀疑它们。有人会问，对于这些结论，在我们记得它们是从一些非常明显的原则推论出来的时候，是否能够有一个坚定不移的信念。因为这个记忆必须设定，以便这些结论能够被称为结论。我回答说，那些认识上帝到如此程度以至他们知道，由上帝给予他们的理解功能除了以理智作为工具之外不可能有其他的人，他们能够对于这些结论有一个坚定不移的信念，而其他的人不能够有。关于这一点，可以看我第五个沉思的末尾。

【点评】

这一部分非常精彩，笛卡尔用找到一个软柿子捏到底的架势，穷追猛打，而且完全是降维打击。当我理解了他引入数学的必要条件、充分条件、充要条件的概念来论证因果关系时，我就知道对手是毫无还手之力的。这里使用的数学中的必要条件和充要条件的方法是：如果 a 是 b 的必要条件，则 b 是 a 的原因，但 a 不是 b 的原因；如果 a 是 b 的充要条件，则他们可以彼此互为原因。在早期中文翻译的古代西方哲学著作中，经常出现"客观地存在于""卓越地存在于"等词组，对于今天的读者来说，这些翻译除了成为我们阅读的障碍，我看也没有什么别的价值。

笛卡尔在这里展示了高超的数学能力，使用的全是数学的从假设到公理、从公理到定理的逻辑推理方式，逻辑非常严谨。在这里我们可以得出一个初步的结论，笛卡尔的上帝是数学的上帝。在他生活的年代，他就像一个穿越时空的人，对于科学的态度远比当时大多数科学家超出几个量级，他已经把数学扩展到高等数学的初始阶段，剩下的工作仅仅需要后来的数学家们沿着这条道路走下去即可。到此，我有理由预见，这是一部以数学作为上帝将科学导向现代之路的奠基之作。

接下来的反驳与答辩更加精彩。

首先，是笛卡尔对于我们普遍理解的"我思故我在"这个中文短语的错误翻译，他明确了他的最基础的意识，即"我是一个有意识的东西"，而不是我们习惯理解的"因为我有意识，所以我存在"。这有力地证明了他的哲学，连一个主观唯心主义都不是，他是一个既不是有神论，又不是唯心主义，而是完全用数学武装起来的哲学家。在此基础上他明确了我的第一个与生俱来的观念——一个至上完满的、广大无垠的上帝的观念。

其次，另一个问题是"上帝是否会欺骗我们"，按照前面我们对笛卡尔的上帝的理解，讨论的结果已经不需要关注了。关于上帝的谎言，笛卡尔的结论其实很简单，只要是谎言就都是传播过程中的错误，或是违背了上帝的初衷，绝不可能是上帝的本意，因为原本他们讨论的上帝也不是一码事。

最后，他明确提出了"信念"或"信仰"的概念。他指出信念或信仰不应该是模糊不清的、有所疑虑的，必须是经过深思熟虑的、坚信不疑的信任，这样它就成为理智中最为坚定的原点，是人类灵魂不可动摇的基石。也就是说，如果没有经过深思熟虑从而推翻，就应该坚定地保持信念、信仰。

第三节　第三组反驳及答辩

【第五个反驳　关于上帝】

笛卡尔说"它们之中"，即在人的各种意识之中。"有些是事物的影像，只有这些影像才真正适合观念这一名称，比如我想起一个人、一个怪物、天、天使，或者上帝。"

我想说，当我意识到一个人时，我给对象一个观念或者一个由颜色、形状组成的影像，对于这个观念或影像，我可以怀疑它是否和一个人相称。当我意识一个怪物的时候，我给对象一个观念或者一个影像，对于这个观念或影像，我可以怀疑它是什么可能存在过的动物的肖像。当有人意识一个天使的时候，在我意识里出现的有时是一个火焰的影像，有时是一个带翅膀的小孩子的影像，我可以肯定地说，这个影像并不像一个天使，从而它并不是一个天使的观念，而是我们相信有一些看不见的、非物质性的造物。它们是上帝的大臣，我们就把天使这个名称给了我们相信或假设的一个东西，尽管我由之而想象一个天使的这个观念是由一些看得见的东西的观念组合成的。上帝这个令人尊敬的名称也是这样。对于上帝我们没有任何影像或观念，这就是为什么不许我们用偶像来崇拜他的原因，因为恐怕我们理解了不可理解的东西。

因此，我们意识里好像根本没有上帝的形象观念。就跟天生的瞎子一样，他多次接近火，他感觉到了热，认识到这火是由于一种东西热起来的，听人说这就叫作火，就得出结论说有火，虽然他不认识火的形状和颜色，他根本没有什么火的观念或影像表现在他意识里。同样，当人看到他的一些影像或者一些观念必定有什么原因，而这个原因之上必定还有别的原因。这样一直推到最后，或者推到什么永恒的原因。因为它并没开始存在过，在它之前就不能有原因，那就必然是有一个永恒的存在体存在。尽管他并没有这个永恒存在体的观念，可是信仰或者他的理智说服他把这个原因称为上帝。

现在既然笛卡尔先生从心中有上帝的观念假设，做出了上帝，一个全能、全智、宇宙的创造者等存在体存在的定理，那么他最好应该先解释这个上帝观念，然后再由此推论出上帝的存在，以及世界的创造。

【答辩】

如果反驳者用"观念"一词指任意描画为物体性的东西的影像，这样就不难理解，人们没有任何真正上帝的观念，也不能有任何真正天使的观念。而我用"观念"一词是指意识所直接理解的东西。因此，在我想要和我害怕时，由于我理解到我想要和我害怕，这种想要和这种害怕，我把它们放在意志的范畴里。为了让另一种意识意味着理智的认知，我使用"观念"这个名称，这个哲学家已经一致接受了。对于那些赞同我的人，我想我把上帝的观念已经解释得够明白了，可是对于那些硬要把我的话曲解的人，我怎么解释也不够。最后，他谈到世界的创造，这是毫无逻辑的，因为在研究是否有一个被上帝创造的世界之前，我已经证明了上帝存在，而仅仅从上帝这个全能的存在体存在这件事，就可以得出：如果有一个世界，那么这个世界必然是由他创造。

【第六个反驳】

笛卡尔说："另外一些意识有另外的形式，比如我想要、我害怕、我肯定、我否定。我虽然把某些东西理解为我意识活动的主体，这个主体把某些东西加到我对于这个东西的意识上,属于这一类的意识叫作意志或情感,另外一些叫作观念或判断。"

我要说,在有人想要或害怕的时候,事实上他真有他害怕东西的影像和他想要东西的影像,不过他想要或害怕的是什么东西,是不是比他的意识包含有更多的东西,我们还不知道。如果一定要把害怕说成是一种意识,那么我看不出害怕的为什么不是人们所怕东西的观念。当一只狮子对着我们来的时候,如果不是这只狮子的观念,以及这样的一种观念在意识里产生的结果,由于这些结果,害怕的人就做出了我们称为逃跑的这种动物性动作的话,那么这种怕还能是什么别的吗?可是逃跑的动作并不是意识,所以害怕里边没有别的意识,只有所怕的那种东西的观念。

此外,肯定和否定没有言语和名称就不行,因此动物就不能肯定和否定,它们不能用意识来肯定或否定,从而也不能做任何判断。人和动物都有意识,我们肯定一个人跑的时候,我们的意识是和一只狗看到它主人跑的意识是一样的,肯定和否定并不在意识上加上什么东西,除非是组成肯定的那些名称就是在做出肯定的人意识里某种东西的名称。这不过是用意识来理解东西的名称,在诸如此类的事情上,动物和人是不一样的。

【答辩】

事情本来是非常明显的:看见一只狮子同时害怕它,这跟仅仅看见它不是一回事。同样,看见一个人跑和确信看见他也不是一回事。我看不出在这里有什么需要去解释的。

【第七个反驳】

笛卡尔说:"我只剩下去检查一下我是用什么方法取得了这个观念的。因为我不是通过感官把它接受过来的,也不是像可感知的东西的观念那样,似乎是在它提供给我外部感官的时候直接提供给我的；它也不是纯粹由我的意识产生出来或者想象出来的，因为我没有能力在上面加减任何东西。因此，他只能说它跟我自己的观念一样，是从我存在那时起与我与生俱来的。"

笛卡尔似乎想说，如果没有上帝的观念，他的全部研究都是无用的。我想说，我自己的观念就是我，因为我可以看到我的身体，所以主要从观看得来的。说到灵魂，我没有灵魂的观念，可是理智让我知道人的肉体里包含有某种东西，它给人的肉体以动物性的运动，肉体用这种运动感觉和动作，我把这种东西称为灵魂。

【答辩】

首先，如果有一个上帝的观念，那么所有这些反驳就都不成立了；其次，说没有灵魂的观念，它是由理智理解出来的，这就如同说，没有随意描画出来灵魂的影像，而却由我迄今称为观念，同样是不成立的。

【第八个反驳】

笛卡尔说："太阳的另外一个观念是从天文学的研究里得来，也就是说，从理智的某些观念里得出来的。"

同一个时间，只能有一个太阳的观念，这个太阳或者是他由眼睛看见的，或者是他由推理理解到它比眼睛看见的要大很多倍。因为后一种并不是太阳的观念，而是我们推理的结论，这个结论告诉我们，如果我们从很近的地方看太阳，太阳的观念就大了许多倍。不错，在不同的时间就可以有不同的几个太阳的观念，比如我们用肉眼看它和用望远镜看它就不一样，不过天文学的研究并不能使太阳的观念更大或更小，这些研究只告诉我们太阳的可感知的观念是骗人的。

【答辩】

我再一次回答：你这里所说的并不是太阳的观念。尽管如此，你所描写的正是我称为观念的东西。既然这位哲学家不同意我对这几个词所下的定义，那么我反驳也毫无意义。

【第九个反驳】

笛卡尔说："指向实体的那些观念，似乎比指向样式或属性的那些观念多一点什么东西，并且观念的对象本身有更多的客观实在性。我由之而理解到一个至高无上的、永恒的、无限的、全知的、全能的、自身之外一切事物的普遍创造者的上帝的观念，无疑在他本身里比我有限的那些观念里有更多的客观实在性。"

在这以前我已经好几次指出过我们既没有什么上帝的观念，也没有灵魂的观念，现在我再加上，我们也没有实体的观念。我虽然承认，作为一种能够接受不同属性并且随着属性的变化而变化的实体，是由推理而被发现和证明出来的，可是它不能被理解为我们对它有任何观念。因此，怎么能说指向实体的那些观念比指向属性的那些观念有更多的客观实在性呢？此外，笛卡尔先生要重新考虑一下"有更多的实在性"这句话。实在性能有更多和更少吗？如果他认为一个东西比另外一个东西有更多客观实在性，那么请他考虑一下：在他做证明时所多次用过的一个东西的全部清楚分明性该如何解释呢？

【答辩】

我多次说过，我称为观念的东西就是理智让我们认知的东西，不管我们用什么方式来理解这些东西。我已经充分解释了实在性有多有少，实体是某种比形态更多的东西，不完全的实体也比形态的实在性要多，但比完全的实体少。最后，如果有无限的、不依存于别的东西的实体，那么这个实体比有限的实体有更多的客观实在性。

【第十个反驳】

笛卡尔说："只剩下上帝的观念了。在这个观念里边，必须考虑一下是否有什么东西是能够由我自己产生。用上帝这个名称，我是指这样的一个实体说的，这个实体是无限的、不依存于别的东西的、至上明智的、全能的，以及无论我自己还是宇宙间的一切东西都是由这个实体创造的。我越是想到它，就越觉得它不能由我自己产生。经过这样的分析，必然得出上帝存在这一结论。"

考虑一下上帝的属性以便我们从那里找到上帝的观念，看一看在这个观念里是否有什么东西能够由我们自己产生。我发现，我们用上帝这个名称所指代的东西既不是由我们产生的，也不是必然由外部的东西产生的。因为用上帝这个名称，我是指一个实体说的，也就是说，我是指上帝存在，不是由什么观念，而是由于推论。无限，也就是说，我既不能理解也不能想象它的尽头或非常远的部分，也不能想象很久以前的部分，从而无限这个名称并不给我们提供上帝的无限性的观念，它只提供我自己的尽头和界限。不依存于别的东西，也就是说，我不能理解上帝可能由什么原因产生，因此除了我对我自己的观念的记忆以外，我没有别的观念，同"不依存于别的东西"这个名称相适应，我自己的观念在不同的时间都有其开始，而且这个观念是依存于别的东西的。

说上帝是不依存于别的东西，除了说明上帝是属于我不知道其来源的那些东西以外，不说明别的。说上帝是无限的也是这样，是属于我们所不能理解其界限的那些东西。如果这样，上帝的全部观念就都被否定了，既没有始终也没有来源的这种观念是什么呢？

"至上明智的。"我请问：笛卡尔先生用什么观念理解上帝的明智？

"全能的。"我也请问：他观看未知的东西的能力，是用什么观念去理解的？

而我是用过去的事物的影像或记忆来理解的，是这样推论出来的：他过去这样做了，因为他过去能够这样做；因此只要他将来存在，他将来也能这样做。也就是说，他有这样做的能力。所有这些东西都是能够从他物质性在外部的东西来理解的。

"宇宙间一切东西的创造者"。我用我看到过的东西的办法，比如我看见过一个刚生下的人，他从小到几乎看不见长到现在这么大，就可以做成一种创造的影像。我认为对于创造这个名称，没有人有别的观念。用我们想象出来的创造的世间万物，这并不足以证明创造。

他虽然指出了一个无限的、不依存于别的东西的、全能的存在体存在，但并不说明一个创造者存在。除非有人认为这样推论是正确的，即从什么东西存在，我们相信这个东西创造了其他一切东西，因此世界从前就是由他创造的。

此外，他说上帝的观念和我们的灵魂的观念是由我们的意识产生的，并且居住在我们意识里。我倒要问问，那些睡得很深、什么梦也没做的人，他们的灵魂有意识没有？如果他们的灵魂一点意识也没有，那么他们的灵魂就什么观念也没有，从而没有什么观念是由我们的意识产生并且居住在我们意识里的。由我们的意识产生并且居住在我们意识里的东西，在我们的意识里永远是眼前的。

【答辩】

我们归之于上帝所包含东西没有一个是来自外部世界的。因为在上帝内部没有什么跟外部物体性的东西相似。显然，凡是我们理解为在上帝里边跟外部东西不相似的东西，都不能通过外部的东西，而只能通过上帝来到我们的意识之中。

现在我请问这位哲学家是怎么从外部的东西得出上帝的观念的。对我来说，我用下面的办法很容易解释我所具有的观念是什么：用观念这一词，我是指某种理智的全部形式说的。有谁能理解什么东西而不知觉这个东西，因而缺少理智的这种形式或这种观念？理智的这种形式或这种观念延伸到无限，就做成了理智中的上帝的观念。

不过，既然我使用了我们理智中上帝的观念来证明上帝的存在，并且在这个观念中包含着一个如此广大无垠的能力使我们理解到，如果上帝以外别的东西不是由上帝创造的（如果真有上帝存在的话），他就会反对那些东西存在。显然从它们的存在性被证明出来了这件事也就证明凡是存在着的东西，都是由上帝创造的。

最后，当我说某种观念是我与生俱来的，或者说它是天然地印在我的灵魂里，我并不是指它永远出现在我的意识里。如果是那样的话，我就没有任何观念，我指的仅仅是在我们自己的理智里有生产这种观念的功能。

【第十一个反驳】

笛卡尔说："我用来证明上帝存在的论据，它的全部效果就在于我看到：上帝，也就是我意识里有其观念的上帝，如果他真不存在，我的本性就不可能在我理智里有上帝的观念。"

那么，既然我们的理智里有上帝的观念是一件没有得到证明的事，并且基督教强迫我们相信上帝是不可领会的。按照我的看法，人们不能有上帝的观念，因此上帝的存在并没有得到证明，更不要说他创造世间万物了。

【答辩】

说上帝是不可领会的，这是指一个全部地、完满地理解上帝整体说的。对于我们的理智里怎么有上帝的观念，我已经解释过很多遍了。

【点评】

　　这一组辩论的主要价值是两个人在方法上的逻辑都很严谨。但分歧主要在于实在性、观念等的定义完全不同。作为机械唯物主义代表人物的霍布斯把一切观念都理解为物质的本身，实在性也仅指物质的存在性，人的理智所能做的只是对这个观念和实在性进行认识。笛卡尔关于实在性的论述，是一种逻辑的客观存在性，从逻辑上实在性上讲无限大于有限，有限的三维空间大于有限的二维空间，实体大于形态，等等。文中大量的"东西"指的就是逻辑上的客观存在，它不是指任何物质存在。笛卡尔指的观念，是意识的一类，是主观对于客观存在的推断或判断。笛卡尔在前面就已经说过了，它不同于"我想要""我愿意"等，那些叫作意志。

　　因此，本节的几个讨论中他们就用同样的逻辑方法，却能得到完全不同的答案。关于这样的争辩大家可以看看附录八，相对论和量子力学的科学大争论就是这样展开的，而且至今仍然没有终结。

第四节　第四组反驳与答辩

【反驳：关于上帝】

　　我们的作者为了证明上帝的存在提出的理由包含两个部分：第一部分是，上帝存在，因为他的观念在我理智之中；第二个部分是，有着这样的一个观念的我只能来自上帝。

　　关于第一部分，只有一件事是我不能同意的。笛卡尔先生在指出错误的观念来自判断之后，接着说，有一些错误的观念，不是因为因果关系错误，而是因为对象本身是错误的，我认为这似乎跟他的原则有些矛盾。为了在如此模糊的一个问题上把我的思想解释得足够清楚，我将用一个例子来把它说明得更清楚些。他说冷不过是热的缺乏。如果冷仅仅是一个缺乏，那就不可能有任何冷的观念来给我一个物质性的正面的对象。在这里，作者把判断和观念混为一谈了。冷的观念是什么？就其是客观地在理智之中而言，就是冷本身。如果冷是一个缺乏，它就不可能是用一个观念而客观地存在于理智之中，客观的存在体的观念是一个正面的客观存在体。如果冷仅仅是一个缺乏，它的观念决不能是正面的，其结果是，不可能有任何一个观念在对象上是错误的。笛卡尔先生为了证明"一个无限存在体的观念必然是真的"所使用的也是同一种论证方法。虽然可以认为这样的一个存在体不存在，但是不能认为这样的一个存在体的观念不是什么存在的东西，对一切正面的观念都可以这样说。虽然可以设想我认为被一个正面的观念所物质性的冷不是一个正面的东西，可是也不能认为一个正面的观念不给我物质性的什么实在的、正面的东西。我认为，观念是否是正面的，不能按照它们作为认知的方式而具有的存在性来定。因为要是那样的话，一切观念就都是正面的了，而应该由它们所包含的，给我们观念物质性的客观存在体来定。因此这个观念即使不是冷的观念，也不可能是错误的观念。他也许会说，就是因为它不是冷的观念，所以它才是错误的观念。我不这样认为，错误的是你的判断。你把它判断为冷的观念的话，那当然是错误的。同样，上帝的观念，虽然有人把它转变成一个不是上帝的东西，比如偶像崇拜者所做的那样，也不应该说上帝的观念在对象上是错误的。这个冷的观念，即你说因为对象错误所导致的观念，它给你意识物质性什么？一种缺乏吗？那么它就是真实的、正面的东西吗？那么它就不是冷的观念。再说，按照你的意见，如果这个观念在对象上是错误的，那么那个正面的、客观的存在的原因是什么呢？你说："就是我自己，这个非存在的意识。"那么，某种观念的客观的、正面的存在可以来自非存在，这同你的基本原则是完全矛盾的。

第二个部分，人们会问：是否有着上帝观念的我，能够由别的东西而不是由一个无限的存在体而存在，甚至，我是否由我自己而存在。笛卡尔先生认为我不能由我自己而存在，因为如果我把存在给我自己，我就可以把在我意识里有的一切完满性也都给我自己。第一组反驳的作者反驳得好："由自己而存在不应该从正面，而是应该从反面来理解，即不由别人而存在。"他接着说："如果一个什么东西是由自己，也就是说不是由别人而存在，你由此怎么证明它包含一切，并且是无限的呢？如果按照你的理解，因为我，所以我自己而存在，我就很容易把一切东西给了我自己。我想说，它并不像由一个原因那样使自己而存在，因为在它还没有存在之前，它也不可能预见它可能是什么，从而选择它以后会是什么呢？"为了反驳这个论点，笛卡尔先生回答说："由自己而存在这种说法不应该当作反面的，而应该当作正面的说法，甚至在有关上帝的存在性上也是这样。因此，上帝关于他自己，在某种意义上，和动力因对它的结果是一样的。"这对我来说有点生硬，不真实。

这就是为什么我一部分同意他，一部分不同意他。我承认我只能正面地由我自己而存在，但是我否认上帝也是这样。我认为一个东西正面地就像由一个原因那样由它自己而存在，这是矛盾的。我得出和作者相同的结论，不过是由完全不同的方法得出来的：为了由我自己而存在，我应该正面地由自己并且像由一个原因那样存在，因此我由我自己而存在，这是不可能的。这个论证的普遍逻辑已经被证明了，他自己说：时间的各个部分可以分开，彼此不相依赖，由于我现在存在并不能得出我将来也存在，除非是因为在我里边有什么实在的、正面的力量差不多每时每刻地创造我。至于具体的逻辑，即我不能正面地由我自己并且像一个原因那样存在。我认为是由于我的理智，这是非常明显的，用不着去证明。因为用一个不大为人所知的事情去证明一个大家都知道的事情，这是白费力气。我们的作者本人，在他没有公开否认这一点的时候，似乎也承认它是对的。那么，我就请你来和我一同仔细地研究他对第一组反驳的答辩中说的话吧。

他说:"我没有说过一个东西不可能是它自己的动力因,虽然人们把动力的意义限制在与其结果不相同或者在时间上先于其结果的那些原因上,这一点似乎是正确的,可是在这个问题上不应该这样限制它,因为理智并没有告诉我们动力因的本性是时间上在它的结果之先。"

首先,关于这个反驳的第一点讲得非常好,可是他为什么省略了第二点呢?他为什么不接着说,同样的理智又告诉我们,动力因和它的结果不同,这是动力因的本质决定的,除非因为理智不允许他这样说。坦白地说,一切结果都是取决于它的原因并且从原因里接受到它的存在,那么同一的东西既不能取决于它自己也不能从它自己接受到存在性,这不是非常清楚的吗?再说,一切原因都是结果的原因,一切结果都是原因的结果,从而在原因和结果之间有着一种互相的关系,而只有在两个东西之间才可能有一种互相的关系。此外,把一个东西理解为接受存在性,而同一的东西却在我们理解它曾接受这个存在性之先就有那个存在性,这样理解不能不是荒谬的。如果我们把原因和结果的概念加给一个从它本身来看是同一的东西,那么这样荒谬的事就有可能发生。原因的概念是什么?给予存在;结果的概念是什么?接受存在。那么原因的概念自然在结果的概念之先。

我认为,对于接受者来说,接受先于拥有。在这种观念的前提之下来理解这个东西,如果我们不能给出存在的原因,我们就不能理解一个东西有存在性。所以我们在理解一个东西拥有存在性之前,必须先理解一个东西接受存在性。这个道理还可以用另外的办法解释:任何人都不能给出他自己所没有的东西,因此任何人都只能把自己所拥有的存在性给他自己。可是,既然他自己有了存在性,为什么他把这种存在性给他自己呢?

最后他说:"理智告诉我们,创造和保存只有通过理智才可以区分开来,这是非常明显的。理智也告诉我们,任何东西都不能创造它自己,从而也不能保存它自己,这也是非常明显的。"如果我们从普遍的论题具体到特殊的论题——上帝上来，在我看来事情将更为明显，即上帝不能真正地由他自己而存在，而只能是反证地由他自己而存在，也就是说，他不能由别的东西而存在。首先，笛卡尔先生提出来作为证明的理由讲得很清楚："如果一个物体是由它自己而存在，它一定是正面地由它自己而存在。他说，因为时间的各部分彼此不相依存，从而假定一个物体到现在为止是由自己而存在的，也就是说它没有原因。假如不是在它里边有什么实在的、正面的能力，这个能力，不断重新产生它，就不能得出结论说它以后还应该存在。"这个道理远不能适用于一个至上完满和无限的存在体，恰恰相反，由于一些完全相反的道理，因此必须得出完全不同的结论。因为在一个无限的存在体的观念里，也包含着他存在的时间的无限性，也就是说，这个观念不包含任何限制，从而它同时既是不可分的，又是长久不变的，又是连续存在的，而由于我们理性的不完满，我们在这个观念里只能是错误地理解过去和将来。因此，我们显然不能理解一个无限的存在体存在，尽管是一刹那，也不能同时理解他过去永远存在，将来将永恒地存在（我们的作者自己在某个地方也说过），从而如果问他为什么坚持继续存在，那是多余的。何况就像圣奥古斯丁教导的那样："在上帝那里，既没有过去，也没有将来，有的只是一个继续不断的现在。"这就清楚地表明如果问上帝为什么坚持继续存在，那就是荒唐的，因为这个问题显然包含着前和后，过去和将来，而这些都是必须从一个无限的存在体的观念里排除出去的。

他不能理解上帝是在正面的意义上由自己而存在，就好像不能理解他原来是由他自己产生。就像我们的作者不止一次地说过的那样，他不是在存在以前就存在，而现在仅仅是他保存了自己。可是，对于无限的存在体来说，保存和第一次产生是一样的。请问，保存如果不是一个东西的一种继续不断地重新产生还能是什么呢？从而其结果是一切保存都以第一次产生为前提，而就是因为这个道理，"继续"这一名称，就像"保存"这一名称一样，与其说它们是原因，不如说是潜能，是他本身就带有的某种接受的能力。然而无限的存在体是一个非常纯粹的存在，不可能是这样的一些能力产生或保持了它。

那么让我们做个结论吧。我们不能把上帝理解为在正面的意义上由自己而存在，除非是由于我们理智的不完满，所以它以造物的方式来理解上帝。这从下面的理由看得更清楚：问一个东西的动力因，是从它的存在性上来问的，而不是从它的本质上来问的。举例来说：问一个三角形的动力因时，这是问谁使这个三角形存在于世界之上的，如果我问一个三角形的三角之和等于二直角的动力因是什么，这就很可笑了。对问这个问题的人，不是从动力因方面来回答，而仅仅是这样地回答：因为这是三角形的性质使然。算学家不大关心他们的对象的存在性，因此不从动力因和目的因来论证。一个无限的存在体之存在，或者持续存在，是由于他的本质使然的，同样，一个三角形的三角之和等于二直角，也是它的本质使然的。因此，对问为什么一个三角形三角之和等于二直角的人，也不应该从动力因来回答，而只能这样地回答：因为这是三角形的不变的、永恒的性质所决定的。同样，如果有人问上帝为什么存在，或者为什么他不停止存在，那就不应该在上帝里或上帝外寻找动力因或者和动力因差不多的东西，因为我在这里对于名称不去争辩，而只争辩事实。我们必须得说：因为这是至上完满的存在体的性质所决定的。

就是因为这个原因，对笛卡尔先生所说："理智告诉我们没有任何东西是不许问它为什么存在，或者不能追寻它的动力因的，或者，如果它没有动力因，问它为什么不需要动力因。"我回答说，如果问上帝为什么存在，不应该用动力因回答，而只能这样回答：因为他是上帝，也就是说，一个无限的存在体。如果问他的动力因是什么，就应该这样回答：他不需要动力因。最后，如果问他为什么不需要动力因，就必须回答说：因为他是一个无限的存在体，他的存在性就是他的本质。只有这样的一些东西才需要动力因，在这些东西里，允许把现实的存在性同本质区别开。

他紧接着说的话就否定了他自己，他说："如果我想任何东西以某种方式对它自己的关系就是动力因对结果的关系，从这里我绝不是想要得出结论说有一个第一原因；相反，从人们称为第一的这个原因本身，我再继续追寻原因，这样我就永远不会达到一个第一原因。我想从什么东西上追求动力因或者准动力因，就必须寻求一个和这个东西不同的东西，显然，任何东西都不能以任何方式与它自己重叠，就像动力因和它的结果重叠那样。"我认为应该警告我们的作者去小心谨慎地考虑所有这些东西，因为我敢肯定差不多所有的神学家都会为以下的命题所困扰：上帝是正面地由于自己并且如同由于一个原因那样而存在。

我只剩下一个疑虑了，那就是，对于他所说的话，只有由于上帝存在，我们才肯定我们所清楚明白的理解的东西是真的，他怎么辩护才能免于陷入循环论证——我们之所以肯定上帝存在，只因为我们对这件事理解得非常清楚、非常明白，因此，在我们肯定上帝存在之前，我们必须先肯定凡是我们理解得清楚、分明的东西都是真的。

【答辩】

一直到这里我都是试图回应阿尔诺先生给我提出的论据并且招架他的一切反驳。不过此后，效法那些对付一个太强有力的对手的人，我将宁愿试图躲避他的锋芒，而不是直接迎着这个锋芒而上。在这一部分他仅仅谈到了三件事，这三件事如果按照他所理解的那样，似乎是成立的。不过，在我写这三件事的时候，我是采取另外一个意义的，也是可以被认为真实的而接受下来的。

第一件事是：有一些错误观念在于对象的错误。按照我的意思，它们给判断以错误的对象。但是经过判断，在把对象转为形式上的观念后，观念本身并没有错误。

第二件事是：上帝是由他自己而存在，在那个地方我仅仅是想说上帝为了存在不需要任何动力因。按照正面的，基于上帝的广大无垠性本身，它是能够存在的。可是阿尔诺用的是反面的,他证明上帝不是由别的东西产生的,也不是由别的动力因正面保存的,关于这一点我也是同意的。

第三件事是:不管什么东西,如果关于这个东西我们没有认识,就不能存在于我们的意识里,这话我是指观念说的,而阿尔诺是从潜能方面否定的。我可以把这些再解释一下。

在他说冷仅仅是一种缺乏,不能给我一个物质性的正面的东西观念的地方,他显然是指在形式上的观念说的。按照他的意思,由于观念本身不过是一些形式,而且它们不是由物质组成的,每次当它们被考虑作为物质性的什么东西的时候,它们不是在存在上而是在形式上被使用,如果不是把它们作为物质性的一个东西来考虑,而仅仅是作为理智的形式来考虑,那么当然可以说它们错误地被当作对象使用了。

不过那样一来,它们就与事物的"对"绝对无关,也与事物的"错"绝对无关了。所以,我不认为把观念看作对象是错误的。就像我已经解释过的意义,不管冷是一个正面的东西,还是一种缺乏,我并不因此而对它有不同的观念,而是这个观念在我意识里是和我一直有的观念是同一的观念。如果冷真的是一种缺乏,并且没有和热同样多的实在性,那么热的观念就物质性了错误的对象。因为在分别考虑到我从感官接受过来的这一个观念和那一个观念时,我认不出来由这一个观念所物质性的实在性比由那一个观念所物质性的实在性更多。

我并没有把判断和观念混为一谈。我说过在观念里有一种对象的错误,但是在判断里,除了形式上的错误没有别的。当他说就其是客观地存在于理智之中而言,冷的观念是冷本身。我认为必须给以区别,因为在模糊不清的观念里(包括冷的观念和热的观念),经常发生这样的事,即它们是关于别的东西的,而不是关于它所真正物质性的那些东西。这样一来,如果冷仅仅是一种缺乏,就冷是客观存在于理智之中而言,冷的观念并不是冷本身,而是什么别的东西,那种东西被错误地当作这种缺乏,即某一种感觉,这种感觉在理智之外绝不存在。

上帝的观念并不是这样的，至少清楚、分明的观念不是这样的。不能说它是关于某种对它并不一致的东西的。至于由偶像崇拜者所捏造的那些神的模糊观念，就其引发错误的判断而言，我看不出来为什么它们不能也叫作对象的错误。那些没有给判断以任何错误或非常轻微的错误观念，不应该和那些给以非常多的错误观念相提并论，应该说它们也是对象的错误。我很容易举例说明有些观念就比另一些观念给人以更大的错误机会。因为由我们的理智本身捏造的那些模糊的观念，就像那些假神的观念那样。这些错误的概率和由感官给我们模模糊糊提供的那些观念同样大。就像我所说的冷的观念和热的观念那样，它们并不物质性任何实在的东西。举例来说，一个水肿病人的渴的观念，当这个观念使他相信喝水对他会有好处而实际上是有害处的时候，对他来说，这个观念实际上难道不是错误的吗？

但是阿尔诺先生问这个冷的观念给我物质性了什么？他说，如果它物质性了一种缺乏，那么它就是对的；如果它物质性一个正面的东西，那么它就不是冷的观念。这一点，我同意。可是，我之所以认为对象是错误的，仅仅是因为既然它是模糊不清的，我分辨不清它给我物质性的东西在我的感觉之外究竟是不是正面的，那么我有可能把虽然也许仅仅是一种缺乏判断为正面的东西。

所以不应该问：使这个观念在错误的那个正面的、客观的东西的原因是什么？因为我并没有说对象的错误是由于什么正面的东西，而只是说这仅仅是由于模糊不清，而这种模糊不清的主体是一个正面的东西，即感觉。这个正面的东西是在我意识里，因为我是一个真实的东西。它之所以模糊不清是因为我的观念物质性着在我之外的、人们叫作冷的什么东西，它没有实在的逻辑，它仅仅是来自我的本性之不是完全完满，这绝对推翻不了我的论证逻辑。

阿尔诺先生最不满意的，同时也是我认为他最不该反对的东西是：我说我们很容易想到，在某种意义上，上帝对于他自己和动力因对它的结果是一样的。针对这一点，我不认可他粗暴地反驳上帝是他本身的动力因。因为在我说某种意义上是一样的时候，我指的就是不完全一样的。同时，在把我们很容易想到这几个字放在这句话的前头，我是指，我之所以如此解释这些事情只是因为人类理智的不完满。何况，在我的书的其余部分里，我一直做了同样的区分。自一开始，在我说没有任何东西是不能追究其动力因的地方，我加上一句：或者，如果它没有动力因，可以问问为什么它没有。这句话就足以证明我认为有什么东西存在不需要动力因。

然而，除了上帝以外，什么东西是这样的呢？甚至在稍后一点，我说在上帝里边有一个如此巨大、如此用之不竭的能力，以致他不需要任何帮助而存在，不需要任何帮助而被保存，因此他在某种方式上是自因的。自因这两个字怎么也不能被理解为动力因，而只能被理解为在上帝里边的这个用之不竭的能力就是原因，或者是他不需要动力因。由于这个用之不竭的能力，或者这个本质的广大无垠，是非常正面的，因此我说上帝之所以不需要原因，其原因或理由是正面的。这对任何有限的东西说来无论如何都是不可能的，尽管这种东西在它那一类里是非常完满的。如果说一个东西是自因的，就只能用反证法来理解，因为从这个东西的正面论证找不出来任何理由我们可以由之而应该理解它不需要动力因。

同样，在其余的一切地方我都把上帝的存在和被保存不需要原因的这个从上帝本质中提出的原因，同有限的东西缺少它就不能存在的动力因做比较。这样，从我的专门术语来看，无论什么地方都可以很容易地看出，认识出上帝和其他东西的动力因完全是两回事。在任何地方都找不到我曾说过上帝和他的造物一样都是以一种正面的原因保存的。我只是说他的能力或他的本质的广大无垠性，这种广大无垠性是他之所以不需要保存的原因，是可以正面论证的。这样一来，我就能够很容易同意凡是阿尔诺先生为了证明上帝不是他自己的动力因、不是由任何一种正面的作用或者由一种他自己的不断再产生而自我保存所提出来的东西，而这些东西是人们从他的理由中所能推论出来的全部东西。我希望他也不会否认上帝不需要原因而存在的这种广大无垠的能力，在上帝里是一件正面的原因，而在其他一切东西里，人们不能理解到任何类似的正面的不需要动力因就能存在的东西。当我说其他任何东西都只能通过反证被理解为不能由自己而存在，只有上帝除外，我就是这个意思。为了答复阿尔诺先生所提出的诘难，我用不着再说别的了。

但是，由于阿尔诺先生在这里严重地警告我说，神学家大多反对下面的命题：即上帝就如同由一个原因那样正面地由自己而存在，我在这里将要说出为什么我以为这种说法在这个问题上不仅非常有用，而且是必要的，以及为什么没有人可以认为这种说法不好。

我知道我们的神学家在谈论神圣的事物时，当问题在于列举三位一体的三位的行列，并且在希腊人用三个不同的单词时，他们又使用了"本原"这个词。采取这一词的最直接的意义，就是怕让人错以为圣子比圣父小。这样的三位一体，就不会出现错误，而仅仅是对于上帝的单一本质。我看不出为什么应该躲避原因这一词，对一般人而言，使用这一词非常有用而且在某种意义上是非常必要的。它的最大作用在于证明上帝的存在，如果不使用它，就不能把上帝的存在性说明得那么清楚。即便用动力因来证明上帝的存在性不是我唯一采用的方法，那么至少是第一的、主要的方法，我想这是人人皆知的。如果我们不放任我们的理智去追寻世界上一切事物的动力因，就连上帝也不例外，那么我们就不能使用这个理智。在我们证明上帝存在之前，我们为什么没有理由去追寻上帝存在的动力因呢？

我们可以问每一个东西，它是由自己而存在的呢，还是由别的东西而存在的？用这种办法我们可以得出上帝存在的结论，虽然我们不必用严谨的词句解释我们应该怎么理解"由自己而存在"这几个字。凡是只遵照理智指引而行事的人，都可以立刻在他们的心中形成某一种概念，这种概念既有动力因，也有形式因，也就是说，由别的东西而存在，就像是由一个动力因。而由自己而存在的，就是像由一个形式因，也就是说，自己由自己存在具有一种不需要动力因的那种性质而存在。这就是为什么我没有在我的沉思里解释这一点，以及我把它当作一个自明的东西而省略了，不需要做任何说明。

但是，当那些由于长期习惯而有这种意见，即断定任何东西都不能是它自己的动力因，而且认真把这种原因同形式区分开来的人，听到人们问什么东西不是由自己而存在的，很容易在他们的意识里只想到纯粹的动力因，他们想不到由自己这几个字应该被理解为由一个原因，而只想到其反面，即不能因为其他原因。因此他们认为有一个什么东西存在，我们不应该问它为什么存在。

"由自己"这几个字这样解释，如果它被接受的话，它就会使我们放弃把上帝作为结果的证明方法，就如同由我对第一组反驳所做的答辩："为了恰当地回答他的反驳，我认为有必要证明在真正的动力因和没有原因之间有一个什么中间的东西，即一个东西的正面本质，动力因的观念或概念可以如同我们在几何学里习惯地用同样的方式那样延伸到它。在几何学里我们把要多大有多大的一条弧线的概念延伸到一条直线上去，或者一个具有无穷的边的多边形的概念延伸到圆的概念上去。"

我曾经说过，我们不应该把动力因的意义理解为以下的原因：这些原因不能包含结果，或者时间上在其结果之前。一方面，那会是没有意义的，因为没有人不知道一个同一的东西不能与其本身不同，也不能时间上在它本身之前；另一方面，也因为这两个条件中的一个可以从它的概念中被取消，而并不妨碍动力因的概念保持完整。因为没有必要让它时间上在它的结果之先，这是非常明显的，因为只有当它像我们所说过的那样产生它的结果时，它才有动力因的名称和本质。

从另外一个条件之不能被取消，我们只应得出结论，这并不是一个真正的动力因，不过这并不能说它绝不是一个正面的原因，这个原因可以认为和动力因相类似，而这正是在所提出的问题上所要求的。因为就是由于理智，我理解到，如果我把存在给予我，我就会把凡是在我意识里有其观念的完满性都给我，同时我也理解到，没有什么东西能够按照人们习惯于用限制真正的动力因的意义的办法来把存在给予自己。同一的东西，由于它给了自己存在，它就不同于它自己，因为它接受了存在。在这二者之间有矛盾：是它本身，又不是它本身或不同于它本身。因此，当我们问道是否有什么东西能把存在给予它自己的时候，这只能这样去理解，即某一个东西的本性或本质是否是这样的，即这个东西不需要动力因就能存在。

当我们接着说：如果什么东西是还不具备它有其观念的一切完满性的话，它就会把这些完满性都给它自己。这就是说，它现实不可能不具备它有其观念的一切完满性。理智使我们认识到，一个东西，它的本质是如此广大无垠以至它不需要动力因就能存在，那么它也不需要动力因就能具备它有其观念的一切完满性，而且它自己的本质充要地把凡是我们能够想象到可以由动力因给予其他东西的完满性都给它自己。如果它还没有这些完满性，它就会把这些完满性给它自己。因为同一的理智，我们懂得，在我说话的时候这个东西不可能有把什么新的东西给它自己的这种能力和可能，而只能是它的本质是这样的，即凡是我们现在想得出，它应该给它自己的东西，它都已经永远地具备了。

所有这些与动力因有关和相类似的说法，对于引导大家追求真理，使我们清楚分明地理解这些东西，是非常必要的。同样，阿基米德关于由曲线组成的球形和其他形状，拿这些形状同由直线组成的形状相比较，证明了许多东西。如果不这样，就很难使人理解。由于这样的证明没有遭到反对，所以虽然球形在那里被看作是一个具有很多边的形状，但是我不认为能够在这里重新用我使用过的同动力因的类比来解释属于形式因的东西，也就是说，属于上帝的本质本身。在这上面用不着害怕有任何产生错误的可能，因为凡是独立具有动力因的特性，以及不能被延伸到形式因上去的东西，本身都含有一种明显的矛盾，绝不能被任何人相信。例如，任何东西和它本身不同，或者是同一的东西同时又不是同一的东西。

必须注意：我把原因这个高贵的头衔归之于上帝，可是不能由此得出结论说我把结果这个不完满性也归之于上帝。因为就像神学家们吧，当他们说圣父是圣子的本原时，他们并不因此就认为圣子是由本原而生的，同样，虽然我说上帝从某种方式上可以被说成是他自己的原因，可是在任何地方都找不出来我说过是他自己的结果，这是因为我们习惯于主要地把结果联系在动力因上，并且把它断定为不如原因高贵，虽然它经常比它的其他的原因更高贵。

为了在所提出的问题里不把原因这一名称归之于上帝是很不容易办到的，从阿尔诺先生已经试图用另外一个办法得出和我同样的结论，然而却没有成功，就是最好的证明。他在大量指出上帝不是他自己的动力因（因为动力因不同于结果，这是动力因的本性）的同时，也指出上帝不是正面地（正面地这一词指原因的一种正面作用而言）由自己而存在。严格地讲，就保存这一词指事物的一种不断再产生而言，他自己不保存他自己。这一点我同意。在所有这些以后，他想再证明上帝不应该被说成是他自己的动力因。他说：因为问一个东西的动力因，这只是从它的存在性上来问的，绝不是从它的本质上来问的。然而，一个无限的存在体之存在的本质并不少于一个三角形之有它的三角之和等于二直角的本质。所以当人们问上帝为什么存在时，不应该用动力因来回答，这和当人们问三角形的三个角之和为什么等于两个直角时不应该用动力因来回答是一样的。

这个三段论式可以很容易按照这个样子倒转过来反对它的作者本身：虽然我们不能从本质上来问动力因，可是我们可以从存在性上来问动力因；不过在上帝身上本质和存在是没有区别的，所以我们可以问上帝的动力因。

但是，为了把二者协调起来，我们应该说，对于问上帝为什么存在的人，不应该用真正的动力因来回答，只能用事物的本质本身，或者用形式因来回答。由于在上帝身上，存在和本质是没有区别的，只是和动力因很相似，从而可以被称为"准动力因"。

最后他接着说：对于问上帝的动力因的人，必须回答说他不需要动力因；

对于问他为什么不需要动力因的人，必须回答说，因为他是一个无限的存在体，他的存在性就是他的本质，因为只有允许把现实的存在性同本质区别开的东西才需要动力因。由此他得出结论说，我以前说的话完全被推翻了。即如果我想任何东西以某种方式对它自己的关系就是动力因对它的结果的关系，在追寻事物的原因上，我永远达不到第一个。可是我认为绝对没有被推翻，甚至一点都没有被削弱或被动摇。因为肯定的是：不仅是我的论证的主要力量，就连人们提供用结果来证明上帝的存在性的一切论证的力量都完全取决于此。然而，差不多所有的神学家都主张，如果不根据结果就提供不出来任何一个论证来。

因此，当他不允许人们把上帝对于他自己的动力因的类似关系归于上帝时，他远没有给上帝的存在性的证明和论证提供什么阐释，相反，他把读者弄糊涂了，阻碍读者弄懂这个证明，特别是在结尾时，他结论说：如果他想必须追求每一个东西的动力因或者准动力因，他就会追求到一个与这个东西不同的原因。因为那些还不认识上帝的人，如果不认为人们可以追求每一个东西的动力因，他们怎么会追求别的东西的动力因，以便用这个办法来达到对上帝的认识呢？最后，如果他们认为每一个东西的动力因都必须被追求出来同这个东西不同，他们怎么会像停止在第一因上那样停止在上帝身上，并且在上帝身上终止他们的追求呢？

阿基米德在谈到他在用内切于圆形里的一些直线形状的类比关系证明圆形的东西时也许会说：如果我认为圆形不能被当作一个具有无穷的边的直线形或准直线形，那么我就不会给这个证明以任何力量，因为严格地讲，这个证明不把圆形看作是一个曲线图形，而仅仅是把它看作是一个具有无穷数目的边的图形。阿尔诺先生所做的和阿基米德一样。如果阿尔诺先生认为这样称呼圆形不好，却希望保留阿基米德的证明，说：如果我认为在这里得出来的结论必须是指一个具有无穷数目的边的图形说的，那么我就绝不相信这是一个圆形，因为我确实知道圆形并不是一个直线形，这样，他就和阿基米德做的不一样，因为他给他自己一个障碍，并且阻碍别人去很好地理解他的证明。

最后，我已经在我对第二组反驳的答辩的第三点和第四点里足够清楚地指出，当我说我们确知我们非常清楚、非常明白地理解的东西之所以都是真的是因为上帝存在，而我们确知上帝存在是因为我们对上帝存在理解得非常清楚、非常分明。我这样说并没有陷入循环论证中，我是把我们事实上理解得非常清楚的东西同我们记得以前曾理解得非常清楚的东西区别开来。

首先，我们确知上帝存在。我们不但要记住那些证明上帝存在的理由，此后还需要我们记得曾经把一个东西理解得清清楚楚以便确知它是真的，如果我们不知道上帝存在，不知道他不可能是骗子就不行。关于"假如理智本身对那个东西没有实现认知，就精神是一个有意识的东西而言，是否任何东西都不能存在于我们的精神里"这个问题，我认为非常容易解决，就精神是一个有意识的东西而言，显然，除了意识或者完全取决于意识的东西之外，没有什么东西存在于它里边，否则就不属于意识了。而在我们心中不可能有任何意识，在它存在于我们心中的同时是因为我们对之没有存在性的认识。因此我不怀疑精神一旦渗入一个小孩子的身体里就开始有意识，从这时起他就知道他有意识，虽然他以后不记得什么，因为他所有意识的东西没有刻印在他的记忆里。

不过必须注意，我们应该对于意识有一种实在的认识，而不仅仅是对于它的功能有实在的认识，哪怕这些意识是潜在的。当我们打算使用什么功能的时候，如果这个功能就在我们的意识里，我们立刻就得到关于它的现实认知，就是因为这个原因，如果我们不能得到关于它的这种现实认识，我们就可以确定地否认它在那里。

【可能引起神学家疑问的东西】

最后，我想在这里用尽可能简短的形式来讨论。首先，我担心有些人会对怀疑一切事物这种思辨的方法感到疑虑。事实上，我们的作者自己在他的《谈谈方法》一书中也承认，这个办法对于理智薄弱的人是危险的。我承认，在他的关于第一个沉思的内容提要里已经缓解了我的担忧。此外，我不知道是否给这些沉思加上一个序言比较好一些。在序言里告诉读者，怀疑这些事物并不是严肃的，而是为了把我们的理智中怀疑的能力尽可能地使用一下，看看是否在这以后没有办法找到什么可靠的真理。还有，说不认识我的来源的作者，我认为最好是改为假装不认识。

【对于能够给神学家引起疑难的东西的答辩】

我完全同意后来的那些建议，最后一个除外。我承认，六个沉思里所包含的东西并不是对各种人都合适的，我不是到今天才这么想的。只要有机会，我必须反复重申。这也是我在《谈谈方法》一书中不谈论这些事的唯一理由。因为《谈谈方法》是用简单语言写的，我把这样复杂的问题留给《沉思集》，因为它应该仅仅是给精英看的。同时，不能因为不是对大家都有用我就不写，因为我认为这些东西非常必要，我相信如果没有它们，人们就绝不能在哲学上建立任何坚实可靠的东西。虽然铁器和火如果让孩子们或者不谨慎的人拿到是会发生危险的，可是因为它们在生活上是有用的，没有人认为因为危险就不使用这些东西。

【点评】

在这一部分里最有价值的内容是关于形式因和动力因的讨论。虽然辩论双方都在使用这两个词，但是他们对于其理解是不一样的。对于形式因使用得不多，基本上可以理解为一般意义上形式的、造型的原因。但是动力因就完全不同，亚里士多德的动力因①指事物达成目标的推动力原因，有点像能量原因；而在本部分的最后笛卡尔对他论证过程中所使用的动力因的含义做了严格说明，是指逻辑上的原因。这和我们今天在数学计算中使用的因为、所以几乎是一个意思。他推理中所使用的因果关系，就是逻辑上的因果关系，为了不造成理解上的混淆，还强调原因和结果之间不能存在时间上的先后顺序。

再加上前文中笛卡尔对于条件充分性、必要性的使用，不管其他的神学家和哲学家能否意识到，一个数学家对于宇宙观构建的鸿篇巨制正在他们的助力下逐渐完成。上帝是数学的上帝，即公理、科学的真理。从某种意义上说，笛卡尔哲学对于当时科学的局限性是更具有前瞻性的。

其实他们两个人都明白，看似针锋相对的辩论都是纯粹理性的逻辑思辨，这样的思考方法的确不是一般人能够驾驭的。此外，他建议笛卡尔撰写序言的意思是建议笛卡尔把本书讨论的范畴进一步限定在纯粹的理性逻辑范畴，否则关于上帝存在和灵魂不灭的论证就会与现实生活中教会所主张的东西有所不同，这样对笛卡尔不利。这跟我们一开始所做的判断是完全一致的，除了纯粹的逻辑方法之外，反驳者对笛卡尔没有任何的偏见，而且还充满了对真理的敬畏和对作者安危的关切。

---

① ［古希腊］亚里士多德：《形而上学》。

第七章

第四个沉思：正确和错误

【原文】

这几天我已经习惯于从感官里把我的理智摆脱出来，我又正好看出关于物质性的东西有很少是我们认识得准确的，关于人的意识有更多的东西是我们认识的，关于上帝本身我们认识得还要更多。这样，我现在把我的意识从考虑可感觉或可想象的东西上转到考虑完全脱离物质、纯粹理性的东西上去就毫无困难了。

关于人的理智，既然它是一个有意识的东西，一个没有长宽厚的广延性、没有一点物质性的东西，那么我的这个观念当然比任何物体性的东西的观念都要无比地清楚。而且当我认识到我是一个不完满的、依存于别的东西的时候，在我意识里就十分清楚明白地出现一个完满的、不依存于别的存在体的观念，也就是上帝的观念。单就这个观念只存在于我自己里，或者具有这个观念的我是存在的，我就得出这样的结论：上帝是存在的，而我的存在在我的生命的每一时刻都完全依存于他。这个结论是如此的明显，以至我不认为有什么能比这件事更明确、更可靠地为人的理智所认识。因此我觉得我已经发现了一条道路，顺着这条道路我们就能从审视包含着科学和智慧的全部宝藏的上帝，走向认识宇宙间的其他事物。

首先，我看出他绝对不能骗我，因为凡是欺骗都含有某种不完满性，即使能够骗人好像是一种所谓机智和能力，想要骗人却无疑是一种缺陷或恶意。

因此在上帝的本性里不可能包含欺骗。其次，我认识到在我自己的意识里有某一种判断能力，这种能力和我所具有的其他一切东西一样，是我从上帝那里接受过来的。因为他不想骗我，所以他肯定没给我那样的一种判断能力，让我在正当使用它的时候总是弄错。

我认为，假如在这一点上我没有弄错的话，那么对这个理智就再没有可怀疑的了。因为如果凡是我所有的都是来自上帝的，如果他没有给我弄错的能力，那么我决不应该弄错。当我单单想到上帝时，我在意识里并没发现什么错或假的东西。后来，当我回到我自己身上来的时候，经验告诉我，我还是会犯无数错误的。在仔细追寻这些错误的原因时，我注意到在我的理智中不仅出现一个实在的、肯定的上帝观念，或者一个至上完满的存在体的观念。同时，也出现一个否定的、"无"的观念。也就是说，与各种类型的完满性完全相反的观念。而我好像就是介乎上帝与无之间的。也就是说，我被放在至上存在体和非存在体之间。就我是由一个至上存在体产生的而言，在我意识里实在没有什么东西能够引导我到错误上去。但是，如果我把我看成是以某种方式分享了无或非存在体，也就是说，由于我自己并不是至上存在体，我处于一种无限缺陷的状态中，因此我不必奇怪我是会犯错误的。

由此我认识到，上帝并不是我犯错的原因，而仅仅是我自己的一种缺陷，所以并不需要上帝专门给我一个犯错误的能力，之所以我有时弄错，只是由于上帝给我的分辨真假的能力并不是无限的。

这还不够，因为错误并不是因为无知，也就是说错误不是因为我不知道，而是缺少判断对错的能力。在考虑上帝的本质时，如果说他给了我某种不完满的，缺少什么必不可少的完满性的功能的话，这是不可能的。因为工匠越是精巧熟练，从他的手里做出来的活计就越是完满无缺的这件事如果是真的，那么我们可以想象由一切事物的至高无上的创造者所产生的东西，有哪一种在其各个部分上是不完满、不精巧的呢？毫无疑问，上帝没有能把我创造得永远不能弄错，同时他确实总是想给予人类最好的东西。

那么弄错比不弄错对于我更有好处吗？

仔细考虑一下之后，我首先想到的是，我的理智理解不了为什么上帝没有给我完满的能力。这倒也不奇怪，因为很多通过经验理解的东西，我也不知道上帝为什么以及怎样产生了它们。既然已经知道了我的本性是极其软弱、极其有限的，而上帝的本性是广大无垠、深不可测的，我再也不用费劲儿就看出他的潜能里有无穷无尽的东西，这些能力的原因远远超出了我的认识能力。仅仅这个理由就足以让我相信：人们习惯于从目的里追溯出来的所有这一类原因都不能用于物理的或自然的东西上去。因为去探求上帝的那些深不可测的动机，那简直是狂妄至极。

我还想到，当人们探求上帝的作品是否完满时，不应该单独拿一个作品孤立地来看，而应该总是把所有的作品都合起来看。如果它是独一无二的，是这个宇宙整体，它的本质上就是非常完满的。而且，自从我故意怀疑一切事物以来，我仅仅肯定地认识了我的存在和上帝的存在；自从我认出了上帝的无限潜能以来，我就不能否认他也产生了其他很多东西，或者至少他能够产生那些东西。因此，我也不能否认，我作为一切存在的东西的一个部分存在，并且被放在世界里。

在这以后，更进一步看看我，并且考虑一下哪些是我的错误（只有这些错误才证明我不完满）。我发现这是由两个原因造成的，一个是由于我意识里的认知能力和判断能力；另一个是由于我的自由意志。因为出于理智我对任何东西都既不加以肯定，也不加以否定，我仅仅是理解我所能理解的东西的观念，这些观念是我能够加以肯定或否定的。在把这样的理智加以严格观察之后，在它里边绝找不到任何错误。虽然也许在世界上还有很多东西在我的意识里边，而我没有任何观念，也不能说这些东西不存在，只能说认知对于对象是远远不够的。事实上，没有任何理由能够证明上帝本来应该给我比他已经给我的那些认识功能更大、更广一些的认识功能，不管我把它想成是多么精巧熟练的工匠，我也不应该因此就认为他本来应该把他可以放到几个作品里的完满性全部放到每一个作品里。我也不能埋怨上帝没有给我一个相当广泛、相当完满的自由意志，因为事实上我体验出这个自由意志已经是非常大、非常广的了，什么界限都限制不住它。这里很值得注意的是，在我意识里的其他东西里，没有一个能再比自由意志更大、更完满的了。举例来说，如果我考虑在我意识里的理解功能，我认为它是很狭隘、很有限的，同时，我给我提供另外一个理解的功能，这个功能要广阔得多，甚至是无限的。仅仅从我能给我提供其理解能力这一事实，我就毫无困难地认识到这个功能是由上帝而来的。如果我用同样方式检查记忆、想象，或者别的什么功能，我找不出任何一种能力在我之内不是非常小、非常有限的，而在上帝之内不是无限的。我认识到，在我之内只有意志是大到我理解不到会有什么别的东西比它更大、更广，我之所以想象上帝的形象和我的形象如此相似，主要就是因为自由意志的缘故。虽然我的意志与上帝的意志无法比拟，但是我的意志无限地扩展到更多的东西上，不论是在认识和能力方面，还是在事物方面。如果我仔细想想意志的形式，我就觉得它没有那么大，因为它仅仅在于我们对同一件事想做或不想做。为了能够自由，我没有必要在相反的两个东西之间做出选择。而且，无论是由于我明显地认识在那里有善和真，或者由于上帝是这样地支配了我的思想内部，我越是倾向于这一个，我就会越自然地选择这一个。而且，上帝的恩宠和自然的知识当然不是为了减少我的自由，而是为了增加我的自由。因此，当我由于没有任何理由迫使我倾向于这一边而不倾向于那一边时，我所感觉到的这无所谓的态度不过是最低限度的自由。这种无所谓的态度与其说是在意志里所表现出一种完满，不如说是在知识里表现出的一种缺陷。如果我总是清清楚楚地认识什么是真、什么是善，我就决不会费时间去考虑我到底应该采取什么样的判断和什么样的选择。这样，我才真正获得了自由，而不是盲目地接受或者抵制。

我终于认识到，我的意志是从上帝那里接受过来的，因为上帝的本质是非常广泛、非常完满的，因此我错误的原因既不是意志的能力本身，也不是理解能力的本身。

因为既然我用上帝所给我的这个能力来理解，那么毫无疑问，凡是我所理解的，我都是实事求是地去理解，我不可能由于这个原因弄错。那么我的错误是从哪里产生的呢？是从这里产生的：既然意志比理智大得多、广得多，而我却没有把意志加以同样的限制，反而把它扩展到我所理解不到的东西上去，而意志对这些东西既然是无所谓的，所以我就很容易陷于迷惘，并且把恶的当成善的、把假的当成真的了。

举例来说，过去这几天我检查了是否有什么东西在世界上存在，而且认识到仅仅由于我检查了这一问题，因而显然我自己是存在的。于是我就不得不做这样的判断：我理解得如此清楚的一件事是真的，不是由于什么外部的原因强迫我这样做，而仅仅是因为在我的理智里边的一个巨大的清楚性，随之而来的就是在我的意志里边有一个强烈的倾向性。并且我越是觉得不那么无所谓，我就越是自由地去相信。到此为止，我不仅知道由于我是一个在"有意识的什么东西"，因而我存在，而且在我意识里出现某一种关于物体性的本质的观念，这使我怀疑在我之内的这个有意识着的本性，或者说，我之所以问我的那个东西是否与这个物体性的本质不同，或者是否二者是一个东西，显然我还不知道有任何理由使我相信后一种而不相信前一种。因此，对于"我是个有意识的东西"这个判断，暂时没有必要再纠结了。

因此，当意志考虑到这些东西时，意志的这种无所谓不仅可以扩展到理智已经认识的东西上去，而且也可以扩展到理智不能完全清楚地发现的东西上去。因为不管当我倾向于某种判断而采取主观臆断和可能性多小，单是这一认识的前提（即这些不过是一些猜测，而不是可靠的、无可置疑的），就完全可能让我做出错误的判断。这几天我充分体会到，当我把我以前当作非常正确的一切事物都假定是假的，就足以看出这种怀疑态度的意义。

如果我对我没有理解得足够清楚、明白的事情不去判断，那么显然是我把这一点使用得很好，至少我没有弄错；如果我决定去否定它或肯定它，我也不会再像从前那样使用我的自由意志了。如果我肯定了假的东西，那么显然我弄错了，我判断对了，这也不过是碰巧，今后我仍然难免弄错。因为犯这种错误就是由于我不正确地使用我的自由意志。真理告诉我们：理智的观念必须先于意志的决定。造成错误的原因就在于不正确地、草率地使用自由意志。精神的缺陷在于运用，因为运用是我的精神来运用，而不是因为上帝赋予我的能力，也不是因为上帝来直接运用。我当然没有任何理由埋怨上帝没有给我一个比我从他那里得来的那个智慧更有才能的智慧，或比理智更大的理智。事实上，不理解无穷无尽的事物，这是有限的理智的本性，是一个天生就是有限的本性。但是我完全有理由感谢他，因为他从来没有欠过我什么，却在我运用之中给了我少量的完满性。我决不应该有抱怨的情绪，抱怨他应该把其他完满性也给我。我也没有理由抱怨他给了我一个比理智更广大的意志，因为意志和他的主体是不可分的。因此，自由意志的本性应该是这样的：我从它那里什么也减不掉，它越是蔓延，我就越要感谢把它给了我的那个好心人。最后，我也不应该抱怨上帝纵容我自由意志的行为，也就是错误的判断。因为这些行为既然是取决于上帝的，它就是真实的、绝对善良的。在某种意义上，错误和犯罪的形式的理由就在于缺陷，我能够做出这些行为，比我不能做成这些行为在我的本质上有着更多的完满性。至于缺陷的弥补，不需要上帝的什么帮助，因为它不是一个东西，也不是一个存在体。假如把它牵连到上帝，把上帝当作它的原因，那它就不能叫作缺陷，而应该叫作否定。

事实上，上帝已经给了我判断对错的自由，让我在做出理性的判断之前不轻易放纵自由的意志，所以这也不是上帝的不完满，而无疑是我的不完满，是我没有使用好这个自由。只是我在我理解得不清楚的时候，草率地做出了判断。

我一直是自由的，并且具有少量的认识。也就是说，上帝在把一种清楚、明白的认识给了我的理智，使我对于一切事物没有理解得清楚、明白时就不要做判断深深地刻在我的理智里，使我永远不会忘记。他是很容易使我绝不犯错的，只要我把我自己看成是独一无二的，就好像世界上只有我自己似的，如果上帝把我造成为永远不犯错，那么我就会比我现在完满得多。可是我不能因此就否认，宇宙的某几个部分犯错，比全部犯错会有更大的可能性。

上帝在把我投入世界中时，如果没有想把我放在最高贵、最完满的东西的行列里去，我也没有任何权利去埋怨，我当然应该心满意足。因为如果他没有给我不犯错误的能力，这种能力取决于我对于我所能够考虑的一切事物的一种清楚、明白的认识，他至少在我的能力里边留下了另外一种办法，那就是下定决心在我没有把事情的真相弄清楚以前无论如何不去下判断。虽然我看到在我的本性中的这种缺陷，使我不能不间断把我的意识统一到同一种理智的状态，可是我仍然可以坚持专心致志地反复沉思，把它强烈地印到我的记忆中，使我每次在需要它的时候都能记起它，由此养成少犯错误的习惯。由于人的最大的、主要的完满性就在于此，因此我认为我从这个"沉思"里获益匪浅，我找出了错误的原因。

可以说，除了我所解释的那个原因以外不可能再有其他原因了，因为每当我把我的意志限制在我的理智的约束之下，让它除了理智给它清楚、明白地提供出来的那些事物之外，不对任何事物下判断，这样我就不会犯错。凡是我理解得清楚明白的，都毫无疑问的是实在的、肯定的东西，而且它不能是从无中生出来的，而上帝必然是它的作者。上帝，他既然是至上完满的，就绝不能是错误的原因，因此像这样一种理解或者判断必然是正确的。此外，今天我不但知道了必须避免什么才能不致犯错误，而且也知道了我必须做什么才能认识真理。如果我把我的注意力充分地放在凡是我理解得完满的事物上，而且把这些事物从其他理解得糊里糊涂的事物中分别出来，我当然就会认识理智，这一点我会继续坚持下去。

【点评】

在这里，笛卡尔一如既往地用理智来分析正确和错误产生的原因。这其中对于"自由意志"的论述，需要引起我们的高度重视。我在以往写作的一些散文杂谈中经常提醒大家注意"自由"在不同语境下的定义。在经济学中的自由是指人的本性私欲，如"人是自私的，人是理性的"[①]；在法学中是指不受约束的权利，如"海洋是取之不尽，用之不竭的，是不可占领的，应向所有国家和所有国家的人民开放，供他们自由使用"[②]；等等。这些理性内涵和我们日常生活中所理解的自由自在、无拘无束是完全不同的。笛卡尔在这里对于自由意志的论述非常具有思辨性，这和我们今天经常提到的法律框架下赋予公民自由的概念如出一辙，也就是说追求自由等同于追求理性，必须是以对于法律、社会规律的敬畏为前提。从这一点上我们甚至可以看到他对于启蒙运动时期人与社会基本关系的理性锚定。

对于意志和理智的相对关系，他的结论是：越是理性的人越是自由的；越是非理性的人越是无知无畏，所有的错误都来源于自由意志的无所谓，或者至少是在理智做出判断之前就产生了主观意志倾向性或者动机。

此外他还延伸给出了一个超越人类与社会本身的关于自由的观念：世界上只有一个自由是无限的，那就是上帝，是真理，是宇宙的普遍规律。而追寻这个理智的首要条件和唯一方法就是理性的逻辑，即科学精神。

---

① ［英］亚当·斯密：《国富论》。
② ［荷］格劳秀斯：《海上自由论》。

第八章
对第四个沉思的反驳与答辩

第一节 第二组反驳和答辩

【反驳】

第五点，如果意志按照理智的清楚、分明的理智引导行事时，就决不会达不到目的或者失败。相反，当它按照理智的模糊不清的认识行事时，就有达不到目的的危险。那么请你注意人们似乎由之而可以推论出土耳其人和其他不信基督的人不仅在不接受基督教和天主教上犯错误，甚至在接受基督教和天主教上由于他们把理智认识得既不清楚，也不分明，因而也犯错误。如果你所建立的这条规律是正确的，那么它只能被容许意志接受非常少的东西，因为你为了做成一种不能有任何怀疑的可靠性，而要求的这种清楚性和分明性使我们几乎什么都认识不了。所以，你想要坚持理智，可是你没有做必要的证明，所以你没有支持理智，反而把它推翻了。

【答辩】

第五点，我奇怪你们会怀疑当意志按照理智的模糊不清的认识行事时，就有达不到目的的危险。假如它所按照其行事的东西不是被清楚认识的，谁能使它靠得住呢？不管是哲学家也好，神学家也好，或者仅仅是运用理智的人也好，都得承认，在理解得越清楚的东西上，我们所面临的达不到目的的危险就越小，而那些对于原因还不认识就贸然下什么判断的人就会失败。如果是因为在它里边有什么还不认识的内容,理解就是模糊不清。

你们关于人们应该接受的信仰所做的反驳,跟反对任何时候都不应该培养人类的理智是一样的,它对任何人都没有作用。因为虽然人们说信仰是模糊不清的东西,可是我们之所以信仰那些东西的理由却不是模糊不清的,而是比任何理智更清楚、分明的。不仅如此,还必须把我们信仰的具象东西同导致我们的意志去信仰的必要的理由加以区别,因为就是在这种必要的理由中我们的意愿才有清楚性和分明性。

至于具象的东西,从来没有人否认它可以是模糊不清的,甚至它就是模糊不清性本身。当我们需要做判断时,必须从我们的思想里把模糊不清的东西去掉,以便能够把我们的判断交给我们的理智。这样,即便我做成一个清楚分明的判断所指向的具象东西是模糊不清的,也不会存在达不到目的的风险。

此外,必须注意我们的意志由之而能够被激发起来去相信的那种清楚性、分明性有两种:一种来自理智,另外一种来自上帝的恩宠。

人们通常说信仰是一些模糊不清的东西,不过这仅仅是指它具象的东西说的,而并不是指必要的理由说的,我们是因为必要的理由去信仰的。相反,这种必要的理由在于某一种内在的光明,用这个光明,上帝超自然地照亮了我们之后,我们就有了一种可靠的信念,相信要我们去信仰的东西是他所启示的,而他完全不可能撒谎欺骗我们,这就比其他一切理智更可靠,经常由于恩宠的照耀而甚至更明显。

当然,土耳其人和其他一些不信基督教的人,当他们不接受基督教时,并不是因为不愿信仰模糊不清的东西而犯罪。他们犯罪是由于他们从内心拒绝告知他们的那种圣宠,或者由于他们在别的事情上犯了罪,不配享受这种圣宠。我敢说,一个不信仰基督教的人,他被排除于享受任何超自然的圣宠之外,并且完全不知道我们这些基督教徒所信仰的那些东西是上帝所启示的。由于受到某些错误推理的引导,他也会信仰类似我们所信仰的其他东西,而那些东西对他来说是模糊不清的。与其说那些犯罪的人是因为他们不信基督教，不如说是由于他们没有很好地使用他的理智。

关于这一点，我想任何一个正统的神学家也绝不会有别的意见。读过我的《沉思集》的人们也没有理由相信我没有认识这种理智。在第四个沉思里，我仔细检查了错误的原因，我特别用下面的词句说过：理智支配我们思想深处的愿望，可是它并不减少意志的自由。

我在这里请你们回忆一下，关于意志所能包括的东西，我一向是在日常生活和理智之间做非常严格的区别的。因为在日常生活中，我决不认为应该只有按照我们认识得非常清楚、分明的事情才能做，相反，我主张用不着总是等待有可能确信的事物，有时必须在许多完全不认识和不可靠的事物中选择一个并且决定下来，就如同由于一些可靠的和非常明显的理由而选择出来的那样坚持下去，直到我们找到相反的理由为止。日常生活中，没有人反对在模糊不清的、没有被清楚认识的事物上应该去下判断。我的《沉思集》一书的唯一目的只是思考真理，这不但是由这些沉思自身可以足够清楚地认出，而且我还在第一个沉思的末尾说得很明白：我在这上面不能使用太多的不信任，因为我对待的不是日常生活，而仅仅是对理智的追求。

【点评】

在这里笛卡尔把信仰归结为一个确定的理由而不是具体的形象、影像等，比如信仰基督教是因为它启示我们行善、自律、克制意愿等，信仰共产主义是因为它启示我们关心穷人、放弃个人私利等。也可以说，这是笛卡尔反对盲目的偶像崇拜而坚信理性的原因。

在这里笛卡尔还论述了"理智"与"信仰上帝"的关系。理智是通往真理的唯一路径,真理是笛卡尔的上帝！在这个沉思里，笛卡尔向我们阐明了《沉思集》的写作的唯一目的——追求理智，而且是科学的真理。我想没有比这更值得赞美的了。此外，他已经说得再明白不过了，这里严谨性要求是为了科学研究的逻辑推理。对于日常生活没必要这样较真儿，依靠一些基本常识、一些习惯知识做判断、过日子，是再正常不过的了。

第二节　第三组反驳及答辩

【第十二个反驳　关于第四个沉思论正确和错误】

笛卡尔说："错误并不取决于上帝的什么实在的东西，而仅仅是一种缺陷，从而对于犯错误来说，我不需要有上帝专门为这个目的而给了我的什么能力。"

无知当然是一种缺陷，不需要什么正面的功能去无知，至于错误就不这么明显。就像石头以及其他一切无生物之所以不犯错误，就是因为它们没有推理和想象的功能。似乎可以得出结论说，要犯错误，就需要给予凡是犯错误的人一种理智，或者至少是一种想象，不过只给予犯错误的人自己。但实际上这两种功能对于所有人都是正常的功能。

笛卡尔先生又说："我发现我的错误是由两个原因造成的，即由于我意识的认识功能和判断功能或我的自由意志。"这似乎是同以前说过的东西有矛盾。在这方面也必须注意，意志的自由是假定的。

【答辩】

虽然说需要有推理、判断、肯定或否定的功能才能犯错误，不过，既然犯错误是个缺点，那么不能因此就说这个缺点是实在的，这和盲目不能叫作实在的东西一样。石头虽然不会看，也不能因此就说石头是盲目的。我在所有这些反驳里感到奇怪的是，我还没有遇到我认为是从原则中正确推论出来的任何结论。

关于意志的自由，除了在我们心中每天感觉到的东西之外，我没有做任何假定，留下的只有理智。而且，我不能理解他在这里为什么说这和我以前所说的话有矛盾。也许有些人，当他们考虑到上帝预先注定时，他们不能理解我们意志的自由怎么能存在下去，并且能和上帝的预先注定配合一致。尽管如此，一个人体验到意志的自由不过是体会到了自愿的和想要的。

【第十三个反驳】

笛卡尔说："举例来说，过去这几天我检查了是否有什么东西在世界上存在，并且注意到仅仅由于我检查了这一问题，显然我自己是存在的，于是我就不得不做这样的判断：我理解得如此清楚的一件事是真的，不是由于什么外部的原因强迫我这样做，而仅仅是因为在我的理智里边有一个巨大的清楚性，随之而来的就是在我的意志里边有一个强烈的倾向性，这样一来，我越是觉得不那么无所限，我就越是拥有了相信的意志自由。"

在理智里边有一个巨大的清楚性这种说法很不明确，把它拿到一个论据里是不适当的。没有任何怀疑的人，自以为有这样的清楚性，而且他的意志比知识丰富的人有同样多的倾向性来肯定他没有任何怀疑的东西。因此这种清楚性就是有人有某种成见并顽固地为之辩护的原因，可是他无法确认这种成见是对的。

此外，不仅知道一个事情是对的，而且还要相信它，或者承认它，这并不取决于理智，因为用正确的论据给我们证明的事情或当作可信的事情给我讲述的，不管我愿意也好，不愿意也好，我们都不能不相信。不错，肯定或否定，支持或拒绝一些命题，这是理智的行为，可不能因此就说同意和承认取决于理智。因此，"构成错误的必然性缺陷就在于不正确地使用我们意志的自由"这个结论还没有得到充分的证明。

【答辩】

问题不在于把一个巨大的清楚性拿到论据里来是否正确，只要能够用它把我们的意识解释清楚就行，而且事实就是这样。因为没有人不知道理智里有一种清楚性是指一种认知的清楚性，这种清楚性是人人都认为有的，可是也许并不是人人所能有的。但这并不妨碍它和顽固的成见没有什么不同，这种顽固的成见是由于没有清楚的认识形成的。

当他在这里说，不管我们愿意也好，不愿意也好，我们对于我们清清楚楚理解的东西加以信任时，这就跟我们说不管我们愿意也好，不愿意也好，我们都愿意和希望要好东西，只要这些好东西是我们清清楚楚理解的，没有什么两样，因为不管我们愿意也好，不愿意也好，这种说法在这里说不通，因为对同一的东西又愿意又不愿意，这是自相矛盾的。

【点评】

第一，霍布斯坚定地认为物质的绝对第一性，无生命的东西不会犯错，错误仅仅在于人类对于物质世界的认知不足和判断力不足；而笛卡尔把错误归结为意志倾向或者意识做出判断的盲目性。

第二，虽然他们都主张科学的逻辑方法，但霍布斯把真理的取得归结为物质世界的客观存在；而笛卡尔把真理的取得归结为人类理智通过科学做出的判断。

第三，这次，作为反驳者的霍布斯输在了逻辑严谨性上，而且被笛卡尔狠狠地抓住了，此类的软肋在第三组反驳中出现了很多次。注意这句话："不管我们愿意也好，不愿意也好，我们都不得不相信。"明显是逻辑上的矛盾句，因为相信是主观的判断，本身就是一种意志。遍观笛卡尔全文，类似的逻辑表述几乎一次都没有。类似此类的逻辑表达应该是：不管我们愿意也好，不愿意也好，它都在那里。这样至少没有语法逻辑错误。

第三节　第四组反驳与答辩

【反驳】

我想笛卡尔先生最好告诉读者两件事。

第一件，在他解释错误的原因时，他的用意主要是说在辨认真和假上犯错误的原因，而不是在行为上的善和恶上犯错误的原因。既然这足以满足作者的目的，而且由于他在这里关于错误的原因所说的事情，如果把这些事情扩大到关于善和恶的行为上去就会引起很大的反对意见。所以我认为，为了谨慎起见，凡是对主题无用、能够引起很多争论的事情都要去掉。怕的是，在读者争辩一些无关紧要的事来取乐时，会忽略了对必要的东西的认识。

第二件，我认为我们的作者应该做一个说明，在他说我们只应该对我们理解得清楚明白的东西加以信任时，这只是指有关的知识，落于我们理智的一些东西，而不是指有关信仰和我们生活上的行为。也就是说，仅仅需要谴责无知无畏者的狂妄自大，不需要影响那些谨慎小心地接受信任的人。

笛卡尔先生现在可能在判断，对于这些东西加以分别是多么必要，怕的是今天有些倾向于不信神的人能够利用他的话来反对信仰和我们信之不疑的上帝。不过，我预见到神学家们最反对的是，根据他的原则，似乎教会告诉我们关于圣体的神圣秘密的东西不能继续存在，不能保持它们的完整性了。面包的实体一旦从面包的整体里出去，就只剩下一些属性了，这是我们都相信的。那么这些属性就是广延、形状、颜色、气味以及其他可感知的属性。这些属性，我们的作者一律不承认它们的实在性，只承认是围绕着我们的一些东西的运动，这些运动使我们感觉不同的印象，我们称这些印象为颜色、滋味、气味等。这样一来，就只剩下属性的状态了。但是我们的作者否认这些属性可以不依附它们的实体而被认知，从而他们也不能离开实体而存在。

他对第一组反驳的答辩中都不止一次这样说。除了这些形态或属性与实体之间的形式的分别之外，也不承认其他的分别，而形式的分别似乎不足以使这样的东西能够彼此分得开，就连上帝的全能都无法把它们分开。

笛卡尔先生的虔诚是众所周知的，我并不怀疑他对这些事情会认真进行检查和衡量，他必须仔细注意支持上帝的事业、反对不信神的人，不把武器交在他们的手中来打击他所保卫的上帝，用他自己的权威所建筑起来的信仰，并且以同样的办法得到不朽的生命，这种不朽的生命是他应该一贯坚持的。

【答辩】

在第四个沉思里，我的计划是谈论在分辨真和假上所犯的错误，而不是在追求善和恶上所发生的错误，并且在我说我们应该仅仅相信我们明显地认识的东西时，我总是排除有关信仰和我们生活上的行为的东西，在我的《沉思集》的全部内容里都可以证明。除此而外，我特意在对第二组反驳的第五点里做过声明，在我的《沉思集》的内容提要里，我也声明过，我说这些话的目的是为了指出我是多么尊重阿尔诺先生的判断，多么重视他的劝告。

关于圣体圣事的问题。阿尔诺先生认为我的意见不合适，他说："因为面包的实体一旦从整体的面包里去掉，就只剩下一些属性了，这是我们都相信的。"他认为我不承认属性的实在性，只承认属性的状态，这些属性如果离开它们所依附的实体就不能被认知，从而它们不能离开实体而存在。

对于这个反驳，我可以很容易用这样的话回答：直到现在我从来没有否认过属性的实在性。虽然我在《折光学》里和在《论气象》里都没有用过它来解释我那时研究的东西，可是我在《论气象》第164页里特意说，我不愿意否认属性是实在的。

在这些沉思里，我曾假定我还没有很好地认识这些属性，可是不能因此就说它们属性没有实在性。我所用的分析法，在我们还没有足够仔细地检查事物的时候，有时容许做一些假定。比如在第一个沉思里，在那里我曾经假定过很多东西，而后来，在以后的几个沉思里我又否定了。当然，关于属性的本质，我并不打算在这里下什么定义，我只研究我认为最首要的东西。最后，从我说过形态离开它们所依附的实体就不能被理解这句话，不要推论说我否认由于上帝的全能不可以把它们分开，因为上帝可以做出无穷无尽的事情而我们不能理解，这是我坚信不疑的。

更加坦率地说，我相信我们的感官所接触的东西除了被感官感觉或知觉的物体最外层的表面以外，没有别的东西。因为接触只能在表面接触，接触对于感官来说是非常必要的。我认为如果没有它，我们的任何一个感官都不能被触动，有这种看法的人不止我一个。亚里士多德本人以及在我之前的很多别的哲学家都是如此。比如说，面包和酒，如果它们的表面不是直接地或者间接地通过空气或者别的物体的办法，就像许多哲学家们所说的那样，通过"有形外表"被感官所感受的话，它们就不会被感知。

要注意的是，这并不是在手上所感觉的，应该当作这种表面的、物体的唯一外形，而是也应该考虑到做成面包的面粉中的细小部分之间混合做成酒的淡水、醋、酒糟或酵母等分子之间以及其他一些物体的细小部分之间的一切小空隙，并且想到这些空隙终止之处的所有的小表面就做成了每个物体的表面的部分。

不错，一切物体的这些小部分有着各式各样的形状、大小和不同的运动，它们从来不能被安排得这么合适，也不能结合得这么紧密，以至在它们的周围不剩有任何空隙。这些空隙并不是空的，而是充满了空气或什么别的物质。就像在面包里看见的那样，在那里空隙是相当大的，这些空隙不仅可以充满空气，而且可以充满水、酒或别的液体。而且因为面包永远是面包，虽然空气或包含在气孔里的其他物质变了，但这些东西确实是不属于面包的实体。因此，它的表面并不是由于一种小小的包围圈把它全都围绕过来的那个表面，而是直接接触它的每个细小部分的那个表面。

还要注意，这个表面，当整块面包从一个地方拿到另外一个地方时，它不仅是被整个地动了，而且当它的细小的部分之中的几个部分被进到它的气孔里的空气或别的物体所动摇时，它也部分地动了。如果有些物体是这样的性质，即如果它们的部分之中的几个或构成它们的所有的部分不断地动起来（我认为面包的许多部分和酒的所有部分都是这样），就必须理解到，它们的表面是在不断地运动中的。

请注意，面包、酒或者无论什么别的物质，它们的表面在这里并不是指实体的任何部分，也不是指这个实体量的任何部分以及围绕它的其他物体的任何部分。它仅仅是指人们理解为实体的各个分子和围绕它们的物质之间的东西的极限，这个极限除了形态而外没有任何别的实体。

如果不接触这个极限就什么都感觉不到，那么显然，仅仅由于面包和酒的实体如此地改变成其他的实体，以至这个新的实体恰好被包含在包含了其他实体的同一的极限之内，或者它存在于面包和酒以前存在过的同一地方里。或者说，由于它们的极限不断地被移动，如果它们跟随，它们就会存在于那个极限了。其结果必然地是，这个新的实体如果没有变体，它就应该跟面包和酒以同样的方式来触动我们的一切感官。

然而教会在特兰托公会议的第十三次会议，法规2和4里说："面包的全部实体变成吾主耶稣基督的身体，只有面包的表面还保留着。"在这里，面包的表面，我看只能指面包的每一个细小部分和包围着这些部分的物体之间的这个极限的表面。因此，接触只有在这个表面才能发生。亚里士多德本人也承认，不仅仅是这一感官由于一种特权被人称为触觉，即使其他一切感官也都是通过接触这一办法而感觉的。

没有人认为外貌在这里是指恰好被要求去触动感官的东西，也没有人相信面包变成基督的身体，是因为基督的身体触动了我们的感官，和原来面包的实体触动我的感官恰好一模一样。我们的灵魂被信仰之光所照耀之后，我们能够理解上帝在原来面包的表面之下可能存在。这种方式我们不得不确信无疑，所有这些东西对我来说是通过我的原则如此合适地解释过了。不仅我不怕冒犯我们神学家们，相反，我希望他感谢我，因为我在物理上提的意见比起一般在这上面提的意见对神学家来说要得当得多。据我所知，教会从来没有说过在圣体圣事里的面包和酒的表面是一些实在的属性，这些属性在它们所依附的实体被去掉以后还奇迹般地独自继续存在。

但是，也许由于最初用自然哲学的道理来解释这个问题的那些神学家如此坚信，触动我们感官的这些属性就是实体的实在性，他们甚至认为人们决不会怀疑它。他们没有任何有效的理由，没有很好地思考，就假定面包的外表是物质的实在性。然后他们全力以赴地解释这些属性如何能没有实体而继续存在。在这方面他们遇到了非常多的困难，使得他们离开了正路，就像行路的人走进了死胡同。首先，当他们假定在物体里边除了各式各样的表面以外还需要什么别的东西来触动感官，这时，至少对于那些坚信物体只有由于接触才能触动我们的感官的那些人，他们好像是自相矛盾了。因为只有表面才可以被接触，这是自明的道理，如果有什么人不愿意赞成不接触就什么也感觉不到的话，他们关于感官的对象怎么触动感官的方式就不能说得出任何道理。

除此而外，人类理智不能理解面包的属性是实在的，而且能离开实体而存在。因此，像教会所认为的那样，面包的全部实体都变了，而以前存在于面包里的什么实在的东西却一直不变，这似乎是矛盾的。因为除了继续存在的东西，我们理解不到有什么实在的东西一直不变。尽管把这说成是属性，可是人们仍然把它当作一个实体来理解。如果人们说，面包的全部实体都改变了，而人们称为实在的属性的一部分实体却一直不变，这实际上是一回事。在以上这些话里如果没有矛盾，那么在概念里肯定有很大的矛盾。

有些人不相信罗马教会了，其主要原因似乎就在这个问题上。但是谁能否认，当它们没有任何理由随便选择答案，强迫我采取这一个意见而不采取另外一个意见时，我们更应该选择那些不能给予任何人以借口来脱离信仰的真理的意见。承认属性的实在性，不合神学的道理，我认为在这里是很清楚的。

而从这个逻辑与哲学的逻辑完全相反这一点，我希望在不久我计划出版讨论原理的另一本书里可以明确地加以说明。我会在那里解释颜色、滋味、重量，以及触动我们的感官的其他一切属性都是如何仅仅取决于物体的表面的。

再说，不能假定属性是实在的，除非由于实体的原因。只有从圣体的言辞里才可以得出衍生体的存在。我们没有必要增加一个新的、不可理解的观念：比如尽管面包的属性并不是由面包的实体做成，但这些属性离开面包的实体依然可以存在。这不仅跟人类理智相矛盾，而且跟神学家们的定理也相悖。神学家们说，圣体的言辞只有言辞所意味着的东西，神学家们不愿意把能够用自然的道理解释得通的东西归于奇迹。现在，所有这些难题都完全被我消除了。根据我的解释，决不需要什么奇迹在面包的实体被除掉后去保存它的属性；相反，没有一个新的实体，属性就不能被除掉。历史告诉我们这种事情有时会发生，变成圣体的面包，在神父的手中的一块肉变成了一个小孩子。人们决不相信只是由于实体改变了，而表面的属性没有改变，而人们仅仅是把这样一个结果归于奇迹。

再说，一切事物的创造者——上帝能够把一种实体改变成为另一种实体，后一种实体恰好待在包含过前一种实体的同一表面里，这也没有什么不可理解的。不仅一切感觉，而且这一个物体施加于另一个物体的一切行动，都是在于接触。显然，同一的表面总应该是以同一方式被被动地感知，不管它所覆盖的本质发生了什么变化，对于这一点，人们说不出什么更合乎道理的东西来，也说不出什么能为哲学家们一致接受的东西来。

如果说我斗胆在这里说出真话，那么我敢希望，认为属性实在性神学家们肯定会不高兴。因为他们的解释在信仰上是靠不住的，对于理性是矛盾的，完全是不可理解的。而我的解释将会代替他们的解释，是可靠的，无可置疑的，这样的时刻将会到来。这就是我毫不掩饰东西，以便尽可能地对付那些人的恶意中伤，那些人想要显示比其他人的知识更渊博，不能忍受别人提出的任何与他们的意见不同的，被认为是真实的意见。他们惯于说那种意见跟信仰的真理相矛盾，以便企图用权威来废除他们用理智反对不了的东西。但是我提请把他们的宣判上诉给善良的、正统的神学家，我心甘情愿地接受他们的审判。

【点评】

这里提到了"善与恶""真与假"的问题。反驳者更倾向于从学术与现实社会的共同秩序考虑，希望笛卡尔的论证能对学术秩序和社会秩序都有所贡献，所以他倾向在论证当中考虑现实存在的秩序；而笛卡尔的目的是明确的，就是以维护之名行颠覆之实！不讨论善恶是因为如果讨论那就进入了伦理学或者社会共同价值观范畴，笛卡尔希望把他的论述纯粹保留在像数学一样的逻辑范畴。

我在前言中也说过，关于善恶的问题带有道德、伦理、信仰等群体的主观共识性，这些认知不仅仅是在东方与西方，就算地处同一区域、同一民族、同一传统的群体之间也会存在。比如希特勒奉行纳粹主义实施屠犹政策，就是在种族的问题上和我们大多数人的朴素伦理认知背道而驰。所以，我们毫不怀疑地认为它是"恶"的，而他的党卫军乃至很多当时德国的民众却坚定地拥护。因此，笛卡尔对于善恶、对错的区别对待表示出他明显的客观逻辑性，毫无任何主观判断，具有科学精神的大师风范！

接着，他们又讨论了实体与属性的关系。传统神学家认为属性可以脱离实体而现实存在，即属性的存在性。他们用这样的方法来解释为什么耶稣基督的圣体可以存在于看上去截然不同的面包的表面；而笛卡尔的解释更简单，也更符合普通大众的认知，他指出属性不具有存在性，它必须依附于主体而存在。如果我们感觉到的属性没有发生变化，而里面的实体发生了变化，用奇迹来解释就可以了。我需要指出，笛卡尔在论证的过程中对于表面的解释是非常了不起的，他认为表面就是实体向外延展的极限，因此不是实体本身，因此也自然没有实体的存在性，我们所感知的属性仅仅是感知实体的表面而得到的认知。

第九章

第五个沉思：物质性东西的本质，再论上帝他存在

【原文】

　　关于上帝的本质以及我自己的本质，即我的理智本性，还剩下很多东西有待检查，我计划另外再找机会去研究。在看出必须去做什么或者必须不去做什么才能认识真理之后，目前我要做的主要事情是试着从我这几天所陷入的全部怀疑中解脱出来，甩掉那些怀疑，看看关于物质性的东西，是否我们一点确切的东西都认识不到。

　　在我检查我以外是否有这样一些东西存在之前，我应该先考虑这些东西的观念，因为这些观念是在我的有意识之中的。看看哪些是清楚的，哪些是模糊的。

　　首先我清楚地想到哲学家通常称为"连续量"的量，或者有长、宽、厚的广延。广延是在这种量里边的，更确切地说，它是在东西里边的。其次，我可以在这种量里分出许许多多不同的部分，在每一部分上加上各种大小、形状、位置和运动状态，最后我可以给每个运动状态规定出它延续的时间。

　　这样一来，我不仅清楚地认识了这些东西，而且在我稍微加以注意之后，我就认识到有关数目、形状、运动状态以及诸如此类的特点，这些特点的真实性不但表现得非常明显，而且和我的本性竟那么相合，以至当我开始发现这些特点时，我似乎并没有知道什么新的东西，只是想起了我从前已经知道的东西。也就是说，发现了一些早已在我意识里的东西，尽管我以前没有想到它们。

目前我认为最重要的是，在我意识里有无数观念，虽然这些东西也许在我的有意识之外没有什么存在性，可是不能就认为它们是纯粹的无。虽然我可以想到它们或者不想到它们，它们却并不是我凭空捏造的，而是有它们真实、不变的本性的。举例来说，当我想到一个三角形时，即使在我的有意识以外世界上根本没有什么地方存在这样的一个形状，甚至从来没有过，可是毕竟这个形状的某一种确定的性质或逻辑或本质还是有的，它是不变的、永恒的，不是我凭空捏造的，也绝不取决于我的感官，就像我们能够从推证出这个三角形的各种特性这件事所表现的那样，它的三角之和等于二直角，最大的角对最大的边，以及诸如此类的东西。这些东西，尽管在我第一次想到一个三角形时我绝对没有想到过，但现在我认识得非常清楚、非常明白，不管我愿意不愿意，它们都是三角形之内的东西，因而不能说这是我凭空捏造的。

如果说也许三角形的这个观念是通过我的感官来到我意识里的，因为我有时看到过一些三角形状的物体，可这不过是我自己反驳自己罢了。因为我可以在我意识里做成千千万万其他形状，丝毫不能使人疑心它们是曾经落于我的感官的，不过这并不妨碍我能够推证出它们的本质的各种特点，当然我也可以推证出三角形的本质的各种特点。这些东西一定都是真的，因为我把它们理解得非常清楚，因而它们都是什么东西而不是纯粹的无。凡是真的都是什么东西这一点，我前面已经充分证明过。凡是我认识得清楚、分明的东西都是真的。虽然对这一点我没有加以证明，可是当我把它们理解得清楚、分明时，我不能不认为它们是真的，这是我的理智的本性使我这样做的。而且我记得，即使我还在不自觉地结合在感官的对象上时，我仍然把我理解得清楚、分明的有关形状、数目和其他属于算学和几何学的东西列入不变的真理之中。

那么现在，如果仅仅由于我可以从我的有意识中得出什么东西的观念就断言凡是我清楚、分明地认识到是属于这个东西的都实际属于这个东西，那么难道我不可以由此得出关于上帝存在的一个论据和一个论证性的证明吗？

当然我在我的意识里觉察到他的观念，一个至上完满的存在体的观念并不比不论什么形状或什么数目的观念差。我对于一个现实的、永恒的存在性是属于它的本质这一事实认识得清楚、分明的程度，并不比我认识凡是我可以证明什么形状或什么数目是真正属于这个形状或这个数目的本性的程度差。从而，即使我在前几个沉思里所断言的都不是真的，上帝的存在在我意识里至少应该算是和我迄今所认为仅仅有关数目和形状的一切数学真理同样可靠，虽然乍看起来并不完全明显，好像有些诡辩的样子。既然习惯于在其他一切事物中把存在和本质分开，我很容易相信上帝的存在是可以同他的本质分得开的，这样就能够把上帝理解为不是现实存在的。可是仔细想一想，我就明显地看出上帝的存在不能同他的本质分开，这和一个直线三角形的本质不能同它的三角之和等于二直角分开，或一座山的观念不能同一个谷的观念分开一样。因此，理解一个上帝，一个至上完满的存在体，而他竟缺少存在性，也就是说，他缺少某种完满性，这和理解一座山而没有谷是同样不妥当的。

事实上，我不能理解一个不带存在性的上帝，也不能理解一个不带谷的山，仅仅由于我理解一个带谷的山也不能因此就说世界上有山。同样，虽然我理解带存在性的上帝也并不能因此就说有一个上帝存在，因为我的理智并不能给事物强加什么必然性。就像尽管并没有什么带翅膀的马，而我却想出来一个带翅膀的马；尽管并没有什么上帝存在，我也许能够给上帝加上存在性。这个悖论的诡辩之处就在于此。从我不能理解一个不带谷的山这一事实，不能得出世界上根本没有山也根本没有谷这个结论，只能得出山和谷不管它们有也罢没有也罢，彼此无论如何都是不可分的。

反过来，仅仅由于我不能把上帝理解成不带存在性，所以存在性和上帝是不可分的，所以上帝是存在的：不是因为我把事物想成怎么样事物就怎么样，而把什么必然性强加给事物，而是因为事物本身的必然性，也是上帝的必然存在性决定我有理智去这样理解它。我可以随便想象一个马不带翅膀或者带翅膀，可是我并不能随便理解一个没有存在性的上帝，也就是说，我不能随便理解一个缺少一种至上完满性的至上完满的存在体。

也不是说，我承认了上帝具有各种各样的完满性之后，我就真的必然要承认上帝存在，因为存在性就是各种各样的完满性之一。事实上，我的第一个假定并不是必然的，同样，去想凡是四边形都能内切于圆，也不是必然的。如果我有这样的想法的话，那么我就不得不承认菱形也能内切于圆，因为菱形也是四边形，这样一来我就不得不承认一个错误的东西。即使我不是非想到上帝不可，可是每当我想到一个完满的、至上的存在体，并且从我心的深处提出他的观念时，我必然要加给他各种各样的完满性，虽然我无法把这些完满性都一一列举出来，也无法把我的注意力特别放在这些完满性上面。这种必然性足以使我在我认识了存在性是一种完满性之后得出结论：这个完满的、至上的存在体是真正存在的。事实上，我用几种方式都看出来这个观念并不是凭空捏造，只属于我理智的东西，而是一个真实、不变的本性的观念。首先，因为除了上帝以外我不能理解有别的什么东西其存在是必然属于它的本质的；其次，因为我不能理解两个或许多跟他一样的上帝，而且既然肯定了现在有一个上帝存在，我看得清楚，他以前必然是完全永恒地存在过，将来也永恒地存在着；最后，因为我在上帝身上理解了其他无数的东西，这些东西一点也不能减少，一点也不能改变。

不管我使用什么证明和论据也必须回到这一点上来：只有我理解得清楚、分明的东西才有力量使我完全相信。而且即使在这样理解的东西里，事实上有一些是每人都显然认识的，也有一些只有经过仔细考虑，经过更认真检查过的人才能被发现出来。这些东西一经被发现出来之后，大家都认为它们是靠得住的。举例来说，一切直角三角形，虽然起初很不容易看出用底边做成的正方形的面积和用其他两个边做成的正方形的面积之和相等，因为显然这个底边是和最大的角相对的，不过一旦认出了这一点之后，我们就相信二者同样都是真实的。至于上帝，如果我意识里事先一点成见也没有，如果我的有意识没有让不断出现的可感知的事物的影像干扰，那么我所认识的事物中就没有一个比我认识上帝更早、更容易的了。难道还有什么东西本身比我想有一个上帝，一个至上的、完满的存在体，光是在他的观念里就包含着必然的或永恒的存在性，从而他是存在的这件事，更清楚、更分明的吗？

为了很好地理解这个真理，我费了不少精力，可是现在我不但从这里确实相信了一切在我看来是最可靠的东西，而且我也看出其他一切事物的可靠性都是绝对取决于它的。如果没有这种认识就永远不可能完满地知道任何事物。

我一旦非常清楚、分明地理解了什么事物，我就相信它是真的，这是我的本性使然的。而当我不再去考虑促使我做出这样判断的理由时，假如我不知道有一个上帝，就又可能出现别的理由使我很容易犯错，这也是我的本性使然的。这样一来，不管什么事物我就永远不能有真实、可靠的知识，而只能有空泛的、靠不住的认知。

举例来说，当我考虑三角形的性质时，因为我是几何学的专家，我显然知道三角形三角之和等于二直角，而且当我把我的有意识运用到证明它的时候，我不可能不相信这一点。可是，只要我的注意力稍微离开证明，虽然我记得我是清清楚楚地理解了它的三角之和等于二直角。假如我不知道有一个上帝，我还是很可能会怀疑它的真实性，因为我可以说服自己：本能使我生来就很容易在即使我以为理解得最明显、最可靠的东西上弄错，因为我记得自己经常把很多事物认为是真实、可靠的，而以后又有别的理由使我把这些事物判断成绝对错误的。

可是当我认识到有一个上帝之后，同时我也认识到一切事物都取决于他，而他并不是骗子，从而我断定凡是我理解得楚楚、分明的事物都不能不是真的，虽然我不再去想我是根据什么理由把一切事物断定为真实的，只要我记得我是把它清楚、分明地理解了，就不能给我提出任何相反的理由使我再去怀疑它，这样我对这个事物就有了一种真实、可靠的知识，这个知识也就推广到我记得以前曾经证明过的其他一切事物，比如推广到几何学的真理以及其他类似的东西上去。还有什么能反驳我，迫使我去怀疑它们呢？是因为我的本性的缺陷，使我老是弄错吗？可是我已经知道在我对于认识得清楚的那些理由时所下的判断里，我是不会弄错的。是因为我从前把很多东西认为是真实、可靠的，而以后我认识到它们是错的。可是我对这些东西没有一个是我认识得清楚、明白的，而且那时我还不知道使我确实认识真理的这条规律，我是由于一些理由相信了它们，而以后我看出那些理由还不如我当时想象的那么有说服力。还能再有什么可反驳我的吗？是因为也许我睡着了，或者是因为我现在的这些想法并不比我们想象是睡着了时做的梦一样地不真实呢？

即使我睡着了，凡是明明白白出现在我意识里的都是绝对真实的。因此我非常清楚地认识到，一切知识的可靠性和真实性都取决于对于真实的上帝这个唯一的认识，因而在我认识上帝以前，我是不能完满知道其他任何事物的。而现在我既然认识了上帝，就有办法取得关于无穷无尽的事物的完满知识，不仅取得上帝之内的那些东西的知识，同时也取得属于物体性质的那些东西的知识，因为物体性质可以用作几何学家推证的对象。几何学家是不管这个对象的存在性的。

因此，我非常清楚地认识到：一切科学知识的可靠性都取决于对于一个真实的上帝的认识，因此，在我清楚理解了以后，我就可以使用科学的甚至是纯粹数学的方法来理解一切事物。

【点评】

首先，这个沉思是笛卡尔对于无穷无尽和"无"区分最彻底的一次沉思。这个命题对于高等数学发展的意义重大，现代高等数学中的微积分就是对无穷大、无穷小、0这些概念的延伸和计算方法的研究开始的。虽然0和无穷大的概念远在笛卡尔之前就出现了，但在笛卡尔的时代之前至少这些概念还没有系统地在数学、哲学领域得以系统性应用。笛卡尔将其系统地应用于哲学逻辑的研究中，无疑已经打通了现代哲学和现代科学的分水岭，或者说本来就是原因和结果的关系。

其次，三段式逻辑推导，在这个沉思中对于上帝的本质与关系上的逻辑推导开始发力，这种有时候被称为"诡辩"的论证方法，很好地调和或者说保护了笛卡尔的科学哲学体系与宗教神学、唯心主义哲学的关系。

此外，对于物体、物体性东西的本质，笛卡尔在这次沉思的表述中已经非常完美了，几乎完全脱离了感官的干扰或误读，如果在接下来的反驳中反驳者还要继续反驳，只有一种可能，就是反驳者仍然没有从眼见为实的习惯中彻底、自觉地摆脱出来。

第十章

对第五个沉思的反驳与答辩

第一节　第二组反驳与答辩

【反驳】

第六点，在你对前一组反驳的答辩中，你得出的结论似乎不正确，你的论据是这样的：我们清楚、分明地认识到，属于事物的不变的、真正的本质肯定是属于这事物的。所以，在我们足够仔细地观察了上帝是什么以后，我们清楚、分明地理解上帝的存在是属于他的真正的、不变的本质，所以上帝存在。我们认为结论应该这样下：所以，在我们足够仔细地观察了上帝是什么以后，我们就能够确认这个真理，即存在是属于上帝本质的。如果他的本质是绝对的，或者不矛盾的，这并不等于说上帝在现实中存在，而只能说他应该存在。如果他的本质是绝对的或者不矛盾的，也就是说，上帝的本质不能理解为没有绝对性。那么，如果这种本质存在，他就实际上存在。其他一些论证也和这个论证一样，如果在上帝存在的本质上没有矛盾，那么上帝存在就是肯定的。所以，上帝存在的本质是正确的。问题在于具体逻辑：上帝存在的本质没有矛盾。你的对手当中有些人怀疑，有些人否认。假定你的推理是正确的——"在我们足够清楚地认识或观察了上帝是什么之后"。可是，这句话并没有被大家所认同，因为你自己也承认你不过是不完满地懂得无限，关于他的其他一些属性也应该说是这样。既然凡是在上帝里边的东西都完全是无限的，而理智只能够非常不完满地懂得上帝里边一点点东西，你怎么能够足够清楚、分明地观察了上帝是什么呢？

【答辩】

第六点，在你们批评我逻辑上的一个三段论式中得出的结论，似乎是你们自己在逻辑上弄错了。你们的普遍逻辑是这样的：凡是我们清楚、分明地理解为属于什么本质的东西，都能被肯定为是属于这个东西的本质。这样一来，这个大前提除了无用、多余的重复以外，没有包含什么东西。可是我的普遍逻辑是：凡是我们清楚、分明地理解为属于什么东西的本质的东西，都能被肯定为是属于这个东西的。例如，如果"动物"属于人的本质，那么可以肯定人是动物；如果三角之和等于二直角属于直角三角形的本质，那么就可以肯定直角三角形三角之和等于二直角；如果存在属于上帝的本质，那么就可以肯定上帝存在；等等。具体逻辑是：存在是属于上帝的本质的，因此我们可以肯定地说上帝存在。而不是像你们所说的：我们可以肯定地说存在是属于上帝的本质的。

你们本来应该否认我的普遍逻辑：我们清楚、分明地理解为属于什么东西的本质，不能因此就被肯定其属于这个东西，除非它的本质是绝对的，或者排他的。不过，我请你们看一看这个例外的缺点：要么是你们用"绝对的"这个词，像一般人所做的那样，指的是一切与人类思想不相矛盾的东西。在这种意义上，上帝的本质，按照我所描写的方式来说，显然是绝对的。要么是因为在上帝的本质里，除了我们清楚、分明地理解为应该属于它的东西以外，我并没有假定什么其他的东西，这样我就没有假定什么与理智或人类观念相矛盾的东西；要么是你们假想出什么其他的绝对性，从对象本身来说，一种绝对性与另一种绝对性相矛盾，就绝不能被人类理智所理解，这就等于否定了人们以往的所有认知。没有什么力量来迫使我们去否定存在是上帝的本质。如果把上帝的本质是唯一的这件事加以否定，虽然从观念方面来说没有什么不可能，可是，凡是包含在上帝本质的这个观念里的东西都是如此地互相包含，以至如果说其中有某一个不属于上帝的本性,这对我们来说似乎是矛盾的。因此,如果上帝的本质是唯一的这件事可以去否定,那么同样道理,也可以去否定一个三角形三角之和等于二直角绝对的,或者否定现实有意识的人存在是绝对的。人们甚至可以否定凡是我们感觉到的一切东西都是真的。那样一来,人类的一切知识都将既无丝毫理由,又无任何根据而被完全推翻。

至于你们用来和我的论据相比较的那个论据:"如果在上帝之存在的本质上没有矛盾,那么上帝之存在就是肯定的,所以在上帝之存在的本质上没有矛盾。"实质上它是对的。逻辑上,它是一种诡辩。因为在普遍逻辑里,有矛盾这一词是关于上帝之能够存在所根据的原因的;而在具体逻辑里,它是关于上帝的存在的本质的,如果否定普遍逻辑,就似乎必须这样来证明它:如果上帝还没有存在,那么他存在的本质是有矛盾的。因为不能指定充足理由就来产生他,可是他存在的本质没有矛盾,就像具体逻辑中所认可的那样,所以上帝存在。如果否定具体逻辑,就必须这样来证明:上帝存在没有矛盾,在它的逻辑里没有什么东西包含着矛盾;在上帝的存在或本质的逻辑里,没有什么东西包含着矛盾,所以上帝存在。因此有矛盾这一词有可能包含的意思是,在事物本身里不会理解到什么东西阻碍它能够存在,然而在它的原因里会理解到什么东西阻碍它被产生。

可是,虽然我只是非常不完满地认知上帝,但这并不妨碍他的本质是绝对的或者没有矛盾的这件事是靠得住的,也不妨碍我们可以真正不错地确认我们已经足够仔细地检查了并且清楚地认识了上帝的本性。也就是说,足以认识上帝的本性是绝对的,以及必然的存在性是属于上帝的本质的。如果我可以在这里用经院哲学的话来说,一切矛盾性仅仅在于我们的概念或思想,因为它不能把互相矛盾着的观念结合到一起,而并不在于在理智之外的任何东西里。因此,就是由于它不在理智之外,所以显然它是没有矛盾的,是绝对的。

而存在于我们思想里的不绝对性不过是来自思想的模糊不清,在清楚、分明的思想里不可能有任何不绝对性。从而，为了我们得以确知我们足够认识上帝的本性以便知道上帝的本性之存在是没有矛盾的，只要我们清楚、分明地理解我们在上帝的本性里所看到的一切东西（尽管这些东西比起上帝的本性里我们看不到的那些东西，数目是很小的），只要我们看出必然的存在性是我们在上帝里所看到的许多东西之一，这就足够了。

关于你们建议我把我的理由按照几何学家的方法来处理，以便让读者能一下子就明白，我在这里告诉你们我如何以前就按照这个方法做过，我如何今后还要这样做。

在几何学家们的写作方式中我把两件事区别开来：次序和证明方式。

次序仅仅在于：最先提出的东西应该是用不着后面的东西的帮助就能认识；后面的东西应该是这样地处理，即必须只能被前面的东西所证明。我在我的沉思里边就是尽可能试用这个次序。这就是我之所以在第二个沉思里没有谈意识和物体的不同，而留待在第六个沉思里再谈的原因；而且我故意取消了很多东西不谈，因为那些东西要事先提出很多别的东西才能说得清楚。

证明方式是双重的：一个是由分析法做的，一个是由综合法做的。

分析法指出一条一件事物由之而被有条不紊地发现出来的真正道路，同时也指明结果如何取决于原因；这样，如果读者愿意遵循这个方法并且仔细注视它所包含的一切东西，他们就会把这样证明了的东西理解得同样完满，就跟他们自己发现了它一样成为他们自己的东西。

不过这种证明不足以使顽固的、不用心的读者信服；因为如果一不经心漏掉了它所提出的一点点小事情，它的结论的必然性就不会出现，人们没有习惯大量检查那些本身足够明确的东西，虽然那是最应该注意的东西。

综合法则相反，它走的是一条完全不同的道路，好像从结果里检查原因一样（虽然它所包含的证明经常也是由原因检查结果），它固然清楚地证明在结论里所包含的东西，并且使用了一长串的定义、要求、公理、定理、问题，以便如果否认它的什么结论的话，它就指出这些结论是怎样包含在前件里边的，这样它就会使读者（不管他们是多么顽固不化）不得不同意，不过它不像另外那种方法那样，使那些希望学习的人感到完全满足，因为事物是用什么方法发现的，它不告诉你。

古时几何学家们习惯于在他们的著作里仅仅使用这种综合法，这不是因为他们对分析法完全无知，而是我认为，因为他们过于重视它，把它留给他们自己，当作一个重要秘密。

至于我，我在我的沉思里仅仅采用分析法，因为我认为这种方法是最真实、最好的方法；至于综合法，它无疑是你们希望我采用的方法，虽然在几何学里所谈的东西上它仅次于分析法的地位，但是它对于形而上学的东西不怎么合适。因为有这么一种不同：被假定来证明几何学命题的第一概念适合于感官，从而很容易为每一个人所接受。因此在这上面没有问题，问题只在很好地推出结论上，这对于各种人，甚至对最不经心人来说，都不难做到，只要他们记得前面的东西就行。而且人们很容易迫使他们记起在提出的问题当中有多少东西要指出就分别出多少不同的命题，以便他们得以分别停留在每一个上面作为以后可以引证这些命题，让他们知道应该对这些命题加以思考。相反，在属于形而上学的问题上，主要的困难在于清楚、分明地理解第一概念。因为虽然第一概念由于其本性的关系并不是不如几何学家们所对待的那些第一概念清楚，甚至时常是比那些第一概念更清楚，不过，由于它们似乎与我们通过感官接收来的许多成见不一致，而这些成见，我们自从儿童时期就已经司空见惯了，这些第一概念只有那些非常用心并且致力于尽可能把他们的理智从感官的交往中解脱出来的人才能完全懂得。因此，如果人们把它们单独提出来，它们就会很容易地被那些好持反对意见的人所否认。

就是为了这个原因，我宁愿写沉思而不愿像哲学家那样写争论或问题，或者像几何学家那样写定理或问题，以便由此来证明我写这些沉思仅仅是为那些肯和我一起认真沉思并且专心致志地来考虑事物的人。因为谁要准备向真理进行攻击，就是因为这个原因他就越是不能懂得真理，因为他的理智与对于使他相信真理的那些理由的思考背道而驰，他是去追求摧毁真理的那些理由。

可是，尽管如此，为了证明我对你们的建议的尊重，我仍然在这里试图效仿几何学家的综合法，并把我用以论证上帝的存在和灵魂与人的肉体之间区别的主要理由做了一个概要——这对于回馈读者的关怀也许不无小补。

【点评】

这一部分实在是很烧脑，是典型的逻辑论证，对于此类"白马非马的问题"我们重点不是关注他的结论，而是应该关注过程以及运用三段式逻辑论证的方法。由于这种方法经常被我们称为"诡辩"，所以容易让人不屑。但从字面上中文中还有另外一类运用，比如"兵者，诡道也"。也就是说"打仗，是个机智的大道"。用这种"诡辩"的方法对于我们在复杂的社会问题中找到源头的根本原因几乎是唯一的路径。能够看清事物运行的背后的真实规律，对人生的理解等也都是大有益处的。我们可以把这种思考方法理解为一种螺旋式逼近真理的方法，可能人类永远无法真正到达真理，但是在逼近它的过程中的这种螺旋确是必然的，被昨天的逻辑肯定的东西在今天被逻辑否定，今天被逻辑肯定的东西明天又可能被逻辑否定，如此往复，但是，它却是人类文明前进的唯一路径。现代科学之所以能够形成今天的局面，其底层的方法论就是笛卡尔那个时代的先哲用他们超凡的智慧和意志在这种经年累月的烧脑中坚实地构建起来的。如果有人对此没有敬畏，那么对于现代社会来说，某种意义上就等同于文盲。

在笛卡尔的时代，他还可以说这种有意识不一定需要与日常生活有必然联系，仅仅靠习惯的知识、权威的指导、本能的判断也是可以的，这种理性的方法还主要用于科学研究或理论推导。但是对于生活在21世纪信息社会的我们，失去这种能力，就几乎等于失去了基本的生存能力。原因很简单，因为我们完全被浩如烟海的信息所蒙蔽，剩下的就是要么盲从、要么自以为是。

第二节　按几何学方式证明上帝的存在和人的灵魂与肉体之间的区别的理由

【定义】

一、意识，我是指凡是如此地存在于我们之内以至我们对之有直接认识的东西说的。这样一来，凡是意志的活动、理智的活动、想象的活动和感官的活动都是意识。可是我加上"直接"这个词，这是为了把取决于我们意识的东西排除在外。举例来说，出于意愿的运动虽然真正来说是以意志为其原则的，但是它本身并不是意识。

二、观念，我是指意识的一种形式，由于这种形式的直接知觉，我们对这些意识才有认识。因此，当我理解我所说的话时，除非肯定在我意识里具有关于用我的言辞所意味着的东西的观念，我用言辞什么都表明不了。因此，仅仅是任意描绘出来的影像，我不把它们称为观念；如果这些影像由肉体任意描绘出来的时候，也就是说，当它们是大脑的某些部分描绘出来的时候，我不把它们称为观念。只有当它们是被大脑理性理解的意识时，我才把它们称为观念。

三、一个观念的客观实在性，我是指用观念物质性内容的实体性或存在性说的，也就是说这个实体性是观念的组成部分。同样，人们可以说一个客观的完满性，或者一个客观的技巧，等等。因为凡是我们理解为在观念的对象里边的东西都是客观地或者通过物质性成为观念的一部分。

四、当某些观念在对象里边就像我们所理解那个样子时，叫作观念是对象的充要条件；当这些东西在观念的对象里边实际上不是像我们所理解的那个样子，而是能够用它们的优越性来弥补这个缺点时，就叫观念是对象的必要不充分条件。

五、凡是被别的东西作为其主体而直接寓于其中的东西，或者我们所理解的（也就是说，在我们心中有其实在的观念的某种特性、性质或属性的）某种东西由之而存在的东西，就叫作实体。因为实体是这样的一种东西，在它里边存在着我们所知觉的，或者存在着我们某一个观念里边的东西。除此而外，我们对实体没有其他概念，因为真理告诉我们"无"不能有任何实在的属性。

六、意识直接寓于其中的实体，在这里就叫作精神。尽管如此，但这个名称是有歧义的，因为人们有时也用它来指风和非常稀薄的液体；不过我不知道有什么更恰当的名称。

七、作为广延以及以广延为前提的性质（如形状、位置、地点的运动等）的直接主体，叫作物体（或肉体、身体）。不过，如要知道叫作意识的实体是否同时就是叫作物体的实体，或者是否它们是两个不同的实体，这留待以后再去研究。

八、我们理解为至上完满的、我们不能理解其中有任何包含着什么缺点或对完满性有限制的东西的那种实体，就叫作上帝。

九、当我们说某种属性包含在一个东西的本性里或者包含在它的概念里时，这就和我们说这个属性真是这个东西的属性，这和我们可以确信它在这个东西里边是一样的。

十、当两种实体之中的一种可以没有另外一种存在时，这两种实体就是独立的。

【要求】

第一，我要求读者考虑一下，直到现在使他们相信他们的感官的那些理由都是非常软弱无力的，他们一向依靠感官所下的判断都是非常靠不住的。我要求他们长时间地、反复地加以考虑，使他们最后习惯于不再去那么坚强地相信他们的感官时为止。因为我认为这对于能够认识形而上学的东西的真理是必要的。形而上学的东西是不依靠感官的。

第二，我要求他们考虑一下他们本身的灵魂以及灵魂的全部属性，这些属性是他们将要看出是绝不能有所怀疑的，虽然他们把他们一向通过感官得来的东西都假定为完全是错误的。我要求他们对这一点要不断地考虑下去，直到他们首先习惯于清楚地理解并且相信它比一切物体性的东西都更容易认识时为止。

第三，我要求他们专心研究一下不需要证明就能认识的，其中每一个的概念都能在它自身中找到的那些命题。例如：一个东西不能同时存在又不存在，"无"不能是任何东西的动力因，以及诸如此类的东西。我要求他们运用理智，这理智由于感官的干扰，经常被弄得模糊起来。我说，我要求他们运用完全纯粹的、从他们的成见中摆脱出来的这种理智的明白性，因为通过这种办法，后面将要谈到的公理的真实性对他们就会显得十分明白了。

第四，我要求他们对那样的一些性质（或本性）的观念加以研究，在那些观念里边含有许多属性的一个总和，比如三角形的性质，四边形或别的什么形状的性质，比如灵魂的性质，肉体的性质，以及再加上上帝或一个至上完满的存在体的性质。他们要注意，人们可以确定无疑地相信所有那些东西都是在观念里边，我们清清楚楚地理解它们是包含在那里的。举例来说，由于在直线三角形的性质里，包含着三角之和等于二直角，在物体或一个有广延的东西的性质里包含着可分解性（因为凡是有广延性的东西不管它有多么小，我们都把它理解为不是不可分割的，至少是可以用意识来分割），所以说一切直线三角形三角之和都等于二直角，一切物体都是可以分割的这话一点也不错。

第五，我要求他们长时间地继续思考至上完满的存在体的本性，此外我还要求他们虽然考虑到在其他一切性质的观念里，都包含着可能的存在性，可是，在上帝的观念里，不仅包含着可能的存在性，而且还包含着绝对必然的存在性。因为仅仅从这一点，他们绝对用不着推理就可以认识到上帝存在。

显然，对他们来说也将同样很清楚、用不着证明的是，2是双数，3是单数，以及诸如此类的东西。因为有些东西对某些人用不着证明就这样认识了，而对于其他一些人，却要用一个很长的论证和推理才能理解。

第六，要求他们在仔细地考虑到我在我的《沉思集》里所说到的那些关于一个清楚、分明的知觉的各种例子以及模糊、含混的知觉各种例子之后，要习惯于分辨那些认识清楚的事物和模糊的事物，因为用例子来说明比用规律来说明要好些，并且我认为，不谈到什么东西，任何例子也举不出来。

第七，我要求读者既然注意到他们从来没有在他们理解得清清楚楚的事物中认出什么虚假来，而相反，除非偶然，他们从来没有在他们理解得糊里糊涂的事物中找到什么真实来。因此他们就要考虑到，假如他们由于感官的某些成见，或者由于高兴做出的以及建立在什么模糊不清的东西上的什么假定而怀疑理智所理解得清楚、分明的东西，那是毫无道理的。他们用这个办法将会很容易地认为下述的公理是真实的、毫无疑问的，虽然我承认，假如我愿意更准确一点的话，其中的许多条本来可以解释得更好一些，并且应该不是当作公理，而是当作定理提出来，假如那时我愿意的话。

【公理或共同概念】

一、没有任何一个存在着的东西是人们不能追问根据什么原因使它存在的。因为即使是上帝，也可以追问他存在的原因。不是由于他需要什么原因使他存在，而是因为他本性的无边广大性本身就是原因，或者是他不需要任何原因而存在的理由。

二、现在的时间并不取决于直接在它之前的时间；这就是为什么在保存一个东西上需要一个和初次产生这个东西同样大的原因。

三、任何东西，或者这个现实存在的东西的任何完满性，都不能以无或者一个不存在的东西作为它的存在的原因。

四、一个东西里的全部实在性或完满性是充分存在于它的第一或总的原因里。

五、从而我们的观念的客观实在性要求一个原因，在这个原因里，不仅是客观地，而且也是充分地包含着我们的观念的客观实在性。必须注意，接受这一公理是极其必要的，对一切东西的认识都完全取决于这一公理，不管这些东西是可感觉的或是不可感觉的。举例来说，我们从哪里知道天是存在的？是因为我们看见它吗？但是如果"看"不是一个观念（我是说，不是一个天然属于灵魂本身的观念）而是一个任意描绘出来的影像，它就不涉及灵魂。而且，如果我们不是假定任何观念都应该有一个客观实在性的原因，这个原因是实在存在的，那么我们就不能由于这个观念而断定天存在。这个原因使我们断定这就是天，其他的东西也一样。

六、有不同等级的实在性或实体性，因为实体比属性或形态具有更多的实在性，而无限实体比有限实体具有更多的实在性。因此，在实体里比在属性里有更多的客观实在性，在无限实体里比在有限实体里有更多的客观实在性。

七、意志是自愿地、自由地（因为这是它的本质）然而却是必然地向着它所认识的善前进的。这就是为什么，如果它认识它所没有的某些完满性，它就将立刻把这些完满性给它自己，假如这是在它的能力之内的话。因为它将认识到有了这些完满性比没有这些完满性，对它来说是更大的善。

八、既然能够做较多的或者较难的，就能够做较少的或者较容易的。

九、创造或保存一个实体，这比创造或保存实体的属性或特性更伟大、更艰难，可是创造一个东西并不比保存一个东西更伟大、更艰难，这已经说过了。

十、每个东西的观念或概念里都包含着存在性，因为我们只有在一个存在着的东西的形式里才能理解什么东西。然而不同的是，在一个有限的东西的概念里，仅仅包含着可能的或偶然的存在性，而在一个至上完满的存在体的概念里，却包含着完满的、必然的存在性。

命题一

单考虑上帝的本性就能认识他的存在性

证明

说某种属性包含在一个东西的本性里或者包含在它的概念里，这等于说这个属性是真的属于这个东西，人们可以确信它是在这个东西里边的（见定义九）。

而必然的存在性包含在上帝的本性里或者包含在上帝的概念里（见公理十）。

所以必然的存在性是在上帝里，或者说上帝是存在的。

这个三段论式是和我对这些反驳的第六条的答辩所使用过的一样。它的结论对于摆脱了成见的人们来说是用不着证据就可以认识的，就像在第五个要求中所说的那样。可是，由于不容易达到这样一种理性，因此我们试图用别的办法来证明这件事。

命题二

用目的，即仅从上帝的观念是在我们心中，来证明上帝的存在性。

证明

我们的每一个观念的客观实在性都要求一个原因，这个实在性不是客观地，而是充分地包含在这个原因里（见公理五）。

而在我们意识里有上帝的观念（见定义二、八），并且这个观念的客观实在性既不是必要的，也不是充要的包含在我们意识里（见公理六），它只能包含在上帝本身里，不能包含在别的东西里（见定义八）。

所以，在我们意识里的这个上帝的观念要求的上帝为其原因，因此上帝是存在的（见公理三）。

命题三

用具有上帝观念的我们自己的存在来证明上帝的存在性。

证明

如果我有能力保存我自己，我也就更有理由认为我也会有力量把我所缺少的一切完满性给我自己（根据公理八、九），因为这些完满性不过是实体的一些属性，而我是一个实体。

可是我没有能力把一切完满性都给我，否则我已经具有这些完满性了（根据公理七）。

所以我没有自己保存自己的完满性。

然后，在我存在的时候，要不是由我自己保存（假如我有这样的能力的话），或者由有这种能力的别的人保存，我就不能存在（根据公理一、二）。

而我存在，不过我又没有能力保存我自己，像我刚才所证明的那样。

所以我是由别人保存的。

此外，保存我的那个东西，必要地或充要地在他里边有着在我里边的一切东西（根据公理四）。

而我缺少我保存我的许多完满性的观念以及上帝的概念（根据定义二、八）。

所以这些完满性的概念也在保存我的那个东西里边。

最后，保存我的那个东西不能有他缺少的任何完满性的概念（根据公理七）。因为正如我刚才说的那样，既然有能力保存我，那么假如他没有那些完满性，那就更有理由认为他有力量把这些完满性给他自己（公理八、九）。

而他有我认识到我缺少的以及我理解到只能存在于上帝自己里边的一切完满性的概念，正如我刚才证明过的那样。

所以他本身必要或充要地有了一切完满性，因此他就是上帝。

命题四

上帝创造了天和地以及在那里包含的一切东西，除此以外，他能够按照我们所理解的那样做出我们所清楚理解的一切东西。

证明

所有这些东西都清清楚楚地是从前面的命题得出来的。因为我们在那里证明了上帝的存在性，因为必然有一个存在体存在着，在这个存在体里形式地或卓越地包含着在我们里边有其观念的一切完满性。

而我们在我们里边有一个十分伟大的能力的观念，不仅天、地等，而且连我们理解为可能的其他一切东西也都应该是由具有这个十分伟大能力的观念的那个人创造的。

所以，在证明上帝的存在性的同时，我们也随之而证明了所有这些东西。

命题五

灵魂和肉体实际上是有区别的

证明

我们所清清楚楚理解的一切东西都也许是由上帝按照我们所理解的那样做出来的。

可是，我们对不带肉体（也就是说，一个有广延的实体）的灵魂（也就是说，一个在意识的实体）理解得很清楚；另外，我们对不带灵魂的肉体理解得也很清楚（这是每个人都很容易同意的）。

所以，至少是由于上帝的全能，灵魂可以没有肉体而存在，肉体可以没有灵魂而存在。

现在，彼此可以离得开的这两个实体是实际上有区别的（根据定义十）。

而灵魂和肉体是彼此可以离得开的（像我刚才证明的那样）两个实体（根据定义五、六、七）。

所以灵魂和肉体实际上是有区别的。

必须注意，我在这里是使用了上帝的全能来做出我的证明的，不是因为需要什么特别能力来把灵魂和肉体分开，而是因为在前面的那些命题里我只谈到了上帝自己，我除了从上帝身上，不能从别处做出证明。而且要认识两个东西是被什么能力分开的，这并没有什么要紧。

【点评】

这样的训练大家可以自己试试，比如在买房子的问题上，如果房价上涨，我们就应该买房子，大家都买房子房价就会继续上涨，所以所有人都应该买房子。大家可以用类似的方法自己做做测试。如果大家觉得这个题目太容易，则可以试试笛卡尔沉思中的几个三段式逻辑推导，虽然这里涉及第六个沉思的内容，但是没关系，在这里逻辑价值远远大于结论价值，正好可以作为练习使用。

第三节　第三组反驳及答辩

【第十四个反驳　关于第五个沉思论物质性东西的本质】

笛卡尔说："当我想到一个三角形时，即使在我的意识以外也许世界上根本没有什么地方存在这样一个形状，也许从来没有过，可是毕竟这个形状的某一种确定的性质或形式或本质是有的，是不变的、永恒的，不是我凭空捏造的，也绝不取决于我的理智，就像我们能够从推证出这个三角的各种特性这件事所表现的那样。"

如果世界上根本没有什么地方存在这样一个形状，我不能明白怎么会有这个形状的性质。什么地方都没有的东西，就绝不存在，因而既没有存在性，也没有本质。我们心中所理解的三角形的观念来自我们所看见过的，或者根据我们所看见过的东西制造出来的另一个三角形。可是，我们一旦把我们用以意识三角形的观念所由来的那个东西称为三角形之后，即使这个东西消灭了，三角形这个名称仍然继续存在。同样道理，如果我们一旦用意识理解了一个三角形的各角之和等于两个直角，并且给三角形起了另一个名称，即它是一个有三个角、三角之和等于两个直角的东西，当世界上没有任何三角形时，也不妨碍这个名称继续存在下去。这样一来，三角形是一个有三个角、三角之和等于两个直角的东西这个命题将是永恒的。可是三角形的本质并不因此而是永恒的，因为万一一切三角形都消灭了，它也就不存在了。

由上所述，显然，本质既然不同于存在，那么它不过是用动词结合起来的一堆名词。因而没有存在性的本质是由人的理智幻想出来的。就如同，在理智里的人的影像是属于人的，同样，本质是属于存在的。比如，苏格拉底是人这个命题是属于苏格拉底是或存在这个命题的，同样，苏格拉底的本质是属于这个同一的苏格拉底的存在的，而苏格拉底是人这个命题，当苏格拉底不存在了，它就只不过意味着一堆名词，而是或存在这个词本身有着用两个名称指出来的一个东西的统一体的影像。

【答辩】

本质和存在之间的分别是大家都认识的，这里不是说一个永恒的真理概念或观念，而是说永恒的名称。关于永恒的名称，前面已经充分地驳斥和否定过了。

【点评】

同意笛卡尔。

第十一章

第六个沉思：物质性东西的本质，人的灵魂和肉体之间的实在区别

【原文】

现在给我剩下来的问题只有检查一下是否有物质的东西了。就人们把物质的东西看成是几何学论证对象来说，既然我用这种方式把它们理解得十分清楚、分明，那么至少我已经知道这样的东西是能够有的。因为毫无疑问，凡是我能够理解得清楚、分明的东西，上帝都有能力产生出来，而且我从来没有断定过他对于什么东西由于我不能很好地理解就做不出来。再说，在我意识里的想象功能，我从经验中看到，当我考虑到物质的东西时我就使用这个功能，是能够让我相信物质的东西存在的。因为当我仔细考虑什么是想象时，我看出它不过是认识功能对向它直接呈现的物体的某种运用，因而这个物体是存在的。

为了把这一点弄得非常明白，我首先看出想象和理智活动以及构思之间的区别。举例来说，当我想一个三角形时，我不仅理解到这是一个由三条线组成并且包含三条线的形状，而且，由于我的想象和构思的意识活动，我也把这三条线看成是出现在面前的，而这正是我所说的想象。如果我要想一个千边形，我当然理解这是一个由一千个边组成的形状，和我理解一个三角形是仅仅由三个边组成的形状同样容易，但是我很难像我想一个三角形的三个边那样想一个千边形的一千个边，也不能用我想象力的眼睛把一千个边看成是出现在我面前的。而且当我想物体性的东西时，我总习惯于使用我的想象，于是在我理解一个千边形时，我模模糊糊地想象出一个什么形状。不过这个形状显然并不是一个千边形，因为这个形状跟我想一个万边形或别的一个有非常多的边的形状时所想象出来的形状没有什么不同，而且绝不能用它来发现千边形和别的多边形之间的差别。

如果问题在于考虑一个五边形，我当然可以跟理解一个千边形的形状一样理会它的形状。可是我也可以把我的注意力应用到五个边的每一个边上，同时也可以应用到它们所包含的面积和空间上，用这样的办法来想象这个形状。这样我就清清楚楚地认识到我需要特别集中精力来想象，但是我不需要特别集中精力去理解。从这种需要集中精力的想象，我可以看出想象同纯粹理智理解之间是有差别的。

此外我还看出，在我理智的这种想象力，就其有别于其他理性的能力来说，不是灵魂的本质。即使我没有这种想象的能力，我还是我。想象它并不取决于我的精神，而是取决于不同于我的理智的什么东西。如果说有什么物体存在，而我的理智和它联结得非常紧密，以致它愿意什么时候让我可以考虑它，理智就可以什么时候去想象物体性的东西。因此，这种意识与纯粹理智之不同仅在于：在理解时，理智以某种方式转向其自身，并且考虑在其自身里的某一个观念；而在想象时，它转向物体，并且在物体上考虑某种符合理智本身形成的或者通过感官得来的观念。如果真有物体，想象是能够这样做成的，而且因为我找不到任何别的办法来说明想象是怎么做成的，所以我就猜测或许物体是存在的。可是，这只能说是"或许"。尽管我仔细检查一切东西，我仍然看不出来从我的想象里的这种关于物体的本质的清楚观念里能够证明出什么物体存在的必然性。

除了作为几何学的对象的这种物体性质以外，我还习惯于想象很多别的东西，像颜色、声音、滋味、疼以及诸如此类的东西，虽然不那么清楚。因为通过感官我就更好地觉察这些东西，通过感官和记忆的媒介，这些东西就好像是达到我的想象。所以我认为，为了更方便地检查它们，应该同时检查一下什么是感觉，看看在我称为感觉的这种有意识方式接收到我的意识中来的这些观念里，我是不是能得出来什么可靠的证据来证明物体性的东西的存在。

首先我要在我的记忆里回想一下我以前通过感官得来的东西有哪些是真的，我是根据哪些理由才相信的；其次，我要检查一下从那以后迫使我对这些东西发生疑问的理由；最后，我要考虑一下我现在应该相信的东西。

首先我感觉到我有一个头、两只手、两只脚，以及组成我看成我自己的一部分或者是全部的这个肉体的其余一切部分；此外，我感觉到这个肉体是处于其他很多物体之间的，从这些物体上它有能力感到不同种类的舒适和不舒适。我通过某一种愉快或满足欲望而感觉到舒适，通过某一种痛苦的状态而感觉到不舒适。在愉快和痛苦之外，我还在我的内部感觉到饿、渴等。我还感觉到对于喜、哀、怒，以及其他类似的情绪。在外部，除了物体的广延、形状、运动之外，我还在物体里看出软硬、干湿以及落于触觉的其他特性。我在那里看出明暗、颜色、气味、滋味和声音，而多种多样的明暗、颜色、气味、滋味和声音，使我把天、地、海以及其他一切物体都彼此分辨出来。

考虑到出现在我意识里的所有这些特性的观念，是我真正、直接感到的，那么我相信我感觉到了一些和我的意识完全不同的东西，也就是产生这些观念的物体。因为我曾体验到这些观念出现在我的意识里，并没有得到我的同意。因此不管什么东西，如果它没有表现在我的感觉器官之一，尽管我有感觉它的愿望，我也感觉不到它。而当它表现在我的感觉器官之一的时候，我根本不可能不感觉到它。

我通过感官得来的那些观念，比起我沉思时所能虚构的任何观念来，或者比起我记忆里的任何观念都要生动得多、明显得多，甚至都以其特有的方式表现得清楚得多。看来它们不能是从我理智中产生的，所以它们必然是由一些别的什么东西在我意识里引发。除了那些观念，我对那些东西什么认识都没有。那么除非那些东西是和它们所引起的观念一样，否则就没有别的东西能够来到我的意识中来。这时我使用的是感官而不是理智,并且我认识到我的理智做的那些观念不如我通过感官得来的观念那么明确,而且那些理智做成观念经常是我通过感官得来的观念的一部分,所以我很容易相信在我理智中没有什么观念不是从前通过感官得来的。

因此我相信,这个肉体由于某种特殊的原因,我把它叫作我的。它比其他任何物体都更真实、更紧密地属于我。事实上我绝不能像跟别的物体分开那样跟我的肉体分开。我在身体上感受到我的一切饮食之欲和我的一切情感。最后我在身体的部分上,而不是在跟它分得开的别的物体上感受到愉快和痛苦。它在我还不知道痛苦之感时就引起意识里的悲伤,还不知道愉快之感时就引起快乐,还不知道胃的刺激时就感到我想要吃东西,喉咙发干让我想要喝水,等等。除了本能这样告诉我的,我找不出别的道理来。因为在胃的刺激和想要吃东西之间,以及引起痛苦的感觉和这个感觉引起悲伤情绪之间,我理解不到任何理性的关系。同样,我好像是从本能那里知道了我判断的有关我的感官对象,因为我习惯在这些对象上所做的判断,往往是在我还没有做好准备的时候就形成的。

可是以后,很多认识逐渐破坏了我对感官的信任。我多次看到,有些塔我远看好像是圆的,近看却是方的,耸立在塔顶上的巨大塑像从塔底下看却是小小的塑像。无数次我都看出,根据感官所下的判断是错误的。有什么东西比痛苦更亲密、更内部的吗?可是从前有些把胳膊腿截掉的人对我说,有时他们还感觉到已经截掉的那部分疼。这使我有理由想到,即使我感觉到我某一个肢体疼,也不一定是真的。

最近我还多了两个理由:第一个是,我醒着时从来没有相信我在睡着时也能感觉的东西,因为我不相信我在睡着时也能感觉到我以外的什么东西,所以我看不出我醒着时感觉到的那些东西有什么可信度;第二个是,我还假装不认识的我的创造者,有什么能够阻止我就是这样被创造,使我在我感觉最真实的那些东西上弄错。

以上使我相信，我用不着费很多事就可以知道：本能给了我很多在理智上误解的东西。我不应该相信习惯告诉我的事情，虽然我由感官得来的那些观念并不取决于我的理智，但我不认为因此就不应该相信那些观念是从别的东西得出来的。也许我有什么功能是产生这些观念的原因，可是既然我开始更好地认识我自己，开始更清楚地意识到我的创造者，那么我真的就不认为我应该糊里糊涂地接受感官告诉我的一切。当然，也不是什么都需要怀疑。

首先我知道，凡是我清楚、明显地理解的东西都是上帝创造的，所以只要我能清楚、分明地理解一个东西而不牵涉别的东西，就足以确定这一个东西是跟别的东西不同的，因此它们可以被分开放置。至于是什么力量把它们分开，这倒无所谓，因为我确实认识到我存在，同时除了我是一个有意识的东西之外，我又看不出有什么别的东西必然属于我的本性。所以我确实有把握断言我的本质就在于我是一个有意识的东西，以及我存在，这个存在的全部本性就是意识。或者像我将要说的那样，我有一个肉体，我和它非常紧密地结合在一起。因为一方面我对我自己有一个清楚、分明的观念，即我只是一个有意识的东西而没有广延；而另一方面，我对于肉体有一个清楚分明的观念，即它只是一个有广延的东西而没有意识。灵魂，也就是说我之所以为我的那个东西，是完全、真正跟我的肉体有分别的，它可以没有肉体而存在。

其次，在我意识里有几种不同的意识，想象和感觉。没有它们，我虽然能清楚、分明地全部理解我，但没有一个它们附之于上的实体就不行。在我们对这些所形成的观念里，或者用学院的术语来说在它们的形式的概念里，它们包含着某种理智。从那里我理解到它们跟我不相同，就像形状、运动以及其他形态或属性跟支持它们的物体本身一样。

再次，我也有其他一些意识，就像运动、姿势等。这些意识如果没有实体的存在就不会被人理解，前面的意识也就不能被人理解。因此，没有这个实体那些意识就不能存在。可是，如果那些意识真的存在，就必定附着于物体性的、有广延的实体之上，而不是附于一个理智性的实体之上。我清楚、分明地知道，它确实包含广延，但绝不包含有理智。此外，在我意识里有一种感觉功能，接受可感知的东西的功能。如果在我的意识里没有另一种功能产生这些观念，那么这种感受功能对我来说就是无用的。我不过是一个有意识的东西，那么这种感受的功能不可能在我的理智里，因为它事先并不知道我有理智。那些观念甚至经常和我的意愿相反。因此它一定是在不同于理智的什么实体里。在那个实体里充分地或者充要地包含着我的全部。这个实体要么是一个物体，要么是上帝本身，或者别的什么比物体更完满的东西，在这个东西里充分地包含着同样的东西。

如果上帝不是骗子，那么显然他不会让自己不包含这些实在性，而把这些错误东西的观念送给我。既然没有给我任何功能否认这一事实，反而给我一个非常大的倾向性使我相信它们是正义的东西送给我的。那么如果事实上这些观念不是来自物体性的东西，而是来自别的原因，那一定就是个骗局。那么我就无法证明有物体性的东西存在。

它们也许并不完全像我们通过感官看到的那样，因为感官在很多东西上都是模糊不清的。但必须承认凡是我理解得清楚、分明的东西都是真实的。至于被我们理解得不那么清楚、不那么分明的东西，比如光、声音、痛苦等，虽然它们十分可疑，但上帝肯定不是骗子。他没有允许在我的判断里有任何错误而同时不给我纠正错误的能力。单凭这一点，最终我就能够断言：在我的理智里确实有可靠的方法去认识它们。

首先，凡是真理告诉我的东西都含有某种真实性。这里我指的就是上帝，以及上帝在造物里所建立的秩序。至于我的其他本性，我指的就是上帝所给我的一切。没有比这个真理更明白了：我有一个肉体，当我感觉痛苦的时候，它就不舒服；当我感觉饥渴的时候，它就要吃喝。因此，我决不怀疑他们没有真实性。

上帝用疼、饿、渴的感觉告诉我，我不仅住在我的肉体里，就像一个舵手住在他的船上一样，而且我和它紧密地联系在一起，融合得像一个整体。假如不是这样，那么当我的肉体受伤的时候，这个仅仅是一个有意识的我，就不会感觉到疼，而只会用理智去理解伤痛。就如同一个舵手用视觉去察看他的船上是否有东西坏了一样。当我的肉体需要饮食的时候，我就会直截了当地知道这件事，用不着饥渴的观念告诉我。事实上，所有这些饥、渴、疼的感觉不过是意识的模糊感受，它们来自理智和肉体的融合。其次，本性告诉我，我的身体周围还存在着许多别的物体，在这些物体中我应该接受一些、躲另一些。而且，从我感觉的不同颜色、气味、滋味、声音、冷热、软硬等，我确有把握地断言：在导致这些感觉的物体里，有着多种多样的物体，也许它们和实际上的物体并不同。在不同的感觉上，有些使我舒服，有些使我不舒服，因此我可以得出一个完全可靠的结论：我就是肉体和灵魂的融合。有许多别的东西好像也是理智告诉我的，但这些东西不是我从真正的理智那里得来的，而是由某种轻率的判断得来的，很可能包含着虚假。举例来说：我认为凡是在一个空间里没有什么触动我的感官的东西，这个空间就是空的。在一个热的物体里有跟我理智里热的观念相似的什么东西；在一个白的或黑的物体里有我理智所认知的白或黑；在一个苦的或甜的物体里有我所感觉到的同样的味道或滋味；等等。日月星辰及其他一切距离远的物体，都是在离我们的眼睛很远的地方所表现的形状和大小，等等。

为了把什么东西都理解得清清楚楚，我应该在本能告诉我这句话上做一个限定。因为我在这里对本能所采取的态度，比我把上帝给我的一切东西之为真理的态度要狭隘。这是因为那种包罗万象的总体包括了很多只属于理智的东西。举例来说：关于真理的观念就是，事情一旦做出来了就不能是没做出来。还有只属于物体的东西，那些东西在这里也不包括在本能的名称之下。比如，人具有重量的性质，我不是指一般物体说的，而仅仅是指上帝所给的、作为理智和肉体的总和，是本能告诉我趋利避害的本能。除此以外，我看不出从这些感觉里还应该做出什么别的结论。我认为认识这一类事物的真实性，这只是理智责任和义务。

一颗星星给我眼睛的影像虽然并不比烛火的影像大，可是在我的理智里绝没有一种功能让我相信星星比蜡烛小。只不过我从幼年起就一直是这样认为的，没有任何理由。在我靠近火的时候我感觉到热，在我靠得更近的时候，我感觉到疼，但没有任何理由让我相信火里有什么跟热一样的东西，也没有什么跟疼一样的东西。我不过是有理由相信火里有什么东西，不管这个东西是什么，它给我刺激让我感觉热或疼。

同样，在空间里虽然我找不出什么能刺激和触动我的感官的东西，可是我不能因此就判断这些空间里没有物体。因此我看出，我经常是把本能的本质弄错。这就是因为感觉在我的意识里边，仅仅是为了警告我，什么东西对灵魂和肉体的融合有好处或坏处。因此，本来是相当清楚、相当分明的东西，我却把它们弄错了。关于物体的本质，这么显而易见的东西我却没有认识到。

我已经检查得足够充分了。上帝是至善的，而我在判断的时候仍然会犯错。在本能告诉我趋利避害的东西上，到现在还出现困惑。我有时没有意识到错误，依旧是因为我被本能所欺骗。举例来说，放了毒药肉仍然很香，可以引诱我去吃毒药。不过，这是可以原谅的，因为本能仅仅让我吃很香的肉，并没有让我吃毒药。所以我可以得出结论：本能不能完全、普遍认识一切事物，只具有有限的认知。

我们经常在由本能得到的东西上弄错，就像有时病人希望吃喝可能对他们有害一样。有人会说，他们弄错是因为他们的本能坏了。可是一个病人也和健康的人一样，是上帝的造物，所以他同样不愿意上帝有一个骗人的本质，就像一个由轮子和摆装成的钟表一样，也许这个钟表做得不好，不能完全指好时间，也是同样准确地遵守时间的客观。同样，如果我把人的肉体看成是由骨骼、神经、筋肉、血管、血液和皮肤组成的一架机器，即使里边没有灵魂，也并不妨碍它本能的运作。这时它不是由意志支配，也不是由理智驱使，而仅仅是由它的各个器官本能的运作。比如说，水肿病患者，他的本能因为喉咙发干感到难受，喉咙发干习惯地给他的意识渴的感觉，因而引动他意识的其他部分让他要求喝水，这样一来就增加他的病痛，害了他自己，这和他没病时由于喉咙发干而喝水同样是本能。虽然我看到一个钟表被钟表匠指定了用途，但是如果这个钟表走得不准，那是因为它违反了钟表的本质。这和我把人体这架机器看成是上帝做成的，它里边应有的一切人体的运动一样。我认识到，用后一种方式去解释本能和用前一种方式解释本能很不相同。后一种方式不是一种单纯的名称，它取决于我的理智，是我的理智把一个病人和一座做坏了的钟表拿来跟一个健康的人和一个好的钟表的观念相比较；相反，用另一种方式来解释本能，我是指某种真正存在于我里面的东西，它就不是没有真实存在性的。一个水肿病患者在不需要喝水的情况下，它的喉咙仍然发干，这是因为它的本能被破坏了。可是从灵魂和肉体的整体来看，这并不是一个单纯的观念问题，而是因为本能的错误，这种错误在于他口渴，而喝水对他有害。接下来需要去检查的就是，像这样本能的错误，那么上帝的善心为什么不纠正他？

我首先看出灵魂和肉体有很大差别，就其性质来说，肉体是可分的，而灵魂不可分。当我考虑我的灵魂，作为仅仅是一个有意识的我，我在灵魂里不可分，而我把我理解为一个独立、完整的东西，尽管整个灵魂似乎和整个肉体融合在一起，可是当一只脚或者一只胳臂或别的什么部分从我的肉体分割出去时，灵魂并没有被分割出去什么东西。愿望、感觉、理解等灵魂的功能还是完整的，可是物体性的或者有广延的东西就完全相反。因为凡是物体性的、有广延的东西，都可以被我的意识分成很多部分。这一点就足以告诉我：人的理智或灵魂是和肉体完全不同的。

其次，本能并不直接受到肉体各个部分的刺激，它仅仅从大脑或者大脑的一个最小的部分，行使被称为"本体感受器"的那一部分受到刺激。每当那一部分以同样方式接受刺激时，就使灵魂感觉到同样的东西，虽然这时候肉体也许并没有受到原来那种能够使"本体感受器"产生刺激的对象的影响，这样经验就会犯错了。

再次，物体的任何一个部分不能被其他哪怕隔开微小距离的部分推动，整个物体之间也是一样。举例来说，在一条完全抻开的绳子甲、乙、丙、丁四个部分上，如果抻动末一部分丁，那么第一部分甲就动起来，它动的方式和抻动中间的乙部分或者丙部分情况是一样的。同理，当我觉得脚上疼的时候，物理学告诉我，这个感觉是通过分布在脚上的神经传来的，这些神经就像绳子一样从脚上一直通到大脑里，当它们在脚上被抻动的时候，同时也抻动了大脑里边这些神经的起点和终点，并且在那里刺激起来为了使精神感觉疼而制定的某一种运动，就好像疼是在脚上。可是因为这些神经要从脚上通到大脑里，就一定经过腿部、臀部、腰部、背部和颈部，所以也有这样的可能，即虽然它们在脚上的末端并没有被抻动，而仅仅抻动它们经过腰或颈的某些部分，也会在大脑里刺激起一些和脚上受伤所接收到同样的运动，然后精神也必将觉得脚上疼，就好像脚上受了伤似的。我们的其他感官的各种知觉，情况也应该是这样的。最后，既然在精神直接接受印象的那部分大脑里起作用的那些运动中，每一个只能引起某一种感觉，那么我们只能希望这个运动和它引起的感觉之间别犯错误，使精神感到最正确、对于维持人体健康最通常有用的那些感觉。经验使我们认识到，本能给我们的感觉里边表现出来的无非都是上帝的能力和善意。

例如，当脚上的精神比平时更强烈地动起来的时候，这些精神的运动经过脊椎一直到大脑，在大脑那里给精神一种印象使它感觉到什么东西，比如脚上疼，精神从疼上就知道了并且运动起来，尽可能地趋利避害，然后把这个原因做成利害的观念。

当然，上帝可以把人的本性建立成另外的样子，即同样是这个运动，它在大脑里使精神感觉到完全不同的东西。举例来说，这个运动使它自己感觉到它自己身体某个部位在痛，也许它是在大脑里，也许它是在脚上，也许在脚和大脑之间的别的什么地方，不管它是什么别的东西，所有这些都比不上人现在的精神反应能更好地保护肉体。

同理，当我们需要喝水的时候，喉咙里就发干，就是精神的运动，用精神运动大脑里面的一些部分，这个运动使精神有渴的感觉。在这个机制上，让我们感到需要喝水，从而来保存我们的健康。其他情况也一样。

当然，尽管有上帝的至善本质，就人是由灵魂和肉体组合而成的来说，有时也是会犯错误的。

如果有什么原因不是在脚上，而是从脚一直到大脑抻起来的精神的某一个部分上，或者甚至在大脑里，刺激起来通常和脚不舒服时所刺激起来的运动是同样的，那么人们将感觉到疼，就和疼是在脚上一模一样，感官就本能地要受骗了。因为既然在大脑里的一个同样运动只能在精神里引起一个同样的感觉，而这个感觉是脚受伤了的一个原因所刺激，比在别处的原因所刺激的概率多得多，那么这个运动把脚疼而不是什么别的部分疼带给精神，这样说是更合理的。而且喉咙发干不是像平常那样总是由于喝水对于身体的健康是必要的原因，有时由于什么完全相反的原因，就像患水肿病人所遭遇的那种情况。即使是喉咙发干在这地方骗人，也总比相反地当身体真的不舒服而喉咙没有发干的欺骗要好得多。其他情况也一样。这个考虑不仅在认识到我的本能可能犯错上对我有好处，同时在避免错误以及改正错误上对我也有好处。因为知道了在有关身体的合适或不合适的东西时，我的各个感官告诉我的多半是真的而不是假的，它们差不多总是用它们之中几个来检查同一的东西以便为我服务。此外，它们还能利用我的记忆把当前的一些认识连接到过去的一些认识上去，同时还能利用我的理智。因为我的理智已经发现了各种错误的原因，那么从今以后我就不必害怕我的感官最经常告诉我的那些东西是假的了。我应该把我这几天的一切怀疑都抛弃，把它们都当作是言过其实、荒谬绝伦的东西，特别是把有关我过去不能把醒和梦分别开来的那种非常普遍的、不肯定的态度抛弃。因为我现在看出一种非常显著的区别，我们的记忆绝不能像它习惯于把我们醒着时所遇到的那些事情连接起来那样，把我们的各种梦互相连接起来，把它们跟我们生活的连续性连接起来。假如有人在我醒着时突然出现在我面前又突然不见了，就像我在睡着时所见到的影像那样，使我看不出他是从什么地方来的，也看不出他是到什么地方去了，那么我就把他看成是在我大脑里形成的一个怪影或者一个幽灵，和我在睡着时在大脑里形成的那些怪影或者幽灵一样，而不会把他看成是一个真人。当我知觉到一些东西，我清清楚楚地认识到它们是从什么地方来的，它们住在什么地方，它们出现在我面前的时间，并且我能把我对它们产生的感觉毫无间断地同我生活的其余部分连接起来，那么我就完全可以肯定我是在醒着的时候，而不是梦中知觉到它们。如果在唤起我所有的感官、我的记忆和我的理智去检查这些东西之后，这些东西之中的任何一个告诉我的东西跟其余的那些所告诉我的东西是一致的，那么我就决不应该怀疑这些东西的真实性。因为从上帝不是骗子这件事得出来的必然结果是，我在这上面没有受骗。

但是，有时由于事情的紧迫性经常迫使我们在我们有时间加以非常仔细地检查之前去决定，那么就必须承认人生是有可能经常在那些个别的事情上犯错误的，也必须承认我们的本质存在着缺陷和弱点。

【点评】

笛卡尔的第六个沉思有两大任务：

第一个任务是把数学和逻辑的研究方法向物理学延伸，其实本质上也是向整个理学延伸，而且他的确做到了。他已经成功地把纯粹抽象的数理逻辑，拓展到了物质性领域，即物质世界，从而也进一步否定了感官对于物质世界认知的可靠性，今天的人们肯定也更倾向于科学界对于物质世界的结论，但是在笛卡尔生活的时代，归纳法还是更普遍被使用的科学研究方法，而演绎法也主要用来证实，而不是用来证伪。典型的演绎法逻辑，比如"因为一个篱笆三个桩，所以篱笆是有三个桩的东西"这显然是错误的，因为当然还有四五六个桩的篱笆；反过来，如果证伪就应该是这样的"有人说看见一个两个桩的篱笆，因为一个篱笆三个桩，所以他看到的不可能是篱笆"。

第二个任务是论证灵魂不灭。我们看看笛卡尔的逻辑推论：第一，本书中灵魂等于理性、理智；第二，把一切物体都认知为是可分的，而人的灵魂只能被认知为是不可分的，因此物体和灵魂在性质上不同，甚至相反；第三，从人的肉体腐烂不能推导出灵魂的灭亡；第四，一般地，因为上帝而存在的东西，如果不是上帝要把它消灭，它就永远不能停止存在；第五，肉体很容易死亡，但是从本质来说，灵魂是不灭的。

我注意到，关于第五点仅仅在开篇"六个沉思"的内容提要中出现过一次，在第六个沉思中没有出现。但是从通篇来看，我认为关于推论的第五点准确的意思应该是：肉体很容易死亡，但是从本质来说，如果上帝没有让灵魂灭亡，灵魂就是不灭的。或者说笛卡尔的真实意思是：当肉身死亡以后，上帝的心思我不知道，所以灵魂有可能不灭。如果我们在仔细回顾全文的逻辑就会得出更加清晰的判断：第一，笛卡尔的上帝是理性逻辑的真理，类似数理逻辑的公理；第二，如果真理（公理）是当下的普遍共识，那么唯一确定存在的就是从真理（公理）严谨推导出的灵魂（定理）是不灭的，如果公理不灭则定理不倒。

可见，在笛卡尔论证过程中，他使用了偷换概念的方法，把一般意义上理解的灵魂只保留了理性的部分，在本文中灵魂的范畴严格地等于人类的理性意识。因此，它们只是人类全部意识活动中的一小部分，纯粹的理性逻辑有意识部分。这样一来，想论证灵魂能灭恐怕都难。但是恐怕神学家会揪住这个问题穷追猛打，所以我们更应该期待看看在后面的答辩中，笛卡尔是怎么包装掩饰、暗度陈仓的。

第十二章
对第六个沉思的反驳与答辩

第一节　第一组反驳与答辩

【反驳】

关于灵魂和肉体的实在区别,我再简单说几句。因为我承认这位伟大的人物对我如此地厌烦,使我差不多不能再多说什么了。如果在灵魂和肉体之间有一种分别,那么似乎是要从这两个东西能被清楚地、彼此分开地去理解来证明它。关于这一点,我把这位学识过人的人物来同司各脱① 交锋。(删减对于司各脱的引用)

【答辩】

形式和状态的分别没有什么不同,它只能适用于一些不完整的东西,我曾仔细地把这些东西同那些完整的东西加以区别。形式的分别足以使一个东西被理智理解为与另一个东西有分别,使我们理解其中的每一个都是一个完整的东西。为了这样做,就需要一个实在的分别。举例来说,在同一个物体的运动和形状之间,有一个形式的分别,并且我很可以去理解运动而不去理解形状,

---

① 邓斯·司各脱,中世纪盛期英国哲学家、教育家。方济各派教团教士,被称为"灵巧博士"。遵循新柏拉图主义和奥古斯丁路线,强调神学理论不可能由理性加以演绎:理性功能应表现于现象界、个体及经验中,只依理性无法理解神性;神的终极性表现于意志上,而意志的最高象征就是爱。重视自然科学,尤其是数学和光学研究。热衷于辩论,是一名典型的教父(Schoalman)。

去理解形状而不去理解运动，去理解运动和形状而不去特别想到运动着的和有形状的物体。可是我却不能完整地、完满地理解运动而不理解这个运动所依附的物体，也不能完整地、完满地理解形状而不理解这个形状所依附的物体，最后也不能设想运动是一个其中没有形状的东西，或者形状在一个不能运动的东西里。

同样道理，我不能理解没有正义者的正义，或者没有爱德者的爱德，而且我们不能设想有正义的人本身不能同时是有爱德的。可是，在我仅仅想到物体是一个有广延的、有形状的、可动的东西时，我完整地理解什么是物体。也就是说，我把物体本身理解为一个完整的东西。尽管我否认在物体里有属于意识本质的一切东西，我也理解理智是一个完整的东西，尽管我不同意在它里边有任何包含在物体观念的东西。如果在物质和理智之间没有一种实在的分别，这是绝对做不到的。

【点评】

笛卡尔在这里的答辩很简单：你的类比不成立。需要说明的是，在笛卡尔的时代，这种类比演绎法在逻辑中经常被使用，大家想象就能理解，这种类比法往往适合在让深奥、复杂的学术的问题便于大众理解时使用，而对于严谨的逻辑推导并不适用。后者是科学，而前者更适用于启示或传播。

因此，笛卡尔明确地表示人和物体不可类比，物体的属性可以独立存在，而人的两种属性是否能够独立存在，他不知道，也不想回答。

第二节　第二组反驳与答辩

【反驳】

第七点，我们在你的《沉思集》里找不到一个字是关于人的灵魂是不死的，然而灵魂不死是你应该主要加以证明的，并且应该对它做一个非常准确的论证来使那些灵魂不配不死的人们感到狼狈，因为他们否认灵魂不死，也许憎恶灵魂不死。此外，我们还担心你还没有足够地证明人的灵魂和肉体之间的区别，就像我们已经在我们第一个意见里所指出的那样。我们在第一个意见上还要补充一点：从灵魂与肉体的这个区别上似乎不能得出灵魂是不可毁灭的或不死的这个结论来。谁知道灵魂的本性是不是按照肉体性生命的长短而受到限制呢？而且上帝是不是曾经衡量了它的力量和它的存在性使它和肉体一起完结呢？

先生，就是这些东西，我们希望你给以更多的阐明，以便我们的评价为非常精细、非常真实的《沉思集》带来好处。在你把问题解决完了之后，我们建议你首先提出几个定义、要求和定理，再按照你非常娴熟的几何学的方法对这一切加以结论，以便给出读者一眼就能够明白的东西。① 用你这种对上帝的认识来充实他们的灵魂，那会是一件非常有益的事情。

【答辩】

你们在第一点问我如何论证物体没有意识。如果我回答说我还没有谈到这个问题，就请你们谅解我，因为我只有等到第六个沉思才开始谈到这个问题。我是用这几句话谈到的：我能够清楚、分明地理解一个东西而不牵涉一个别的东西，就足以确定这一个东西和那一个东西有分别或不同，等等。接

---

① 详见第十章第二节。

下来又谈道：虽然我有一个肉体，我和它非常紧密地融合在一起，但是一方面我对我自己有一个清楚、分明的观念，即我只是一个有意识的东西而没有广延；另一方面，我对于肉体有一个清楚、分明的观念，即它只是一个有广延的东西而没有意识。可以肯定的是，这个我，也就是我的灵魂，即我之所以成为我的那个东西，是完全跟我的肉体有分别的，它可以没有肉体而存在。可以再加上一句：凡是有意识的都有可能是灵魂或者精神。由于物体和意识是实际上有分别的，那么任何物体都不是意识，所以任何物体都没有意识。在这上面我看不出有什么是你们可以否认的。你们能否认我们清楚理解一个东西而不牵涉另外一个东西就足以知道它们实际上是有分别的吗？你们如果能够给得出任何一个别的依据，就把实在分别的更可靠的标记给我们吧。你们说那些实际有分别的东西，它们之中的任何一个都不需要另一个就能够存在吗？我再问你们，你们从哪里知道的一个东西可以不需要另一个而存在？为了给这个分别作标记，它就必须先认识它。也许你们会说：感官使你们知道，因为你们看见一个东西没有看见另一个东西，或者你们摸到了它，等等。可是对感官的信任比对理智的信任更不可靠。同样的东西有可能用不同的方式给我们的感官表现为各种不同的形式，或者在几个地方表现为不同的样子，这样它就被当作是两个了。最后，如果你们还记得我在第二个沉思末尾关于蜂蜡所说的话，你们就会知道物体本身不能真正地被感官认识，而只能被理智认识。感觉一个东西而不牵涉另一个东西无非是认识一个东西的观念，即这个观念和另外一个东西的观念是不同的。只有由一东西不牵涉另一个东西被理解才能被认识，而如果人们没有这两个东西的清楚、分明的观念，它们就不能被肯定地认识。这样一来，实在的分别的标记就应该被还原到我的标记上才能够靠得住。

　　如果有人否认他们具有意识和物体的清楚的观念，那么我只好请他们把包含在我的第二个沉思里的东西足够仔细地考虑一下。他们认为大脑的各部分有助于灵魂去形成我们的意识，这个意见没有任何正当的理由，这种意见不过是由于他们从未体验过脱离肉体的理智。他们经常被他们的肉体拖累，这就好比有人自从童年起脚上就戴上铁镣，他会认为铁镣是他的身体的一个部分，走路没有它就不行。

【点评】

　　这次，笛卡尔也懒得纠缠了，对于反驳者提出的两个问题，笛卡尔的答辩简单明了：你们没有真正地脱离肉体束缚的理智。在前言和导引中我们已经评价过，像笛卡尔这样的大师，他撰写本书的目的是为了挑战一切传统的旧势力，对于"物质有没有意识"的问题他已经论证得很完整了，对于"灵魂不死"的问题，他的结论是，从一个纯粹逻辑理智来说，灵魂是不灭的。

第三节　第三组反驳与答辩

【第十五个反驳　关于第六个沉思论物质性东西的存在】

　　笛卡尔说："既然上帝没有给我任何功能来理解上帝由他自己或者通过比物体更高贵的什么造物体的观念送给我，相反的，他给了我一个巨大的倾向性使我相信它们是物体性的东西，或者是来自物体性的东西，那么如果事实上它们的观念不是来自物体性的东西，而是来自别的原因，我就看不出怎么能知道这不是一个骗局。因此，必须承认有物体性的东西存在。"

　　大家一致认为医师为了病人的健康而骗病人，父亲为了孩子好而骗孩子，都没有过错。欺骗的坏处不在于假话，而在于骗人的人的动机。因此，笛卡尔先生要注意，上帝决不能欺骗我们这个命题普遍地来说是不是真的。如果普遍地来说它不是真的，那么因此有物体性的东西存在这个结论就不对。

【答辩】

为了证明这个结论是对的,用不着说我们绝不能受骗,因为我承认我们经常受骗。不过,我们看不出我的错误是来自上帝的意愿。因此,上帝不会欺骗我。

【第十六个反驳】

笛卡尔说:"因为我现在认识到醒与梦之间有一种非常大的区别,这个区别在于我们的记忆绝不能像它习惯于把我们醒着时所遇到的那些事情连接起来那样,把我们的各种梦互相连接起来,把它们同我们生活的连续性联结起来。"

我请问:一个人,当他梦见他怀疑他是不是在做梦时,不能梦见他的梦同一长串过去的事物的观念连接起来,这是不是真的?如果他能,那么对于属于那个睡觉的人的过去生活的一些行动的事情就能够当作是真的,和他醒来时一样。再说,正像他自己所说的那样,因为科学的全部可靠性和全部真实性仅仅取决于对真实的上帝的认识。否则,一个无神论者不能认识到他之所以是醒着是由于他过去生活的记忆,一个人用不着认识真实的上帝,就能知道他是醒着的。

【答辩】

睡着和做梦的人不能把他的梦完满地、真实地同过去的事物的观念联结起来,尽管他梦想把它们联结起来。因为谁能否认睡着的人不能弄错?可是以后,当他醒来时,他就很容易认识他的错误。

一个无神论者不能认识到他之所以是醒着是由于他过去生活的记忆,可是,如果他不知道他是上帝创造的,上帝不能是骗子,那么他就不能知道这个标记足够使他确信他没有弄错。

【点评】

到这里，我认为笛卡尔已经把第二组反驳中关于醒着与梦境的怀疑彻底碾碎了，我们仅仅引用笛卡尔答辩的原文就足够了："一个无神论者不能认识到他之所以是醒着是由于他过去生活的记忆。可是，如果他不知道他是上帝创造的，上帝不能是骗子，那么他就不能知道这个标记足够使他确信他没有弄错。"

第四节　第四组反驳与答辩

【反驳】

你说："凡是我清楚、分明地理解的东西而不涉及别的东西，就足以确定一个东西是和那一个东西有分别的，因为它们可以被分开。一方面，我只是一个有意识的东西而没有广延；另一方面，我的肉体是有一个有广延的东西而没有意识。所以，这个我，灵魂的我，是完全、真正跟我的肉体的我不同的。所以，即使肉体不存在，灵魂也未必死亡。"

首先，为了使这个论据的普遍逻辑成立，不应该理解为一切种类的认识，也不应该理解为一切清楚、分明的认识，而应该理解为完整的认识。笛卡尔先生自己在他的对第一组反驳的答辩中承认：不需要本质的分别，只需要形式的分别就够了，以便用一种抽象的方式来使一个东西得以被清楚地跟另外一个东西分开理解，而这种抽象方式只能对东西部分地理解，而且理解得不完整。

当你把你自己理解为一个有意识的东西而没有广延；同时把你自己理解为一个有广延的东西而没有意识，这时你自己的观念不是完整的。必须看一看在你以前说过的话里是怎么证明的，我并不认为这是一件非常明白而不需要证明的事情。你想到物体是一个有广延、有形状、可动的东西时，你完整地理解什么是物体，你可以否认它有属于意识的本质。但如果意识是物体性的，你就不能否认物体有属于意识的本质。这样一来，物体与意识的关系就像属与种的关系。逻辑上，种被否认了，属并没有被否认；反之，有属的地方，不一定有种。就像不用理解圆形任何一个具体的点，也可以理解圆的整体形状。同理，要证明你把你理解为有意识的东西而没有广延，你还要证明不用理解肉体，意识就可以完整地被理解。我好像在他整个著作中没有找到任何论据。你能得出的结论是：我可以不用对物体的认识而取得对我自己的意识。你还需要证明这个认识是完整的。

举例来说：假定有人知道半圆上的圆周角是直角的，从而用这个角和圆的直径做成的三角形是直角三角形，但否认由直角三角形的斜边做成的正方形面积等于由两条直角边做成的两个正方形面积之和。笛卡尔先生会说，我清楚、分明地理解这个三角形是直角三角形，但是我怀疑由它的斜边做成的正方形面积等于由它的两条直角边做成的两个正方形面积之和。因此，由直角三角形的斜边做成的正方形面积等于由两个直角边做成的两个正方形面积之和，是不属于这个三角形的本质的。虽然我否认由它的斜边做成正方形面积等于由两个直角边做成的两个正方形面积之和，不过我确实知道它是直角的，而且这个三角形的一个角是直角这件事在我的心中一直是清清楚楚的，就是上帝自己都不能使它不是直角三角形。

我甚至可以否认一直存在于我心中的这个观念并不属于它的本质。由于我知道凡是我清楚、分明地理解的东西，都能像我理解的那样由上帝产生，所以只要我能够清楚、分明地理解一个东西而用不着一个别的东西，就足以确定这一个东西和那一个东西有分别的。可是我清楚、分明地理解这个三角形是直角三角形,用不着我知道由它的斜边做成的正方形等于由它的两直角边做成的两个正方形之和。因此,有可能是由三角形的斜边做成的正方形不等于由它的两直角边做成的两个正方形之和。我看不出在这里能够回答什么,除非是这个回答的人不是清楚、分明地理解直角三角形的性质。可是我怎么知道我认识我的意识的性质比他认识这个三角形的性质认识得更好呢?他确知半圆的圆周三角形有一个直角,和我之确知我有意识所以我存在是同样的。

所以,跟那个认为"这个三角形的斜边上做成的正方形等于两直角边上做成的两个正方形之和并不是这个三角形的本质"这件事上弄错的人完全一样,我认为,他在"除了我是一个有意识的东西以外,没有什么别的东西是属于我的本性"这件事上弄错了。因为也许我是一个有广延的东西这也是属于我的本质的吧?也许他会说,当我从我意识得出我存在这一结论时,我从这一点上做成我自己的观念仅仅给我的意识表现为一个有意识的东西。我看不出从这个观念里可以引发任何论据来证明,除了在这个观念里包含的东西以外就没有什么别的东西属于我的本质。

如果你回答说肉体并不是绝对地从我的本质排除出去,而仅仅是在就我是一个有意识的东西而言的时候它才能被排除出去,那么就我是一个在意识着的东西而言,"我自己"的观念并不是什么被完整的观念,不过是一个被理解得不完满,并且带有某种想象的存在体的观念。

就像几何学家把线理解为没有宽的长,把面理解为没有高的长和宽,尽管不存在没有宽的长,也不存在没有高的长和宽。由此,这个东西可以由意识的能力而被理解为一个有意识的东西,虽然事实上肉体的特点和性质对于凡是有意识功能的东西都合适。这和大小可以被理解为单独具有长一样,虽然事实上没有大小不是具有长、宽、高的。这种意识的能力似乎是和肉体器官结合在一起的,这就是那些不信教的和屠杀灵魂的人所主要反对我们的原因。

以上就是我关于灵魂和肉体的实在分别要说的话。不过,既然笛卡尔先生从事于论证灵魂不死,我想问问:从灵魂与肉体的实在分别怎么很容易结论出灵魂不死呢？

关于动物的灵魂，他在别的一些地方已经讲得很清楚，他的意见是动物没有灵魂，它只有一个以某种方式配备的、以许多不同的器官组成的肉体。我们在这些器官上所看到的一切活动都是在肉体中，并且由肉体做成的，这需要非常有力的理由来支持和证明。没有任何灵魂的主宰，动物的一些行为是难以置信的。比如在一只羊的眼里反映出一只狼的身体，光鼓动着它的小小的视神经网，一直达到大脑，它的灵魂以这种方式被扩展到它的精神，足以使这只小羊逃跑。当然，我非常赞成笛卡尔先生认为感觉、想象等是有区别的。理性所理解的东西比肉体感官使我们知觉到的东西更可靠得多，这也是我一向的观点。

有一个我过去忘记的事情，我现在提出来，就他是一个有意识的东西而言，不管什么东西，如果对于这个东西他没有认识，这个东西就不能存在于他里边。这个命题我认为是错误的，而笛卡尔先生认为是正确的。因为在他里边，一个有意识的东西，在他里边的"他"，就灵魂之有别于肉体而言，除了指他的灵魂，不指别的东西。但是，有谁看不出来，在灵魂里能够有很多东西，而灵魂本身对这些东西毫无认识。举例来说：一个在母亲的肚子里的小孩子的灵魂当然是有意识的，可是他对它没有认识。类似这些东西还有很多，我就不讲了。

【答辩】

为了认识两个东西之间的实在分别，用不着我们对这两个东西的认识非得是全部的、完整的，除非我们已经知道我们对这两个东西的认识是全部的、完整的。我们永远不能知道我们的认识是不是全部的、完整的，因此这样的要求是不必要的。因此，在我说用一种把事物理解得很不完整的理智抽象作用来理解一个东西而不牵涉另外一个东西，这是不够的时候，我并没说为了建立一个实在的分别，就需要这样的一种全部的、完整的认识，而仅仅是说需要我们通过我们理智的抽象功能和理智，不把它认知成不完整的。

完整的认识和完整到一定程度的认识是不同的。完整的认识如果上帝本身不向他启示，任何人都做不到；完整到某种程度的认识，我们却知道它没有被我们理性的任何一种抽象作用弄得不完整。当我们理解一个东西时，我并没有想说我们理解的是完整的，我不过是想说我们应该足够理解这个东西，以便知道它是完整的。前面我曾经把不完整的东西和完整的东西加以分别：每一个这样有实在分别的东西有必要被理解为一个由自己而存在并且和其他一切东西有别的东西。

因此，我理解肉体是什么，我也理解灵魂是一个完整的东西。完整地理解一个东西和理解一个完整的东西这两种说法是一个意思。你当然可以问：一个完整的东西指的是什么？我怎么证明只要把两个东西理解为两个完整的东西，彼此不牵涉，那么两个东西就是有实在分别？

对于第一个问题，我的回答是：一个完整的东西，我仅仅指的是一个带有各种形式或属性的实体，这些形式或属性足以使我认识它是一个实体。我们不能直接由实体本身来认识实体，只能从我们对某些形式或属性的认识上理解实体，这些形式或属性应该依附于什么东西而存在，我们就把它们所依附的这个东西叫作实体。如果我们想要把这些属性从这个实体中拿掉，我们就把关于实体的全部认识破坏了。这样一来，我们就很难清楚、分明地理解它是否是实体了。

我当然知道有一些通俗观念上被称为不完整的实体。可是，假如这样称呼它们是因为它们本身如果没有别的支持就不能单独存在，我认为在这一点上，把它们称为实体是有矛盾的。一些东西是由于它们自己而存在的，同时因为不完整，所以这些东西不能由于它们自己而存在。某种意义上，我们可以把它们称为不完全的实体，这不是由于它们作为实体来说有什么不完全的东西，而是由于在它们和另一个什么实体有关系，它们和那个实体组合成一个完整的东西，这个完整的东西由于自己而存在，与其他任何东西有别。这样一来，一只手是一个不完全的实体，假如你把它关系到全身来看的话，它是全身的一部分，可是如果你单独地来看它，它就是一个完全的实体。同样，灵魂和肉体如果把它们关系到由它们组成的人来看，它们是不完全的实体，但是如果把它们分别来看，它们就是完全的实体。

因为有广延的、可分的、有形状的等，都是一些形式或属性，通过它们，我认识了人们称为肉体的这个实体；同样，有理性的、愿意的、怀疑的等，都是一些形式或属性，通过它们我认识了人们称为理智的这个实体。我理解有理智的实体是一个完整的东西，并不比理解有广延的实体是一个完全的东西差。

阿尔诺先生认为，肉体与灵魂的关系就如同"属"与"种"的关系，在任何情况下都不能这么说。虽然"属"可以不用"种"就可以被我们理解，可是"种"在任何情况下都不能离开"属"而被我们理解。但是我们可以清楚地说，我们理解灵魂作为一个完全的东西所需要的条件都具备，用不着在理解灵魂里面是否包含其他的形式的实体。我们也把肉体清楚地理解为一个完全的东西，用不着理解它是属于灵魂的东西。

阿尔诺先生进一步说："我可以对我自己不用物体的观念而取得观念，虽然不能说这个观念是完全的、全部的，但我可以确知当我从我的本质排除物体时没有弄错。假定有人知道半圆上的圆周角是直角的，从而用这个角和圆的直径做成的三角形是直角三角形，但否认由直角三角形的斜边做成的正方形面积等于由两条直角边做成的两个正方形面积之和。笛卡尔先生会说，我清楚、分明地理解这个三角形是直角三角形，但是我怀疑由它的斜边做成的正方形面积等于由它的两条直角边做成的两个正方形面积之和。因此，由直角三角形的斜边做成的正方形面积等于由两个直角边做成的两个正方形面积之和是不属于这个三角形的本质的。"

第一，一个直角三角形有三个角，我们可以把它理解为一个性质，这个性质的形状是三角的；有着斜边上的正方形面积等于两个直角边上的正方形面积之和也是一个性质，有这两个性质的任何一个都不能被理解为一个完全的实体。灵魂和肉体也是这样，它们各自都具有一些功能，但是任何一个的功能都不能被理解为实体。只不过我特别想在实体组成实体的这些功能上找出分别。

第二，虽然我们能够清楚、明白地理解内接于半圆的三角形是直角三角形，用不着知道到它的斜边上的正方形面积等于两个直角边上的正方形的面积之和。可是我们不能这样清楚地理解一个三角形的斜边上的正方形面积等于两个直角边上的正方形的面积之和，却不同时知道这个三角形是直角的。但我们用不着肉体就清楚、分明地理解灵魂。反过来也一样，我们用不着灵魂就可以清楚、分明地理解肉体。

第三，虽然内接于半圆的三角形的概念可以不包含斜边上的正方形的面积等于两个直角边上的正方形的面积之和，可是我们不能认为在斜边上的正方形的面积和两个直角边上的正方形面积之间，没有一个比例关系是属于这个三角形的本质的。

所以，当我不知道这个比例关系是什么的时候，除了我们清楚地知道的这个比例关系属于它，我们不能否认任何一个别的比例关系，不过，它们确实相等。不过，在肉体的观念里边不包含任何属于灵魂的东西；反过来，在灵魂的观念里边也不包含任何属于肉体的东西。

虽然我说过，我用不着一个别的东西就能够清楚、分明理解一个有意识东西就足够了。但你不能因此就做出一个推理：我不确定一个三角形的斜边上的正方形的面积等于两直角边上的正方形的面积之和，可我清楚、分明地知道这个三角形是直角三角形是错误的。

第一，斜边上的正方形的面积和两直角边上的正方形面积之间的相等比例关系仅仅是一种等比关系；第二，这个相等的比例关系只有在直角三角形中我们才能清清楚楚地理解；第三，如果我们承认在一个三角形的斜边上的正方形的面积和它的两直角边上的正方形面积之间的比例关系，我们就不能清清楚楚地理解这个直角三角形。

现在必须谈第二个问题。我用不着另外一个实体，就清楚、分明地理解另一个实体，就确知它们是彼此互相独立的。实体的观念是这样的：它是不用任何一个别的实体而存在。从来没有任何人用不同的观念去理解两个实体而不怀疑它们是实际上有分别的。假如我没有找到比这个可靠性更大的可靠性，我仅靠第二个沉思就可以证明：即使灵魂不依靠任何属于肉体的东西，它也是可以持续存在的。同样，即使肉体不依靠任何属于灵魂的东西，它也是可以持续存在的。我们通常理解东西都像它们表现给我们的观念，那么我就用不着多说什么来证明灵魂是有别于肉体的。

在我的第一个沉思里提出来的那些怀疑里，有一个是这样的：只要我假定我不认识上帝，我就不能确知这些东西事实上就是像我们所理解的那样真是。我在第三个、第四个和第五个沉思里所说的关于上帝和真理，都对灵魂和肉体有实在分别的这个结论。这个结论我在第六个沉思里才终于得到。

阿尔诺先生说："关于内接于半圆中的三角形的性质，我理解得很清楚，用不着我知道它的斜边上的正方形面积等于两个直角边上正方形面积之和。"不错，我们可以理解这个三角形，用不着想到它的斜边上的正方形和它的两直角边上的关于正方形的比例关系，但我们不能认为这个比例关系可以被否定这个比例关系属于这个三角形的性质。灵魂的观念不同，我用不着肉体就理解它存在，而且我们可以否定任何属于肉体的东西属于灵魂。这就是灵魂的实体与肉体实体之间的独立性本质。

阿尔诺先生说："当我从我的意识得出我存在这一结论时，我做成我自己的观念，一个有意识着的东西。"同样，当我检查肉体的本质时，我在里边找不出任何东西有意识。我认为，为了指出一个东西实际上和另外一个东西有分别，除了由于上帝的全能使这一个东西与另外一个分开以外，没有其他的原因。我认为我已经足够仔细地证明：人不过是一个使用肉体的灵魂，这就是在第六个沉思里我谈到灵魂和肉体的分别。我也指出了灵魂是同肉体融合在一起的。就如同说通过一个人的胳臂，与身体的其余部分实际上有分别的实体，这个人并不因此就否认它属于人的全部本质，从而得出结论：这只胳臂不属于人的本质，所以它不能由它自己而持续存在。我已经不需要在灵魂可以不用肉体而存在，以及灵魂和肉体是实质上融合在一起的上再多说什么了。这种实质的融合并不妨碍我们对于独立的灵魂有一个清楚、分明的观念，认为它是一个完全的东西。灵魂的观念跟面积和线的观念不同，因为如果在长和宽之外不给它们加上高的话，面积和线的观念就不能被理解为体积。

灵魂在小孩子身上是处于模糊的状态，在疯子身上也是混乱的。意识功能结合肉体的器官到如此的程度，以致意识不能没有肉体的器官而存在。因此我肯定，我们每天所体验的灵魂和肉体的这种紧密联系是使我们如果不经过深入的沉思，就不容易发现它们彼此之间的实在分别。那些在理智里经常思考我的第二个沉思的人，将会很容易地相信灵魂与肉体的分别不是单纯由于一种虚构或者理智的抽象，而是由于它被理解为一种与肉体有别的东西。

我不想回答阿尔诺先生有关灵魂不死的疑问，因为他的话和我说的话是一致的。关于动物意识，我已经在《谈谈方法》的第五部分说过了。值得注意的是：人和动物的身体里，如果没有能使它们运动起来的原因，那么运动是不可能发生的。在人的灵魂里边，直接使肢体运动的不是灵魂，而仅仅是灵魂能够规定我们称为"动物精神"的稀薄液体的流动。这种液体不断地从心脏流经大脑而到肌肉里，它们是我们肢体的运动的原因。它们经常可以引起许多不同的运动。灵魂并不属于动物精神，在我们人类所做的运动中，有许多不取决于灵魂，如心脏的跳动，食物的消化，等等。至于从高处掉下来的人首先用手保护住脑袋，这也并非他们的灵魂告诉他去做这个动作的。这种动作不取决于他们的灵魂，仅仅是取决于他们的感官。当这些感官感觉到危险时，在大脑上引起一种刺激，这种刺激导致动物精神的反射，用不着灵魂去干预。

如果从狼的身影反映到羊的眼睛里，就会引起羊逃跑的动作，这没什么可奇怪。我做一些比较，指出动物的运动与我们人类用非理智完成的运动是相似的，我在《谈谈方法》一书的第五部分解释过了。因此，我认为动物的运动和人类的非理性运动差不多。

因此，我们得出这样的结论：我们在自己里找不到任何别的运动的原因，只是因为支配器官的精神不断的流动。这种精神的流动是心脏产生的，心脏的热血融化了精神，让它流遍全身。以前我没有意识到认识到人类和动物行为的区别，仅仅是由于没有区分两种不同性质的运动。我看到，在仅仅取决于动物精神和感官的意识里，我糊里糊涂地相信了它们也在动物身体里。那些我们年轻时形成的成见，随年龄的增长越发顽固。尽管我们经常发现其中的问题，但是如果我们不在理智里经常想到这两个原则的本质差异，不习惯于排除非理性，而仅仅依靠习惯，那么仍然不容易从我们的观念中去掉成见。

【点评】

对于阿尔诺关于"属"与"种"的类比，笛卡尔先生不同意，它否定了灵魂与肉体是从属关系，论证它们的各自独立性，而人只不过是这两种独立性的融合体。对于直角三角形本质的论述笛卡尔的论述很清楚，不知道是否斜边构成正方形的面积是否等于两个直角边构成正方形的面积之和，但并不等于否定它是直角三角形的本质。而对于灵魂的本质，笛卡尔明确地知道肉体不是灵魂的本质，它们彼此独立。

最后，对于动物精神论述也是点睛之笔，动物精神是人类与动物类似行为的原因，是非理性的精神，它不属于灵魂，因为灵魂的本质是纯粹理性的理智本身。

第五节　第六组反驳与答辩

【反驳】

仔细地读了你的沉思和你对前面的反驳所做的答辩之后，我们还有几个问题，希望你给以解答：

第一，我们存在是由于我们有意识，这个论据似乎不十分可靠。因为为了你靠得住的意识，你应该事先知道什么是意识的性质、什么是存在的性质。你既然对这两件事无知，你怎么知道你有意识或者你存在？你说你有意识，你不知道什么是意识；你说所以你存在，你也不知道什么是存在。因此，你必须认识到你到底在说什么，还要知道你知道自己说过什么，这样以至无穷，显然你不能知道你是不是存在，你是不是有意识。

第二，你说：我有意识，所以我存在。能不能是你弄错了，其实你并没有意识，你不过是被推动了，而你归于有意识的东西不过是一个物体性的运动。你自称已经证明了没有什么物体性的运动能够合理地用有意识这一名称来称呼，可是至今还没有人能懂得你的推理。你是不是认为你用你的分析法把你的精神分布到运动，并且相信精神被分布在这些物体性运动之中？

第三，有些教会的神父和柏拉图一样，认为天使是物体性的，从而拉特兰会议定义天使是可以画的，认为他们有和理性的灵魂同样的意识。有些神父认为这种灵魂是从父亲传到儿子的，他们都说天使有灵魂。我们相信，他们的意见是意识是能够用物体性的运动推动的，或者天使本身不过是物体性的运动，这种运动同意识是分不开的。这由猴子、狗以及其他动物的精神也可以证明。狗在睡觉时叫，就好像它们是在追兔子或追贼，它们在睡着的时候知道得非常清楚它们在跑，在做梦的时候知道得很清楚它们在叫，我们都承认它们同物体没有任何分别。如果你说狗不知道它们在跑或者有意识，除了你所说的之外，它们是真的能做出和我们一样的事情：当我们在跑或在有意识时，我们不知道我们在跑或者有意识。你看不见它们里面所具有的精神行动是什么，它们也看不见你的精神行动是什么。过去有些大人物，今天也有，他们不否认动物有理性。我们绝不能相信动物的一切活动都能够用机械运动来解释，而不把这些活动归于感官、灵魂、生命。相反，你把人们的任何反对意见都不予理睬，坚决认为这是荒唐的。如果猴子、狗、象，在它们的活动上真是机械运动，那么有些人将会说，人的一切行动也是机械运动。我们将不再承认人有意志和理智。因为如果说动物薄弱的理性和人的理性不同，那也只是量的不同，没有本质的不同。

第四，是关于一个无神论者的。无神论者主张：当他确知从相等的东西里减去相等的东西，剩余的东西也一定相等，或者直角三角形的三个角之和等于二直角等，他的学识是可靠的。在他想到这些事情的时候，就不能不相信这是非常可靠的，他所坚持的东西就是真理。这些真理也和上帝存在一样可靠。在这方面有人反驳他，使他产生一点点怀疑，你能反驳他什么呢？上帝能骗他吗？即使上帝使用他的能，也骗不了他。

第五，你完全否认上帝有任何欺骗行为。无论是天使还是人类，不断被上帝刻印在他们意识里的一种折磨着他们的火的想法所骗，他们相信一种火在烧他们，虽然事实上并没有火，那么上帝难道不能用同样的办法来骗我们吗？你强加给我们的灵魂里不断地刻印上这些错误的、骗人的观念，使我们认为非常清楚地看到每个感官知觉到一些东西并不存在——没有天、没有星辰、没有胳膊、没有脚、没有眼睛。如果上帝这样做，不能责备他不公正，而且我们没有理由抱怨他，因为作为万物的至上主宰，他愿意怎么做就怎么做，因为他似乎是有权这样做。压低人们的狂妄，惩罚他们的罪恶，或者为了其他我们不知道的理由。（以下删除引用）

第六，意志的自由。按照你的说法，上帝使自由意志更高贵、更完满，相反，你是把自由意志称为无知者无畏。只要理智清楚、分明地认识必须相信的、必须做的、必须不做的事物，意志就绝不是无畏的。难道你没有看见当上帝创造这个世界而不创造别的世界，当他什么世界都不创造时，你用这些原则完全破坏了上帝的完满。虽然这是由于信仰上帝曾经在创造一个世界或者很多世界，他是永恒。因此，不能说对非常明白的认识和对这些事物的清楚的知觉，排除了自由意志，如果它与对于人的自由不符，与上帝的自由就不符。事物的本质，就像数目的本质一样，是不可分的、常住不变的，在上帝的自由意志里，并不比包含在人的自由意志里的自由少。

第七，你说一切感觉都发生在面上或者通过面而发生。我们看不出来为什么它不可以感觉到物体的一部分，或者是空气的一部分，或者是水汽的一部分，甚至是这些东西任何的外表。我们还是不理解你怎么可以说感觉没有实在的属性。不管意识是属于什么物体或实体的，都能够被上帝的全能从它们的主体分开并且没有主体而存在，在祭台上的圣体中这样的事确确实实地存在。你曾答应给我们看你那本《物理学》，在我们从那里看到你充分证明所有这些东西之前，请你别烦恼。我们很难相信那本《物理学》能够把古人教导我们的如此明白的东西抛弃，而接受你的结论。

第八，你所提到的几何学的真理或者形而上学的真理，怎么能够是常住不变的、永恒的，而同时又是取决于上帝的呢？它们是因为什么原因取决于上帝的呢？他怎么能够把三角形的性质消灭？他怎么能使二乘四不等于八，或者一个三角形没有三个角？这些真理要么只取决于理智，要么取决于事物本身的存在性或者独立性。因为上帝似乎不可能使这些本质或真理的任何一个从来都不存在。

第九，你说不应该信任感官，理智的可靠性比感官大得多，我们认为这个疑问是非常重要的。理智是如何做到不从有序配合的感官获得可靠性而自己获得可靠性的呢？举例来说，一根棍子插在水里，由于折光作用而表现为折断了，谁来改正这个错误？是理智吗？不是，应该是触觉或其他的感官。

如果一旦你的一切感官合理地进行配合，而且它们总是给我们反映同样的东西，你就把从感官获得的、一个人的本能获得最大的可靠性认为是可靠的吧。如果过于信任你的理智的推理，你肯定会经常弄错，因为我们经常发现，在我们的理智认为毫无可疑之处的一些东西上我们经常犯错。

以上这些就是我们的主要反驳。请你加上什么可靠的原则和一些有效的标记，使我们能够获得靠得住的认识。在我们理解一件事物完全不依赖别的东西，真的是一个东西完全与另外一个东西不同，以至它们能够分开存在，至少由于上帝的全能能够把它们分开。请你告诉我们，我们怎么才能清楚、分明、靠得住地认识我们的理智所做成的这个分别不是构建在我们的灵魂之上，而是构建在事物本身之中。当我想到上帝的广大无垠而不想到他的正义时，或者当我们想到他的存在性而不想到圣子或圣灵时，离开三位一体的其他两位我们就不是完满地理解这个存在性，或者上帝本身。就像你否认物体有精神或有意识，一个不信教的人可以有很多理由否认三位一体存在的神圣性，就像有人错误地认为，圣子和圣灵在本质上和圣父是有分别的，或者他们可以和他分开。尽管你清楚地理解一个而用不着另一个，尽管你承认一个而否认另一个，甚至你可以承认用你的理智一个抽象作用能够这样做，人们也永远不会向你让步，认为意识或者说人类的理智是与物体有实在分别的，当然，如果你能充分地解答所有这些疑难，你就可以肯定再没有什么东西能够使我们的神学家不安了。

下面我把另外几个人向我提出的问题也放到这里，因为他们的问题和我们的问题差不多，你没有必要分开解答。

第一，我们怎么能确知我们对我们的灵魂有清楚、分明的观念？

第二，我们怎么能确知这个观念与其他的东西不一样？

第三，我们怎么能确知这个观念本身没有属于物体的东西？

下面的来信还提出一些问题：

我们无论多么细心地检查意识的观念本身是否包含物体性的东西，都不敢肯定意识在任何方式下都不与承载它的物体相联系。看到一些物体没有意识，另一些物体有意识，就像人的肉体和动物的肉体那样，如果我们想要得出结论说没有任何物体有意识，这就是诡辩。假如我们首先做成这样的观念，你一定有理由嘲笑我们。而你却用这个论据来证明一个上帝以及灵魂和物体是有实在分别的，然后你用你的分析法来检查它。似乎是你给自己在灵魂上蒙上了一层布，遮住了你的眼睛，使你看不见你里边的灵魂的一切活动和特性都不取决于肉体的运动。请你把拴住我们的灵魂的枷锁解开吧，因为它阻碍我们的灵魂从肉体和物质上升出去。

我们在这里找到的"枷锁"是：我们知道二加三等于五，如果从相等的东西里去掉相等的东西，剩下的东西也相等。我们和你一样，相信这些真理以及上千个类似的真理。可是我们却不能同样地用你的观念去理解人的灵魂是和肉体在实际上有分别以及上帝存在呢。你也许会说，如果我们不和你一起沉思，你就不能把这个真理给我们放在理智里。可是，我们曾经全神贯注把你的那些沉思读过七遍以上，然而我们并没有被说服。你也许会说是因为我们太笨了，笨得像动物一样，不适合研究形而上学的东西，所以不愿承认你从上帝的观念里和理智的观念里得出的结论。请注意，我们从事这些东西已经三十年了，我们认为这些沉思的价值没那么大，你的学识和权威企图尽其所能将意识超越物质，其实并没有做到。

相反，假如你肯用同样的全神贯注把你的那些沉思重新读一遍，并且把这些沉思假定为是一个对手提出来的，把这些沉思用同样的办法检查一遍，我们认为你会和我们承认同样的东西。最后，你自己也承认除非由于上帝的特别启示，没有人能知道肉体的能力和运动能够达到什么地方。如果你不知道上帝给一个主体里放进了或能放进什么，你如何知道是不是上帝把诸如意识、怀疑等这种能力和特性放进什么物体里呢？

先生，以上这些就是我们的反驳。你也可以认为是我们的成见，对于这些成见，如果你能给予必要的方法来挽救，使我们得以顿开茅塞，能够从你学说的种子里结出丰硕的果实，我们将不胜感激。愿上帝助佑你顺遂到底！我们祈求上帝对你的虔诚给以报偿，你的虔诚除了使你为上帝的光荣而献出你的一切以外，不容许从事于任何事业。

【答辩】

一、要是不首先知道意识的性质和存在的性质是什么，谁就不能肯定他是否有意识、是否存在，这话说得没错。但意识的存在不是要深思熟虑或由论证才可以证明，也不需要意识到有意识、知道自己知道等。我们不可能有这样先验的知识，只有我们内部的、永远在获得观念之前的意识，并且这种意识对一切人来说意识的存在是如此的真实。也许因为一些事情蒙蔽了眼睛，错误理解了语言的意思，如果没有意识存在，那么否认意识存在就是不可能的。因此，当我们意识时，意识显然就存在了。虽然我们从来没有认识什么是意识、什么是存在，但是还有什么比我知道"我是个有意识的存在"更好的起点呢？

二、事实上我没有意识，而仅仅是被推动，这也是绝对不可能的，因为意识的观念和物体的观念是完全不同的。可能是因你们太习惯于把几个不同的性质的事物进行类比了，所以认为怀疑、肯定、有意识和被推动是一回事。我可以用两种方式把不同观念的东西视为一个东西，或者在性质上归类，或者是一种组合。比如，形状的观念和运动的观念并不是同一个观念，我理解和我愿意不是同一个意识的观念，肉和骨头不是同一个观念，有意识和有广延不是同一个观念。但是，同一的实体，可以有形状，也可以运动，因此形状和运动都是物体性质的观念，理智和愿意都是意识的观念，但是骨头和肉就不同，只能视为它们组成的为骨头和肉的观念，因为同一的动物有肉又有骨头。现在的问题是要知道我们理解有意识的东西和有广延的东西在性质上是否同类。我认为，在意识与广延之间有着与运动和形状之间、理智和意志之间不同的关系；虽然它们两个都在一个人里，但是就像骨头和肉在同一的动物身上的组合一样，一个有广延的东西和一个有意识的东西也仅仅是组合在一起。

有些人在这里盲目地反驳我。为了阻止盲目给真理带来损害,我不得不对人们反驳我的东西给予回答。虽然有很少的人曾经仔细地检查过我的论证,可是仔细检查过的人还有几个理解它。我们之所以相信唯一到过美洲以后说他看见过对趾点[①]的人,而不能相信其他一千个否认有对趾点的人,原因就是,没去过的人不知道有没有。同样,那些认真研究了论证价值的人应该更重视很好地理解了这个论证人,而忽略其他一千个人的结论,因为那一千个人说这个论证还没有被任何人所理解。尽管他们没有理解这个论证,这并不等于别的人们对它也不能理解,由于他们在推论上表现出不准确,所以他们的反驳也似乎不足以受到重视。

他们向我提出这样的问题:是否用我的分析法把我们的精神分布到运动之中,那么我们的意识不过是物体性的运动。我认为,不管他们是多么仔细,自以为多么明智,至少我不能保证他们使用的是精神的纯粹理智而不是仅仅用想象。他们想象用分解某种精细物质的办法就可以理解意识和物体运动之间的关系。其实,这种关系只能是一个有意识的东西的观念和一个有广延或运动的东西的观念完全不同却互不依赖。要从我们清楚、分明地理解为不同和互不依赖的一些东西,以及除非是由于上帝的全能就不能把它们分开的,这两个方面去理解。因此,不管我们碰到有多少次在它们同时出现在主体里,就像有意识和物体性的运动在一个人里一样,我们也不应该因此就认为它们在性质上归为一类,而只是组合在一起。

三、这里提到的柏拉图主义者及其追随者,今天已被全体天主教会以及所有的哲学家一致反对,因此用不着谈他们了。(注:后面都是对那些笛卡尔说不用谈了的东西,已删减。)

四、至于一个无神论者的知识,很容易指出它并不是准确、可靠的。因

---

① 对趾点(英文:antipodes):位于地球直径两端的点,在地球两端遥遥相望,时差12小时。两点季节恰好相反,两点之间的距离两万公里,等于地球半圆周长。

为就像我从前说过的那样，无神论者认为使他的存在的创造者越无能，他就越有机会怀疑他的本性是不完满，以致在他认为非常明显的一些事物上弄错。如果不是首先认识到他是被一个作为全部真理原则的真正的上帝所创造，同时这个上帝又不可能是骗子，那么他就永远不能摆脱这个怀疑。

五、只要人们统一欺骗的形式或本质是一个非存在，一个至上的存在体绝不会是非存在，那么我们就可以清楚地看到：上帝不可能是骗子。一切神学家也同意这个真理，我们可以说这是基督教的基础，我们的信仰的全部可靠性也取决于这一点。如果我们认为有几次上帝骗过我们，我们怎么能相信他向我们启示的东西呢？虽然神学家一致的意见是入地狱的人受地狱之火折磨，可是他们的感觉并不是被上帝给他们刻印在意识里的一种烧他们的火这样一个假观念所骗，而是他们真正地被火所折磨过。（对于宗教引用的反驳，笛卡尔也不屑于答辩，已删减）谁能用人的理性的力量，而不借助上帝的启示，知道人的灵魂是否会享受永恒的天福呢？我曾试图用简单的道理证明人的灵魂不是物体性的，至于说到它是否将能享受永恒的天赋，我承认只有信仰能够启示我们。

六、至于自由意志。毫无疑问，上帝的自由同人的自由大不相同。如果说上帝的意志对已有的或者将要有的一切东西亘古以来就不是无限的，那么我们想象不出有任何代表善的或真的观念，什么应该相信的观念，或者什么应该做或者不应该做的观念，在上帝的意志要求他自己这样做之前就存在于他的理智之中。我在这里并不是谈一种时间上的先后，而是次序的先后，就像经院哲学中所说的那样，推理的原因在先，在上帝的意志之先存在善的观念，以便善的观念迫使上帝不得不做出取舍。举例来说，上帝愿意把世界创造在时间里，并不是因为他看到世界被创造在时间里比创造在永恒里好，他愿意让一个三角形的三角之和等于二直角，也并不是因为他认识到只能是这样，等等。相反，就是因为他愿意把世界创造在时间里，所以它没有创造在永恒里。同样，就是因为他愿意一个三角形的三角之和必然等于二直角，所以它现在就是这样，等等。而且这并不妨碍人们说圣人们的功绩是他们得到永恒的天福的原因，圣人们的功绩并不是上帝规定自己愿不愿的原因，而是上帝愿意给他们这个结果的原因。这样，在上帝那里的一种完全的自由意志也是他的全能的。然而在人类不是这样，由于人已经找到了上帝所建立和规定的善意和真理的标准，所以人的意志只能本能地趋向于好的东西。人越是明显地认识好和真，就越能自由地接受好和真，只有在人不知道什么是更好或者更真时，才会产生盲目的态度。这样一来，人的自由的盲目性就跟上帝的自由的完全性不一样。说事物的本质是不可分的，这也毫无用处。首先，没有什么本质同样地既合适于上帝又合适于造物；其次，盲目并不属于人的自由的本质，仅仅是当我们对于善和真的无知使我们盲目地以为我们是自由的。而当我们对一件事物的清楚、分明地认识推动和迫使我们去追求时，我们才是真正自由的。

七、我认为我们的感官是通过面而被触动的。我对于面的理解和数学家或者哲学家对于面的理解没有什么两样。应该理解为与物体是有区别的，它没有厚度（高）。面这一名称被数学家用两种方式来解释，一种是对于一个物体只考虑它的长和宽而不考虑它的高，虽然不反对它有高；另一种是只从物体的一种形态来考虑，这时就否定了它的高。为了避免歧义起见，这里我谈的面，指的是一种没有高的形态。因为它没有高，所以不可能是物体的部分，而是物体的终止处。同时，我认为它能够非常正确地被叫作表面，无论是被包含的物体的表面，或者是物体所包含的表面。按照人们所说的，两个相接的物体就是这两个物体的表面连在一起的。严格地讲，当两个物体互相接触时，它们在一起的部分是同一的表面，并不是这一个和另一个，而是两个物体表面的共同形态。如果其中一个物体被挪开，只要在它们位置上换上大小和形状恰好相同的东西，两个面就又回到同一的状态。面只能被理解为它不是一个实体，而是一个形态。我们不说包围塔的空气改变了，一个塔的地方就改变了，或者说我们在塔的位置被个别的物体占据了。面在这里是当作地方用的，它并不是塔的部分，也不是包围它的空气。为了驳斥那些承认面的实体属性的人，我认为我所提出的那些理由就够了，用不着再提别的理由。首先，没有接触就没有感觉，没有物体的面就没有什么能被感觉。但是，假如有实体的属性，那么这些属性一定和这个仅仅作为一个形态的面不是一回事。假如有实在的属性，这些属性也不能被我们感觉。你们居然相信，它们被他感觉到是因为它们是实体。如果说面实在的属性是实体，那是一件说不通的事，因为凡是实体的东西都能被分割，能够被分割的是实体，而不是属性。说实体的属性不能由别的力量而只能由上帝的全能同它们的主体分开，这是毫无用处的。因为由别的力量做成和由上帝平常的能力做成完全是一回事，而上帝的平常的能力和上帝的特别的能力也没有什么不同。这种能力，由于不在事物里面加上任何东西，因此不改变事物的性质。所以，如果可以由本能而没有主体而存在是一个实体，那么凡是由于上帝的能力没有主体而存在的东西，也必须用实体这个名称来命名。我承认一个实体可以是另外一个实体的属性。不过在发生这样的事的时候，实体的概念指的是属性的形式而并不是实体本身。举例来说，当一件衣服穿到一个人身上的时候，成为属性的不是衣服，而是被穿。对于促使哲学家们建立一些实体的属性概念的主要原因是，他们认为没有实体的属性，我们就不能解释我们的感官知觉是怎么做成的。我答应在写《物理学》的时候细致地解释我们的每一个感官被它的对象所触动的方式。这并不是我想要在这上面使用别的理由，而是因为我相信我在《折光学》里所解释的视觉，可以类比其他感官。

八、当人们认真考虑上帝的广大无垠性时，人们看得很清楚，没有什么东西是不取决于他的。不仅存在的东西，就连秩序、规律、好和真的理由都取决于他，否则创造他所创造的东西不会是完全自由的。如果好的理由或现象是先于他事先安排的，那么他一定规定他去做更好的。就像在《创世纪》里所说的那样，他自己愿意这样去做出世界上的东西，没有原因。用不着问为什么好以及为什么是真理，无论是数学的或形而上学的，因为它取决于上帝的自由意志。好和对的原因是由那些想不到这个原因的人所建立的因果关系，他们还给它起了一个名称叫作动力因。这和君主的意志可以说成是法律的动力因一样，法律本身并不是一个简单的存在体，而是一个精神上的存在体。问上帝怎么能一直使二乘四等于八也同样没用，因为我承认我们无法知道。不过另一方面，我知道得很清楚：不取决于上帝，什么都不能存在。不管是哪一种存在体，以及这些存在体为什么是现在这个样子，这对他来说是非常容易的。如果由于我们不知道的东西，而怀疑我们知道得很清楚的东西，这是完全违反理智的。因此，不要以为永恒的真理取决于人的理智或者取决于事物的存在，而是仅仅取决于上帝的意志。上帝，作为一个至上的立法者，他永恒地建立了这些真理。

九、要明白感觉是什么，就要把感觉分为三个阶段。在第一个阶段里应该考虑的只是外在对象直接在感官之内所引起的东西，这只能是这个感官的分子运动以及由这个运动产生的形状和位移的改变；第二个阶段包含直接在精神上产生的作用，这是由于精神可以与物体性的功能转化所产生的，精神将感官的形状和唯一的变换转化为类似疼痛、痒、饿、渴、颜色、声音、滋味、气味、热、冷等；第三个阶段就是理智的判断，这些判断是我们从年轻时代起关于我们周围的事物在我们的感官里产生的印象所习惯于做出的。举例来说，当我们看见一根棍子时，这不过是从这根棍子反射出来的光刺激眼睛这个感官，然后通过感官和精神的转化通知了大脑，大脑做出这是否是一根棍子的判断，就像我在《折光学》里讲到的那样。人类和动物大脑都是这样运动的，这种运动感觉是第一阶段；精神的转化是第二个阶段；意识的判断是第三阶段。尽管人们习惯于把判断归于感官，但在这方面我把它归于感觉的第三个阶段，因为它只取决理智。我在《折光学》里指出：大小、距离和形状只有经过推理才能认知。对于出现在我们的感官的一切东西所做的新的、不是习惯做出的判断，我们把它们归于理智。同时，对于我们从幼年起感知的东西，对于这些我们的意识中印象，我的习惯做出了草率的判断。习惯使我们把那些东西判断得非常草率，我们分别不出这种方式的判断和我们本能的感知。显然，当我们说理智的可靠性比感官的可靠性高，我们的意思是，当我们的年纪越大，我们做的判断就比幼年时所做的判断越可靠。这里不是第一阶段的感觉，也不是第二阶段的感觉，因为在这两个阶段里不可能有错误，当然从感官到精神的转化有问题的病人除外。当人们说，一根棍子插在水里，由于折光作用而表现为折断了时，这就跟人们说一个小孩子判断它是折断了一样，是按照我们幼年的习惯所形成的成见。他们说，这个错误不是由理智来改正，而是由触觉来改正，这显然是错误的。虽然触觉使我判断为一根棍子是直的，而且我们幼年就习惯于这样判断，这仅仅可以叫作感觉。可是这并不足以改正视觉的错误，可能触觉也是错的。我请问，有什么理由来告诉我们此时应该相信触觉而不相信视觉呢？显然不是我们自幼年以来就有的感觉，只能越来越成熟的理智。就是在这个例子里，改正感觉的错误的只有理智，没有可能提出任何一个例子来说明错误是来自理智而不是来自感觉。

十、剩下的只是怀疑而不是反驳。我不敢过高估计自己能力。尽管如此，为了尽可能地为我所从事的事业服务，我会说一说我是如何从这些怀疑中解脱的。如果有可能对一些人有用，我就感到满足了；如果对任何人都没有用，至少我也是尽力了。

在沉思的最后，我得出结论说：人的灵魂实在有别于肉体，它甚至比肉体更容易认识，我实在感觉不到我有什么错误。我在这里看不出任何违背逻辑的原则。我承认我使用的是和天文学家同样的方法。那些天文学家，根据严谨的证据证明了太阳比地球大很多倍，却不能否定在看它的时候它比地球小得多。在我按照物理学的原理对自然界做检查时，我会首先检查在我意识里的每个东西的观念，然后把这些观念仔细地彼此分开，之后我就认识什么东西是属于物体的性质和本质的，它是一个有长、宽、高以及广延的实体，它能够有许多形状和不同的运动状态，这些状态是不能脱离物体的。其次，颜色、气味、滋味等，不过是一些感觉，它们在我的意识之外没有任何存在性，它们不同于物体,就像疼痛不同于引起疼痛的箭的形状或运动。最后,重量、硬度、热度、引力度等这些性质,都仅仅是物体的状态,它包含在物体的本质之中。

  所有这些认知和我早年的认知已经大不相同。那么,为什么从前会有那些认知呢?我找到了主要原因:我幼年的时候,对自然界的东西做过很多判断,就像动物的求生本能,我习惯地保留了对那些东西的错误判断。由于精神与肉体结合得过于紧密,因此我在年轻时不能很好地区分理性和感觉。那时候我不能离开感觉去理性地思考,所以精神只能很模糊地认知各种事物。虽然我有本能有感觉,但是理性的观念却很少。因此,我把想象、影像错误地认为是理智的判断。而且,由于我没有从这些成见中解脱,对什么都认识得不够清楚,把感觉的东西都认为是物体性的,这些观念与其说表示的是物体本质,不如说它只是意识的感觉。举例来说,我过去把重量理解为一种实在的、大块物体的属性,可是,就像一件衣服一样,它是一个实体,可是当把它联系到一个穿衣服的人时,它只是一个性质。同样,虽然精神是一个实体,可是就其结合到一个肉体上来说,它也仅仅是一个性质。虽然我理解重量是布满全部有重量的物体,可是它却不能成为物体的本质。因为物体的各种性质并不等于物体本身。我认为,一块一尺长的金子和一块十尺长的木头可以有一样的重量,甚至我认为这个重量可以包含在一个数学的点,当这个重量平均铺开到整个物体上时,它可以把它的全部重量分配到任何一个部分。不管用什么方式把这个物体悬挂在一根绳子上,物体都用它的全部重量牵引着绳子,就好像全部的重量都包含在接触绳子的那一点。当然,我今天还没有理解精神可以这样在肉体里铺开,因为我把精神理解为独立的实体。为了更好地证明重量的观念是从我理智的功能抽象出来的,仅仅是我认为重量把物体引向地心,而不是重量对地心有什么认识。可以肯定的是,引力没有理智,什么地方有理智,什么地方才会有理智的。此外,我还把别的一些东西归于重量,这些东西不能被理解为精神,因为重量可分、可度量,而精神不可以。

当我认真地把理智的观念和物体的观念加以分别时，我发现我从前具有的观念，都是以我不成熟的理智做成的。之后，我就轻松地从怀疑中摆脱了出来。首先，我不再怀疑我对我自己的灵魂有一个清楚的观念，它对我如此亲切，同我如此紧密地融合。我也不再怀疑这个观念是与物体的观念完全不同，它本身一点都没有属于物体性的东西。在仔细认识了肉体的观念以后，我在它们之中没有找到任何东西与灵魂的观念相同。虽然这些东西与灵魂一起在我的意识之中，可是灵魂和肉体给我的感受却截然不同。它们之间的分别要比那些物体之间的分别大得多。对那些物体我可以分别有认识，可以想这个而不想那个。灵魂和肉体虽然不能分开存在，但是它们在我们的理智里是可分的。虽然上帝的广大无垠性可以被我们理解而不用想到上帝的正义那样，在我们的灵魂里不能同时出现能相信上帝是广大无垠的，而不是正义的。但是，人们也可以很好地认识上帝的存在而一点也不知道神圣的三位一体的任何一位。如果没有信仰之光的光照，这是任何人都不能很好理解的。三位一体的三位一旦被很好地理解，我认为没有人可以理解他们之间在神圣本质上有任何实在的分别，仅仅可以在关系上有分别。

最后，我非常清楚地认识到某肉体可以没有灵魂，因此灵魂既不是肉体的属性，也不是肉体的状态。当我看见有些肉体没有灵魂，我就不再害怕我的分析工作误入歧途。因为我从来没有见过，也没有了解过人的肉体可以没有灵魂，但认识到二者可以以组合的形式共存，它们既有灵魂，也有肉体。我认识到，这是由于有灵魂的存在和肉体性存在融合在了一起。单独考虑灵魂的存在时，我一点都没有看到它能够属于肉体，当我单独考虑肉体的属性时，我也没有找到任何灵魂的存在。相反，当我把各种存在都拿来检查，不管是肉体的还是灵魂的，我都看到一种现象，它们的观念不是完全依靠本身，而只是相互依附于彼此。从我们经常看见两个存在融合在一起这个现象，我们不能因此就推论说它们是一个存在。但是，从我们有时看见某种性质存在两个东西之一而没在另一个东西上，我们就可以下结论说两个东西是不同的。

上帝的能力无法阻止我们得出这个结论：如果我们清楚、分明地理解为两个东西的其中一个与另一个是由本质不同的东西做成的而不是二者的融合，这跟认为可以把完全没有差别的东西分开一样，同样是说不通的。因此，如果说上帝把有意识的功能放到某些物体里，就像他事实上把灵魂放在人的肉体里那样，他什么时候愿意，什么时候就可以把它们分开。这样一来，灵魂实际上就与肉体有分别。

你们说，在我摆脱感官的成见之前就很懂得二加三等于五，等量的东西减去等量的东西，剩余的东西也相等，我对此一点也不奇怪。虽然那时我不认为人的灵魂和它的身体有分别，但现在我看得很清楚，在我幼年时在这些一般为大家都接受的命题上我没有判断错，这是因为那时我还不知道这些命题不习惯，小孩子们不学二与三加到一起，他们就不能够判断它们是否等于五。自从我幼年时期起，我模糊地看到认为，具有灵魂和肉体的我是一个东西，把许多东西的组合当成了一个东西，这是一切不完满的认识的原因，这就是为什么现在我必须不厌其烦地把它们分开，并且通过更准确的检查，把它们互相区别开来的原因。

我非常奇怪，一些很有学问并且三十年来习惯于做形而上学思考的人们，在读了我的沉思七遍以上之后，却相信如果我以一个反驳者的态度去把它们重读一遍，我就不会那么重视，不会对于它们所包含道理有一个如此肯定的意见。因为他们在我的推理中指不出任何一个错误，所以我相信他们每人都应该被这些道理指向真理的力量和价值所折服。如果他们认为我使用的分析方法可以推翻原有的论证，或者给错误的论证粉饰正确，那么完全是掩耳盗铃。我大声疾呼，我从来没有使用过别的东西，而仅仅是一种方法，用这种方法人们可以肯定真正原因的可靠性，发现错误的和似是而非的不可靠性。我看到有些非常有学问的人不同意我的结论，我并不那么感到奇怪。我高兴看到，在如此认真地反复读过我的分析之后，他们并没有提出什么不合适的东西，或者得出什么其他的结论。他们接受我的结论的困难，可以归结为他们根深蒂固的判断习惯,他们判断的不是这些结论里所包含的东西。就像天文学家们所看到的那样,他们不能想象太阳比地球还大,虽然他们有足够的理由证明这是千真万确的。直到现在都没有在我的推论里挑什么毛病,除非只是因为这些推论是完全正确和无可置疑的。这些推论所依据的原则并不是模糊不清的,而是众所周知的,是从一些最可靠、最明显的观念里得出来的。这些观念是从人的理智对一切事物的普遍怀疑开始,然后从全部的成见中解脱以后得到的。就连理智较差的人都能够很容易看出来的那些低级错误。我实在不知道为什么这些先生们就看不出来。因此,我有理由认为我所写的东西并没有被那些有学问的,认真读了多次之后还没有被说服的权威所削弱,反而被他们的权威所加强。因为在那么仔细认真地检查之后,他们却没有在我的论证里指出任何错误。

【点评】

　　从反驳的质量来看,这组反驳确实不高。从一开始他们就反复强调上帝现实存在这个假设前提。我们想象看看,如果以这个假设为前提,那么笛卡尔的论述就毫无意义了,因为在笛卡尔眼里,论神学上帝的存在本身就是个伪命题。需要论证的就一定不是公理或真理,从笛卡尔提出论上帝的存在那一刻起他就已经暗自否定了上帝的现实存在,因为那是神学的真理。一代代的哲学家就是这样不遗余力地采用各种方法来捍卫哲学有别于神学的学科尊严,而笛卡尔使用的是与前辈全然不同的理性逻辑。

　　虽然这组反驳有气无力,但笛卡尔答辩的篇幅并不少。我想这有利于笛卡尔用更朴素的语言把论证过程讲述得更通俗易懂。这也是我本人不厌其烦地把这一部分整理出来分享给读者的原因。

　　但是,经过这组反驳,我们却很好地得到了"灵魂""精神"这两个词的定义。首先,必须明确,笛卡尔认为意识并不是一种观念,它只是一种与人类与生俱来的东西或存在,因此"我是个有意识的东西"不需要证明;其次,意志和观念是意识的两种状态；第三，观念是人类的理智的意识活动得出的；第四，在本文中精神的观念指动物所共有的意识状态，而灵魂的观念特指具有理智的人所特有的一种意识状态，它是理智意识活动的全部。

到此，我的点评也随着笛卡尔的沉思接近了尾声。如果我们信仰笛卡尔主义，那么我们就是信仰科学的真理，只不过我们可以给科学的真理起个好听的名字叫作——上帝、真主，或者佛祖。

【总结】

笛卡尔的第六个沉思是全书的收官之思，在普遍怀疑这一根本精神的指引下，笛卡尔推倒所有感官信任的基石，又重建起因感官认识到的物质世界，那么这一个章节笛卡尔沉思的就是为什么我们怀疑物质而又必须相信物质，为什么物质和精神对立而统一的存在是上帝带给人类最大的惊喜。

细读他的深思，作为一个受过高等教育的现代人，我感觉40岁的笛卡尔像一个孩子一样不停地追问关于生命科学的无数个为什么，尽管这些为什么现在我们的孩子只靠刷刷抖音获得的知识就可以简单地回答。我们今天的答案也很容易阐述他的物理学、生物学、化学的原因，当然还有一些终极的灵魂考问我们今天仍然没有答案，但是知识的边界就是这样，当你发现自己懂得多了一点的时候，同时也自动会发现不知道的东西变得比知道的多了更多。所以今天的我们更应该学习笛卡尔的精神不停地给自己发起灵魂拷问，同时又向自己的灵魂寻求答案。

物质是真实存在的，却又不是以我们感知的那个样子存在着，那么到底什么才是物质的本来面目，当笛卡尔感受到了自己的所看、所听、所触、所感既是又不是物质本来的面目，但是当时的科学条件很难让人想象，很难想象磁场会以什么样的方式存在，光子会以波粒二象性的方式存在，我们看到太阳从地平线上升起的时候真实的太阳八分钟前已经经过了那个位置。就像笛卡尔自己说的他很难通过清晰的想象去构建出一个千边形，但是他却很容易通过想象去构建起一个五边形,这个其实也是理论数学、理论物理和实证物理之间的区别,如果放到现在,我们可以很轻易地通过计算机去构建一个千边形,通过3D打印技术把这个千边形打出来,如果见过一个千边形的实物,那么在想象中再次构建应该也是一件很容易的事情,这件事情的难度不会比构建一个五边形难多少。

但是笛卡尔的伟大之处正在于此,几乎没有超过人类感官的高级观测工具的年代,笛卡尔靠普遍怀疑的精神提出了超出了时代的疑问,虽然答案并不完满,但是一个伟大的问题的价值很多时候是大于答案本身的。现代科学的大厦就是在这样一次又一次的怀疑—推翻—重建中被建成的。

后记一　笛卡尔对于后人的启示

如果我们慢慢来到这里，亲眼见证了笛卡尔和同时代的大师们争论，你会发现，笛卡尔的伟大之处远远不止于哲学，当人类站在历史十字路口的彷徨时刻，他毅然决然地举起了一面迈向人类全新文明时代的旗帜。所以如果我们把哲学仅仅看作一个学科是狭隘的，它是自人类诞生之日起就本应与我们俱来的真理之源，是一切人间道理的统称。由此，与其说笛卡尔是西方现代哲学之父，不如说他是人类现代文明的思想之父，在他高举的这面指引人类走向现代的旗帜上赫然写着"独立之思考，科学之精神"。

我们经常以"现代"甚至"后现代"来标榜自己所处的时代，也经常用"现代化"来描述从古代社会走到今天的历史进程，也普遍使用工业化、信息化、城镇化等来评价社会现代化的程度。那么，有没有一个客观的标准来定义现代与非现代呢？我在前面说过，笛卡尔生活的年代是一个思想大纷争的时代，神学界主张的权威论、科学界主张的唯物论、哲学界主张的唯心论、社会学主张的秩序论等，抑或在以不同的方法寻找通往真理世界的答案，抑或仅仅是为了守住一己私欲。笛卡尔选择的是怀疑可知论，即通过"普遍怀疑、逻辑验证"最终得出确定的结果，从而向真理迈进。他在书中也提到："写作本书的唯一目的就是为了追求真理。"我相信在他生活的年代，笛卡尔并不孤单，他是一个群体的代言人，只是他更纯粹、更坚定、更智慧，他用"论上帝的存在"与教会周旋，用逻辑与哲学家们斗法，用数学与科学家们争论，以唤醒全社会的精神觉醒。今天，当我们回首后笛卡尔时代的人类社会发展，我们就会发现，他的伟大精神一直影响到了我们思考的此时此刻。现代科学从经典力学到相对论再到量子力学，从自然科学到社会科学再到人文艺术，我们似乎都遵循着同样的他对人类情感和理智的划分，一侧我们与所有生命体共有，另一侧我们捍卫着自己群落的尊严。

伟大的中华文明在封建时代取得过辉煌也经历过衰落，从新文化运动开始，它效仿西方、不甘落后，因循着某种力量在复兴之路上自我启蒙与重新探索。在审视自然界的同时，我们亦应用这种科学的态度审视我们的社会乃至我们自己。作为人类的我们，应该肩负起守卫文明底线的责任，时刻保持清醒的头脑、审慎的态度、理性的精神，有知有畏、砥砺前行。真理一直都在那里等待着我们，它不会仅仅照耀某一个角落，它一定会普照全人类。

什么是美好的人类文明？如何让社会保持秩序？如何让多数人感觉幸福？这些看似简单的问题，我却至今没有找到答案。工业革命开始至今，人类社会生产力发生指数量级增长，而我们赖以生存的星球却早已不堪重负。冰川融化殆尽、新型病毒不断滋生、耕地日益减少、海洋大面积污染……科学在赋予人类力量的同时也本能地放大了我们的自由意志。苏格拉底的上帝、耶稣基督的上帝、笛卡尔的上帝、老庄的天道、释迦牟尼的佛祖、王阳明的我心……都在静静地等待着肆意的自由回归理性，真理就在那里，从来没有走开，只是我们人类自己选择与之渐行渐远罢了。

后面的启示，也是我精心挑选的有代表性的一些著名学者的经典著作。也许他们不是笛卡尔的弟子或者师长，但是无论如何我也无法否认他们之间发生过思想继承上的联系。

启示一：奥古斯丁关于"人类的罪恶来源是善的缺乏"与笛卡尔的联系

【人物简介】

奥古斯丁（354—430）出生于古罗马帝国统治下的北非努米底亚，是基督教早期神学家和新柏拉图主义哲学家，其思想影响了西方基督教教会和西方哲学发展。他重要的作品有《上帝之城》《基督教要旨》和《忏悔录》。本文摘自《忏悔录》。

【点评】

据我回溯研究，奥古斯丁可谓神学时代的笛卡尔，这也是很多反驳者引用奥古斯丁来反驳笛卡尔的原因。所以，我引用奥古斯丁的一篇关于"恶仅仅是善的缺失"的论述，正如笛卡尔关于"错误仅仅是理性的缺失"的沉思，看看两位相隔千年的圣师，是如果隔空对话的。

奥古斯丁的观点是，恶不是任何实在的东西，更不是某个神的影响。恶仅仅是善的缺乏或缺失。那个全知、全能、全善的上帝不可能直接创造恶，因为一切出自上帝之手的东西都是善的。人之所以会作恶，是因为人有自由的意志。人的自由意志与神的意志不同，是不完满的，会让人受到恶的诱惑。上帝在创造人的时候，之所以给人这种可能会用来作恶的自由意志，是因为一切被上帝造出来的事物都不可能和上帝一样完满，或多或少都有某种缺陷。但只要是上帝创造出来的东西，就带有善性，因此人拥有自由意志总是好过没有意志，因为拥有意志就可以为自己的行动负责，就可以追求自己的幸福。人拥有自由意志，总体来讲是好的，但是这个意志存在缺陷，会走向败坏，这就是恶的来源。

【原文节选】

上帝创造的前两个人是亚当和夏娃，他们生活在美丽的伊甸园之中。上帝给了他们自由意志，让他们可以做自己想做的事。上帝跟亚当和夏娃说，伊甸园里的所有果子他们都可以随便取用，唯独不能吃一棵树上的果子，这棵树就是能让人分辨善恶的智慧之树。如果吃了，他们就要死。结果，夏娃还是受到了蛇的诱惑，和亚当一起偷尝了智慧树上的果子，违背了上帝的命令。

亚当、夏娃做坏事，与人类做坏事之间还有着更深的因果关系。亚当、夏娃因为偷吃禁果而堕落，上帝对他们施加了一系列的惩罚：把他们逐出了幸福的伊甸园，让女性承受生育之苦，让人们要终日辛劳才能获得生活所需，人们从此会有疾病和死亡，等等。作为惩罚的一部分，亚当和夏娃所犯的罪也被传给自己的后代。这样一来，所有的人一出生就带着罪性。这就是奥古斯丁著名的"原罪"学说，就是说，人从一出生就带着来自人类始祖的原初的罪孽，都会倾向于作恶。

既然人都带着原罪，那要怎么摆脱罪恶的束缚呢？人当然可以靠自己的意志选择做一些好事，但是在奥古斯丁看来，这个选择非常不牢靠，因为人始终还在原罪的阴影笼罩之下，人的意志也总是不可靠的，随时有可能堕落。要想彻底摆脱恶，人只能依靠上帝的"恩典"，也就是基督教的纯真信仰，有了这种恩典，一个人才能在末日审判的时候摆脱地狱的惩罚，到天堂与上帝同在。在奥古斯丁看来，上帝的恩典给谁，完全是由上帝预先决定的，一个人不可能靠自己的努力获得上帝的恩典，因为人不管多么努力，都是罪孽深重的，都配不上这份恩典。

你可能会觉得这个学说很不公平，凭什么这个恩典给他不给我呢？奥古斯丁给出的理由很简单：这完全取决于上帝的意志，反正所有人都配不上这个恩典，那么上帝给谁都是额外的恩典，谁也没有资格去跟上帝要。我们打个比方，有100个恶贯满盈的罪犯，现在有一个法官选择宽恕其中的5个人。

不管这个法官选择谁，都是出于他的仁慈，因为被宽恕的人都配不上这份宽恕。得到宽恕的人只能对这个法官感恩戴德，而其他人也没有什么可抱怨的。这种恩典预定论，给信徒造成了一种巨大的心理焦虑，他们永远无法对自己是不是能得救怀有足够的自信，因为一切都掌握在上帝的手中。但同时这个学说也有一个很大的好处，那就是不会让任何人对自己一定能得到拯救怀有盲目的自负，所有人如果想要得救，只能谦卑地按照《圣经》中的命令生活，让自己像一个得到恩典的基督徒。

恶的来源：恶并不是上帝直接创造的，而是因为善的缺乏。每个人都从人类的始祖亚当和夏娃那里继承了原罪，人的自由意志也都是有缺陷的，因此人会经常作恶。想要摆脱恶的束缚，人只能依靠上帝的恩典，但是谁能够得到恩典完全是上帝预先确定的，人对上帝没有任何影响。

启示二： 卢梭论社会公约与笛卡尔的方法论

【人物简介】

让·雅克·卢梭（Jean-Jacques Rousseau，1712—1778），法国 18 世纪启蒙思想家、哲学家、教育家、文学家，民主政论家和浪漫主义文学流派的开创者，启蒙运动代表人物之一。本文摘自《社会契约论》。

【点评】

本文中，卢梭对于立法者、执法者的关系论证并不是出于主观的，而是从逻辑关系开始的，这对于科学的研究政治制度问题意义重大，也涉及了政治制度的原理性问题。我认为，他是笛卡尔方法论在政治哲学的一种典型应用。

【原文节选】

找到适合一个民族的社会规范需要的是超人的智慧。如此的智慧要能够观察到人类的情感而又不卷入其中；它要完全独立于人类的本性但能完全了解其实质；它的幸福要与我们无涉但要愿意为我们着想；最后，它必须到遥远的未来去寻找它的荣耀，苦苦今世的劳作，以为后世的结果。大概，只有神才能为人起草宪法了。

任何人要勇敢地承担起组织一个民族的使命，他就要有能力这么说——改造人性：他要把一个独立完整的个体，改造成更大的整体的一部分，个体在某种意义上从中获得他的生命和存在；他要解构人的组成方式以改良增强其力量；他要把天赋的物质上独立的存在代之以部分道德的存在。一句话，他要能够剥夺人的所有而回馈以他从所未知的崭新力量，这种力量必须没有集体就无力施为。这种自然资源的剥夺越是彻底，回馈的力量就越巨大而持久，而新生的机构就越强大而完善。如果公民没有集体中的他人就变得一无所成渺小无力，如果整体获得的资源大于或等于所有个人的自然资源的总和，立法也就达到了最高度的完满。

宪法起草人在所有方面都是国家中非凡的人物，不论是他的才华还是他的功能。这种功能既不是行政也不是主权。它勾画了国家的机构，而不能在此机构中起任何作用。它的功能超脱独立，和人类的主宰无甚瓜葛，因为治人者不能制法，反之，制法者也不能治人；否则，他的法律就会为他的私人情感控制，往往要维护他的不公，他也就永远不能防止其制法工作为其个人目的所沾污。

勾画起草法律的人不能也不应有立法的权利。就算他有此意愿，人民也不能放弃自己不可转移的权利，因为根据基本公约，只有一般意志能强制个人，决定个人意志是否和一般意志相吻合只有诉诸全民自由表决。我以前说过此话，再重复一次并不多余。因此，在宪法起草人的使命中我们发现两种不相容的东西：超出人的能力的事业，和缺乏付诸实施的权威。

还要注意另一个难题。如果智者要用自己的语言而不是普通人的语言对他们说话，他是不能让他们理解自己的。很多理念都无法翻译成普通的语言，太一般的概念、太遥远的目标都超出了人们的理解能力。每个个体是不会想要一个和其私利毫不相关的政府的，他也就很难看到他从好法不断强制的损失中能够获得什么好处。为了人民在形成之初就看到成熟的政治原则，接受治国方略的基本统治，结果就必须成为原因：本应由新的社会机构产生的社会精神必须在机构诞生之前就已经存在，在法律诞生前人民就得已经成为该法的治下之民。因为宪法起草人并没有任何权威或理由，他就只得诉诸另一种不必强制不必说服的权威力量。这就是为什么所有世纪的立国者都不得不乞告上苍的力量并把自己的智慧说成是神的旨意，如此人民才会如服从本能般臣服于法律的统治，承认人的权力一样接受政体的权威，从而自由地服从并温顺地承担起公共福祉的锁链。

启示三：弗洛伊德的本我、自我与笛卡尔的我自己

【人物简介】

西格蒙德·弗洛伊德（Sigmund Freud，1856—1939），奥地利精神病医师、心理学家、精神分析学派创始人。本文摘自《文明与缺憾》。

【点评】

弗洛伊德关于本我和自我的这篇文章和笛卡尔的感知与观念思想的关系我们无从知晓，但是文中形成了自然的呼应。

【原文节选】

通过进一步的思考，我们便可知道，成年人对于自己的感觉不可能与刚出生时相同，它必然经过了一个发展的过程。可以理解的是，这样的过程并不能被实际演示出来，但有很大概率可以重构。对于一个新生儿来说，外部世界就是其感觉的由来；一开始，他并未将自我与外部世界分离开来。但在外部各种刺激的作用下，他逐渐学会了将自我与外界区分开来。他会发现，有些刺激源任何时候都可以向其传递感觉，后来他认识到这些刺激源属于自己的器官；而另外一些——包括他最渴望的东西，如母亲的乳房，会暂时挪开，只有通过哭喊才会重回眼前，以上这些区别一定给他留下了深刻的印象。正是以这种方式，自我首次碰到了"客体"，一些在"外面"的东西，只有通过特定的行为，才能促使它出现。将自我从各种感觉中分离出来，进而认识到"外部世界"；更进一步的诱因来自频繁的、各种各样的不可避免的痛苦（或者说幸福缺失），这种痛苦的感觉，只有在快乐原则发挥绝对作用时，才能得以避免和消除。于是这样一种趋势就会产生，即将自我和任何可能产生这样不愉快体验的事物区分开，并将这种不愉快的体验赶走，以便建立与一个陌生、险恶的外部世界相抗衡的纯粹追求快乐的自我。这种以快乐为导向的原始自我必然会受到经验的修正。毕竟，有些给予我们快乐、我们不愿放弃的事物并不属于自我，而属于客体；而另外一些我们想要消除的折磨和痛苦，却证明是来自内部，与自我密不可分。于是，我们掌握了一种方法，通过有目的地控制我们的感觉活动和合适的肌体运动，来区分什么是来自内部的（即属于自我的），什么是来自外部的（即来自外界的）。这就向建立现实世界原则迈出了第一步，对未来发展起着支配作用。这种内部和外部的区分具有现实意义，它使人们远离不愉快的经历及其造成的威胁。事实上，自我在驱除源于内部的某些不愉快感觉时，如果采取与驱除来源于外部不愉快事物同样的手段，往往会成为重大心理疾病的起始点。

自我正是通过这种方法使其从外部世界中分离开来。更确切地说，自我在一开始是包括一切的，只是后来从自身中分离出了一个外部的世界。于是，我们现在的自我感觉，只是一种更为广泛、包罗万象的感觉的残留物，这种初始的感觉与自我和周边世界更为密切的联系相一致。如果我们可以作如下假设，即自我的这种原始的感觉或多或少地在人们的精神生活中存续下来，那么它会像一个搭档，与范围更小、界定更严的成熟的自我感觉共存。与之相对应的就是那些与宇宙一体的、无边无际的概念，即我的朋友常用来阐释"如海洋般浩渺"的感觉的概念。但我们是否可以假定，最初存在的事物仍然会存续下去，与后来从中演化而来的事物共同存在呢？

启示四：爱因斯坦与玻尔辩论中的笛卡尔式数理逻辑

【人物简介】

阿尔伯特·爱因斯坦（Albert Einstein，1879年3月14日—1955年4月18日），出生于德国巴登－符腾堡州乌尔姆市，毕业于苏黎世联邦理工学院，犹太裔物理学家；尼尔斯·亨利克·戴维·玻尔（Niels Henrik David Bohr，1885—1962），丹麦物理学家，哥本哈根大学硕士和博士，丹麦皇家科学院院士，曾获丹麦皇家科学文学院金质奖章，英国曼彻斯特大学和剑桥大学名誉博士学位，1922年获得诺贝尔物理学奖。本文摘自李剑龙《给忙碌者的量子力学课》（得到APP）。

【点评】

应该说，对于他们的辩论，至今还没有答案。只不过量子理论的数学模型更容易指导或获取科学实验的可能性，因此形成了后爱因斯坦时代的量子力学理论体系。从他们辩论的过程来看，是一种典型的笛卡尔式的理性逻辑方法，我想这也证明了理性逻辑在现代科学中的重要性，甚至可以说是唯一路径。

【原文节选】

关于量子的概率性和实在性的问题，爱因斯坦曾经和量子力学的奠基人之一玻尔争论了很多年。我们再次作为补充材料提供给大家，看看离我们更近的科学家是如何辩论的。

一、根本分歧：量子力学是否满足实在性

刚才我描述的光子在测量前后的情况，你是不是很难同意？不但你不同意，爱因斯坦也不同意。测量以后的事大家都看得见，确实有概率，爱因斯坦不是不同意这个。他不同意的是，在测量之前，"光子同时存在在屏幕前的所有位置上"。

在测量以前，光子到底在哪儿，这事谁也看不见，这里就有两种不同的解释。刚才我说的"光子同时在屏幕前所有位置上"，属于哥本哈根解释，它的主心骨是玻尔。而爱因斯坦呢，就是要反对哥本哈根解释。

爱因斯坦说，光子肯定在某一个确定的地方。只不过到底在哪儿，我不知道。这是因为你测量以后看到一堆概率，其实只是物质性，它的背后，一定隐藏着一个没有概率性的本质，光子的位置就是由这个本质决定的。而且，这个本质一定不会因为你的测量方式而变化。这就好比"不管你看不看月亮，月亮都存在"一样。这叫作实在性。爱因斯坦相信，不管你测不测量，实在性都必须成立。所以说"上帝不掷色子"。

但玻尔认为，不对，爱因斯坦你不能拿平时的生活经验来指导上帝。光子还没到屏幕的时候，咱们谁也看不见，你凭什么说它一定待在一个确定的地方呢？

你只能描述你看见的东西。当你没看到月亮的时候，你就没法描述月亮的位置，没法描述就是不存在。你说的那个本质既然看不见，那也是不存在的。所以玻尔的观点是，量子力学天生就有概率性，没有实在性。

总之，他们的根本分歧，其实就转化成了"在你做实验看不见的地方，实在性到底还成不成立"这个问题了。

爱因斯坦想到了一个巧妙的策略。既然谁也看不见，那他就不直接证明实在性一定成立。他搬一个救兵，让救兵来帮他证明。

二、爱因斯坦：局域性和实在性必须同时成立

这个救兵也是一个专门的概念，叫作局域性。局域性来自爱因斯坦的相对论。相对论认为，一切信号传递的速度都不可能超过光速。你对其他东西的影响也不准超光速，这就叫局域性。爱因斯坦想让局域性这个救兵，把实在性救活。那具体怎么做呢？

爱因斯坦需要找到一个量子力学的概念，让局域性把概念中某个没测的东西给描述清楚了，那实在性就活了，他就赢了。这个概念就是很多人很熟悉的量子纠缠。什么是量子纠缠呢？请想象这么一个场景。你在北京，面前有个红绿灯。我在上海，面前也有个红绿灯。这俩红绿灯都没点亮，我们不知道哪个是红灯，哪个是绿灯。为了说话方便，咱们给红绿灯编个号，两个红绿灯的编号都依次是1号、2号、3号。假如你用手一拍，1号灯亮了，是红灯。那你就能瞬间推断，上海的1号灯，肯定也是红灯。你测量其中一个灯，就能瞬间确定另一个地方那个灯的状态，这种设定就叫"量子纠缠"。有了这个概念，爱因斯坦怎么救活实在性呢？他得证明，他搬来的救兵局域性，和实在性的命运是绑定在一起的，要活一起活，要死一起死。这个证明分为两个步骤。

第一个步骤，先证明"要死一起死"。按玻尔的观点，实在性不成立，测量之前，我看不到光子，光子在哪就不确定。放在红绿灯的例子里，那你就是承认，我没拍它，灯是什么颜色我就不确定，它同时是红色和绿色。好，我假设你说得对。但玻尔还认为量子纠缠是成立的。那就是说，他承认我在

上海拍了一下灯,瞬间就能知道北京的灯是红色。这个时候没有其他因素影响北京的灯,只能是我影响的。那我不就瞬间影响了北京的灯吗?"瞬间影响"这就是超光速,局域性不成立了。你看,按玻尔的观点,局域性和实在性全都不成立,"要死一起死"。

但局域性是不能死的,那样相对论就不成立了。如果相对论不成立,那物理学大厦就崩塌了,这绝对不行。这样一来,我们就只剩下一种可能,也就是"要活一起活"。爱因斯坦是这么证明的。

我们刚刚是假设了玻尔的观点正确,这次我们假设爱因斯坦的观点是对的,局域性成立,你和我不管做什么,影响都传不了太远。所以,"我拍了上海的灯,会瞬间影响北京的灯",这句话就不成立了。但是,有一件事还是成立的,也就是我介绍量子纠缠时说的,"我拍了上海的灯,就瞬间知道了北京的灯是什么颜色"。

把这两句话放到一块儿分析,就会发现一个细微的差别。我能"瞬间知道"北京的灯是什么颜色,但它又不是因为我的影响而改变的。那就只剩下一种可能,就是说,它的颜色在我拍它之前就存在了。你看,这不是实在性吗?爱因斯坦的目的达到了,如果局域性能活,实在性也能活。于是,爱因斯坦在"局域性"这个救兵的帮助下,成功地把"实在性"救活了。他破除了玻尔对量子概率的解释,建立了一种新的解释。这个解释可以归结为一句话:因为局域性和实在性必须一块儿活,所以量子的概率都是物质性,它的背后存在一种客观存在的、不超光速的隐藏本质。这就是他那句"上帝不掷色子"背后的完整含义。

启示五：阿马蒂亚·森的多重身份、理性思考与个人选择

【人物简介】

阿马蒂亚·森（Amartya Sen），1933年出生于印度孟加拉湾，1959年在英国剑桥大学获得博士学位，先后在印度、英国和美国任教。1998年离开哈佛大学到英国剑桥大学三一学院任院长。他曾为联合国开发计划署写过人类发展报告，当过联合国前秘书长加利的经济顾问。他因为在福利经济学上的贡献获得1998年诺贝尔经济学奖。本文摘自王烁：《阿马蒂亚·森〈身份与暴力〉》（得到APP）。

【点评】

一般认为阿马蒂亚·森是一个偏右翼主张的学者，因为他非常在意个人理性思考后的选择。我认为群体无理性和群体理性都是群体的秩序状态。世界上不可能出现纯粹理性的人甚至纯粹理性的群体，随着群体的扩大多数人必然会成为少数人统领的对象。我们从当代很多著名学者，甚至获得诺贝尔经济学奖的大家那里，发现他们理论的共同特点无非是对于理性选择在局部领域的模型涉及。我认为工具价值大于实用价值，因为人类的理性天然地具有惰性，即群体性理性坍缩。但是，人至少想要做到理性选择时可以不选理性的答案，但是不应该不知道什么叫理性选择。

【原文节选】

为什么昨天还是邻居、朋友、同事、板球队友、顾客、生意伙伴，无穷多种身份的复合体，今天就只剩下一种身份，穆斯林或者印度教徒？为什么身份驱使人们相互残杀？每个人都有许许多多种身份。有些身份是可以选择的，如职业；有些身份是不可选择的，如国籍、民族、籍贯；有些身份介于

两者之间，如信仰，在有些地方信仰属于个人选择，在有些地方信仰不可选择，出生在此时此地，你就被默认有信仰并伴随你一生，你如果胆敢重新选择，就被视作背叛。身份跟身份之间并不平等，有一些比另一些更重要。

现实中看得很清楚，整体而言，往往是越不可选择的那些身份越重要。越是经由个人选择而获得的身份，对大多数人来讲，平均而言，往往就越不重要。比如我下围棋，跟其他下围棋的人互称棋友，这是一个身份；我来自四川，有许多四川老乡，这是另一个身份。这两个身份平时和谐共处，但如果强大的外力降临，迫使我的身份复合体走向塌缩时，你猜哪个身份先垮掉？你很难猜错。最重要的身份是那个能给自己安全的最小群体，这对绝大多数人来说不言自明，也不需要事先知道，只要安全受到威胁，它就突然变得清清楚楚、不容置疑。

人是终极社会动物，没有一个人能只靠自己获得安全，安全总是属于群体的特权。10万年前智人走出非洲时，个体安全的最小群体单位是直系家庭；在发明农业以来一万年间的大多数时候，安全的最小单位是宗族；在亚马孙流域，外人所不能及的密林中，它是村庄；一神教兴起后，它是教会；近现代以来，民族国家兴起，民族和国家变成近义词以后，它是民族，也是国家。只要安全感消失，人们突然暴露在真实的或者想象出来的生存危机面前时，原本茂密丰盛的身份大树上，枝丫就急速脱落，露出根本，人们彼此识别，党同伐异。提供安全的最小群体，可以用另一个画面来解释：当拿着刀枪的陌生人逼近你，问你是什么人时，你只有一秒钟回答，那么，你给的答案就是当下那个提供安全的最小群体，它是暴力的开关，一言而决，立见生死。风和日丽之时，我是无神论者、四川老乡、北京市民、几所大学的校友、麻辣食物嗜好者、围棋强者、让我一个人安静不要烦我主义者、咖啡与茶不分高下主义者、轻度怀疑论者、世界大同虽然是乌托邦但应该试一试的支持者，等等。越是岁月静好，我的身份就越是丰富多元。

反过来说，如果风云突变，环境险恶，我的身份就扁平化。不管我愿不愿意降维，只要环境在降维，人就在降维。那些多出来的身份维度，自己不收起来，环境就给你切割掉。降维不匀速，而是个加速度过程，越到后期速度越快。被挤掉的第一个身份是最不重要的，但挤掉它所需要的时间往往却是最长的。被挤掉的倒数第二个身份是极为重要的，但挤掉它只要一瞬间。昨日的邻居今日相互杀戮，便是因为人们终于被挤出了人之为人的那个共通的身份，以保有获得安全的那个最小身份。漫长的溃散，突然的崩解，同属一个进程。

阿马蒂亚·森说，无论何时何地，煽动暴力的艺术——如果这事能叫作艺术的话——都在于激发人们的生存本能，突出此时此地每个人唯一重要的最后身份，于是身份与暴力在此合流。你是谁？三个字决生死。如果不是在暴力的阴影下，谁会愿意只剩下一个身份？只剩下一个身份后，全世界更是只剩下武装到牙齿的我们和他们！单一身份催化暴力，暴力强化单一身份认同，这是通向地狱的双螺旋结构。现实经常就是这么被它转动起来的。

但阿马蒂亚·森还是知其难而为之，他给出三重解药：多重身份，理性思考，个人选择。多重身份指的是，用身份区隔人这件事既无法消灭，恐怕也不应该消灭，关键是每个人自己要保持并尊重别人保持多重身份，而不是用单一的统治性身份压倒一切，特别是用那种命定的身份压倒一切。信仰、政治、职业、生于斯长于斯之地，请问哪个身份不重要？它们也还只是一个简易标签，身份之下并不是铁板一块，仍然有着丰富内涵。直接挑战这些在当代越来越敏感的主题，阿马蒂亚·森所用的武器是每个人的理性思考和自主选择：每个人都应尽力拒绝扁平化，保有多重身份，而在多重身份中哪一些在此时此地对他的权重比较高，要出自他的自主思考。无论生于具何种信仰的家庭，自己要不要接受这种信仰，不是一出生就注定的思想钢印，而是个人的自主权利，最好是经过理性思考深思熟虑后的选择。

阿马蒂亚·森进一步推论，要化解由身份政治而生的暴力，不能靠现在的主流做法，而是强调不同身份群体之间要多交往，多相互理解。他认为这样做搞不好适得其反，因为其前提是用单一身份来定义群体，反而加剧了单一身份认同在各个群体中的统治力。交往和理解如果是基于两个群体壁垒森严，那可不是什么好事。交往和理解要缓解身份政治，得发生在保有多元身份的个人之间，尊重每个人的多元身份以及他在具体情境中在多重身份之间的权重分配。在个人之间，基于个人选择，各种身份互相掺沙子，才能缓和杀伤力。社会生活的维度越多，个人的身份也越多；社会交流越频繁深入，个人身份之间的混杂就越厉害，社会也就越不容易被割裂。

总之，阿马蒂亚·森认为，暴力来自身份降维，要对抗身份降维，要靠高扬个人在深思后对身份的自主选择——个人、自由、思考，这三个关键词。

后记二 笛卡尔对财富理性的启示

我们所生活的21世纪的中国，与笛卡尔所处的17世纪的欧洲，从时间上已经远离了400年，地理空间、意识形态、政治制度、经济水平、国民状态、社会矛盾等都是天壤之别。40多年的改革开放解决了国家经济体逐渐强大，广大国民的温饱问题基本得到解决。在建设小康社会、中华民族伟大复兴与构建世界命运共同体的征途上，用理性的态度、科学的精神去追求真理却仍然是《沉思集》带给我们的最大启示。道路自信需要共同的信仰、理论自信需要理性的思辨、制度自信需要逻辑的精神、文化自信需要人文的新意。

在一个秩序社会里，效率与公平直接影响着全体国民的普遍幸福感。我们一直主张，好的人类文明社会一是要对于文明之外的世界保持敬畏；二是能够有能力构建大众幸福感的普遍认知；三是要有必要的捍卫文明边界的能力。现代经济社会财富分配问题尤其是再次分配问题是影响公民公平感乃至幸福感的重要因素。作为一个金融投资行业的从业者，在本书的最后，我希望沿着笛卡尔思想的足迹，结合财富管理的话题谈谈笛卡尔哲学对于这个行业的启示，以不至于被认为是不务正业。

一、财富的质疑

毋庸置疑，我们在这里所聚焦的仍然是物质财富的话题，是我们可以掌握、可以支配、可以使用、可以量化的物质对价能力。对于那些到今天为止，除了基本生活保障以外，没有任何财富积累的人我无话可说，去工作赚取财富就好了。但是，我身边的朋友几乎很少有这样的，他们大多是企业的创始人、团队的领导者、优秀的白领精英，甚至是中高级别的公务员，可以统称为物质财富的拥有者。他们关心财富的积累与管理，但也很少愿意听从我们的忠告。我们觉得大家至少可以接受一个建议，开始像笛卡尔一样怀疑一切，开始怀疑此前你认识或信任的所有自诩为优秀财富管理者的承诺。那么，现有的财富到底应该如何管理才能达到保值增值的目标，才不会辜负我们为了创造它而付出的心血和汗水以及我们对于父母、家人和社会的承诺呢？

  存入银行吗？这等于是补贴给了那些可以低息获取贷款的使用者，就像马太效应一样，富豪借债、贫穷者存款，这是违反财富二次分配本意的；投入股市吗？入市者"七赔二平一赚"似乎是股市的铁律，中国的股市搞了20多年，造就了中国大地上唯一的风险自负的群体，如果不能科学评价不能刚兑的风险，那么入市就需谨慎；买房买车吗？在改革开放的早中期，在全面提速的基本建设浪潮的推动下，中国房地产市场一路高歌猛进，创造了一个又一个房地产神话，但是无数发达国家的房地产发展历史证明，持续的不以刚性需求为基础的房地产价格上涨，必然导致价格泡沫的出现，泡沫一旦破灭，灾难将是毁灭性的。无论在哪一个财富管理领域，血的教训反复告诫我们，在剔除通货膨胀因素之后，年化收益率超过6%的收益，一般都会开始累积风险；超过10%的收益承诺很多都含有虚假因素。庄子说："六合之外，圣人存而不论。"说不清的事就不要说，在说得清的范围内，有一套靠谱的理由才是必须的。因此，在没有想清楚之前，不要相信任何人，尤其是把目光盯向你口袋的人。但是，正像笛卡尔所做的，怀疑不是目的，只是工具，怀疑之后要有属于自身的信仰和坚定的认知，这需要理性的精神、必要的知识、思维习惯的训练，接下来的章节我们一起慢慢地探讨。

二、财富与时间

到这里我想大家已经明白了一个道理：创造财富靠勤奋和坚持，而管理财富靠理智和技术。在财富管理的过程中，理智就像上帝一样俯视着我们，希望我们认识财富与时间的关系。如果我们共同信仰它，做时间的朋友，我们就已经将自己的财富管理能力置于不败之地。道理很简单，因为财富管理大多要利用金融工具进行，而金融的基本原理就是财富流动性的时间错配。

对于财富管理来说，财富的变化被财富流动性的时间错配所支配着。关于时间错配最简单的例子就是银行的信贷业务，这个业务是典型的依靠时间错配实现自身的财富管理的。在信贷关系中，人们会把闲置不用的资金存入银行，银行支付较低存款利息，而银行向需要资金的人发放贷款并收取相对较高的利息。这个利息差就是靠在同一时间对于供需的错配实现的。如果不考虑其他因素，这个价差永远是正的，因此银行的财富就与时间保持持续的正比关系，从而使财富得到有效的管理。我们经常看到，很多人靠着努力和幸运得到的财富，往往会随着时间渐渐地损失。所以，财富管理的观念要求我们时时刻刻都要关注已经拥有的财富与时间的关系，至少要做到在相当长的周期内，跑赢无风险收益——国债，甚至低风险收益——银行存款。

三、真实的风险与虚幻的收益

股权投资作为高收益、高风险的财富管理行业，因为投资的标的为实体经济，加上符合国家宏观政策，还有动辄百倍千倍的投资回报神话让媒体广为宣传，所以逐渐被大众所了解认识。近10年来，在全国范围内形成了一股股权投资的热潮，很多投资项目估值也是节节高升，一两个月账面浮盈翻倍甚至几倍在很多投资人眼里显得习以为常。但是，在这表面风光的背后，一个潜在魔鬼即将粉墨登场，它的名字叫"风险"。收益像一个妖娆的美女，性感又妩媚，又跟你频繁示好，让你觉得唾手可得；风险更像一个低调淑女，平凡到让人忽视，当她最终失去耐心的时候必然会给你致命一击。

就像很多朋友试图去研究股票涨跌的规律，并自认为有所心得，但也正是此时很多割韭菜机器操纵者早已虎视眈眈。无论你是哪一种财富感知人格类型，我们都必须抛弃任何感官情绪，从理解风险的观念开始，就像笛卡尔提示我们的，我们要假定有一个骗子，让我们相信我们所认为真的东西都是真的，其实都是它为我们梦中构建的幻象。从字面解释，风险就是收益的不确定性。那么，财富的风险当然就是财富收益的不确定性，当然我们这里所说的收益既包括正向的盈利也包括负向的亏损。在当今社会，财富管理中的收益与风险问题大多跟资本市场会直接或间接地产生联系，当代资本市场的运行本质上都是按照可量化的现代金融市场的规则、规律运行的，在金融、资本所运行的市场当中，同样有笛卡尔上帝的影子。金融人、资本人的理性思维只有清楚明白、可以量化，用现代数学公式计算的收益与风险的关系。比如资本市场常用的代表收益预期与波动性风险关系的"夏普比率"、收益预期与最大损失风险关系的"卡玛比率"等，现实中很少有身边的朋友真正关注一笔投资、一笔理财的这些金融技术指标，他们仍然依靠权威判断、内部消息、行业分析等主观的、感性的、盲从思维模式对待财富管理问题。正如笛卡尔所说，避免错误的唯一方法就是克服意志的自由，而财富管理中需要克服的意志自由的唯一武器就是理性的金融思维。

四、金融思维如何在同样的风险下提高收益

就像笛卡尔在《沉思集》中所强调的，他不讨论基于信仰的善与恶，只讨论关于判断的对与错。因为善恶的判断需要价值观作为基础，是以主观的伦理标准、道德标准等为基础的，不是纯粹的可以以客观事实为依据的。因此，在本节我们把财富管理的原则指向一个明确的关于对错的观念——确定

性收益。确定性收益与我们前面说的"无风险收益"不同。我们在这里所说的"确定性收益"是指收益与风险可以用量化的指标评价和度量。这部分收益就是专业人士对于财富配置的系统性优化而取得的成果,即我们俗称的"跑赢大盘"。需要提醒大家的是这里所谓的"赢"既可以正向地理解为增加收益,也可以反向地理解为减少风险。

历史上最早把这种思想系统化提出并付诸实践的是著名经济学家、诺贝尔奖获得者默顿。他把大量的历史交易数据找来进行计算,从中找到近似收益水平而涨跌具有反向运动规律的标的进行投资,从而对冲波动,或者找到市场中类似标的的不同价格进行短时间的交易甚至近乎瞬时交易,而从中获利。毫无疑问,具体的操作方法的计算模型是复杂的,也是他的核心机密,但是他手里所掌握的那把开启财富之门的钥匙却是和笛卡尔的方法完全一致的,他也因此被称"数理金融学之父"。他像笛卡尔一样,从三角形三角和等于两直角开始,直到用数理金融学家的理智找到了阿尔法收益并确信无疑。

五、杠杆

接下来,我们认识一下金融思维的另一个秘密武器——杠杆。阿基米德说:"给我一个支点,我就能撬起整个地球。"爱因斯坦说:"给我一个奇点,我就可以回到过去。"我想说,给我一个财富的支点,我们就可以一夜暴富。金融杠杆的主要目的是在假设收益和风险比例关系保持稳定的情况下,放大财富变动的总量。现实生活中,无数对于金融一无所知的朋友却坚持要去尝试杠杆。我想告诫他们:悬崖勒马、回头是岸。杠杆是一把双刃剑,它可以让你一夜暴富,也可以让你一夜之间倾家荡产。

以我们前面提到的最常用的夏普比率为例。如果投资本金是10元钱,假如你在投资年化收益率为100%的情况下,夏普比率是2,每年的收益是10元;而另一个投资人在年化收益率是50%的情况下,夏普比率也是2,每年的收益是 5 元。显然，这个差别是由于你们对于投资组合策略的差异造成的，在同样的夏普比率条件下，你的策略赚得更多。这时你也许会不甘心，因为你觉得夏普比率为 1 的投资策略自己也是可以接受的。当然你可以继续寻找在夏普比率等于 1 时，年化收益率大于 100% 的投资策略，但是必须付出更加艰苦的努力和研究。其实，这个时候杠杆就可以轻松发挥作用了，你可以跟夏普比率是 2 的投资人做个交易，让他把钱交给你来管理，然后把比他多赚到的钱两个人一人一半分掉作为对你的奖励。这样会是个什么结果呢？对你来说，在原有的策略下，你管理财富的年化收益率还是 100%，但总的收益却变成了 12.5 元，他们的收益也是 7.5 元，取得了双赢的结果。这就等于你已经给资金加上了杠杆，在收益增加的同时，使实际的夏普比率也有所下降，也就是风险增加了，而这刚好是你的心中所愿。

六、非理性财富观念与理性财富观念的实在区别

最后让我们再回到开始的话题，聊聊理性的财富观和非理性的财富观念。有一个圈内的玩笑说：穷人总是想着一夜暴富，所以多数人越来越穷；富人总是想着每天赚一点儿，却越来越富有。我们可以做一个简单的数学计算，假设你有 1 万元钱，天天只赚一点点儿，但是绝不亏损，50 年之后是多少钱呢？答案是，每日收益率 0.029%，对应年化收益率约 10%，就是约 100 万；每日收益率 0.039%，对应年化收益率约 15%，就是约 1000 万；每日收益率 0.05%，对应年化收益率约 20%，就是约 1 个亿！那么如何得到这样的稳定收益呢？把钱存到银行吗？首先，国有银行存款也只是近似无风险收益；其次它的利率一般比国债还要低，只不过存款的流动性更好一些，但是年化收益率显然偏低。房产呢？第一，房产的流动性差；第二，我国房产的租售比过低，大概是西方国家的 4 倍以上；第三，房产持有和交易的税费很高，大致匡算下来，如果房产的年化价格增长一旦低于 20% 左右的增长率，根本达不到财富管理

的效果。股票呢？它的波动幅度太大，往往需要非常专业和细致的趋势判断，正如我反复提醒的，虽然判断是理智的行为，但是由于理性的不完满，我们就经常会犯错。如果判断大师真的存在，他们要么是运气爆棚，要么就一定是在出老千。

股神巴菲特总是选择投资那些时间越长，对其价值增长越有利的股票，即所谓价值投资。巴菲特的成功与创业者的成功完全不同，他的成功完全是对于过程的理性管理，因此交出了一份20多年年化收益率超过20%的报告。耶鲁大学校产基金管理人大卫·斯文森曾经说过，现在金融市场竞争太过激烈，只有具备两个条件的投资者才有资格去追求超额收益：第一是研究特别深透，第二是投资周期特别长。

在我们关注风险投资的岁月里，我们在意创业者的初心和使命感，聚焦商业模式和估值方法，用我和我所管理的投资人金钱去帮助他们，但是收效甚微，因为这需要太多的激情与判断，这种对于财富管理的态度是非理性的。如今，当我们把目光转向量化投资，我更加关注了可以量化的指标，年化收益率、内部收益率、夏普比率、卡玛比率等，已经几乎成为我作为财富管理者的本能。我们可以用理性的分析将投资者的偏好转化为可以量化的风险与收益合理预期，并且每天都可以让他们自己看到真实的数字反馈。在这样一个细分的行业，我们唯一的愿望就是：让财富拥有者的财富远离风险，靠我们对时间的信仰创造价值！

这一部分并不是专业的金融知识讲解，而仅仅是一次理论与实践相结合的启示录。实际操作中还是要更专业的知识和丰富的经验，你还需要很多诸如股票、债券、数学、编程等专业知识和技能，就像《沉思集》那个意识里想到一个精巧机器的人一样，也许你未必会成为一个优秀的钟表师，但是我们可以判断出谁懂得如何制作，而我们需要做的仅仅是找到他。

跋

　　由于众所周知的原因，从 2020 年春节开始直到现在我减少了很多外出的商务活动，闲暇了许多，于是想起了一个一直想做而没时间做的事情，那就是把我心目中真实的笛卡尔哲学以及我运用这样的思考方法在哲学与财富观念之间的体会整理出来，并分享给朋友们。在众多的西方哲学家当中我一直很推崇笛卡尔的成就，他主张在追求真理的学术研究上使用纯粹的理性逻辑思维方法，而在现实生活中则应该实事求是地考虑与实践相结合。作为一个专业投资机构的创始人和管理者，我的职业道路也在理性与激情之间徘徊，我们服务所有希望财富保值增值的个人与机构，他们既希望高收益的预期，又不愿意接受可能的损失，他们被欺骗过，对我们也同样心存疑虑。我深知，他们的预期本就是自相矛盾的，但诉求是可以理解的。怎样才可以证明我的坦诚、自律、可信，不是靠权威，而是靠道理，这是我们必须正视的问题。我们所从事的类金融行业，是从现代西方发达国家学习来的财富秩序理论，我们中国的老百姓对此还是比较陌生的，因此我觉得有必要把目光由本土转向西域，从更底层的现代哲学开始，去发现隐藏在当代人类文明表象背后的本质世界，也许这可以对我们当代中国精神文明的思考有所帮助。

　　我曾经请教过一些专业学者，查阅了很多关于笛卡尔的资料，后来买来他的一批原著的权威中文译本进行阅读。我发现学术界对于笛卡尔哲学的评价和他的著作原文出入很大，容易导致理解的混乱。前不久企鹅出版社出版了一套哲学经典丛书《伟大的思想》，"得到"的罗振宇老师在推荐这套丛书时说："到了笛卡尔就来到了哲学的深水区，因为一般人读不懂也读不下去。"他自己也没有完整读过。我就觉得这就更有必要了解一下其中的缘由。利用这段被动的闲暇，我就想尽量弄个明白。在众多的学术著作当中，《沉思集》应该是他的一部集大成的作品，这本书的写作正值作者的思想盛年，而且为了避难和休息，他过着半封闭式的生活，似乎跟我本人现在的状况有些相似之处，所以我就重点选择对于这部作品进行彻底的解剖和研读。

中国有句古话叫"四十不惑"，我一直觉得，这可能是有一定科学规律的，是一个人在经历、阅历、体能、知识、压力、神经细胞成熟等因素的一个特殊的均衡状态，可能引发一些认知体系突发性的拐点，常常给人以顿悟的感觉。笛卡尔开篇就说虽然他以往也一直思考，但是一直觉得自己还不够成熟，时间也不够充裕，一直到了四十岁左右的时候，才觉得自己的火候到了。很巧合，这个外部条件，至少在年龄上和我本人很接近，我也希望我自己能和笛卡尔一样在实践与反思了四十多年之后，对很多问题有一些不同的认识。在写作的后期，对于笛卡尔哲学思想以及投资和金融有关的问题，馨仪女士加入了进来，我们又进入了关于哲学理论问题和金融实践问题的反驳与答辩的争论阶段。虽然在她本人的要求下没有列为本书的共同作者，但我必须坦承，她对于本书的最终完成做出了极其重要的贡献。

对于这本书的写作，我付出了很多努力和时间，但是因为专业能力的缘故，很难达到理论严谨的程度，权且作为一次思维的实践总结报告吧。本书的重要论述得到了我的博士导师包林教授、学长刘涛雄教授在专业方面的指导和提示，在出版过程中也得到了著名投资人高洪庆先生、著名出版人苏真先生以及出版团队的大力帮助，在此一并表示感谢。

现在这本书终于和大家见面了。最后我想说，对于笛卡尔本人的学术成就和人生智慧，我也是在学习、争论、撰写的过程中不断体会和理解的。在他所生活的年代，有勇气举起科学的旗帜反对宗教独裁统治的人也许有很多，但是能以迎合教会的方式，有效规避教会的监管，以笔为枪唤起更多人对以数理逻辑为基础的现代科学的信仰是更加难能可贵的，不失为一种大大的智慧，这一点值得我们每一个有理想、愿思考，并且仍愿意为人类社会的发展和进步共同担当责任的人去学习和领悟的。恒者行远，思者常新。沉思者的境界，需要我们以同样的心态、时间和节奏慢慢地品味和体会。

附录一　英文译本（没有反驳和答辩）

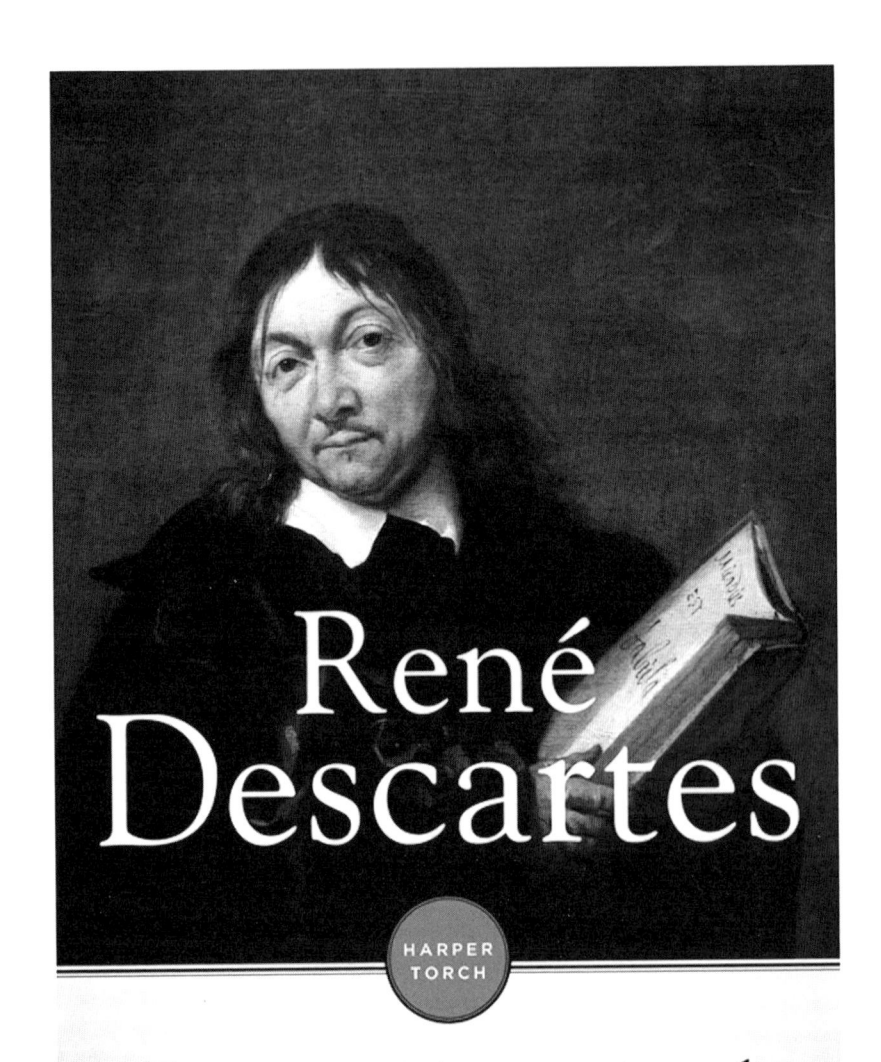

René Descartes

HARPER TORCH

MEDITATIONS on the FIRST PHILOSPHY

PREFACE TO THE READER

I have already slightly touched upon the questions respecting the existence of God and the nature of the human soul, in the *Discourse on the Method of rightly conducting the Reason, and seeking truth in the Sciences*, published in French in the year 1637; not, however, with the design of there treating of them fully, but only, as it were, in passing, that I might learn from the judgments of my readers in what way I should afterwards handle them: for these questions appeared to me to be of such moment as to be worthy of being considered more than once, and the path which I follow in discussing them is so little trodden, and so remote from the ordinary route, that I thought it would not be expedient to illustrate it at greater length in French, and in a discourse that might be read by all, lest even the more feeble minds should believe that this path might be entered upon by them.

But, as in the discourse on Method, I had requested all who might find aught meriting censure in my writings, to do me the favour of pointing it out to me, I may state that no objections worthy of remark have been alleged against what I then said on these questions, except two, to which I will here briefly reply, before undertaking their more detailed discussion.

The first objection is that though, while the human mind reflects on itself, it does not perceive that it is any other than a thinking thing, it does not follow that its nature or essence consists only in its being a thing which thinks; so that the word "only" shall exclude all other things which might also perhaps be said to pertain to the nature of the mind.

To this objection I reply, that it was not my intention in that place to exclude these according to the order of truth in the matter (of which I did not then treat), but only according to the order of thought (perception); so that my meaning was, that I clearly apprehended nothing, so far as I was conscious, as belonging to my essence, except that I was a thinking thing, or a thing possessing in itself the faculty of thinking. But I will show hereafter how, from the consciousness that nothing besides thinking belongs to the essence of the mind, it follows that nothing else does in truth belong to it.

The second objection is that it does not follow, from my possessing the idea of a thing more perfect than I am, that the idea itself is more perfect than myself, and much less that what is represented by the idea exists.

But I reply that in the term "idea" there is here something equivocal; for it may be taken either materially for an act of the understanding, and in this sense it cannot be said to be more perfect than I, or objectively, for the thing represented by that act, which, although it be not supposed to exist out of my understanding, may, nevertheless, be more perfect than myself, by reason of its essence. But, in the sequel of this treatise, I will show more amply how, from my possessing the idea of a thing more perfect than myself, it follows that this thing really exists.

Besides these two objections, I have seen, indeed, two treatises of sufficient length relating to the present matter. In these, however, my conclusions, much more than my premises, were impugned, and that by arguments borrowed from the common-places of the atheists. But, as arguments of this sort can make no impression on the minds of those who shall rightly understand my reasonings, and as the judgments of many are so irrational and weak that they are persuaded rather by the opinions on a subject that are first presented to them, however false and opposed to reason they may be, than by a true and solid, but subsequently received, refutation of them. I am unwilling here to reply to these strictures from a dread of being, in the first instance, obliged to state them.

I will only say, in general, that all which the atheists commonly allege in favour of the non-existence of God arises continually from one or other of these two things namely, either the ascription of human affections to deity, or the undue attribution to our minds of so much vigour and wisdom that we may essay to determine and comprehend both what God can and ought to do; hence all that is alleged by them will occasion us no difficulty, provided only we keep in remembrance that our minds must be considered finite, while Deity is incomprehensible and infinite.

Now that I have once, in some measure, made proof of the opinions of men regarding my work, I again undertake to treat of God and the human soul, and at the same time to discuss the principles of the entire first philosophy, without, however, expecting any commendation from the crowd for my endeavours, or a wide circle of readers. On the contrary, I would advise none to read this work, unless such as are able and willing to meditate with me in earnest, to detach their minds from commerce with the senses, and likewise to deliver themselves from all prejudice; and individuals of this character are, I well know, remarkably rare. But with regard to those who, without caring to comprehend the order and connection of the reasonings, shall study only detached clauses for the purpose of small but noisy criticism, as is the custom with many, I may say that such persons will not profit greatly by the reading of this treatise; and although perhaps they may find opportunity for cavilling in several places, they will yet hardly start any pressing objections, or such as shall be deserving of reply.

But since, indeed, I do not promise to satisfy others on all these subjects at first sight, nor arrogate so much to myself as to believe that I have been able to foresee all that may be the source of difficulty to each one. I shall expound, first of all, in the *Meditations*, those considerations by which I feel persuaded that I have arrived at a certain and evident knowledge of truth, in order that I may ascertain whether the reasonings which have prevailed with myself will also be effectual in convincing others. I will then reply to the objections of some men, illustrious for their genius and learning, to whom these meditations were sent for criticism before they were committed to the press; for these objections are so numerous and varied that I venture to anticipate that nothing, at least nothing of any moment, will readily occur to any mind which has not been touched upon in them.

Hence it is that I earnestly entreat my readers not to come to any judgment on the questions raised in the meditations until they have taken care to read the whole of the objections, with the relative replies.

SYNOPSIS OF THE SIX FOLLOWING MEDITATIONS

In the First Meditation I expound the grounds on which we may doubt in general of all things, and especially of material objects, so long, at least, as we have no other foundations for the sciences than those we have hitherto possessed. Now, although the utility of a doubt so general may not be manifest at first sight, it is nevertheless of the greatest, since it delivers us from all prejudice, and affords the easiest pathway by which the mind may withdraw itself from the senses; and, finally, makes it impossible for us to doubt wherever we afterwards discover truth.

In the Second, the mind which, in the exercise of the freedom peculiar to itself, supposes that no object is, of the existence of which it has even the slightest doubt, finds that, meanwhile, it must itself exist. And this point is likewise of the highest moment, for the mind is thus enabled easily to distinguish what pertains to itself, that is, to the intellectual nature, from what is to be referred to the body. But since some, perhaps, will expect, at this stage of our progress, a statement of the reasons which establish the doctrine of the immortality of the soul, I think it proper here to make such aware, that it was my aim to write nothing of which I could not give exact demonstration, and that I therefore felt myself obliged to adopt an order similar to that in use among the geometers, viz., to premise all upon which the proposition in question depends, before coming to any conclusion respecting it. Now the first and chief pre-requisite for the knowledge of the immortality of the soul is our being able to form the clearest possible conception (conceptus—concept) of the soul itself and such as shall be absolutely distinct from all our notions of body; and how this is to be accomplished is there shown.

There is required, besides this, the assurance that all objects which we clearly and distinctly think are true (really exist) in that very mode in which we think them: and this could not be established previously to the Fourth Meditation. Farther, it is necessary, for the same purpose, that we possess a distinct conception of corporeal nature, which is given partly in the Second and partly in the Fifth and Sixth Meditations. And, finally, on these grounds, we are necessitated to conclude, that all those objects which are clearly and distinctly conceived to be diverse substances, as mind and body, are substances really reciprocally distinct; and this inference is made in the Sixth Meditation. The absolute distinction of mind and body is, besides, confirmed in this Second Meditation, by showing that we cannot conceive body unless as divisible; while, on the other hand, mind cannot be conceived unless as indivisible. For we are not able to conceive the half of a mind, as we can of any body, however small, so that the natures of these two substances are to be held, not only as diverse, but even in some measure as contraries. I have not, however, pursued this discussion further in the present treatise, as well for the reason that these considerations are sufficient to show that the destruction of the mind does not follow from the corruption of the body, and thus to afford to men the hope of a future life, as also because the premises from which it is competent for us to infer the immortality of the soul, involve an explication of the whole principles of physics: in order to establish, in the first place, that generally all substances, that is, all things which can exist only in consequence of having been created by God, are in their own nature incorruptible, and can never cease to be, unless God himself, by refusing his concurrence to them, reduce them to nothing; and, in the second place, that body, taken generally, is a substance, and therefore can never perish, but that the human body, in as far as it differs from other bodies, is constituted only by a certain configuration of members, and by other accidents of this sort, while the human mind is not made up of accidents, but is a pure substance. For although all the accidents of the mind be changed—although, for example, it think certain things, will others, and perceive others, the mind itself does not vary with these changes; while, on the contrary, the human body is no longer the same if a change take place in the form of any of its parts: from which it follows that the body may, indeed, without difficulty perish, but that the mind is in its own nature immortal.

In the third Meditation, it seems to me that I have explained at sufficient length the principal argument of which I make use in order to prove the existence of God. But none the less, because I did not wish in that place to make use of any comparisons derived from corporeal things, so as to withdraw as much as I could the minds of readers from the senses, there may perhaps have remained many obscurities which, however, will, I hope, be entirely removed by the Replies which I have made to the Objections which have been set before me. Amongst others there is, for example, this one, "How the idea in us of a being supremely perfect possesses so much objective reality [that is to say participates by representation in so many degrees of being and perfection] that it necessarily proceeds from a cause which is absolutely perfect." This is illustrated in these Replies by the comparison of a very perfect machine, the idea of which is found in the mind of some workman. For as the objective contrivance of this idea must have some cause, i.e. either the science of the workman or that of some other from whom he has received the idea, it is similarly impossible that the idea of God which is in us should not have God himself as its cause.

In the fourth Meditation, it is shown that all these things which we very clearly and distinctly perceive are true, and at the same time it is explained in what the nature of error or falsity consists. This must of necessity be known both for the confirmation of the preceding truths and for the better comprehension of those that follow. (But it must meanwhile be remarked that I do not in any way there treat of sin—that is to say of the error which is committed in the pursuit of good and evil, but only of that which arises in the deciding between the true and the false. And I do not intend to speak of matters pertaining to the Faith or the conduct of life, but only of those which concern speculative truths, and which may be known by the sole aid of the light of nature.)

In the fifth Meditation, corporeal nature generally is explained, and in addition to this the existence of God is demonstrated by a new proof in which there may possibly be certain difficulties also, but the solution of these will be seen in the Replies to the Objections. And further I show in what sense it is true to say that the certainty of geometrical demonstrations is itself dependent on the knowledge of God.

Finally in the Sixth I distinguish the action of the understanding from that of the imagination; the marks by which this distinction is made are described. I here show that the mind of man is really distinct from the body, and at the same time that the two are so closely joined together that they form, so to speak, a single thing. All the errors which proceed from the senses are then surveyed, while the means of avoiding them are demonstrated, and finally all the reasons from which we may deduce the existence of material things are set forth. Not that I judge them to be very useful in establishing that which they prove, to wit, that there is in truth a world, that men possess bodies, and other such things which never have been doubted by anyone of sense; but because in considering these closely we come to see that they are neither so strong nor so evident as those arguments which lead us to the knowledge of our mind and of God;

so that these last must be the most certain and most evident facts which can fall within the cognizance of the human mind. And this is the whole matter that I have tried to prove in these Meditations, for which reason I here omit to speak of many other questions which I dealt incidentally in this discussion.

MEDITATION I
About the Things We May Doubt

Several years have now elapsed since I first became aware that I had accepted, even from my youth, many false opinions for true, and that consequently what I afterwards based on such principles was highly doubtful; and from that time I was convinced of the necessity of undertaking once in my life to rid myself of all the opinions I had adopted, and of commencing anew the work of building from the foundation, if I desired to establish a firm and abiding superstructure in the sciences. But as this enterprise appeared to me to be one of great magnitude, I waited until I had attained an age so mature as to leave me no hope that at any stage of life more advanced I should be better able to execute my design. On this account, I have delayed so long that I should henceforth consider I was doing wrong were I still to consume in deliberation any of the time that now remains for action. Today, then, since I have opportunely freed my mind from all cares [and am happily disturbed by no passions], and since I am in the secure possession of leisure in a peaceable retirement, I will at length apply myself earnestly and freely to the general overthrow of all my former opinions. But to this end, it will not be necessary for me to show that the whole of these are false—a point, perhaps, which I shall never reach; but as even now my reason convinces me that I ought not the less carefully to withhold belief from what is not entirely certain and indubitable, than from what is manifestly false, it will be sufficient to justify the rejection of the whole if I shall find in each some ground for doubt. Nor for this purpose will it be necessary even to deal with each belief individually, which would be truly an endless labour; but, as the removal from below of the foundation necessarily involves the downfall of the whole edifice, I will at once approach the criticism of the principles on which all my former beliefs rested.

All that I have, up to this moment, accepted as possessed of the highest truth and certainty, I received either from or through the senses. I observed, however, that these sometimes misled us; and it is the part of prudence not to place absolute confidence in that by which we have even once been deceived.

But it may be said, perhaps, that, although the senses occasionally mislead us respecting minute objects, and such as are so far removed from us as to be beyond the reach of close observation, there are yet many other of their informations (presentations), of the truth of which it is manifestly impossible to doubt; as for example, that I am in this place, seated by the fire, clothed in a winter dressing-gown, that I hold in my hands this piece of paper, with other intimations of the same nature. But how could I deny that I possess these hands and this body, and withal escape being classed with persons in a state of insanity, whose brains are so disordered and clouded by dark bilious vapours as to cause them pertinaciously to assert that they are monarchs when they are in the greatest poverty; or clothed [in gold] and purple when destitute of any covering; or that their head is made of clay, their body of glass, or that they are gourds? I should certainly be not less insane than they, were I to regulate my procedure according to examples so extravagant.

Though this be true, I must nevertheless here consider that I am a man and that, consequently, I am in the habit of sleeping, and representing to myself in dreams those same things, or even sometimes others less probable, which the insane think are presented to them in their waking moments. How often have I dreamt that I was in these familiar circumstances—that I was dressed, and occupied this place by the fire, when I was lying undressed in bed? At the present moment, however, I certainly look upon this paper with eyes wide awake; the head which I now move is not asleep; I extend this hand consciously and with express purpose, and I perceive it; the occurrences in sleep are not so distinct as all this. But I cannot forget that, at other times, I have been deceived in sleep by similar illusions; and, attentively considering those cases, I perceive so clearly that there exist no certain marks by which the state of waking can ever be distinguished from sleep, that I feel greatly astonished; and in amazement I almost persuade myself that I am now dreaming.

Let us suppose, then, that we are dreaming, and that all these particulars—namely, the opening of the eyes, the motion of the head, the forth-putting of the hands—are merely illusions; and even that we really possess neither an entire body nor hands such as we see. Nevertheless, it must be admitted at least that the objects which appear to us in sleep are, as it were, painted representations which could not have been formed unless in the likeness of realities; and, therefore, that those general objects, at all events—namely, eyes, a head, hands, and an entire body—are not simply imaginary, but really existent. For, in truth, painters themselves, even when they study to represent sirens and satyrs by forms the most fantastic and extraordinary, cannot bestow upon them natures absolutely new, but can only make a certain medley of the members of different animals; or if they chance to imagine something so novel that nothing at all similar has ever been seen before, and such as is, therefore, purely fictitious and absolutely false, it is at least certain that the colours of which this is composed are real.

And on the same principle, although these general objects, viz. [a body], eyes, a head, hands, and the like, be imaginary, we are nevertheless absolutely necessitated to admit the reality at least of some other objects still more simple and universal than these, of which, just as of certain real colours, all those images of things, whether true and real, or false and fantastic, that are found in our consciousness (cogitatio), are formed.

To this class of objects seem to belong corporeal nature in general and its extension; the figure of extended things, their quantity or magnitude, and their number, as also the place in, and the time during, which they exist, and other things of the same sort. We will not, therefore, perhaps reason illegitimately if we conclude from this that physics, astronomy, medicine, and all the other sciences that have for their end the consideration of composite objects, are indeed of a doubtful character; but that arithmetic, geometry, and the other sciences of the same class, which regard merely the simplest and most general objects, and scarcely inquire whether or not these are really existent, contain somewhat that is certain and indubitable: for whether I am awake or dreaming, it remains true that two and three make five, and that a square has but four sides; nor does it seem possible that truths so apparent can ever fall under a suspicion of falsity [or incertitude].

Nevertheless, the belief that there is a God who is all powerful, and who created me, such as I am, has for a long time, obtained steady possession of my mind. How, then, do I know that he has not arranged that there should be neither earth, nor sky, nor any extended thing, nor figure, nor magnitude, nor place, providing at the same time, however, for [the rise in me of the perceptions of all these objects, and] the persuasion that these do not exist otherwise than as I perceive them? And further, as I sometimes think that others are in error respecting matters of which they believe themselves to possess a perfect knowledge, how do I know that I am not also deceived each time I add together two and three, or number the sides of a square, or form some judgment still more simple, if more simple indeed can be imagined. But perhaps Deity has not been willing that I should be thus deceived, for He is said to be supremely good. If, however, it were repugnant to the goodness of Deity to have created me subject to constant deception, it would seem likewise to be contrary to his goodness to allow me to be occasionally deceived; and yet it is clear that this is permitted. Some, indeed, might perhaps be found who would be disposed rather to deny the existence of a being so powerful than to believe that there is nothing certain. But let us for the present refrain from opposing this opinion, and grant that all which is here said of a Deity is fabulous, nevertheless, in whatever way it be supposed that I reached the state in which I exist, whether by fate, or chance, or by an endless series of antecedents and consequents, or by any other means, it is clear (since to be deceived and to err is a certain defect) that the probability of my being so imperfect as to be the constant victim of deception, will be increased exactly in proportion as the power possessed by the cause, to which they assign my origin, is lessened. To these reasonings I have assuredly nothing to reply, but am constrained at last to avow that there is nothing at all that I formerly believed to be true of which it is impossible to doubt, and that not through thoughtlessness or levity, but from cogent and maturely considered reasons; so that henceforward, if I desire to discover anything certain, I ought not the less carefully to refrain from assenting to those same opinions than to what might be shown to be manifestly false.

But it is not sufficient to have made these observations; care must be taken likewise to keep them in remembrance. For those old and customary opinions perpetually recur—long and familiar usage giving them the right of occupying my mind, even almost against my will, and subduing my belief; nor will I lose the habit of deferring to them and confiding in them so long as I shall consider them to be what in truth they are, viz., opinions to some extent doubtful, as I have already shown, but still highly probable, and such as it is much more reasonable to believe than deny. It is for this reason I am persuaded that I shall not be doing wrong, if, taking an opposite judgment of deliberate design, I become my own deceiver, by supposing, for a time, that all those opinions are entirely false and imaginary, until at length, having thus balanced my old by my new prejudices, my judgment shall no longer be turned aside by perverted usage from the path that may conduct to the perception of truth. For I am assured that, meanwhile, there will arise neither peril nor error from this course, and that I cannot for the present yield too much to distrust, since the end I now seek is not action but knowledge.

I will suppose, then, not that Deity, who is sovereignly good and the fountain of truth, but that some malignant demon, who is at once exceedingly potent and deceitful, has employed all his artifice to deceive me; I will suppose that the sky, the air, the earth, colours, figures, sounds, and all external things, are nothing better than the illusions of dreams, by means of which this being has laid snares for my credulity; I will consider myself as without hands, eyes, flesh, blood, or any of the senses, and as falsely believing that I am possessed of these; I will continue resolutely fixed in this belief, and if indeed by this means it be not in my power to arrive at the knowledge of truth, I shall at least do what is in my power, viz. [suspend my judgment], and guard with settled purpose against giving my assent to what is false, and being imposed upon by this deceiver, whatever be his power and artifice.

But this undertaking is arduous, and a certain indolence insensibly leads me back to my ordinary course of life; and just as the captive, who, perchance, was enjoying in his dreams an imaginary liberty, when he begins to suspect that it is but a vision, dreads awakening, and conspires with the agreeable illusions that the deception may be prolonged; so I, of my own accord, fall back into the train of my former beliefs, and fear to arouse myself from my slumber, lest the time of laborious wakefulness that would succeed this quiet rest, in place of bringing any light of day, should prove inadequate to dispel the darkness that will arise from the difficulties that have now been raised.

MEDITATION II

Of the Nature of the Human Mind; and that it is Easier to Know than the Body

The Meditation of yesterday has filled my mind with so many doubts, that it is no longer in my power to forget them. Nor do I see, meanwhile, any principle on which they can be resolved; and, just as if I had fallen all of a sudden into very deep water, I am so greatly disconcerted as to be made unable either to plant my feet firmly on the bottom or sustain myself by swimming on the surface. I will, nevertheless, make an effort, and try anew the same path on which I had entered yesterday, that is, proceed by casting aside all that admits of the slightest doubt, not less than if I had discovered it to be absolutely false; and I will continue always in this track until I shall find something that is certain, or at least, if I can do nothing more, until I shall know with certainty that there is nothing certain. Archimedes, that he might transport the entire globe from the place it occupied to another, demanded only a point that was firm and immovable; so also, I shall be entitled to entertain the highest expectations, if I am fortunate enough to discover only one thing that is certain and indubitable.

I suppose, accordingly, that all the things which I see are false (fictitious); I believe that none of those objects which my fallacious memory represents ever existed; I suppose that I possess no senses; I believe that body, figure, extension, motion, and place are merely fictions of my mind. What is there, then, that can be esteemed true? Perhaps this only, that there is absolutely nothing certain.

But how do I know that there is not something different altogether from the objects I have now enumerated, of which it is impossible to entertain the slightest doubt? Is there not a God, or some being, by whatever name I may designate him, who causes these thoughts to arise in my mind? But why suppose such a being, for it may be I myself am capable of producing them? Am I, then, at least not something? But I before denied that I possessed senses or a body; I hesitate, however, for what follows from that? Am I so dependent on the body and the senses that without these I cannot exist? But I had the persuasion that there was absolutely nothing in the world, that there was no sky and no earth, neither minds nor bodies; was I not, therefore, at the same time, persuaded that I did not exist? Far from it; I assuredly existed, since I was persuaded. But there is I know not what being, who is possessed at once of the highest power and the deepest cunning, who is constantly employing all his ingenuity in deceiving me. Doubtless, then, I exist, since I am deceived; and, let him deceive me as he may, he can never bring it about that I am nothing, so long as I shall be conscious that I am something. So that it must, in fine, be maintained, all things being maturely and carefully considered, that this proposition (pronunciatum) I am, I exist, is necessarily true each time it is expressed by me, or conceived in my mind.

But I do not yet know with sufficient clearness what I am, though assured that I am; and hence, in the next place, I must take care, lest perchance I inconsiderately substitute some other object in room of what is properly myself, and thus wander from truth, even in that knowledge (cognition) which I hold to be of all others the most certain and evident. For this reason, I will now consider anew what I formerly believed myself to be, before I entered on the present train of thought; and of my previous opinion I will retrench all that can in the least be invalidated by the grounds of doubt I have adduced, in order that there may at length remain nothing but what is certain and indubitable. What then did I formerly think I was? Undoubtedly I judged that I was a man. But what is a man? Shall I say a rational animal? Assuredly not; for it would be necessary forthwith to inquire into what is meant by animal, and what by rational, and thus, from a single question, I should insensibly glide into others, and these more difficult than the first; nor do I now possess enough of leisure to warrant me in wasting my time amid subtleties of this sort. I prefer here to attend to the thoughts that sprung up of themselves in my mind, and were inspired by my own nature alone, when I applied myself to the consideration of what I was. In the first place, then, I thought that I possessed a countenance, hands, arms, and all the fabric of members that appears in a corpse, and which I called by the name of body. It further occurred to me that I was nourished, that I walked, perceived, and thought, and all those actions I referred to the soul; but what the soul itself was I either did not stay to consider, or, if I did, I imagined that it was something extremely rare and subtle, like wind, or flame, or ether, spread through my grosser parts. As regarded the body, I did not even doubt of its nature, but thought I distinctly knew it, and if I had wished to describe it according to the notions I then entertained, I should have explained myself in this manner: By body I understand all that can be terminated by a certain figure; that can be comprised in a certain place, and so fill a certain space as therefrom to exclude every other body; that can be perceived either by touch, sight, hearing, taste, or smell; that can be moved in different ways, not indeed of itself, but by something foreign to it by which it is touched [and from which it receives the impression]; for the power of self-motion, as likewise that of perceiving and thinking, I held as by no means pertaining to the nature of body; on the contrary, I was somewhat astonished to find such faculties existing in some bodies.

But [as to myself, what can I now say that I am], since I suppose there exists an extremely powerful, and, if I may so speak, malignant being, whose whole endeavours are directed towards deceiving me? Can I affirm that I possess any one of all those attributes of which I have lately spoken as belonging to the nature of body? After attentively considering them in my own mind, I find none of them that can properly be said to belong to myself. To recount them were idle and tedious. Let us pass, then, to the attributes of the soul. The first mentioned were the powers of nutrition and walking; but, if it be true that I have no body, it is true likewise that I am capable neither of walking nor of being nourished. Perception is another attribute of the soul; but perception too is impossible without the body: besides, I have frequently, during sleep, believed that I perceived objects which I afterwards observed I did not reality perceive. Thinking is another attribute of the soul; and here I discover what properly belongs to myself. This alone is inseparable from me. I am—I exist: this is certain; but how often? As often as I think; for perhaps it would even happen, if I should wholly cease to think, that I should at the same time altogether cease to be. I now admit nothing that is not necessarily true: I am therefore, precisely speaking, only a thinking thing, that is, a mind (mens sive animus), understanding, or reason,—terms whose signification was before unknown to me. I am, however, a real thing, and really existent; but what thing? The answer was, a thinking thing. The question now arises, am I aught besides? I will stimulate my imagination with a view to discover whether I am not still something more than a thinking being. Now it is plain I am not the assemblage of members called the human body; I am not a thin and penetrating air diffused through all these members, or wind, or flame, or vapour, or breath, or any of all the things I can imagine; for I supposed that all these were not, and, without changing the supposition, I find that I still feel assured of my existence.

But it is true, perhaps, that those very things which I suppose to be non-existent, because they are unknown to me, are not in truth different from myself whom I know. This is a point I cannot determine, and do not now enter into any dispute regarding it. I can only judge of things that are known to me: I am conscious that I exist, and I who know that I exist inquire into what I am. It is, however, perfectly certain that the knowledge of my existence, thus precisely taken, is not dependent on things, the existence of which is as yet unknown to me: and consequently it is not dependent on any of the things I can feign in imagination. Moreover, the phrase itself, I frame an image (effingo), reminds me of my error; for I should in truth frame one if I were to imagine myself to be anything since to imagine is nothing more than to contemplate the figure or image of a corporeal thing; but I already know that I exist, and that it is possible at the same time that all those images, and in general all that relates to the nature of body, are merely dreams(or chimeras). From this I discover that it is not more reasonable to say, I will excite my imagination that I may know more distinctly what I am, than to express myself as follows: I am now awake, and perceive something real; but because my perception is not sufficiently clear, I will of express purpose go to sleep that my dreams may represent to me the object of my perception with more truth and clearness. And, therefore, I know that nothing of all that I can embrace in imagination belongs to the knowledge which I have of myself, and that there is need to recall with the utmost care the mind from this mode of thinking, that it may be able to know its own nature with perfect distinctness.

But what, then, am I? A thinking thing, it has been said. But what is a thinking thing? It is a thing that doubts, understands(conceives), affirms, denies, wills, refuses, that imagines also, and perceives. Assuredly it is not little, if all these properties belong to my nature. But why should they not belong to it? Am I not that very being who now doubts of almost everything; who, for all that, understands and conceives certain things, who affirms one alone as true, and denies the others; who desires to know more of them, and does not wish to be deceived; who imagines many things, sometimes even despite his will; and is likewise percipient of many, as if through the medium of the senses. Is there nothing of all this as true as that I am, even although I should be always dreaming, and although he who gave me being employed all his ingenuity to deceive me? Is there also any one of these attributes that can be properly distinguished from my thought, or that can be said to be separate from myself? For it is of itself so evident that it is I who doubt, I who understand, and I who desire, that it is here unnecessary to add anything by way of rendering it more clear. And I am as certainly the same being who imagines; for, although it may be (as I before supposed) that nothing I imagine is true, still the power of imagination does not cease really to exist in me and to form part of my thoughts. In fine, I am the same being who perceives, that is, who apprehends certain objects as by the organs of sense, since, in truth, I see light, hear a noise, and feel heat. But it will be said that these presentations are false, and that I am dreaming. Let it be so. At all events it is certain that I seem to see light, hear a noise, and feel heat; this cannot be false, and this is what in me is properly called perceiving (sentire), which is nothing else than thinking. From this I begin to know what I am with somewhat greater clearness and distinctness than heretofore.

But, nevertheless, it still seems to me, and I cannot help believing, that corporeal things, whose images are formed by thought [which fall under the senses], and are examined by the same, are known with much greater distinctness than that I know not what part of myself which is not imaginable; although, in truth, it may seem strange to say that I know and comprehend with greater distinctness things whose existence appears to me doubtful, that are unknown, and do not belong to me, than others of whose reality I am persuaded, that are known to me, and appertain to my proper nature; in a word, than myself. But I see clearly what is the state of the case. My mind is apt to wander, and will not yet submit to be restrained within the limits of truth. Let us therefore leave the mind to itself once more, and, according to it every kind of liberty [permit it to consider the objects that appear to it from without], in order that, having afterwards withdrawn it from these gently and opportunely [and fixed it on the consideration of its being and the properties it finds in itself], it may then be the more easily controlled.

Let us now accordingly consider the objects that are commonly thought to be [the most easily, and likewise] the most distinctly known, viz., the bodies we touch and I see; not, indeed, bodies in general, for these general notions are usually somewhat more confused, but one body in particular. Take, for example, this piece of wax; it is quite fresh, having been but recently taken from the beehive; it has not yet lost the sweetness of the honey it contained; it still retains somewhat of the odour of the flowers from which it was gathered; its colour, figure, size, are apparent (to the sight); it is hard, cold, easily handled; and sounds when struck upon with the finger. In fine, all that contributes to make a body as distinctly known as possible, is found in the one before us. But, while I am speaking, let it be placed near the fire—what remained of the taste exhales, the smell evaporates, the colour changes, its figure is destroyed, its size increases, it becomes liquid, it grows hot, it can hardly be handled, and, although struck upon, it emits no sound. Does the same wax still remain after this change? It must be admitted that it does remain; no one doubts it, or judges otherwise. What, then, was it I knew with so much distinctness in the piece of wax? Assuredly, it could be nothing of all that I observed by means of the senses, since all the things that fell under taste, smell, sight, touch, and hearing are changed, and yet the same wax remains. It was perhaps what I now think, viz., that this wax was neither the sweetness of honey, the pleasant odour of flowers, the whiteness, the figure, nor the sound, but only a body that a little before appeared to me conspicuous under these forms, and which is now perceived under others. But, to speak precisely, what is it that I imagine when I think of it in this way? Let it be attentively considered, and, retrenching all that does not belong to the wax, let us see what remains. There certainly remains nothing, except something extended, flexible, and movable. But what is meant by flexible and movable? Is it not that I imagine that the piece of wax, being round, is capable of becoming square, or of passing from a square into a triangular figure? Assuredly such is not the case, because I conceive that it admits of an infinity of similar changes; and I am, moreover, unable to compass this infinity by imagination, and consequently this conception which I have of the wax is not the product of the faculty of imagination. But what now is this extension? Is it not also unknown? for it becomes greater when the wax is melted, greater when it is boiled, and greater still when the heat increases; and I should not conceive [clearly and] according to truth, the wax as it is, if I did not suppose that the piece we are considering admitted even of a wider variety of extension than I ever imagined. I must, therefore, admit that I cannot even comprehend by imagination what the piece of wax is, and that it is the mind alone (mens, Lat.; entendement, F.) which perceives it. I speak of one piece in particular; for, as to wax in general, this is still more evident. But what is the piece of wax that can be perceived only by the [understanding of] mind? It is certainly the same which

I see, touch, imagine; and, in fine, it is the same which, from the beginning, I believed it to be. But (and this it is of moment to observe) the perception of it is neither an act of sight, of touch, nor of imagination, and never was either of these, though it might formerly seem so, but is simply an intuition (inspectio) of the mind, which may be imperfect and confused, as it formerly was, or very clear and distinct, as it is at present, according as the attention is more or less directed to the elements which it contains, and of which it is composed.

But, meanwhile, I feel greatly astonished when I observe [the weakness of my mind, and] its proneness to error. For although, without at all giving expression to what I think, I consider all this in my own mind, words yet occasionally impede my progress, and I am almost led into error by the terms of ordinary language. We say, for example, that we see the same wax when it is before us, and not that we judge it to be the same from its retaining the same colour and figure: whence I should forthwith be disposed to conclude that the wax is known by the act of sight, and not by the intuition of the mind alone, were it not for the analogous instance of human beings passing on in the street below, as observed from a window. In this case I do not fail to say that I see the men themselves, just as I say that I see the wax; and yet what do I see from the window beyond hats and cloaks that might cover artificial machines, whose motions might be determined by springs? But I judge that there are human beings from these appearances, and thus I comprehend, by the faculty of judgment alone which is in the mind, what I believed I saw with my eyes.

The man who makes it his aim to rise to knowledge superior to the common, ought to be ashamed to seek occasions of doubting from the vulgar forms of speech: instead, therefore, of doing this, I shall proceed with the matter in hand, and inquire whether I had a clearer and more perfect perception of the piece of wax when I first saw it, and when I thought I knew it by means of the external sense itself, or, at all events, by the common sense (sensus communis), as it is called, that is, by the imaginative faculty; or whether I rather apprehend it more clearly at present, after having examined with greater care, both what it is, and in what way it can be known. It would certainly be ridiculous to entertain any doubt on this point. For what, in that first perception, was there distinct? What did I perceive which any animal might not have perceived? But when I distinguish the wax from its exterior forms, and when, as if I had stripped it of its vestments, I consider it quite naked, it is certain, although some error may still be found in my judgment, that I cannot, nevertheless, thus apprehend it without possessing a human mind.

But, finally, what shall I say of the mind itself, that is, of myself? for as yet I do not admit that I am anything but mind. What, then! I who seem to possess so distinct an apprehension of the piece of wax,—do I not know myself, both with greater truth and certitude, and also much more distinctly and clearly? For if I judge that the wax exists because I see it, it assuredly follows, much more evidently, that I myself am or exist, for the same reason: for it is possible that what I see may not in truth be wax, and that I do not even possess eyes with which to see anything; but it cannot be that when I see, or, which comes to the same thing, when I think I see, I myself who think am nothing. So likewise, if I judge that the wax exists because I touch it, it will still also follow that I am; and if I determine that my imagination, or any other cause, whatever it be, persuades me of the existence of the wax, I will still draw the same conclusion. And what is here remarked of the piece of wax is applicable to all the other things that are external to me. And further if the (notion or) perception of wax appeared to me more precise and distinct, after that not only sight and touch, but many other causes besides, rendered it manifest to my apprehension, with how much greater distinctness must I now know myself, since all the reasons that contribute to the knowledge of the nature of wax, or of anybody whatever, manifest still better the nature of my mind? And there are besides so many other things in the mind itself that contribute to the illustration of its nature, that those dependent on the body, to which I have here referred, scarcely merit to be taken into account.

But, in conclusion, I find I have insensibly reverted to the point I desired; for, since it is now manifest to me that bodies themselves are not properly perceived by the senses nor by the faculty of imagination, but by the intellect alone; and since they are not perceived because they are seen and touched, but only because they are understood [or rightly comprehended by thought], I readily discover that there is nothing more easily or clearly apprehended than my own mind. But because it is difficult to rid one's self so promptly of an opinion to which one has been long accustomed, it will be desirable to tarry for some time at this stage, that, by long continued meditation, I may more deeply impress upon my memory this new knowledge.

MEDITATION III
Of God: That He Exists

I will now close my eyes, I will stop my ears, I will turn away my senses from their objects, I will even efface from my consciousness all the images of corporeal things; or at least, because this can hardly be accomplished, I will consider them as empty and false; and thus, holding converse only with myself, and closely examining my nature, I will endeavour to obtain by degrees a more intimate and familiar knowledge of myself. I am a thinking (conscious) thing, that is, a being who doubts, affirms, denies, knows a few objects, and is ignorant of many,—(who loves, hates), wills, refuses,—who imagines likewise, and perceives; for, as I before remarked, although the things which I perceive or imagine are perhaps nothing at all apart from me [and in themselves], I am nevertheless assured that those modes of consciousness which I call perceptions and imaginations, in as far only as they are modes of consciousness, exist in me. And in the little I have said I think I have summed up all that I really know, or at least all that up to this time I was aware I knew. Now, as I am endeavouring to extend my knowledge more widely, I will use circumspection, and consider with care whether I can still discover in myself anything further which I have not yet hitherto observed. I am certain that I am a thinking thing; but do I not therefore likewise know what is required to render me certain of a truth? In this first knowledge, doubtless, there is nothing that gives me assurance of its truth except the clear and distinct perception of what I affirm, which would not indeed be sufficient to give me the assurance that what I say is true, if it could ever happen that anything I thus clearly and distinctly perceived should prove false; and accordingly it seems to me that I may now take as a general rule that all that is very clearly and distinctly apprehended (conceived) is true.

Nevertheless I before received and admitted many things as wholly certain and manifest, which yet I afterwards found to be doubtful. What, then, were those? They were the earth, the sky, the stars, and all the other objects which I was in the habit of perceiving by the senses. But what was it that I clearly [and distinctly] perceived in them? Nothing more than that the ideas and the thoughts of those objects were presented to my mind. And even now I do not deny that these ideas are found in my mind. But there was yet another thing which I affirmed, and which, from having been accustomed to believe it, I thought I clearly perceived, although, in truth, I did not perceive it at all; I mean the existence of objects external to me, from which those ideas proceeded, and to which they had a perfect resemblance; and it was here I was mistaken, or if I judged correctly, this assuredly was not to be traced to any knowledge I possessed (the force of my perception, Lat.).

But when I considered any matter in arithmetic and geometry, that was very simple and easy, as, for example, that two and three added together make five, and things of this sort, did I not view them with at least sufficient clearness to warrant me in affirming their truth? Indeed, if I afterwards judged that we ought to doubt of these things, it was for no other reason than because it occurred to me that a God might perhaps have given me such a nature as that I should be deceived, even respecting the matters that appeared to me the most evidently true. But as often as this preconceived opinion of the sovereign power of a God presents itself to my mind, I am constrained to admit that it is easy for him, if he wishes it, to cause me to err, even in matters where I think I possess the highest evidence; and, on the other hand, as often as I direct my attention to things which I think I apprehend with great clearness I am so persuaded of their truth that I naturally break out into expressions such as these: Deceive me who may, no one will yet ever be able to bring it about that I am not, so long as I shall be conscious that I am, or at any future time cause it to be true that I have never been, it being now true that I am, or make two and three more or less than five, in supposing which and other like absurdities, I discover a manifest contradiction.

And in truth, as I have no ground for believing that Deity is deceitful, and as, indeed, I have not even considered the reasons by which the existence of a Deity of any kind is established, the ground of doubt that rests only on this supposition is very slight, and, so to speak, metaphysical. But, that I may be able wholly to remove it, I must inquire whether there is a God, as soon as an opportunity of doing so shall present itself; and if I find that there is a God, I must examine likewise whether he can be a deceiver; for, without the knowledge of these I two truths, I do not see that I can ever be certain of anything. And that I may be enabled to examine this I without interrupting the order of meditation I have proposed to myself (which is, to pass by degrees from the notions that I shall find first in my mind to those I shall afterwards discover in it), it is necessary at this stage to divide all my thoughts into certain classes, and to consider in which of these classes truth and error are, strictly speaking, to be found.

Of my thoughts some are, as it were, images of things, and to these alone properly belongs the name idea; as when I think (represent to my mind) a man, a chimera, the sky, an angel, or God. Others, again, have certain other forms; as when I will, fear, affirm, or deny, I always, indeed, apprehend something as the object of my thought, but I also embrace in thought something more than the representation of the object; and of this class of thoughts some are called volitions or affections, and others judgments.

Now, with respect to ideas, if these are considered only in themselves, and are not referred to any object beyond them, they cannot, properly speaking, be false; for whether I imagine a goat or a chimera, it is not less true that I imagine the one than the other. Nor need we fear that falsity may exist in the will or affections; for, although I may desire objects that are wrong, and even that never existed, it is still true that I desire them. There thus only remain our judgments, in which we must take diligent heed that we be not deceived. But the chief and most ordinary error that arises in them consists in judging that the ideas which are in us are like or conformed to the things that are external to us; for assuredly, if we but considered the ideas themselves as certain modes of our thought (consciousness), without referring them to anything beyond, they would hardly afford any occasion of error.

But, among these ideas, some appear to me to be innate, others adventitious, and others to be made by myself (factitious); for, as I have the power of conceiving what is called a thing, or a truth, or a thought, it seems to me that I hold this power from no other source than my own nature; but if I now hear a noise, if I see the sun, or if I feel heat, I have all along judged that these sensations proceeded from certain objects existing out of myself; and, in fine, it appears to me that sirens, hippogryphs, and the like, are inventions of my own mind. But I may even perhaps come to be of opinion that all my ideas are of the class which I call adventitious, or that they are all innate, or that they are all factitious, for I have not yet clearly discovered their true origin; and what I have here principally to do is to consider, with reference to those that appear to come from certain objects without me, what grounds there are for thinking them like these objects.

The first of these grounds is that it seems to me I am so taught by nature; and the second that I am conscious that those ideas are not dependent on my will, and therefore not on myself, for they are frequently presented to me against my will,— as at present, whether I will or not, I feel heat; and I am thus persuaded that this sensation or idea (sensum vel ideam) of heat is produced in me by something different from myself, viz., by the heat of the fire by which I sit. And it is very reasonable to suppose that this object impresses me with its own likeness rather than any other thing.

But I must consider whether these reasons are sufficiently strong and convincing. When I speak of being taught by nature in this matter, I understand by the word nature only a certain spontaneous impetus that impels me to believe in a resemblance between ideas and their objects, and not a natural light that affords a knowledge of its truth. But these two things are widely different; for what the natural light shows to be true can be in no degree doubtful, as, for example, that I am because I doubt, and other truths of the like kind: inasmuch as I possess no other faculty whereby to distinguish truth from error, which can teach me the falsity of what the natural light declares to be true, and which is equally trustworthy; but with respect to (seemingly) natural impulses, I have observed, when the question related to the choice of right or wrong in action, that they frequently led me to take the worse part; nor do I see that I have any better ground for following them in what relates to truth and error. Then, with respect to the other reason, which is that because these ideas do not depend on my will, they must arise from objects existing without me, I do not find it more convincing than the former; for, just as those natural impulses, of which I have lately spoken, are found in me, notwithstanding that they are not always in harmony with my will, so likewise it may be that I possess some power not sufficiently known to myself capable of producing ideas without the aid of external objects, and, indeed, it has always hitherto appeared to me that they are formed during sleep, by some power of this nature, without the aid of aught external. And, in fine, although I should grant that they proceeded from those objects, it is not a necessary consequence that they must be like them. On the contrary, I have observed, in a number of instances, that there was a great difference between the object and its idea. Thus, for example, I find in my mind two wholly diverse ideas of the sun; the one, by which it appears to me extremely small, draws its origin from the senses, and should be placed in the class of adventitious ideas; the other, by which it seems to be many times larger than the whole earth, is taken up on astronomical grounds, that is, elicited from certain notions born with me, or is framed by myself in some other manner. These two ideas cannot certainly both resemble the same sun; and reason teaches me that the one which seems to have immediately emanated from it is the most unlike. And these things sufficiently prove that hitherto it has not been from a certain and deliberate judgment, but only from a sort of blind impulse, that I believed in the existence of certain things different from myself, which, by the organs of sense, or by whatever other means it might be, conveyed their ideas or images into my mind (and impressed it with their likenesses).

But there is still another way of inquiring whether, of the objects whose ideas are in my mind, there are any that exist out of me. If ideas are taken in so far only as they are certain modes of consciousness, I do not remark any difference or inequality among them, and all seem, in the same manner, to proceed from myself; but, considering them as images, of which one represents one thing and another a different, it is evident that a great diversity obtains among them. For, without doubt those that represent substances are something more, and contain in themselves, so to speak, more objective reality (that is, participate by representation in higher degrees of being or perfection) than those that represent only modes or accidents; and again, the idea by which I conceive a God (sovereign), eternal, infinite (immutable), all-knowing, all-powerful, and the creator of all things that are out of himself,—this, I say, has certainly in it more objective reality than those ideas by which finite substances are represented.

Now, it is manifest by the natural light that there must at least be as much reality in the efficient and total cause as in its effect; for whence can the effect draw its reality if not from its cause? And how could the cause communicate to it this reality unless it possessed it in itself? And hence it follows, not only that what is cannot be produced by what is not, but likewise that the more perfect,—in other words, that which contains in itself more reality,—cannot be the effect of the less perfect: and this is not only evidently true of those effects, whose reality is actual or formal, but likewise of ideas, whose reality is only considered as objective. Thus, for example, the stone that is not yet in existence, not only cannot now commence to be, unless it be produced by that which possesses in itself, formally or eminently, all that enters into its composition [in other words, by that which contains in itself the same properties that are in the stone, or others superior to them]; and heat can only be produced in a subject that was before devoid of it, by a cause that is of an order [degree or kind] at least as perfect as heat; and so of the others. But further, even the idea of the heat, or of the stone, cannot exist in me unless it be put there by a cause that contains, at least, as much reality as I conceive existent in the heat or in the stone: for, although that cause may not transmit into my idea anything of its actual or formal reality, we ought not on this account to imagine that it is less real; but we ought to consider that [as every idea is a work of the mind], its nature is such as of itself to demand no other formal reality than that which it borrows from our consciousness, of which it is but a mode [that is, a manner or way of thinking]. But in order that an idea may contain this objective reality rather than that, it must doubtless derive it from some cause in which is found at least as much formal reality as the idea contains an objective; for, if we suppose that there is found in an idea anything which was not in its cause, it must of course derive this from nothing. But, however imperfect may be the mode of existence by which a thing is objectively [or by representation] in the understanding by its idea, we certainly cannot, for all that, allege that this mode of existence is nothing, nor, consequently, that the idea owes its origin to nothing. Nor must it be imagined that, since the reality which is considered in these ideas is only objective, the same reality need not be formally (actually) in the causes of these ideas, but only objectively; for, just as the mode of existing objectively belongs to ideas by their peculiar nature, so likewise the mode of existing formally appertains to the causes of these ideas (at least to the first and principal), by their peculiar nature. And although an idea may give rise to another idea, this regress cannot, nevertheless, be infinite; we must in the end reach a first idea, the cause of which is, as it were, the archetype in which all the reality (or perfection) that is found objectively (or by representation) in these ideas is contained formally (and in act), I am thus clearly taught by the natural light that ideas exist in me as pictures or images, which may in truth readily fall short of the perfection of the objects from which they are taken, but can never contain anything greater or more perfect.

And in proportion to the time and care with which I examine all those matters, the conviction of their truth brightens and becomes distinct. But, to sum up, what conclusion shall I draw from it all? It is this:—if the objective reality [or perfection] of any one of my ideas be such as clearly to convince me, that this same reality exists in me neither formally nor eminently, and if, as follows from this, I myself cannot be the cause of it, it is a necessary consequence that I am not alone in the world, but that there is besides myself some other being who exists as the cause of that idea; while, on the contrary, if no such idea be found in my mind, I shall have no sufficient ground of assurance of the existence of any other being besides myself, for, after a most careful search, I have, up to this moment, been unable to discover any other ground.

But, among these my ideas, besides that which represents myself, respecting which there can be here no difficulty, there is one that represents a God; others that represent corporeal and inanimate things; others angels; others animals; and, finally, there are some that represent men like myself. But with respect to the ideas that represent other men, or animals, or angels, I can easily suppose that they were formed by the mingling and composition of the other ideas which I have of myself, of corporeal things, and of God, although there were, apart from myself, neither men, animals, nor angels. And with regard to the ideas of corporeal objects, I never discovered in them anything so great or excellent which I myself did not appear capable of originating; for, by considering these ideas closely and scrutinising them individually, in the same way that I yesterday examined the idea of wax, I find that there is but little in them that is clearly and distinctly perceived. As belonging to the class of things that are clearly apprehended, I recognise the following, viz., magnitude or extension in length, breadth, and depth; figure, which results from the termination of extension; situation, which bodies of diverse figures preserve with reference to each other; and motion or the change of situation; to which may be added substance, duration, and number. But with regard to light, colours, sounds, odours, tastes, heat, cold and the other tactile qualities, they are thought with so much obscurity and confusion, that I cannot determine even whether they are true or false; in other words, whether or not the ideas I have of these qualities are in truth the ideas of real objects.

For although I before remarked that it is only in judgments that formal falsity, or falsity properly so called, can be met with, there may nevertheless be found in ideas a certain material falsity, which arises when they represent what is nothing as if it were something. Thus, for example, the ideas I have of cold and heat are so far from being clear and distinct, that I am unable from them to discover whether cold is only the privation of heat, or heat the privation of cold; or whether they are or are not real qualities: and since, ideas being as it were images, there can be none that does not seem to us to represent some object, the idea which represents cold as something real and positive will not improperly be called false, if it be correct to say that cold is nothing but a privation of heat; and so in other cases. To ideas of this kind, indeed, it is not necessary that I should assign any author besides myself: for if they are false, that is, represent objects that are unreal, the natural light teaches me that they proceed from nothing; in other words, that they are in me only because something is wanting to the perfection of my nature; but if these ideas are true, yet because they exhibit to me so little reality that I cannot even distinguish the object represented from non-being, I do not see why I should not be the author of them.

With reference to those ideas of corporeal things that are clear and distinct, there are some which, as appears to me, might have been taken from the idea I have of myself, as those of substance, duration, number, and the like. For when I think that a stone is a substance, or a thing capable of existing of itself, and that I am likewise a substance, although I conceive that I am a thinking and non-extended thing, and that the stone, on the contrary, is extended and unconscious, there being thus the greatest diversity between the two concepts,—yet these two ideas seem to have this in common that they both represent substances. In the same way, when I think of myself as now existing, and recollect besides that I existed some time ago, and when I am conscious of various thoughts whose number I know, I then acquire the ideas of duration and number, which I can afterwards transfer to as many objects as I please. With respect to the other qualities that go to make up the ideas of corporeal objects, viz., extension, figure, situation, and motion, it is true that they are not formally in me, since I am merely a thinking being; but because they are only certain modes of substance, and because I myself am a substance, it seems possible that they may be contained in me eminently.

There only remains, therefore, the idea of God, in which I must consider whether there is anything that cannot be supposed to originate with myself. By the name God, I understand a substance infinite (eternal, immutable), independent, all-knowing, all-powerful, and by which I myself, and every other thing that exists, if any such there be, were created. But these properties are so great and excellent, that the more attentively I consider them the less I feel persuaded that the idea I have of them owes its origin to myself alone. And thus it is absolutely necessary to conclude, from all that I have before said, that God exists. For though the idea of substance be in my mind owing to this, that I myself am a substance, I should not, however, have the idea of an infinite substance, seeing I am a finite being, unless it were given me by some substance in reality infinite.

And I must not imagine that I do not apprehend the infinite by a true idea, but only by the negation of the finite, in the same way that I comprehend repose and darkness by the negation of motion and light: since, on the contrary, I clearly perceive that there is more reality in the infinite substance than in the finite, and therefore that in some way I possess the perception (notion) of the infinite before that of the finite, that is, the perception of God before that of myself, for how could I know that I doubt, desire, or that something is wanting to me, and that I am not wholly perfect, if I possessed no idea of a being more perfect than myself, by comparison of which I knew the deficiencies of my nature?

And it cannot be said this that idea of God is perhaps materially false, and consequently that it may have arisen from nothing (in other words, that it may exist in me from my imperfection), as I before said of the ideas of heat and cold, and the like: for, on the contrary, as this idea is very clear and distinct, and contains in itself more objective reality than any other, there can be no one of itself more true, or less open to the suspicion of falsity.

The idea, I say, of a being supremely perfect, and infinite, is in the highest degree true; for although, perhaps, we may imagine that such a being does not exist, we cannot, nevertheless, suppose that his idea represents nothing real, as I have already said of the idea of cold. It is likewise clear and distinct in the highest degree, since whatever the mind clearly and distinctly conceives as real or true, and as implying any perfection, is contained entire in this idea. And this is true, nevertheless, although I do not comprehend the infinite, and although there may be in God an infinity of things that I cannot comprehend, nor perhaps even compass by thought in any way; for it is of the nature of the infinite that it should not be comprehended by the finite; and it is enough that I rightly understand this, and judge that all which I clearly perceive, and in which I know there is some perfection, and perhaps also an infinity of properties of which I am ignorant, are formally or eminently in God, in order that the idea I have of him may become the most true, clear, and distinct of all the ideas in my mind.

But perhaps I am something more than I suppose myself to be, and it may be that all those perfections which I attribute to God, in some way exist potentially in me, although they do not yet show themselves, and are not reduced to act. Indeed, I am already conscious that my knowledge is being increased (and perfected) by degrees; and I see nothing to prevent it from thus gradually increasing to infinity, nor any reason why, after such increase and perfection, I should not be able thereby to acquire all the other perfections of the Divine nature; nor, in fine, why the power I possess of acquiring those perfections, if it really now exist in me, should not be sufficient to produce the ideas of them. Yet, on looking more closely into the matter, I discover that this cannot be; for, in the first place, although it were true that my knowledge daily acquired new degrees of perfection, and although there were potentially in my nature much that was not as yet actually in it, still all these excellences make not the slightest approach to the idea I have of the Deity, in whom there is no perfection merely potentially (but all actually) existent; for it is even an unmistakable token of imperfection in my knowledge, that it is augmented by degrees. Further, although my knowledge increase more and more, nevertheless I am not, therefore, induced to think that it will ever be actually infinite, since it can never reach that point beyond which it shall be incapable of further increase. But I conceive God as actually infinite, so that nothing can be added to his perfection. And, in fine, I readily perceive that the objective being of an idea cannot be produced by a being that is merely potentially existent, which, properly speaking, is nothing, but only by a being existing formally or actually.

And, truly, I see nothing in all that I have now said which it is not easy for any one, who shall carefully consider it, to discern by the natural light; but when I allow my attention in some degree to relax, the vision of my mind being obscured, and, as it were, blinded by the images of sensible objects, I do not readily remember the reason why the idea of a being more perfect than myself, must of necessity have proceeded from a being in reality more perfect. On this account I am here desirous to inquire further, whether I, who possess this idea of God, could exist supposing there were no God. And I ask, from whom could I, in that case, derive my existence? Perhaps from myself, or from my parents, or from some other causes less perfect than God; for anything more perfect, or even equal to God, cannot be thought or imagined. But if I (were independent of every other existence, and) were myself the author of my being, I should doubt of nothing, I should desire nothing, and, in fine, no perfection would be awanting to me; for I should have bestowed upon myself every perfection of which I possess the idea, and I should thus be God. And it must not be imagined that what is now wanting to me is perhaps of more difficult acquisition than that of which I am already possessed; for, on the contrary, it is quite manifest that it was a matter of much higher difficulty that I, a thinking being, should arise from nothing, than it would be for me to acquire the knowledge of many things of which I am ignorant, and which are merely the accidents of a thinking substance; and certainly, if I possessed of myself the greater perfection of which I have now spoken (in other words, if I were the author of my own existence), I would not at least have denied to myself things that may be more easily obtained (as that infinite variety of knowledge of which I am at present destitute). I could not, indeed, have denied to myself any property which I perceive is contained in the idea of God, because there is none of these that seems to me to be more difficult to make or acquire; and if there were any that should happen to be more difficult to acquire, they would certainly appear so to me (supposing that I myself were the source of the other things I possess), because I should discover in them a limit to my power. And though I were to suppose that I always was as I now am, I should not, on this ground, escape the force of these reasonings, since it would not follow, even on this supposition, that no author of my existence needed to be sought after. For the whole time of my life may be divided into an infinity of parts, each of which is in no way dependent on any other; and, accordingly, because I was in existence a short time ago, it does not follow that I must now exist, unless in this moment some cause create me anew, as it were, that is, conserve me. In truth, it is perfectly clear and evident to all who will attentively consider the nature of duration that the conservation of a substance, in each moment of its duration, requires the same power and act that would be necessary to create it, supposing it were not yet in existence; so that it is manifestly a dictate of the natural light that conservation and creation differ merely in respect of our mode of thinking (and not in reality). All that is here required, therefore, is that I interrogate myself to discover whether I possess any power by means of which I can bring it about that I, who now am, shall exist a moment afterwards: for, since I am merely a thinking thing (or since, at least, the precise question, in the meantime, is only of that part of myself), if such a power resided in me I should, without doubt, be conscious of it; but I am conscious of no such power, and thereby I manifestly know that I am dependent upon some being different from myself.

But perhaps the being upon whom I am dependent is not God, and I have been produced either by my parents, or by some causes less perfect than Deity. This cannot be: for, as I before said, it is perfectly evident that there must at least be as much reality in the cause as in its effect; and accordingly, since I am a thinking thing, and possess in myself an idea of God, whatever in the end be the cause of my existence, it must of necessity be admitted that it is likewise a thinking being, and that it possesses in itself the idea and all the perfections I attribute to Deity. Then it may again be inquired whether this cause owes its origin and existence to itself, or to some other cause. For if it be self-existent, it follows, from what I have before laid down, that this cause is God; for, since it possesses the perfection of self-existence, it must likewise, without doubt, have the power of actually possessing every perfection of which it has the idea—in other words, all the perfections I conceive to belong to God. But if it owe its existence to another cause than itself, we demand again, for a similar reason, whether this second cause exists of itself or through some other, until, from stage to stage, we at length arrive at an ultimate cause, which will be God. And it is quite manifest that in this matter there can be no infinite regress of causes, seeing that the question raised respects not so much the cause which once produced me, as that by which I am at this present moment conserved.

Nor can it be supposed that several causes concerned in my production, and that from one I received the idea of one of the perfections I attribute to Deity, and from another the idea of some other, and thus that all those perfections are indeed found somewhere in the universe, but do not all exist together in a single being who is God;

for, on the contrary, the unity, the simplicity or inseparability of all the properties of Deity, is one of the chief perfections I conceive him to possess; and the idea of this unity of all the perfections of Deity could certainly not be put into my mind by any cause from which I did not likewise receive the ideas of all the other perfections; for no power could enable me to embrace them in an inseparable unity, without at the same time giving me the knowledge of what they were (and of their existence in a particular mode).

Finally, with regard to my parents (from whom it appears I sprung), although all that I believed respecting them be true, it does not, nevertheless, follow that I am conserved by them, or even that I was produced by them, in so far as I am a thinking being. All that, at the most, they contributed to my origin was the giving of certain dispositions (modifications) to the matter in which I have hitherto judged that I or my mind, which is what alone I now consider to be myself, is enclosed; and thus there can here be no difficulty with respect to them, and it is absolutely necessary to conclude from this alone that I am, and possess the idea of a being absolutely perfect, that is, of God, that his existence is most clearly demonstrated.

There remains only the inquiry as to the way in which I received this idea from God; for I have not drawn it from the senses, nor is it even presented to me unexpectedly, as is usual with the ideas of sensible objects, when these are presented or appear to be presented to the external organs of the senses; it is not even a pure production or fiction of my mind, for it is not in my power to take from or add to it; and consequently there but remains the alternative that it is innate, in the same way as is the idea of myself. And, in truth, it is not to be wondered at that God, at my creation, implanted this idea in me, that it might serve, as it were, for the mark of the workman impressed on his work; and it is not also necessary that the mark should be something different from the work itself; but considering only that God is my creator, it is highly probable that he in some way fashioned me after his own image and likeness, and that I perceive this likeness, in which is contained the idea of God, by the same faculty by which I apprehend myself,—in other words, when I make myself the object of reflection, I not only find that I am an incomplete (imperfect) and dependent being, and one who unceasingly aspires after something better and greater than he is; but, at the same time, I am assured likewise that he upon whom I am dependent possesses in himself all the goods after which I aspire (and the ideas of which I find in my mind), and that not merely indefinitely and potentially, but infinitely and actually, and that he is thus God. And the whole force of the argument of which I have here availed myself to establish the existence of God, consists in this, that I perceive I could not possibly be of such a nature as I am, and yet have in my mind the idea of a God, if God did not in reality exist,—this same God, I say, whose idea is in my mind—that is, a being who possesses all those lofty perfections, of which the mind may have some slight conception, without, however, being able fully to comprehend them,—and who is wholly superior to all defect (and has nothing that marks imperfection): whence it is sufficiently manifest that he cannot be a deceiver, since it is a dictate of the natural light that all fraud and deception spring from some defect.

But before I examine this with more attention, and pass on to the consideration of other truths that may be evolved out of it, I think it proper to remain here for some time in the contemplation of God himself—that I may ponder at leisure his marvellous attributes—and behold, admire, and adore the beauty of this light so unspeakably great, as far, at least, as the strength of my mind, which is to some degree dazzled by the sight, will permit. For just as we learn by faith that the supreme felicity of another life consists in the contemplation of the Divine majesty alone, so even now we learn from experience that a like meditation, though incomparably less perfect, is the source of the highest satisfaction of which we are susceptible in this life.

MEDITATION IV
Of Truth and Error

I have been habituated these bygone days to detach my mind from the senses, and I have accurately observed that there is exceedingly little which is known with certainty respecting corporeal objects, that we know much more of the human mind, and still more of God himself. I am thus able now without difficulty to abstract my mind from the contemplation of (sensible or) imaginable objects, and apply it to those which, as disengaged from all matter, are purely intelligible. And certainly the idea I have of the human mind in so far as it is a thinking thing, and not extended in length, breadth, and depth, and participating in none of the properties of body, is incomparably more distinct than the idea of any corporeal object; and when I consider that I doubt, in other words, that I am an incomplete and dependent being, the idea of a complete and independent being, that is to say of God, occurs to my mind with so much clearness and distinctness, and from the fact alone that this idea is found in me, or that I who possess it exist, the conclusions that God exists, and that my own existence, each moment of its continuance, is absolutely dependent upon him, are so manifest,—as to lead me to believe it impossible that the human mind can know anything with more clearness and certitude. And now I seem to discover a path that will conduct us from the contemplation of the true God, in whom are contained all the treasures of science and wisdom, to the knowledge of the other things in the universe.

For, in the first place, I discover that it is impossible for him ever to deceive me, for in all fraud and deceit there is a certain imperfection: and although it may seem that the ability to deceive is a mark of subtlety or power, yet the will testifies without doubt of malice and weakness; and such, accordingly, can't be found in God. In the next place, I am conscious that I possess a certain faculty of judging (or discerning truth from error), which I doubtless received from God, along with whatever else is mine; and since it is impossible that he should will to deceive me, it is likewise certain that he has not given me a faculty that will ever lead me into error, provided I use it aright.

And there would remain no doubt on this head, did it not seem to follow from this, that I can never therefore be deceived; for if all I possess be from God, and if he planted in me no faculty that is deceitful, it seems to follow that I can never fall into error. Accordingly, it is true that when I think only of God (when I look upon myself as coming from God, Fr.), and turn wholly to him, I discover (in myself) no cause of error or falsity: but immediately thereafter, recurring to myself, experience assures me that I am nevertheless subject to innumerable errors. When I come to inquire into the cause of these, I observe that there is not only present to my consciousness a real and positive idea of God, or of a being supremely perfect, but also, so to speak, a certain negative idea of nothing, in other words, of that which is at an infinite distance from every sort of perfection, and that I am, as it were, a mean between God and nothing, or placed in such a way between absolute existence and non-existence, that there is in truth nothing in me to lead me into error, in so far as an absolute being is my creator; but that, on the other hand, as I thus likewise participate in some degree of nothing or of non-being, in other words, as I am not myself the supreme Being, and as I am wanting in many perfections, it is not surprising I should fall into error. And I hence discern that error, so far as error is not something real, which depends for its existence on God, but is simply defect; and therefore that, in order to fall into it, it is not necessary God should have given me a faculty expressly for this end, but that my being deceived arises from the circumstance that the power which God has given me of discerning truth from error is not infinite.

Nevertheless this is not yet quite satisfactory; for error is not a pure negation (in other words, it is not the simple deficiency or want of some knowledge which is not due), but the privation or want of some knowledge which it would seem I ought to possess. But, on considering the nature of God, it seems impossible that he should have planted in his creature any faculty not perfect in its kind, that is, wanting in some perfection due to it: for if it be true, that in proportion to the skill of the maker the perfection of his work is greater, what thing can have been produced by the supreme Creator of the universe that is not absolutely perfect in all its parts? And assuredly there is no doubt that God could have created me such as that I should never be deceived; it is certain, likewise, that he always wills what is best: is it better, then, that I should be capable of being deceived than that I should not?

Considering this more attentively, the first thing that occurs to me is the reflection that I must not be surprised if I am not always capable of comprehending the reasons why God acts as he does; nor must I doubt of his existence because I find, perhaps, that there are several other things, besides the present respecting which I understand neither why nor how they were created by him; for, knowing already that my nature is extremely weak and limited, and that the nature of God, on the other hand, is immense, incomprehensible, and infinite, I have no longer any difficulty in discerning that there is an infinity of things in his power whose causes transcend the grasp of my mind: and this consideration alone is sufficient to convince me, that the whole class of final causes is of no avail in physical [or natural] things; for it appears to me that I cannot, without exposing myself to the charge of temerity, seek to discover the (impenetrable) ends of Deity.

It further occurs to me that we must not consider only one creature apart from the others, if we wish to determine the perfection of the works of Deity, but generally all his creatures together; for the same object that might perhaps, with some show of reason, be deemed highly imperfect if it were alone in the world, may for all that be the most perfect possible, considered as forming part of the whole universe: and although, as it was my purpose to doubt of everything, I only as yet know with certainly my own existence and that of God, nevertheless, after having remarked the infinite power of Deity, I cannot deny that he may have produced many other objects, or at least that he is able to produce them, so that I may occupy a place in the relation of a part to the great whole of his creatures.

Whereupon, regarding myself more closely, and considering what my errors are (which alone testify to the existence of imperfection in me), I observe that these depend on the concurrence of two causes, viz., the faculty of cognition which I possess, and that of election or the power of free choice,—in other words, the understanding and the will. For by the understanding alone, I (neither affirm nor deny anything, but) merely apprehend (percipio) the ideas regarding which I may form a judgment; nor is any error, properly so called, found in it thus accurately taken. And although there are perhaps innumerable objects in the world of which I have no idea in my understanding, it cannot, on that account, be said that I am deprived of those ideas (as of something that is due to my nature), but simply that I do not possess them, because, in truth, there is no ground to prove that Deity ought to have endowed me with a larger faculty of cognition than he has actually bestowed upon me; and however skilful a workman I suppose him to be, I have no reason, on that account, to think that it was obligatory on him to give to each of his works all the perfections he is able to bestow upon some. Nor, moreover, can I complain that God has not given me freedom of choice, or a will sufficiently ample and perfect, since, in truth, I am conscious of will so ample and extended as to be superior to all limits. And what appears to me here to be highly remarkable is that, of all the other properties I possess, there is none so great and perfect as that I do not clearly discern it could be still greater and more perfect. For, to take an example, if I consider the faculty of understanding which I possess, I find that it is of very small extent, and greatly limited, and at the same time I form the idea of another faculty of the same nature, much more ample and even infinite; and seeing that I can frame the idea of it, I discover, from this circumstance alone, that it pertains to the nature of God. In the same way, if I examine the faculty of memory or imagination, or any other faculty I possess, I find none that is not small and circumscribed, and in God immense (and infinite). It is the faculty of will only, or freedom of choice, which I experience to be so great that I am unable to conceive the idea of another that shall be more ample and extended; so that it is chiefly my will which leads me to discern that I bear a certain image and similitude of Deity. For although the faculty of will is incomparably greater in God than in myself, as well in respect of the knowledge and power that are conjoined with it, and that render it stronger and more efficacious, as in respect of the object, since in him it extends to a greater number of things, it does not, nevertheless, appear to me greater, considered in itself formally and precisely: for the power of will consists only in this, that we are able to do or not to do the same thing (that is, to affirm or deny, to pursue or shun it), or rather in this alone, that in affirming or denying, pursuing or shunning, what is proposed to us by the understanding, we so act that we are not conscious of being determined to a particular action by any external force. For, to the possession of freedom, it is not necessary that I be alike indifferent towards each of two contraries; but, on the contrary, the more I am inclined towards the one, whether because I clearly know that in it there is the reason of truth and goodness, or because God thus internally disposes my thought, the more freely do I choose and embrace it; and assuredly divine grace and natural knowledge, very far from diminishing liberty, rather augment and fortify it. But the indifference of which I am conscious when I am not impelled to one side rather than to another for want of a reason, is the lowest grade of liberty, and manifests defect or negation of knowledge rather than perfection, of will; for if I always clearly knew what was true and good, I should never have any difficulty in determining what judgment I ought to come to, and what choice I ought to make, and I should thus be entirely free without ever being indifferent.From all this I discover, however, that neither the power of willing, which I have received from God, is of itself the source of my errors, for it is exceedingly ample and perfect in its kind; nor even the power of understanding, for as I conceive no object unless by means of the faculty that God bestowed upon me, all that I conceive is doubtless rightly conceived by me, and it is impossible for me to be deceived in it.

Whence, then, spring my errors? They arise from this cause alone, that I do not restrain the will, which is of much wider range than the understanding, within the same limits, but extend it even to things I do not understand, and as the will is of itself indifferent to such, it readily falls into error and sin by choosing the false in room of the true, and evil instead of good.

For example, when I lately considered whether aught really existed in the world, and found that because I considered this question, it very manifestly followed that I myself existed, I could not but judge that what I so clearly conceived was true, not that I was forced to this judgment by any external cause, but simply because great clearness of the understanding was succeeded by strong inclination in the will; and I believed this the more freely and spontaneously in proportion as I was less indifferent with respect to it. But now I not only know that I exist, in so far as I am a thinking being, but there is likewise presented to my mind a certain idea of corporeal nature; hence I am in doubt as to whether the thinking nature which is in me, or rather which I myself am, is different from that corporeal nature, or whether both are merely one and the same thing, and I here suppose that I am as yet ignorant of any reason that would determine me to adopt the one belief in preference to the other: whence it happens that it is a matter of perfect indifference to me which of the two suppositions I affirm or deny, or whether I form any judgment at all in the matter.

This indifference, moreover, extends not only to things of which the understanding has no knowledge at all, but in general also to all those which it does not discover with perfect clearness at the moment the will is deliberating upon them; for, however probable the conjectures may be that dispose me to form a judgment in a particular matter, the simple knowledge that these are merely conjectures, and not certain and indubitable reasons, is sufficient to lead me to form one that is directly the opposite. Of this I lately had abundant experience, when I laid aside as false all that I had before held for true, on the single ground that I could in some degree doubt of it. But if I abstain from judging of a thing when I do not conceive it with sufficient clearness and distinctness, it is plain that I act rightly, and am not deceived; but if I resolve to deny or affirm, I then do not make a right use of my free will; and if I affirm what is false, it is evident that I am deceived: moreover, even although I judge according to truth, I stumble upon it by chance, and do not therefore escape the imputation of a wrong use of my freedom; for it is a dictate of the natural light, that the knowledge of the understanding ought always to precede the determination of the will.

And it is this wrong use of freedom of the will in which is found the privation that constitutes the form of error. Privation, I say, is found in the act, in so far as it proceeds from myself, but it does not exist in the faculty which I received from God, nor even in the act, in so far as it depends on him; for I have assuredly no reason to I complain that God has not given me a greater power of intelligence or more perfect natural light than he has actually bestowed, since it is of the nature of a finite understanding not to comprehend many things, and of the nature of a created understanding to be finite; on the contrary, I have every reason to render thanks to God, who owed me nothing, for having given me all the perfections I possess, and I should be far from thinking that he has unjustly deprived me of, or kept back, the other perfections which he has not bestowed upon me.

I have no reason, moreover, to complain because he has given me a will more ample than my understanding, since, as the will consists only of a single element, and that indivisible, it would appear that this faculty is of such a nature that nothing could be taken from it (without destroying it); and certainly, the more extensive it is, the more cause I have to thank the goodness of him who bestowed it upon me.

And, finally, I ought not also to complain that God concurs with me in forming the acts of this will, or the judgments in which I am deceived, because those acts are wholly true and good, in so far as they depend on God; and the ability to form them is a higher degree of perfection in my nature than the want of it would be. With regard to privation, in which alone consists the formal reason of error and sin, this does not require the concurrence of Deity, because it is not a thing (or existence), and if it be referred to God as to its cause, it ought not to be called privation, but negation (according to the signification of these words in the schools). For in truth it is no imperfection in Deity that he has accorded to me the power of giving or withholding my assent from certain things of which he has not put a clear and distinct knowledge in my understanding; but it is doubtless an imperfection in me that I do not use my freedom aright, and readily give my judgment on matters which I only obscurely and confusedly conceive.

I perceive, nevertheless, that it was easy for Deity so to have constituted me as that I should never be deceived, although I still remained free and possessed of a limited knowledge, viz., by implanting in my understanding a clear and distinct knowledge of all the objects respecting which I should ever have to deliberate; or simply by so deeply engraving on my memory the resolution to judge of nothing without previously possessing a clear and distinct conception of it, that I should never forget it. And I easily understand that, in so far as I consider myself as a single whole, without reference to any other being in the universe, I should have been much more perfect than I now am, had Deity created me superior to error; but I cannot therefore deny that it is not somehow a greater perfection in the universe, that certain of its parts are not exempt from defect, as others are, than if they were all perfectly alike.

And I have no right to complain because God, who placed me in the world, was not willing that I should sustain that character which of all others is the chief and most perfect; I have even good reason to remain satisfied on the ground that, if he has not given me the perfection of being superior to error by the first means I have pointed out above, which depends on a clear and evident knowledge of all the matters regarding which I can deliberate, he has at least left in my power the other means, which is, firmly to retain the resolution never to judge where the truth is not clearly known to me: for, although I am conscious of the weakness of not being able to keep my mind continually fixed on the same thought, I can nevertheless, by attentive and oft-repeated meditation, impress it so strongly on my memory that I shall never fail to recollect it as often as I require it, and I can acquire in this way the habitude of not erring; and since it is in being superior to error that the highest and chief perfection of man consists, I deem that I have not gained little by this day's meditation, in having discovered the source of error and falsity.

And certainly this can be no other than what I have now explained: for as often as I so restrain my will within the limits of my knowledge, that it forms no judgment except regarding objects which are clearly and distinctly represented to it by the understanding, I can never be deceived; because every clear and distinct conception is doubtless something, and as such cannot owe its origin to nothing, but must of necessity have God for its author—God, I say, who, as supremely perfect, cannot, without a contradiction, be the cause of any error; and consequently it is necessary to conclude that every such conception (or judgment) is true. Nor have I merely learned to-day what I must avoid to escape error, but also what I must do to arrive at the knowledge of truth; for I will assuredly reach truth if I only fix my attention sufficiently on all the things I conceive perfectly, and separate these from others which I conceive more confusedly and obscurely: to which for the future I shall give diligent heed.

MEDITATION V

Of the Essence of Material Things; and, Once More of God, that He Exists

Several other questions remain for consideration respecting the attributes of God and my own nature or mind. I will, however, on some other occasion perhaps resume the investigation of these. Meanwhile, as I have discovered what must be done, and what avoided to arrive at the knowledge of truth, what I have chiefly to do is to essay to emerge from the state of doubt in which I have for some time been, and to discover whether anything can be known with certainty regarding material objects. But before considering whether such objects as I conceive exist without me, I must examine their ideas in so far as these are to be found in my consciousness, and discover which of them are distinct and which confused.

In the first place, I distinctly imagine that quantity which the philosophers commonly call continuous, or the extension in length, breadth, and depth that is in this quantity, or rather in the object to which it is attributed. Further, I can enumerate in it many diverse parts, and attribute to each of these all sorts of sizes, figures, situations, and local motions; and, in fine, I can assign to each of these motions all degrees of duration. And I not only distinctly know these things when I thus consider them in general; but besides, by a little attention, I discover innumerable particulars respecting figures, numbers, motion, and the like, which are so evidently true, and so accordant with my nature, that when I now discover them I do not so much appear to learn anything new, as to call to remembrance what I before knew, or for the first time to remark what was before in my mind, but to which I had not hitherto directed my attention. And what I find here of most importance is, that I discover in my mind innumerable ideas of certain objects, which cannot be esteemed pure negations, although perhaps they possess no reality beyond my thought, and which are not framed by me though it may be in my power to think, or not to think them, but possess true and immutable natures of their own. As, for example, when I imagine a triangle, although there is not perhaps and never was in any place in the universe apart from my thought one such figure, it remains true nevertheless that this figure possesses a certain determinate nature, form, or essence, which is immutable and eternal, and not framed by me, nor in any degree dependent on my thought; as appears from the circumstance, that diverse properties of the triangle may be demonstrated, viz., that its three angles are equal to two right, that its greatest side is subtended by its greatest angle, and the like, which, whether I will or not, I now clearly discern to belong to it, although before I did not at all think of them, when, for the first time, I imagined a triangle, and which accordingly cannot be said to have been invented by me. Nor is it a valid objection to allege, that perhaps this idea of a triangle came into my mind by the medium of the senses, through my having seen bodies of a triangular figure; for I am able to form in thought an innumerable variety of figures with regard to which it cannot be supposed that they were ever objects of sense, and I can nevertheless demonstrate diverse properties of their nature no less than of the triangle, all of which are assuredly true since I clearly conceive them; and they are therefore something, and not mere negations; for it is highly evident that all that is true is something (truth being identical with existence); and I have already fully shown the truth of the principle, that whatever is clearly and distinctly known is true. And although this had not been demonstrated, yet the nature of my mind is such as to compel me to assent to what I clearly conceive while I so conceive it; and I recollect that even when I still strongly adhered to the objects of sense, I reckoned among the number of the most certain truths those I clearly conceived relating to figures, numbers, and other matters that pertain to arithmetic and geometry, and in general to the pure mathematics.

But now if because I can draw from my thought the idea of an object, it follows that all I clearly and distinctly apprehend to pertain to this object, does in truth belong to it, may I not from this derive an argument for the existence of God? It is certain that I no less find the idea of a God in my consciousness, that is, the idea of a being supremely perfect, than that of any figure or number whatever: and I know with not less clearness and distinctness that an (actual and) eternal existence pertains to his nature than that all which is demonstrable of any figure or number really belongs to the nature of that figure or number; and, therefore, although all the conclusions of the preceding Meditations were false, the existence of God would pass with me for a truth at least as certain as I ever judged any truth of mathematics to be, although indeed such a doctrine may at first sight appear to contain more sophistry than truth. For, as I have been accustomed in every other matter to distinguish between existence and essence, I easily believe that the existence can be separated from the essence of God, and that thus God may be conceived as not actually existing. But, nevertheless, when I think of it more attentively, it appears that the existence can no more be separated from the essence of God than the idea of a mountain from that of a valley, or the equality of its three angles to two right angles, from the essence of a (rectilineal) triangle; so that it is not less impossible to conceive a God, that is, a being supremely perfect, to whom existence is awanting, or who is devoid of a certain perfection, than to conceive a mountain without a valley.

But though, in truth, I cannot conceive a God unless as existing, any more than I can a mountain without a valley, yet, just as it does not follow that there is any mountain in the world merely because I conceive a mountain with a valley, so likewise, though I conceive God as existing, it does not seem to follow on that account that God exists; for my thought imposes no necessity on things; and as I may imagine a winged horse, though there be none such, so I could perhaps attribute existence to God, though no God existed. But the cases are not analogous, and a fallacy lurks under the semblance of this objection: for because I cannot conceive a mountain without a valley, it does not follow that there is any mountain or valley in existence, but simply that the mountain or valley, whether they do or do not exist, are inseparable from each other; whereas, on the other hand, because I cannot conceive God unless as existing, it follows that existence is inseparable from him, and therefore that he really exists: not that this is brought about by my thought, or that it imposes any necessity on things, but, on the contrary, the necessity which lies in the thing itself, that is, the necessity of the existence of, God, determines me to think in this way, for it is not in my power to conceive a God without existence, that is a being supremely perfect, and yet devoid of an absolute perfection, as I am free to imagine a horse with or without, wings.

Nor must it be alleged here as an objection, that it is in truth necessary to admit that God exists, after having supposed him to possess all perfections, since existence is one of them, but that my original supposition was not necessary; just as it is not necessary to think that all quadrilateral figures can be inscribed in the circle, since, if I supposed this, I should be constrained to admit that the rhombus, being a figure of four sides, can be therein inscribed, which, however, is manifestly false. This objection is, I say, incompetent; for although it may not be necessary that I shall at any time entertain the notion of Deity, yet each time I happen to think of a first and sovereign being, and to draw, so to speak, the idea of him from the store-house of the mind, I am necessitated to attribute to him all kinds of perfections, though I may not then enumerate them all, nor think of each of them in particular. And this necessity is sufficient, as soon as I discover that existence is a perfection, to cause me to infer the existence of this first and sovereign being; just as it is not necessary that I should ever imagine any triangle, but whenever I am desirous of considering a rectilineal figure composed of only three angles, it is absolutely necessary to attribute those properties to it from which it is correctly inferred that its three angles are not greater than two right angles, although perhaps I may not then advert to this relation in particular. But when I consider what figures are capable of being inscribed in the circle, it is by no means necessary to hold that all quadrilateral figures are of this number; on the contrary, I cannot even imagine such to be the case, so long as I shall be unwilling to accept in thought aught that I do not clearly and distinctly conceive: and consequently there is a vast difference between false suppositions, as is the one in question, and the true ideas that were born with me, the first and chief of which is the idea of God. For indeed I discern on many grounds that this idea is not factitious, depending simply on my thought, but that it is the representation of a true and immutable nature: in the first place, because I can conceive no other being, except God, to whose essence existence (necessarily) pertains; in the second, because it is impossible to conceive two or more gods of this kind; and it being supposed that one such God exists, I clearly see that he must have existed from all eternity, and will exist to all eternity; and finally, because I apprehend many other properties in God, none of which I can either diminish or change.

But, indeed, whatever mode of probation I in the end adopt, it always returns to this, that it is only the things I clearly and distinctly conceive which have the power of completely persuading me. And although, of the objects I conceive in this manner, some, indeed, are obvious to everyone, while others are only discovered after close and careful investigation; nevertheless, after they are once discovered, the latter are not esteemed less certain than the former. Thus, for example, to take the case of a right-angled triangle, although it is not so manifest at first that the square of the base is equal to the squares of the other two sides, as that the base is opposite to the greatest angle; nevertheless, after it is once apprehended, we are as firmly persuaded of the truth of the former as of the latter. And, with respect to God, if I were not preoccupied by prejudices, and my thoughts beset on all sides by the continual presence of the images of sensible objects, I should know nothing sooner or more easily than the fact of his being. For is there any truth more clear than the existence of a Supreme Being, or of God, seeing it is to his essence alone that (necessary and eternal) existence pertains? And although the right conception of this truth has cost me much close thinking, nevertheless at present I feel not only as assured of it as of what I deem most certain, but I remark further that the certitude of all other truths is so absolutely dependent on it, that without this knowledge it is impossible ever to know anything perfectly.

For although I am of such a nature as to be unable, while I possess a very clear and distinct apprehension of a matter, to resist the conviction of its truth, yet because my constitution is also such as to incapacitate me from keeping my mind continually fixed on the same object, and as I frequently recollect a past judgment without at the same time being able to recall the grounds of it, it may happen meanwhile that other reasons are presented to me which would readily cause me to change my opinion, if I did not know that God existed; and thus I should possess no true and certain knowledge, but merely vague and vacillating opinions. Thus, for example, when I consider the nature of the (rectilineal) triangle, it most clearly appears to me, who have been instructed in the principles of geometry, that its three angles are equal to two right angles, and I find it impossible to believe otherwise, while I apply my mind to the demonstration; but as soon as I cease from attending to the process of proof, although I still remember that I had a clear comprehension of it, yet I may readily come to doubt of the truth demonstrated, if I do not know that there is a God: for I may persuade myself that I have been so constituted by nature as to be sometimes deceived, even in matters which I think I apprehend with the greatest evidence and certitude, especially when I recollect that I frequently considered many things to be true and certain which other reasons afterwards constrained me to reckon as wholly false.

But after I have discovered that God exists, seeing I also at the same time observed that all things depend on him, and that he is no deceiver, and thence inferred that all which I clearly and distinctly perceive is of necessity true: although I no longer attend to the grounds of a judgment, no opposite reason can be alleged sufficient to lead me to doubt of its truth, provided only I remember that I once possessed a clear and distinct comprehension of it. My knowledge of it thus becomes true and certain. And this same knowledge extends likewise to whatever I remember to have formerly demonstrated, as the truths of geometry and the like: for what can be alleged against them to lead me to doubt of them? Will it be that my nature is such that I may be frequently deceived? But I already know that I cannot be deceived in judgments of the grounds of which I possess a clear knowledge. Will it be that I formerly deemed things to be true and certain which I afterwards discovered to be false? But I had no clear and distinct knowledge of any of those things, and, being as yet ignorant of the rule by which I am assured of the truth of a judgment, I was led to give my assent to them on grounds which I afterwards discovered were less strong than at the time I imagined them to be. What further objection, then, is there? Will it be said that perhaps I am dreaming (an objection I lately myself raised), or that all the thoughts of which I am now conscious have no more truth than the reveries of my dreams? But although, in truth, I should be dreaming, the rule still holds that all which is clearly presented to my intellect is indisputably true.

And thus I very clearly see that the certitude and truth of all science depends on the knowledge alone of the true God, insomuch that, before I knew him, I could have no perfect knowledge of any other thing. And now that I know him, I possess the means of acquiring a perfect knowledge respecting innumerable matters, as well relative to God himself and other intellectual objects as to corporeal nature, in so far as it is the object of pure mathematics (which do not consider whether it exists or not).

MEDITATION VI

Of the Existence of Material Things, and of the Real Distinction between the Soul and the Body of Man

There now only remains the inquiry as to whether material things exist. With regard to this question, I at least know with certainty that such things may exist, in as far as they constitute the object of the pure mathematics, since, regarding them in this aspect, I can conceive them clearly and distinctly. For there can be no doubt that God possesses the power of producing all the objects I am able distinctly to conceive, and I never considered anything impossible to him, unless when I experienced a contradiction in the attempt to conceive it aright. Further, the faculty of imagination which I possess, and of which I am conscious that I make use when I apply myself to the consideration of material things, is sufficient to persuade me of their existence: for, when I attentively consider what imagination is, I find that it is simply a certain application of the cognitive faculty (facultus cognoscitiva) to a body which is immediately present to it, and which therefore exists.

And to render this quite clear, I remark, in the first place, the difference that subsists between imagination and pure intellection (or conception). For example, when I imagine a triangle I not only conceive (intelligo) that it is a figure comprehended by three lines, but at the same time also I look upon (intueor) these three lines as present by the power and internal application of my mind (acie mentis), and this is what I call imagining. But if I desire to think of a chiliogon, I indeed rightly conceive that it is a figure composed of a thousand sides, as easily as I conceive that a triangle is a figure composed of only three sides; but I cannot imagine the thousand sides of a chiliogon as I do the three sides of a triangle, nor, so to speak, view them as present (with the eyes of my mind). And although, in accordance with the habit I have of always imagining something when I think of corporeal things, it may happen that, in conceiving a chiliogon, I confusedly represent some figure to myself, yet it is quite evident that this is not a chiliogon, since it in no wise differs from that which I would represent to myself, if I were to think of a myriogon, or any other figure of many sides; nor would this representation be of any use in discovering and unfolding the properties that constitute the difference between a chiliogon and other polygons. But if the question turns on a pentagon, it is quite true that I can conceive its figure, as well as that of a chiliogon, without the aid of imagination; but I can likewise imagine it by applying the attention of my mind to its five sides, and at the same time to the area which they contain. Thus I observe that a special effort of mind is necessary to the act of imagination, which is not required to conceiving or understanding (ad intelligentdum); and this special exertion of mind clearly shows the difference between imagination and pure intellection (imaginatio et intellectio pura). I remark, besides, that this power of imagination which I possess, in as far as it differs from the power of conceiving, is in no way necessary to my (nature or) essence, that is, to the essence of my mind; for although I did not possess it, I should still remain the same that I now am, from which it seems we may conclude that it depends on something different from the mind. And I easily understand that, if somebody exists, with which my mind is so conjoined and united as to be able, as it were, to consider it when it chooses, it may thus imagine corporeal objects; so that this mode of thinking differs from pure intellection only in this respect, that the mind in conceiving turns in some way upon itself, and considers some one of the ideas it possesses within itself; but in imagining it turns towards the body, and contemplates in it some object conformed to the idea which it either of itself conceived or apprehended by sense. I easily understand, I say, that imagination may be thus formed, if it is true that there are bodies; and because I find no other obvious mode of explaining it, I thence, with probability, conjecture that they exist, but only with probability and although I carefully examine all things, nevertheless I do not find that, from the distinct idea of corporeal nature I have in my imagination, I can necessarily infer the existence of any body. But I am accustomed to imagine many other objects besides that corporeal nature which is the object of the pure mathematics, as, for example, colours, sounds, tastes, pain, and the like, although with less distinctness; and, inasmuch as I perceive these objects much better by the senses, through the medium of which and of memory, they seem to have reached the imagination, I believe that, in order the more advantageously to examine them, it is proper I should at the same time examine what sense-perception is, and inquire whether from those ideas that are apprehended by this mode of thinking (consciousness), I cannot obtain a certain proof of the existence of corporeal objects.

And, in the first place, I will recall to my mind the things I have hitherto held as true, because perceived by the senses, and the foundations upon which my belief in their truth rested; I will, in the second place, examine the reasons that afterwards constrained me to doubt of them; and, finally, I will consider what of them I ought how to believe.

Firstly, then, I perceived that I had a head, hands, feet, and other members composing that body which I considered as part, or perhaps even as the whole, of myself. I perceived further, that that body was placed among many others, by which it was capable of being affected in diverse ways, both beneficial and hurtful; and what was beneficial I remarked by a certain sensation of pleasure, and what was hurtful by a sensation of pain. And, besides this pleasure and pain, I was likewise conscious of hunger, thirst, and other appetites, as well as certain corporeal inclinations towards joy, sadness, anger, and similar passions. And, out of myself, besides the extension, figure, and motions of bodies, I likewise perceived in them hardness, heat, and the other tactile qualities, and, in addition, light, colours, odours, tastes, and sounds, the variety of which gave me the means of distinguishing the sky, the earth, the sea, and generally all the other bodies, from one another. And certainly, considering the ideas of all these qualities, which were presented to my mind, and which alone I properly and immediately perceived, it was not without reason that I thought I perceived certain objects wholly different from my thought, namely, bodies from which those ideas proceeded; for I was conscious that the ideas were presented to me without my consent being required, so that I could not perceive any object, however desirous I might be, unless it were present to the organ of sense; and it was wholly out of my power not to perceive it when it was thus present. And because the ideas I perceived by the senses were much more lively and clear, and even, in their own way, more distinct than any of those I could of myself frame by meditation, or which I found impressed on my memory, it seemed that they could not have proceeded from myself, and must therefore have been caused in me by some other objects: and as of those objects I had no knowledge beyond what the ideas themselves gave me, nothing was so likely to occur to my mind as the supposition that the objects were similar to the ideas which they caused. And because I recollected also that I had formerly trusted to the senses, rather than to reason, and that the ideas which I myself formed were not so clear as those I perceived by sense, and that they were even for the most part composed of parts of the latter, I was readily persuaded that I had no idea in my intellect which had not formerly passed through the senses. Nor was I altogether wrong in likewise believing that that body which, by a special right, I called my own, pertained to me more properly and strictly than any of the others; for in truth, I could never be separated from it as from other bodies: I felt in it and on account of it all my appetites and affections, and in fine I was affected in its parts by pain and the titillation of pleasure, and not in the parts of the other bodies that were separated from it. But when I inquired into the reason why, from this I know not what sensation of pain, sadness of mind should follow, and why from the sensation of pleasure joy should arise, or why this indescribable twitching of the stomach, which I call hunger, should put me in mind of taking food, and the parchedness of the throat of drink, and so in other cases I was unable to give any explanation, unless that I was so taught by nature; for there is assuredly no affinity, at least none that I am able to comprehend, between this irritation of the stomach and the desire of food, any more than between the perception of an object that causes pain and the consciousness of sadness which springs from the perception. And in the same way it seemed to me that all the other judgments I had formed regarding the objects of sense, were dictates of nature; because I remarked that those judgments were formed in me, before I had leisure to weigh and consider the reasons that might constrain me to form them.

    But, afterwards, a wide experience by degrees sapped the faith I had reposed in my senses; for I frequently observed that towers, which at a distance seemed round, appeared square when more closely viewed, and that colossal figures, raised on the summits of these towers, looked like small statues, when viewed from the bottom of them; and, in other instances without number, I also discovered error in judgments founded on the external senses; and not only in those founded on the external, but even in those that rested on the internal senses; for is there aught more internal than pain? and yet I have sometimes been informed by parties whose arm or leg had been amputated, that they still occasionally seemed to feel pain in that part of the body which they had lost,—a circumstance that led me to think that I could not be quite certain even that any one of my members was affected when I felt pain in it. And to these grounds of doubt I shortly afterwards also added two others of very wide generality: the first of them was that I believed I never perceived anything when awake which I could not occasionally think I also perceived when asleep, and as I do not believe that the ideas I seem to perceive in my sleep proceed from objects external to me, I did not any more observe any ground for believing this of such as I seem to perceive when awake; the second was that since I was as yet ignorant of the author of my being, or at least supposed myself to be so, I saw nothing to prevent my having been so constituted by nature as that I should be deceived even in matters that appeared to me to possess the greatest truth. And, with respect to the grounds on which I had before been persuaded of the existence of sensible objects, I had no great difficulty in finding suitable answers to them; for as nature seemed to incline me to many things from which reason made me averse, I thought that I ought not to confide much in its teachings. And although the perceptions of the senses were not dependent on my will, I did not think that I ought on that ground to conclude that they proceeded from things different from myself, since perhaps there might be found in me, some faculty, though hitherto unknown to me, which produced them.

But now that I begin to know myself better, and to discover more clearly the author of my being, I do not, indeed, think that I ought rashly to admit all which the senses seem to teach, nor, on the other hand, is it my conviction that I ought to doubt in general of their teachings.

And, firstly, because I know that all which I clearly and distinctly conceive can be produced by God exactly as I conceive it, it is sufficient that I am able clearly and distinctly to conceive one thing apart from another, in order to be certain that the one is different from the other, seeing they may at least be made to exist separately, by the omnipotence of God; and it matters not by what power this separation is made, in order to be compelled to judge them different; and, therefore, merely because I, know with certitude that I exist, and because, in the meantime, I do not observe that aught necessarily belongs to my nature or essence beyond my being a thinking thing, I rightly conclude that my essence consists only in my being a thinking thing (or a substance whose whole essence or nature is merely thinking). And although I may, or rather, as I will shortly say, although I certainly do possess a body with which I am very closely conjoined; nevertheless, because, on the one hand, I have a clear and distinct idea of myself, in as far as I am only a thinking and unextended thing, and as, on the other hand, I possess a distinct idea of body, in as far as it is only an extended and unthinking thing, it is certain that I (that is my mind, by which I am what I am) is entirely and truly distinct from my body, and may exist without it.

Moreover, I find in myself diverse faculties of thinking that have each their special mode: for example, I find I possess the faculties of imagining and perceiving, without which I can indeed clearly and distinctly conceive myself as entire, but I cannot reciprocally conceive them without conceiving myself, that is to say, without an intelligent substance in which they reside, for (in the notion we have of them, or to use the terms of the schools) in their formal concept, they comprise some sort of intellection; whence I perceive that they are distinct from myself as modes are from things. I remark likewise certain other faculties, as the power of changing place, of assuming diverse figures, and the like, that cannot be conceived and cannot therefore exist, any more than the preceding, apart from a substance in which they inhere. It is very evident, however, that these faculties, if they really exist, must belong to some corporeal or extended substance, since in their clear and distinct concept there is contained some sort of extension, but no in intellection at all. Farther, I cannot doubt but that there is in me a certain passive faculty of perception, that is, of receiving and taking knowledge of the ideas of sensible things; but this would be useless to me, if there did not also exist in me, or in some other thing, another active faculty capable of forming and producing those ideas. But this active faculty cannot be in me (in as far as I am but a thinking thing), seeing that it does not presuppose thought, and also that those ideas are frequently produced in my mind without my contributing to it in any way, and even frequently contrary to my will. This faculty must therefore exist in some substance different from me, in which all the objective reality of the ideas that are produced by this faculty is contained formally or eminently, as I before remarked: and this substance is either a body, that is to say, a corporeal nature in which is contained formally (and in effect) all that is objectively (and by representation) in those ideas; or it is God himself, or some other creature, of a rank superior to body, in which the same is contained eminently. But as God is no deceiver, it is manifest that he does not of himself and immediately communicate those ideas to me, nor even by the intervention of any creature in which their objective reality is not formally, but only eminently, contained. For as he has given me no faculty whereby I can discover this to be the case, but, on the contrary, a very strong inclination to believe that those ideas arise from corporeal objects, I do not see how he could be vindicated from the charge of deceit, if in truth they proceeded from any other source, or were produced by other causes than corporeal things: and accordingly it must be concluded, that corporeal objects exist. Nevertheless they are not perhaps exactly such as we perceive by the senses, for their comprehension by the senses is, in many instances, very obscure and confused; but it is at least necessary to admit that all which I clearly and distinctly conceive as in them, that is, generally speaking, all that is comprehended in the object of speculative geometry, really exists external to me.

But with respect to other things which are either only particular, as, for example, that the sun is of such a size and figure, etc., or are conceived with less clearness and distinctness, as light, sound, pain, and the like, although they are highly dubious and uncertain, nevertheless on the ground alone that God is no deceiver, and that consequently he has permitted no falsity in my opinions which he has not likewise given me a faculty of correcting, I think I may with safety conclude that I possess in myself the means of arriving at the truth. And, in the first place, it cannot be doubted that in each of the dictates of nature there is some truth: for by nature, considered in general, I now understand nothing more than God himself, or the order and disposition established by God in created things; and by my nature in particular I understand the assemblage of all that God has given me. But there is nothing which that nature teaches me more (expressly [or more sensibly]) than that I have a body which is ill affected when I feel pain, and stands in need of food and drink when I experience the sensations of hunger and thirst, etc. And therefore I ought not to doubt but that there is some truth in these informations. Nature likewise teaches me by these sensations of pain, hunger, thirst, etc., that I am not only lodged in my body as a pilot in a vessel, but that I am besides so intimately conjoined, and as it were intermixed with it, that my mind and body compose a certain unity. For if this were not the case, I should not feel pain when my body is hurt, seeing I am merely a thinking thing, but should perceive the wound by the understanding alone, just as a pilot perceives by sight when any part of his vessel is damaged; and when my body has need of food or drink, I should have a clear knowledge of this, and not be made aware of it by the confused sensations of hunger and thirst: for, in truth, all these sensations of hunger, thirst, pain, etc., are nothing more than certain confused modes of thinking, arising from the union and apparent fusion of mind and body.

Besides this, nature teaches me that my own body is surrounded by many other bodies, some of which I have to seek after, and others to shun. And indeed, as I perceive different sorts of colours, sounds, odours, tastes, heat, hardness, etc., I safely conclude that there are in the bodies from which the diverse perceptions of the senses proceed, certain varieties corresponding to them, although, perhaps, not in reality like them; and since, among these diverse perceptions of the senses, some are agreeable, and others disagreeable, there can be no doubt that my body, or rather my entire self, in as far as I am composed of body and mind, may be variously affected, both beneficially and hurtfully, by surrounding bodies.

But there are many other beliefs which, though seemingly the teaching of nature, are not in reality so, but which obtained a place in my mind through a habit of judging inconsiderately of things. It may thus easily happen that such judgments shall contain error: thus, for example, the opinion I have that all space in which there is nothing to affect (or make an impression on) my senses is void; that in a hot body there is something in every respect similar to the idea of heat in my mind; that in a white or green body there is the same whiteness or greenness which I perceive; that in a bitter or sweet body there is the same taste, and so in other instances; that the stars, towers, and all distant bodies, are of the same size and figure as they appear to our eyes, etc. But that I may avoid everything like indistinctness of conception, I must accurately define what I properly understand by being taught by nature. For nature is here taken in a narrower sense than when it signifies the sum of all the things which God has given me; seeing that in that meaning the notion comprehends much that belongs only to the mind (to which I am not here to be understood as referring when I use the term nature); as, for example, the notion I have of the truth, that what is done cannot be undone, and all the other truths I discern by the natural light (without the aid of the body); and seeing that it comprehends likewise much besides that belongs only to body, and is not here anymore contained under the name nature, as the quality of heaviness, and the like, of which I do not speak,—the term being reserved exclusively to designate the things which God has given to me as a being composed of mind and body. But nature, taking the term in the sense explained, teaches me to shun what causes in me the sensation of pain, and to pursue what affords me the sensation of pleasure, and other things of this sort; but I do not discover that it teaches me, in addition to this, from these diverse perceptions of the senses, to draw any conclusions respecting external objects without a previous (careful and mature) consideration of them by the mind: for as it appears to me, the office of the mind alone, and not of the composite whole of mind and body, to discern the truth in those matters. Thus, although the impression a star makes on my eye is not larger than that from the flame of a candle, I do not, nevertheless, experience any real or positive impulse determining me to believe that the star is not greater than the flame; the true account of the matter being merely that I have so judged from my youth without any rational ground. And, though on approaching the fire I feel heat, and even pain on approaching it too closely, I have, however, from this no ground for holding that something resembling, the heat I feel is in the fire, any more than that there is something similar to the pain; all that I have ground for believing is, that there is something in it, whatever it may be, which excites in me those sensations of heat or pain. So also, although there are spaces in which I find nothing to excite and affect my senses, I must not therefore conclude that those spaces contain in them no body; for I see that in this, as in many other similar matters, I have been accustomed to pervert the order of nature, because these perceptions of the senses, although given me by nature merely to signify to my mind what things are beneficial and hurtful to the composite whole of which it is a part, and being sufficiently clear and distinct for that purpose, are nevertheless used by me as infallible rules by which to determine immediately the essence of the bodies that exist out of me, of which they can of course afford me only the most obscure and confused knowledge.

But I have already sufficiently considered how it happens that, notwithstanding the supreme goodness of God, there is falsity in my judgments. A difficulty, however, here presents itself, respecting the things which I am taught by nature must be pursued or avoided, and also respecting the internal sensations in which I seem to have occasionally detected error (and thus to be directly deceived by nature): thus, for example, I may be so deceived by the agreeable taste of some viand with which I poison has been mixed, as to be induced to take the poison. In this case, however, nature may be excused, for it simply leads me to desire the viand for its agreeable taste, and not the poison, which is unknown to it; and thus we can infer nothing from this circumstance beyond that our nature is not omniscient; at which there is assuredly no ground for surprise, since, man being of a finite nature his knowledge must likewise be of limited perfection. But we also not infrequently err in that to which we are directly impelled by nature, as is the case with invalids who desire drink or food that would be hurtful to them. It will here, perhaps, be alleged that the reason why such persons are deceived is that their nature is corrupted; but this leaves the difficulty untouched, for a sick man is not less really the creature of God than a man who is in full health; and therefore it is as repugnant to the goodness of God that the nature of the former should be deceitful as it is for that of the latter to be so. And, as a clock, composed of wheels and counter-weights, observes not the less accurately all the laws of nature when it is ill made, and points out the hours incorrectly, than when it satisfies the desire of the maker in every respect; so likewise if the body of man be considered as a kind of machine, so made up and composed of bones, nerves, muscles, veins, blood, and skin, that although there were in it no mind, it would still exhibit the same motions which it at present manifests involuntarily, and therefore without the aid of the mind (and simply by the dispositions of its organs), I easily discern that it would also be as natural for such a body, supposing it dropsical, for example, to experience the parchedness of the throat that is usually accompanied in the mind by the sensation of thirst, and to be disposed by this parchedness to move its nerves and its other parts in the way required for drinking, and thus increase its malady and do itself harm, as it is natural for it, when it is not indisposed to be stimulated to drink for its good by a similar cause; and although looking to the use for which a clock was destined by its maker, I may say that it is deflected from its proper nature when it incorrectly indicates the hours, and on the same principle, considering the machine of the human body as having been formed by God for the sake of the motions which it usually manifests, although I may likewise have ground for thinking that it does not follow the order of its nature when the throat is parched and drink does not tend to its preservation, nevertheless I yet plainly discern that this latter acceptation of the term nature is very different from the other; for this is nothing more than a certain denomination, depending entirely on my thought, and hence called extrinsic, by which I compare a sick man and an imperfectly constructed clock with the idea I have of a man in good health and a well-made clock; while by the other acceptation of nature is understood something which is truly found in things, and therefore possessed of some truth.

But certainly, although in respect of a dropsical body, it is only by way of exterior denomination that we say its nature is corrupted, when, without requiring drink, the throat is parched; yet, in respect of the composite whole, that is, of the mind in its union with the body, it is not a pure denomination, but really an error of nature, for it to feel thirst when drink would be hurtful to it: and, accordingly, it still remains to be considered why it is that the goodness of God does not prevent the nature of man thus taken from being fallacious.

To commence this examination accordingly, I here remark, in the first place, that there is a vast difference between and body in respect, from its nature is always divisible, and that mind is entirely indivisible. For in truth, when I consider the mind, that is, when I consider myself in so far as I am a thinking thing, I can distinguish in myself no parts, but I very clearly discern that I am somewhat absolutely one and entire; and although the whole mind seems to be united to the whole body, yet, when a foot, an arm, or any other part is cut off, I am conscious that nothing has been taken from my mind; nor can the faculties of willing, perceiving, conceiving, etc., properly be called its parts, for it is the same mind that is exercised (all entire) in willing, in perceiving, and in conceiving, etc. But quite the opposite holds in corporeal or extended things; for I cannot imagine any one of them (how small soever it may be), which I cannot easily sunder in thought, and which, therefore, I do not know to be divisible. This would be sufficient to teach me that the mind or soul of man is entirely different from the body, if I had not already been apprised of it on other grounds.

I remark, in the next place, that the mind does not immediately receive the impression from all the parts of the body, but only from the brain, or perhaps even from one small part of it, viz., that in which the common sense (sensus communis) is said to be, which as often as it is affected in the same way, gives rise to the same perception in the mind, although meanwhile the other parts of the body may be diversely disposed, as is proved by innumerable experiments, which it is unnecessary here to enumerate.

I remark, besides, that the nature of body is such that none of its parts can be moved by another part a little removed from the other, which cannot likewise be moved in the same way by any one of the parts that lie between those two, although the most remote part does not act at all. As, for example, in the cord a, b, c, d (which is in tension), if its last part d be pulled, the first part a will not be moved in a different way than it would be were one of the intermediate parts b or c to be pulled, and the last part d meanwhile to remain fixed. And in the same way, when I feel pain in the foot, the science of physics teaches me that this sensation is experienced by means of the nerves dispersed over the foot, which, extending like cords from it to the brain, when they are contracted in the foot, contract at the same time the inmost parts of the brain in which they have their origin, and excite in these parts a certain motion appointed by nature to cause in the mind a sensation of pain, as if existing in the foot: but as these nerves must pass through the tibia, the leg, the loins, the back, and neck, in order to reach the brain, it may happen that although their extremities in the foot are not affected, but only certain of their parts that pass through the loins or neck, the same movements, nevertheless, are excited in the brain by this motion as would have been caused there by a hurt received in the foot, and hence the mind will necessarily feel pain in the foot, just as if it had been hurt; and the same is true of all the other perceptions of our senses.

I remark finally that as each of the movements that are made in the part of the brain by which the mind is immediately affected, impresses it with but a single sensation, the most likely supposition in the circumstances is, that this movement causes the mind to experience, among all the sensations which it is capable of impressing upon it, that one which is the best fitted, and generally the most useful for the preservation of the human body when it is in full health. But experience shows us that all the perceptions which nature has given us are of such a kind as I have mentioned; and accordingly, there is nothing found in them that does not manifest the power and goodness of God. Thus, for example, when the nerves of the foot are violently or more than usually shaken, the motion passing through the medulla of the spine to the innermost parts of the brain affords a sign to the mind on which it experiences a sensation, viz., of pain, as if it were in the foot, by which the mind is admonished and excited to do, its utmost to remove the cause of it as dangerous and hurtful to the foot. It is true that God could have so constituted the nature of man as that the same motion in the brain would have informed the mind of something altogether different: the motion might, for example, have been the occasion on which the mind became conscious of itself, in so far as it is in the brain, or in so far as it is in some place intermediate between the foot and the brain, or, finally, the occasion on which it perceived some other object quite different, whatever that might be; but nothing of all this would have so well contributed to the preservation of the body as that which the mind actually feels. In the same way, when we stand in need of drink, there arises from this want a certain parchedness in the throat that moves its nerves, and by means of them the I internal parts of the brain, and this movement affects the mind with the sensation of thirst, because there is nothing on that occasion which is more useful for us than to be made aware that we have need of drink for the preservation of our health; and so in other instances.

Whence it is quite manifest, that notwithstanding the sovereign goodness of God, the nature of man, in so far as it is composed of mind and body, cannot but be sometimes fallacious. For, if there is any cause which excites, not in the foot, but in some one of the parts of the nerves that stretch from the foot to the brain, or even in the brain itself, the same movement that is ordinarily created when the foot is ill affected, pain will be felt, as it were, in the foot, and the sense will thus be naturally deceived; for as the same movement in the brain can but impress the mind with the same sensation, and as this sensation is much more frequently excited by a cause which hurts the foot than by one acting in a different quarter, it is reasonable that it should lead the mind to feel pain in the foot rather than in any other part of the body. And if it sometimes happens that the parchedness of the throat does not arise, as is usual, from drink being necessary for the health of the body, but from quite the opposite cause, as is the case with the dropsical, yet it is much better that it should be deceitful in that instance, than if, on the contrary, it were continually fallacious when the body the body is well-disposed; and the same holds true in other cases.

And certainly this consideration is of great service, not only in enabling me to recognise the errors to which my nature is liable, but likewise in rendering it more easy to avoid or correct them: for, knowing that all my senses more usually indicate to me what is true than what is false, in matters relating to the advantage of the body, and being able almost always to make use of more than a single sense in examining the same object, and besides this, being able to use my memory in connecting present with past knowledge, and my understanding which has already discovered all the causes of my errors, I ought, no longer to fear that falsity may be met with in what is daily presented to me by the senses. And I ought to reject all the doubts of those bygone days as hyperbolical and ridiculous, especially the general uncertainty respecting sleep, which I could not distinguish from the waking state: for I now find a very marked difference between the two states, in respect that our memory can never connect our dreams with each other and with the course of life, in the way it is in the habit of doing with events that occur when we are awake. And, in truth, if someone, when I am awake, appeared to me all of a sudden and as suddenly disappeared, as do the images I see in sleep, so that I could not observe either whence he came or whither he went, I should not without reason esteem it either a spectre or phantom formed in my brain, rather than a real man. But when I perceive objects with regard to which I can distinctly determine both the place whence they come, and that in which they are, and the time at which they appear to me, and when, without interruption, I can connect the perception I have of them with the whole of the other parts of my life, I am perfectly sure that what I thus perceive occurs while I am awake and not during sleep. And I ought not in the least degree to doubt of the truth of those presentations, if, after having called together all my senses, my memory, and my understanding for the purpose of examining them, no deliverance is given by any one of these faculties which is repugnant to that of any other: for since God is no deceiver, it necessarily follows that I am not herein deceived. But because the necessities of action frequently oblige us to come to a determination before we have had leisure for so careful an examination, it must be confessed that the life of man is frequently obnoxious to error with respect to individual objects; and we must in conclusion, acknowledge the weakness of our nature.

附录二 法文原版（没有反驳和答辩）

LES MEDITATIONS METAPHYSIQVES DE RENÉ DESCARTES

TOVCHANT LA PREMIERE PHILOSOPHIE, dans lesquelles l'existence de Dieu, & la distinction réelle entre l'ame & le corps de l'homme, sont demonstrées.

Traduites du Latin de l'Auteur par M. le D.D.L.N.S. (Charles d'Albert, duc deLuynes)

Et les objections faites contre ces Meditations par diuerses personnes tres-doctes, auec les réponses de l'Auteur.

Traduites par Mr C.L.R. (Claude Clerselier)

A PARIS,
Chez la Veuue IEAN CAMVSAT,
ET
PIERRE LE PETIT, ruë S. Iacques, à la Toyson d'Or.

M. DC. XLVII.
AVEC PRIVILEGE DV ROY.

À MESSIEURS LES DOYENS ET DOCTEURS
DE LA SACRÉE FACULTÉ DE THÉOLOGIE DE PARIS.

MESSIEURS,

La raison qui me porte à vous présenter cet ouvrage est si juste, et, quand vous en connaîtrez le dessein, je m'assure que vous en aurez aussi une si juste de le prendre en votre protection, que je pense ne pouvoir mieux faire, pour vous le rendre en quelque sorte recommandable, qu'en vous disant en peu de mots ce que je m'y suis proposé. J'ai toujours estimé que ces deux questions, de Dieu et de l'âme, étaient les principales de celles qui doivent plutôt être démontrées par les raisons de la philosophie que de la théologie : car bien qu'il nous suffise, à nous autres qui sommes fidèles, de croire par la foi qu'il y a un Dieu, et que l'âme humaine ne meurt point avec le corps ; certainement il ne semble pas possible de pouvoir jamais persuader aux infidèles aucune religion, ni quasi même aucune vertu morale, si premièrement on ne leur prouve ces deux choses par raison naturelle. Et d'autant qu'on propose souvent en cette vie de plus grandes récompenses pour les vices que pour les vertus, peu de personnes préféreraient le juste à l'utile, si elles n'étaient retenues, ni par la crainte de Dieu, ni par l'attente d'une autre vie. Et quoiqu'il soit absolument vrai, qu'il faut croire qu'il y a un Dieu, parce qu'il est ainsi enseigné dans les Saintes Écritures, et d'autre part qu'il faut croire les Saintes Écritures, parce qu'elles viennent de Dieu; et cela parce que, la foi étant un don de Dieu, celui-là même qui donne la grâce pour faire croire les autres choses, la peut aussi donner pour nous faire croire qu'il existe: on ne saurait néanmoins proposer cela aux infidèles, qui pourraient s'imaginer que l'on commettrait en ceci la faute que les logiciens nomment un Cercle. Et de vrai, j'ai pris garde que vous autres, Messieurs, avec tous les théologiens, n'assuriez pas seulement que l'existence de Dieu se peut prouver par raison naturelle, mais aussi que l'on infère de la Sainte Écriture, que sa connaissance est beaucoup plus claire que celle que l'on a de plusieurs choses créées, et qu'en effet elle est si facile que ceux qui ne l'ont point sont coupables. Comme il paraît par ces paroles de la Sagesse, chapitre 13, où il est dit que leur ignorance n'est point pardonnable : car si leur esprit a pénétré si avant dans la connaissance des choses du monde, comment est-il possible qu'ils n'en aient point trouvé plus facilement le souverain Seigneur ? Et aux Romains, chapitre premier, il est dit qu'ils sont inexcusables. Et encore au même endroit, par ces paroles : Ce qui est connu de Dieu, est manifeste dans eux, il semble que nous soyons avertis, que tout ce qui se peut savoir de Dieu peut être montré par des raisons qu'il n'est pas besoin de chercher ailleurs que dans nous-mêmes, et que notre esprit seul est capable de nous fournir. C'est pourquoi j'ai pensé qu'il ne serait point hors de propos, que je fisse voir ici par quels moyens cela se peut faire, et quelle voie il faut tenir, pour arriver à la connaissance de Dieu avec plus de facilité et de certitude que nous ne connaissons les choses de ce monde. Et pour ce qui regarde l'âme, quoique plusieurs aient cru qu'il n'est pas aisé d'en connaître la nature, et que quelques-uns aient même osé dire que les raisons humaines nous persuadaient qu'elle mourait avec le corps, et qu'il n'y avait que la seule Foi qui nous enseignait le contraire, néanmoins, d'autant que le Concile de Latran, tenu sous Léon X, en la session 8, les condamne, et qu'il ordonne expressément aux philosophes chrétiens de répondre à leurs arguments, et d'employer toutes les forces de leur esprit pour faire connaître la vérité, j'ai bien osé l'entreprendre dans cet écrit. Davantage, sachant que la principale raison, qui fait que plusieurs impies ne veulent point croire qu'il y a un Dieu, et que l'âme humaine est distincte du corps, est qu'ils disent que personne jusques ici n'a pu démontrer ces deux choses ; quoique je ne sois point de leur opinion, mais qu'au contraire je tienne que presque toutes les raisons qui ont été apportées par tant de grands personnages, touchant ces deux questions, sont autant de démonstrations, quand elles sont bien entendues, et qu'il soit presque impossible d'en inventer de nouvelles : si est-ce que je crois qu'on ne saurait rien faire de plus utile en la philosophie, que d'en rechercher une fois curieusement et avec soin, les meilleures et plus solides, et les disposer en un ordre si clair et si exact, qu'il soit constant désormais à tout le monde, que ce sont de véritables démonstrations. Et enfin, d'autant que plusieurs personnes ont désiré cela de moi, qui ont connaissance que j'ai cultivé une certaine méthode pour résoudre toutes sortes de difficultés dans les sciences ; méthode qui de vrai n'est pas nouvelle, n'y ayant rien de plus ancien que la vérité, mais de laquelle ils savent que je me suis servi assez heureusement en d'autres rencontres ; j'ai pensé qu'il était de mon devoir de tenter quelque chose sur ce sujet. Or j'ai travaillé de tout mon possible pour comprendre dans ce traité tout ce qui s'en peut dire. Ce n'est pas que j'aie ici ramassé toutes les diverses raisons qu'on pourrait alléguer pour servir de preuve à notre sujet : car je n'ai jamais cru que cela fût nécessaire, sinon lorsqu'il n'y en a aucune qui soit certaine ; mais seulement j'ai traité les premières et principales d'une telle manière, que j'ose bien les proposer pour de très évidentes et très certaines démonstrations. Et je dirai de plus qu'el-les sont telles, que je ne pense pas qu'il y ait aucune voie par où l'esprit humain en puisse jamais découvrir de meilleures ; car l'importance de l'affaire, et la gloire de Dieu à laquelle tout ceci se rapporte, me contraignent de parler ici un peu plus librement de moi que je n'ai de coutume. Néanmoins, quelque certitude et évidence que je trouve en mes raisons, je ne puis pas me persuader que tout le monde soit capable de les entendre. Mais, tout ainsi que dans la géométrie il y en a plusieurs qui nous ont été laissées par Archimède, par Apollonius, par Pappus, et par plusieurs autres, qui sont reçues de tout le monde pour très certaines et très évidentes, parce qu'elles ne contiennent rien qui, considéré séparément, ne soit très facile à connaître, et qu'il n'y a point d'endroit où les conséquences ne cadrent et ne conviennent fort bien avec les antécédents ; néanmoins, parce qu'elles sont un peu longues, et qu'elles demandent un esprit tout entier, elles ne sont comprises et entendues que de fort peu de personnes : de même, encore que j'estime que celles dont je me sers ici, égalent, voire même surpassent en certitude et évidence les démonstrations de géométrie, j'appréhende néanmoins qu'elles ne puissent pas être assez suffisamment entendues de plusieurs, tant parce qu'elles sont aussi un peu longues, et dépendantes les unes des autres, que principalement, parce qu'elles demandent un esprit entièrement libre de tous préjugés et qui se puisse aisément détacher du commerce des sens. Et en vérité, il ne s'en trouve pas tant dans le monde qui soient propres pour les spéculations métaphysiques, que pour celles de géométrie. Et de plus il y a encore cette différence que, dans la géométrie chacun étant prévenu de l'opinion, qu'il ne s'y avance rien qui n'ait une démonstration certaine, ceux qui n'y sont pas entièrement versés, pèchent bien plus souvent en approuvant de fausses démonstrations, pour faire croire qu'ils les entendent, qu'en réfutant les véritables. Il n'en est pas de même dans la philosophie, où, chacun croyant que toutes ses propositions sont problématiques, peu de personnes s'adonnent à la recherche de la vérité ; et même beaucoup, se voulant acquérir la réputation de forts esprits, ne s'étudient à autre chose qu'à combattre arrogamment les vérités les plus apparentes. C'est pourquoi, Messieurs, quelque force que puissent avoir mes raisons, parce qu'elles appartiennent à la philosophie, je n'espère pas qu'elles fassent un grand effort sur les esprits, si vous ne les prenez en votre protection. Mais l'estime que tout le monde fait de votre compagnie étant si grande, et le nom de Sorbonne d'une telle autorité, que non seulement en ce qui regarde la Foi, après les sacrés Conciles, on n'a jamais tant déféré au jugement d'aucune autre compagnie, mais aussi en ce qui regarde l'humaine philosophie, chacun croyant qu'il n'est pas possible de trouver ailleurs plus de solidité et de connaissance, ni plus de prudence et d'intégrité pour donner son jugement ; je ne doute point, si vous daignez prendre tant de soin de cet écrit, que de vouloir premièrement le corriger ; car ayant connaissance non seulement de mon infirmité, mais aussi de mon ignorance, je n'oserais pas assurer qu'il n'y ait aucunes erreurs, puis après y ajouter les choses qui y manquent, achever celles qui ne sont pas parfaites, et prendre vous-mêmes la peine de donner une explication plus ample à celles qui en ont besoin, ou du moins de m'en avertir afin que j'y travaille, et enfin, après que les raisons par lesquelles je prouve qu'il y a un Dieu, et que l'âme humaine diffère d'avec le corps, auront été portées jusques au point de clarté et d'évidence, où je m'assure qu'on les peut conduire, qu'elles devront être tenues pour de très exactes démonstrations, vouloir déclarer cela même, et le témoigner publiquement : je ne doute point, dis-je, que si cela se fait, toutes les erreurs et fausses opinions qui ont jamais été touchant ces deux questions, ne soient bientôt effacées de l'esprit des hommes. Car la vérité fera que tous les doctes et gens d'esprit souscriront à votre jugement ; et votre autorité, que les athées, qui sont pour l'ordinaire plus arrogants que doctes et judicieux, se dépouilleront de leur esprit de contradiction, ou que peut-être ils soutiendront eux-mêmes les raisons qu'ils verront être reçues par toutes les personnes d'esprit pour des démonstrations, de peur qu'ils ne paraissent n'en avoir pas l'intelligence ; et enfin tous les autres se rendront aisément à tant de témoignages, et il n'y aura plus personne qui ose douter de l'existence de Dieu, et de la distinction réelle et véritable de l'âme humaine d'avec le corps. C'est à vous maintenant à juger du fruit qui reviendrait de cette créance, si elle était une fois bien établie, qui voyez les désordres que son doute produit ; mais je n'aurais pas ici bonne grâce de recommander davantage la cause de Dieu et de la Religion, à ceux qui en ont toujours été les plus fermes colonnes.

LE LIBRAIRE AU LECTEUR

LA satisfaction que je puis promettre à toutes les personnes d'esprit dans la lecture de ce livre, pour ce qui regarde l'auteur et les traducteurs, m'oblige à prendre garde plus soigneusement à contenter aussi le lecteur de ma part, de peur que toute sa disgrâce ne tombe sur moi seul. Je tâche donc à le satisfaire, et par mon soin dans toute cette impression, et par ce petit éclaircissement, dans lequel je le dois ici avertir de trois choses, qui sont de ma connaissance particulière, et qui serviront à la leur. La première est, quel a elle le dessein de l'auteur, lors qu'il a publié cet ouvrage en latin. La seconde, comment et pourquoi il paraît aujourd'hui traduit en français. Et la troisième, quelle est la qualité de cette version.

I. Lorsque l'auteur, après avoir conçu ces Méditations dans son esprit, résolut d'en faire part au public, ce fut autant par la crainte d'étouffer la voix de la vérité, qu'à dessein de la soumettre à l'épreuve de tous les doctes. À cet effet il leur voulut parler en leur langue, et à leur mode, et renferma toutes ses pensées dans le latin & les termes de l'École. Son intention n'a point été frustrée, et son livre a été mis à la question dans tous les Tribunaux de la philosophie. Les Objections jointes à ces Méditations le témoignent assez, et montrent bien que les savants du siècle se sont donné la peine d'examiner ses propositions avec rigueur. Ce n'est pas à moi de juger avec quel succès, puisque c'est moi qui les présente aux autres pour les en faire juges. Il me suffit de croire pour moi, et d'assurer les autres, que tant de grands hommes n'ont pu se choquer sans produire beaucoup de lumière.

II. Cependant ce livre passe des universités dans les palais des grands, et tombe entre les mains, d'une personne d'une condition très éminente. Après en avoir lu les Méditations, et les avoir jugées dignes de sa mémoire, il prit la peine de les traduire en français : soit que par ce moyen il se voulut rendre plus propres et plus familières ces notions assez nouvelles, soit qu'il n'eût autre dessein que d'honorer l'auteur par une si bonne marque de son estime. Depuis une autre personne aussi de mérite n'a pas voulu laisser imparfait cet ouvrage si parfait, et marchant sur les traces de ce Seigneur, a mis en notre langue les Objections qui suivent les Méditations, avec les Réponses qui les accompagnent ; jugeant bien que, pour plusieurs personnes, le français ne rendrait pas ces Méditations plus intelligibles que le latin, si elles n'étaient accompagnées des Objections et de leur Réponses, qui en font comme les Commentaires. L'Auteur ayant été averti de la bonne fortune des unes et des autres, a non feulement consenti, mais aussi désiré, et prié ces Messieurs de trouver bon que leurs versions fussent imprimées ; parce qu'il avait remarqué que ses Médit avaient été accueillies et reçues avec quelque satisfaction par un plus grand nombre de ceux qui ne s'appliquent point à la philosophie de l'École, que de ceux qui s'y appliquent. Ainsi, comme il avait donné sa première impression latine au désir de trouver des contredisants, il a cru devoir cette seconde française au favorable accueil de tant de personnes qui, goûtant déjà ses nouvelles pensées, semblaient désirer qu'on leur ôta la langue et le goût de l'École, pour les accommoder au leur.

III. On trouvera partout cette version assez juste, et si religieuse, que jamais elle ne s'est écartée du sens de l'Auteur. Je le pourrais assurer sur la seule connaissance que j'ai de la lumière de l'esprit des traducteurs, qui facilement n'auront pas pris le change. Mais j'en ai encore une autre certitude plus authentique, qui est qu'ils ont (comme il était juste) réservé à l'Auteur le droit de revue et de correction. Il en a usé, mais pour se corriger plutôt qu'eux, et pour éclaircir seulement ses propres pensées.

Je veux dire que, trouvant quelques endroits où il lui a semblé qu'il ne les avait pas rendues assez claires dans le latin pour toutes sortes de personnes, il les a voulu ici éclaircir par quelque petit changement, que l'on reconnaîtra bientôt en conférant le français avec le latin. Ce qui a donné le plus de peine aux traducteurs dans tout cet ouvrage, a été la rencontre de quantité de mots de l'art, qui, étant rudes et barbares dans le Latin même, le sont beaucoup plus dans le français, qui est moins libre, moins hardi, et moins accoutumé à ces termes de l'École. Ils n'ont osé pourtant les omettre, parce qu'il eût fallu changer le sens, ce que leur défendait la qualité d'interprètes qu'ils avaient prise. D'autre part, lorsque cette version a passé sous les yeux de l'auteur, il l'a trouvée si bonne, qu'il n'en a jamais voulu changer le style, et s'en est toujours défendu par sa modestie, et l'estime qu'il fait de ses traducteurs ; de sorte que, par une déférence réciproque, personne ne les ayant ôtés, ils font demeurés dans cet ouvrage.

J'ajouterais maintenant, s'il m'était permis, que ce livre contenant des Méditations fort libres, et qui peuvent même sembler extravagantes à ceux qui ne font pas accoutumés aux spéculations de la métaphysique, il ne sera ni utile, ni agréable aux lecteurs qui ne pourront appliquer leur esprit avec beaucoup d'attention à ce qu'ils, lisent, ni s'abstenir d'en juger avant que de l'avoir assez examiné. Mais j'ai peur qu'on ne me reproche que je passe les bornes de mon métier, ou plutôt que je ne le sais guère, de mettre un si grand obstacle au débit de mon livre, par cette large exception de tant de personnes à qui je ne l'estime pas propre. Je me tais donc, et n'effarouche plus le monde. Mais auparavant, je me sens encore obligé d'avertir les lecteurs d'apporter beaucoup d'équité et de docilité à la lecture de ce livre ; car s'ils y viennent avec cette mauvaise humeur et cet esprit contrariant de quantité de personnes qui ne lisent que pour disputer, et qui, faisant profession de chercher la vérité, semblent avoir peur de la trouver, puisqu'au même moment qu'il leur en paraît quelque ombre, ils tâchent de la combattre et de la détruire, ils n'en feront jamais ni profit, ni jugement raisonnable. Il le faut lire fans prévention, sans précipitation, et à dessein de s'instruire ; donnant d'abord à son auteur l'esprit d'écolier, pour prendre par après celui de censeur. Cette méthode est si nécessaire pour cette lecture, que je la puis nommer la clef du livre, sans laquelle personne ne le saurait bien entendre.

ABRÉGÉ
DES SIX MÉDITATIONS SUIVANTES

DANS la première, je mets en avant les raisons pour lesquelles nous pouvons douter généralement de toutes choses, et particulièrement des choses matérielles, au moins tant que nous n'aurons point d'autres fondements dans les sciences, que ceux que nous avons eus jusqu'à présent. Or, bien que l'utilité d'un doute si général ne paraisse pas d'abord, elle est toutefois en cela très grande, qu'il nous délivre de toutes sortes de préjugés, et nous prépare un chemin très facile pour accoutumer notre esprit à se détacher des sens, et enfin, en ce qu'il fait qu'il n'est pas possible que nous ne puissions plus avoir aucun doute, de ce que nous découvrirons après être véritable.

Dans la seconde, l'esprit, qui, usant de sa propre liberté, suppose que toutes les choses ne sont point, de l'existence desquelles il a le moindre doute, reconnaît qu'il est absolument impossible que cependant il n'existe pas lui-même. Ce qui est aussi d'une très grande utilité, d'autant que par ce moyen il fait aisément distinction des choses qui lui appartiennent, c'est-à-dire à la nature intellectuelle, et de celles qui appartiennent au corps. Mais parce qu'il peut arriver que quelques-uns attendent de moi en ce lieu-là des raisons pour prouver l'immortalité de l'âme, j'estime les devoir maintenant avertir, qu'ayant tâché de ne rien écrire dans ce traité, dont je n'eusse des démonstrations très exactes, je me suis vu obligé de suivre un ordre semblable à celui dont se servent les géomètres, savoir est, d'avancer toutes les choses desquelles dépend la proposition que l'on cherche, avant que d'en rien conclure.

Or la première et principale chose qui est requise, avant que de connaître l'immortalité de l'âme, est d'en former une conception claire et nette, et entièrement distincte de toutes les conceptions que l'on peut avoir du corps : ce qui a été fait en ce lieu-là. Il est requis, outre cela, de savoir que toutes les choses que nous concevons clairement et distinctement sont vraies, selon que nous les concevons : ce qui n'a pu être prouvé avant la quatrième Méditation. De plus, il faut avoir une conception distincte de la nature corporelle, laquelle se forme, partie dans cette seconde, et partie dans la cinquième et sixième Méditation. Et enfin, l'on doit conclure de tout cela que les choses que l'on conçoit clairement et distinctement être des substances différentes, comme l'on conçoit l'esprit et le corps, sont en effet des substances diverses, et réellement distinctes les unes d'avec les autres. Et c'est ce que l'on conclut dans la sixième Méditation. Et en la même aussi cela se confirme, de ce que nous ne concevons aucun corps que comme divisible, au lieu que l'esprit, ou l'âme de l'homme, ne se peut concevoir que comme indivisible ; car, en effet, nous ne pouvons concevoir la moitié d'aucune âme, comme nous pouvons faire du plus petit de tous les corps ; en sorte que leurs natures ne sont pas seulement reconnues diverses, mais même en quelque façon contraires. Or il faut qu'ils sachent que je ne me suis pas engagé d'en rien dire davantage en ce traité-ci, tant parce que cela suffit pour montrer assez clairement que de la corruption du corps la mort de l'âme ne s'ensuit pas, et ainsi pour donner aux hommes l'espérance d'une seconde vie après la mort ; comme aussi parce que les prémisses desquelles on peut conclure l'immortalité de l'âme, dépendent de l'explication de toute la physique. Premièrement, afin de savoir que généralement toutes les substances, c'est-à-dire toutes les choses qui ne peuvent exister sans être créées de Dieu, sont de leur nature incorruptibles, et ne peuvent jamais cesser d'être, si elles ne sont réduites au néant par ce même Dieu qui leur veuille dénier son concours ordinaire. Et ensuite, afin que l'on remarque que le corps, pris en général, est une substance, c'est pourquoi aussi il ne périt point ; mais que le corps humain, en tant qu'il diffère des autres corps, n'est formé et composé que d'une certaine configuration de membres, et d'autres semblables accidents ; et l'âme humaine, au contraire, n'est point ainsi composée d'aucuns accidents, mais est une pure substance. Car encore que tous ses accidents se changent, par exemple, qu'elle conçoive de certaines choses, qu'elle en veuille d'autres, qu'elle en sente d'autres, etc., c'est pourtant toujours la même âme ; au lieu que le corps humain n'est plus le même, de cela seul que la figure de quelques-unes de ses parties se trouve changée. D'où il s'ensuit que le corps humain peut facilement périr, mais que l'esprit, ou l'âme de l'homme (ce que je ne distingue point), est immortelle de sa nature.

Dans la troisième Méditation, il me semble que j'ai expliqué assez au long le principal argument dont je me sers pour prouver l'existence de Dieu. Toutefois, afin que l'esprit du lecteur se pût plus aisément abstraire des sens, je n'ai point voulu me servir en ce lieu-là d'aucunes comparaisons tirées des choses corporelles, si bien que peut-être il y est demeuré beaucoup d'obscurités, lesquelles, comme j'espère, seront entièrement éclaircies dans les réponses que j'ai faites aux objections qui m'ont depuis été proposées. Comme, par exemple, il est assez difficile d'entendre comment l'idée d'un être souverainement parfait, laquelle se trouve en nous, contient tant de réalité objective, c'est-à-dire participe par représentation à tant de degrés d'être et de perfection, qu'elle doive nécessairement venir d'une Cause souverainement parfaite. Mais je l'ai éclairci dans ces réponses, par la comparaison d'une machine fort artificielle, dont l'idée se rencontre dans l'esprit de quelque ouvrier ; car, comme l'artifice objectif de cette idée doit avoir quelque cause, à savoir la science de l'ouvrier, ou de quelque autre duquel il l'ait apprise, de même il est impossible que l'idée de Dieu, qui est en nous, n'ait pas Dieu même pour sa cause.

Dans la quatrième, il est prouvé que les choses que nous concevons fort clairement et fort distinctement sont toutes vraies ; et ensemble est expliqué en quoi consiste la raison de l'erreur ou fausseté : ce qui doit nécessairement être su, tant pour confirmer les vérités précédentes, que pour mieux entendre celles qui suivent. Mais cependant il est à remarquer que je ne traite nullement en ce lieu-là du péché, c'est-à-dire de l'erreur qui se commet dans la poursuite du bien et du mal, mais seulement de celle qui arrive dans le jugement et le discernement du vrai et du faux. Et que je n'entends point y parler des choses qui appartiennent à la foi, ou à la conduite de la vie, mais seulement de celles qui regardent les vérités spéculatives et connues par l'aide de la seule lumière naturelle.

Dans la cinquième, outre que la nature corporelle prise en général y est expliquée, l'existence de Dieu y est encore démontrée par de nouvelles raisons, dans lesquelles toutefois il se peut rencontrer quelques difficultés, mais qui seront résolues dans les réponses aux objections qui m'ont été faites ; et aussi on y découvre de quelle sorte il est véritable, que la certitude même des démonstrations géométriques dépend de la connaissance d'un Dieu.

Enfin, dans la sixième, je distingue l'action de l'entendement d'avec celle de l'imagination ; les marques de cette distinction y sont décrites. J'y montre que l'âme de l'homme est réellement distincte du corps, et toutefois qu'elle lui est si étroitement conjointe et unie, qu'elle ne compose que comme une même chose avec lui. Toutes les erreurs qui procèdent des sens y sont exposées, avec les moyens de les éviter. Et enfin, j'y apporte toutes les raisons desquelles on peut conclure l'existence des choses matérielles : non que je les juge fort utiles pour prouver ce qu'elles prouvent, à savoir, qu'il y a un monde, que les hommes ont des corps, et autres choses semblables, qui n'ont jamais été mises en doute par aucun homme de bon sens ; mais parce qu'en les considérant de près, l'on vient à connaître qu'elles ne sont pas si fermes ni si évidentes, que celles qui nous conduisent à la connaissance de Dieu et de notre âme ; en sorte que celles-ci sont les plus certaines et les plus évidentes qui puissent tomber en la connaissance de l'esprit humain. Et c'est tout ce que j'ai eu dessein de prouver dans ces six Méditations. Ce qui fait que j'omets ici beaucoup d'autres questions, dont j'ai aussi parlé par occasion dans ce traité.

MÉDITATION PREMIÈRE.
Des choses que l'on peut révoquer en doute.

IL y a déjà quelque temps que je me suis aperçu que, dès mes premières années, j'avais reçu quantité de fausses opinions pour véritables, et que ce que j'ai depuis fondé sur des principes si mal assurés, ne pouvait être que fort douteux et incertain ; de façon qu'il me fallait entreprendre sérieusement une fois en ma vie de me défaire de toutes les opinions que j'avais reçues jusques alors en ma créance, et commencer tout de nouveau dès les fondements, si je voulais établir quelque chose de ferme et de constant dans les sciences. Mais cette entreprise me semblant être fort grande, j'ai attendu que j'eusse atteint un âge qui fût si mûr, que je n'en pusse espérer d'autre après lui, auquel je fusse plus propre à l'exécuter ; ce qui m'a fait différer si longtemps, que désormais je croirais commettre une faute, si j'employais encore à délibérer le temps qui me reste pour agir.

Maintenant donc que mon esprit est libre de tous soins, et que je me suis procuré un repos assuré dans une paisible solitude, je m'appliquerai sérieusement et avec liberté à détruire généralement toutes mes anciennes opinions. Or il ne sera pas nécessaire, pour arriver à ce dessein, de prouver qu'elles sont toutes fausses, de quoi peut-être je ne viendrais jamais à bout ; mais, d'autant que la raison me persuade déjà que je ne dois pas moins soigneusement m'empêcher de donner créance aux choses qui ne sont pas entièrement certaines et indubitables, qu'à celles qui nous paraissent manifestement être fausses, le moindre sujet de douter que j'y trouverai, suffira pour me les faire toutes rejeter. Et pour cela il n'est pas besoin que je les examine chacune en particulier, ce qui serait d'un travail infini ; mais, parce que la ruine des fondements entraîne nécessairement avec soi tout le reste de l'édifice, je m'attaquerai d'abord aux principes, sur lesquels toutes mes anciennes opinions étaient appuyées.

Tout ce que j'ai reçu jusqu'à présent pour le plus vrai et assuré, je l'ai appris des sens, ou par les sens : or j'ai quelquefois éprouvé que ces sens étaient trompeurs, et il est de la prudence de ne se fier jamais entièrement à ceux qui nous ont une fois trompés.

Mais, encore que les sens nous trompent quelquefois, touchant les choses peu sensibles et fort éloignées, il s'en rencontre peut-être beaucoup d'autres, desquelles on ne peut pas raisonnablement douter, quoique nous les connaissions par leur moyen : par exemple, que je sois ici, assis auprès du feu, vêtu d'une robe de chambre, ayant ce papier entre les mains, et autres choses de cette nature. Et comment est-ce que je pourrais nier que ces mains et ce corps-ci soient à moi ? si ce n'est peut-être que je me compare à ces insensés, de qui le cerveau est tellement troublé et offusqué par les noires vapeurs de la bile, qu'ils assurent constamment qu'ils sont des rois, lorsqu'ils sont très pauvres ; qu'ils sont vêtus d'or et de pourpre, lorsqu'ils sont tout nus ; ou s'imaginent être des cruches, ou avoir un corps de verre. Mais quoi ? ce sont des fous, et je ne serais pas moins extravagant, si je me réglais sur leurs exemples.

Toutefois j'ai ici à considérer que je suis homme, et par conséquent que j'ai coutume de dormir et de me représenter en mes songes les mêmes choses, ou quelquefois de moins vraisemblables, que ces insensés, lorsqu'ils veillent. Combien de fois m'est-il arrivé de songer, la nuit, que j'étais en ce lieu, que j'étais habillé, que j'étais auprès du feu, quoique je fusse tout nu dedans mon lit ? Il me semble bien à présent que ce n'est point avec des yeux endormis que je regarde ce papier ; que cette tête que le remue n'est point assoupie ; que c'est avec dessein et de propos délibéré que j'étends cette main, et que je la sens : ce qui arrive dans le sommeil ne semble point si clair ni si distinct que tout ceci. Mais, en y pensant soigneusement, je me ressouviens d'avoir été souvent trompé, lorsque je dormais, par de semblables illusions. Et m'arrêtant sur cette pensée, je vois si manifestement qu'il n'y a point d'indices concluants, ni de marques assez certaines par où l'on puisse distinguer nettement la veille d'avec le sommeil, que j'en suis tout étonné ; et mon étonnement est tel, qu'il est presque capable de me persuader que je dors.

Supposons donc maintenant que nous sommes endormis, et que toutes ces particularités-ci, à savoir, que nous ouvrons les yeux, que nous remuons la tête, que nous étendons les mains, et choses semblables, ne sont que de fausses illusions ; et pensons que peut-être nos mains, ni tout notre corps, ne sont pas tels que nous les voyons. Toutefois il faut au moins avouer que les choses qui nous sont représentées dans le sommeil, sont comme des tableaux et des peintures, qui ne peuvent être formées qu'à la ressemblance de quelque chose de réel et de véritable ; et qu'ainsi, pour le moins, ces choses générales, à savoir, des yeux, une tête, des mains, et tout le reste du corps, ne sont pas choses imaginaires, mais vraies et existantes. Car de vrai les peintres, lors même qu'ils s'étudient avec le plus d'artifice à représenter des sirènes et des satyres par des formes bizarres et extraordinaires, ne leur peuvent pas toutefois attribuer des formes et des natures entièrement nouvelles, mais font seulement un certain mélange et composition des membres de divers animaux ; ou bien, si peut-être leur imagination est assez extravagante pour inventer quelque chose de si nouveau, que jamais nous n'ayons rien vu de semblable, et qu'ainsi leur ouvrage nous représente une chose purement feinte et absolument fausse, certes à tout le moins les couleurs dont ils le composent doivent-elles être véritables.

Et par la même raison, encore que ces choses générales, à savoir, des yeux, une tête, des mains, et autres semblables, pussent être imaginaires, il faut toutefois avouer qu'il y a des choses encore plus simples et plus universelles, qui sont vraies et existantes ; du mélange desquelles, ni plus ni moins que de celui de quelques véritables couleurs, toutes ces images des choses qui résident en notre pensée, soit vraies et réelles, soit feintes et fantastiques, sont formées. De ce genre de choses est la nature corporelle en général, et son étendue ; ensemble la figure des choses étendues, leur quantité ou grandeur, et leur nombre ; comme aussi le lieu où elles sont, le temps qui mesure leur durée, et autres semblables.

C'est pourquoi peut-être que de là nous ne conclurons pas mal, si nous disons que la physique, l'astronomie, la médecine, et toutes les autres sciences qui dépendent de la considération des choses composées sont fort douteuses et incertaines ; mais que l'arithmétique, la géométrie, et les autres sciences de cette nature, qui ne traitent que de choses fort simples et fort générales, sans se mettre beaucoup en peine si elles sont dans la nature, ou si elles n'y sont pas, contiennent quelque chose de certain et d'indubitable. Car, soit que je veille ou que je dorme, deux et trois joints ensemble formeront toujours le nombre de cinq, et le carré n'aura jamais plus de quatre côtés ; et il ne semble pas possible que des vérités si apparentes puissent être soupçonnées d'aucune fausseté ou d'incertitude.

Toutefois il y a longtemps que j'ai dans mon esprit une certaine opinion, qu'il y a un Dieu qui peut tout, et par qui j'ai été créé et produit tel que je suis. Or qui me peut avoir assuré que ce Dieu n'ait point fait qu'il n'y ait aucune terre, aucun ciel, aucun corps étendu, aucune figure, aucune grandeur, aucun lieu, et que néanmoins j'aie les sentiments de toutes ces choses, et que tout cela ne me semble point exister autrement que je le vois ? Et même, comme je juge quelquefois que les autres se méprennent, même dans les choses qu'ils pensent savoir avec le plus de certitude, il se peut faire qu'il ait voulu que je me trompe toutes les fois que je fais l'addition de deux et de trois, ou que je nombre les côtés d'un carré, ou que je juge de quelque chose encore plus facile, si l'on se peut imaginer rien de plus facile que cela. Mais peut-être que Dieu n'a pas voulu que je fusse déçu de la sorte, car il est dit souverainement bon. Toutefois, si cela répugnait à sa bonté, de m'avoir fait tel que je me trompasse toujours, cela semblerait aussi lui être aucunement contraire, de permettre que je me trompe quelquefois, et néanmoins je ne puis douter qu'il ne le permette.

Il y aura peut-être ici des personnes qui aimeront mieux nier l'existence d'un Dieu si puissant, que de croire que toutes les autres choses sont incertaines. Mais ne leur résistons pas pour le présent, et supposons, en leur faveur, que tout ce qui est dit ici d'un Dieu soit une fable. Toutefois, de quelque façon qu'ils supposent que je sois parvenu à l'état et à l'être que je possède, soit qu'ils l'attribuent à quelque destin ou fatalité, soit qu'ils le réfèrent au hasard, soit qu'ils veuillent que ce soit par une continuelle suite et liaison des choses, il est certain que puisque faillir et se tromper est une espèce d'imperfection, d'autant moins puissant sera l'auteur qu'ils attribueront à mon origine, d'autant plus sera-t-il probable que je suis tellement imparfait que je me trompe toujours. Auxquelles raisons je n'ai certes rien à répondre, mais je suis contraint d'avouer que, de toutes les opinions que j'avais autrefois reçues en ma créance pour véritables, il n'y en a pas une de laquelle je ne puisse maintenant douter, non par aucune inconsidération ou légèreté, mais pour des raisons très fortes et mûrement considérées : de sorte qu'il est nécessaire que j'arrête et suspende désormais mon jugement sur ces pensées, et que je ne leur donne pas plus de créance, que je ferais à des choses qui me paraîtraient évidemment fausses si je désire trouver quelque chose de constant et d'assuré dans les sciences.

Mais il ne suffit pas d'avoir fait ces remarques, il faut encore que je prenne soin de m'en souvenir ; car ces anciennes et ordinaires opinions me reviennent encore souvent en la pensée, le long et familier usage qu'elles ont eu avec moi leur donnant droit d'occuper mon esprit contre mon gré, et de se rendre presque maîtresses de ma créance. Et je ne me désaccoutumerai jamais d'y acquiescer, et de prendre confiance en elles, tant que je les considérerai telles qu'elles sont en effet, c'est à savoir en quelque façon douteuses, comme je viens de montrer, et toutefois fort probables, en sorte que l'on a beaucoup plus de raison de les croire que de les nier. C'est pourquoi je pense que j'en userai plus prudemment, si, prenant un parti contraire, j'emploie tous mes soins à me tromper moi-même, feignant que toutes ces pensées sont fausses et imaginaires ; jusques à ce qu'ayant tellement balancé mes préjugés, qu'ils ne puissent faire pencher mon avis plus d'un côté que d'un autre, mon jugement ne soit plus désormais maîtrisé par de mauvais usages et détourné du droit chemin qui le peut conduire à la connaissance de la vérité. Car je suis assuré que cependant il ne peut y avoir de péril ni d'erreur en cette voie, et que je ne saurais aujourd'hui trop accorder à ma défiance, puisqu'il n'est pas maintenant question d'agir, mais seulement de méditer et de connaître.

Je supposerai donc qu'il y a, non point un vrai Dieu, qui est la souveraine source de vérité, mais un certain mauvais génie, non moins rusé et trompeur que puissant qui a employé toute son industrie à me tromper. Je penserai que le ciel, l'air, la terre, les couleurs, les figures, les sons et toutes les choses extérieures que nous voyons, ne sont que des illusions et tromperies, dont il se sert pour surprendre ma crédulité. Je me considérerai moi-même comme n'ayant point de mains, point d'yeux, point de chair, point de sang, comme n'ayant aucun sens, mais croyant faussement avoir toutes ces choses. Je demeurerai obstinément attaché à cette pensée ; et si, par ce moyen, il n'est pas en mon pouvoir de parvenir à la connaissance d'aucune vérité, à tout le moins il est en ma puissance de suspendre mon jugement. C'est pourquoi je prendrai garde soigneusement de ne point recevoir en ma croyance aucune fausseté, et préparerai si bien mon esprit à toutes les ruses de ce grand trompeur, que, pour puissant et rusé qu'il soit, il ne pourra jamais rien imposer.

Mais ce dessein est pénible et laborieux, et une certaine paresse m'entraîne insensiblement dans le train de ma vie ordinaire. Et tout de même qu'un esclave qui jouissait dans le sommeil d'une liberté imaginaire, lorsqu'il commence à soupçonner que sa liberté n'est qu'un songe, craint d'être réveillé, et conspire avec ces illusions agréables pour en être plus longuement abusé, ainsi je retombe insensiblement de moi-même dans mes anciennes opinions, et j'appréhende de me réveiller de cet assoupissement, de peur que les veilles laborieuses qui succéderaient à la tranquillité de ce repos, au lieu de m'apporter quelque jour et quelque lumière dans la connaissance de la vérité, ne fussent pas suffisantes pour éclaircir les ténèbres des difficultés qui viennent d'être agitées.

MÉDITATION SECONDE.
De la nature de l'esprit humain ;et qu'il est plus aisé à connaître que le corps.

LA Méditation que je fis hier m'a rempli l'esprit de tant de doutes, qu'il n'est plus désormais en ma puissance de les oublier. Et cependant je ne vois pas de quelle façon je les pourrai résoudre ; et comme si tout à coup j'étais tombé dans une eau très profonde, je suis tellement surpris, que je ne puis ni assurer mes pieds dans le fond, ni nager pour me soutenir au-dessus. Je m'efforcerai néanmoins, et suivrai derechef la même voie où j'étais entré hier, en m'éloignant de tout ce en quoi je pourrai imaginer le moindre doute, tout de même que si je connaissais que cela fût absolument faux ; et je continuerai toujours dans ce chemin, jusqu'à ce que j'aie rencontré quelque chose de certain, ou du moins, si je ne puis autre chose, jusqu'à ce que j'aie appris certainement, qu'il n'y a rien au monde de certain.

Archimède, pour tirer le globe terrestre de sa place et le transporter en un autre lieu, ne demandait rien qu'un point qui fût fixe et assuré. Ainsi j'aurai droit de concevoir de hautes espérances, si je suis assez heureux pour trouver seulement une chose qui soit certaine et indubitable.

Je suppose donc que toutes les choses que je vois sont fausses ; je me persuade que rien n'a jamais été de tout ce que ma mémoire remplie de mensonges me représente ; je pense n'avoir aucun sens ; je crois que le corps, la figure, l'étendue, le mouvement et le lieu ne sont que des fictions de mon esprit. Qu'est-ce donc qui pourra être estimé véritable ? Peut-être rien autre chose, sinon qu'il n'y a rien au monde de certain.

Mais que sais-je s'il n'y a point quelque autre chose différente de celles que je viens de juger incertaines, de laquelle on ne puisse avoir le moindre doute ? N'y a-t-il point quelque Dieu, ou quelque autre puissance, qui me met en l'esprit ces pensées ? Cela n'est pas nécessaire ; car peut-être que je suis capable de les produire de moi-même. Moi donc à tout le moins ne suis-je pas quelque chose ? Mais j'ai déjà nié que j'eusse aucun sens ni aucun corps. J'hésite néanmoins, car que s'ensuit-il de là ? Suis-je tellement dépendant du corps et des sens, que je ne puisse être sans eux ? Mais je me suis persuadé qu'il n'y avait rien du tout dans le monde, qu'il n'y avait aucun ciel, aucune terre, aucuns esprits, ni aucuns corps ; ne me suis-je donc pas aussi persuadé que je n'étais point ? Non certes, j'étais sans doute, si je me suis persuadé, ou seulement si j'ai pensé quelque chose. Mais il y a un je ne sais quel trompeur très puissant et très rusé, qui emploie toute son industrie à me tromper toujours. Il n'y a donc point de doute que je suis, s'il me trompe ; et qu'il me trompe tant qu'il voudra il ne saurait jamais faire que je ne sois rien, tant que je penserai être quelque chose. De sorte qu'après y avoir bien pensé, et avoir soigneusement examiné toutes choses, enfin il faut conclure, et tenir pour constant que cette proposition : Je suis, j'existe, est nécessairement vraie, toutes les fois que je la prononce, ou que je la conçois en mon esprit.

Mais je ne connais pas encore assez clairement ce que je suis, moi qui suis certain que je suis ; de sorte que désormais il faut que je prenne soigneusement garde de ne prendre pas imprudemment quelque autre chose pour moi, et ainsi de ne me point méprendre dans cette connaissance, que je soutiens être plus certaine et plus évidente que toutes celles que j'ai eues auparavant.

C'est pourquoi je considérerai derechef ce que je croyais être avant que j'entrasse dans ces dernières pensées ; et de mes anciennes opinions je retrancherai tout ce qui peut être combattu par les raisons que j'ai tantôt alléguées, en sorte qu'il ne demeure précisément rien que ce qui est entièrement indubitable. Qu'est-ce donc que j'ai cru être ci-devant ? Sans difficulté, j'ai pensé que j'étais un homme. Mais qu'est-ce qu'un homme ? Dirai-je que c'est un animal raisonnable ? Non certes : car il faudrait par après rechercher ce que c'est qu'animal, et ce que c'est que raisonnable, et ainsi d'une seule question nous tomberions insensiblement en une infinité d'autres plus difficiles et embarrassées, et je ne voudrais pas abuser du peu de temps et de loisir qui me reste, en l'employant à démêler de semblables subtilités. Mais je m'arrêterai plutôt à considérer ici les pensées qui naissaient ci-devant d'elles-mêmes en mon esprit, et qui ne m'étaient inspirées que de ma seule nature, lorsque je m'appliquais à la considération de mon être. Je me considérais, premièrement, comme ayant un visage, des mains, des bras, et toute cette machine composée d'os et de chair, telle qu'elle paraît en un cadavre, laquelle je désignais par le nom de corps. Je considérais, outre cela, que je me nourrissais, que je marchais, que je sentais et que je pensais, et je rapportais toutes ces actions à l'âme ; mais je ne m'arrêtais point à penser ce que c'était que cette âme, ou bien, si je m'y arrêtais, j'imaginais qu'elle était quelque chose extrêmement rare et subtile, comme un vent, une flamme ou un air très délié, qui était insinué et répandu dans mes plus grossières parties. Pour ce qui était du corps, je ne doutais nullement de sa nature ; car je pensais la connaître fort distinctement, et, si je l'eusse voulu expliquer suivant les notions que j'en avais, je l'eusse décrite en cette sorte. Par le corps, j'entends tout ce qui peut être terminé par quelque figure ; qui peut être compris en quelque lieu, et remplir un espace en telle sorte que tout autre corps en soit exclu ; qui peut être senti, ou par l'attouchement, ou par la vue, ou par l'ouïe, ou par le goût, ou par l'odorat ; qui peut être mû en plusieurs façons, non par lui-même, mais par quelque chose d'étranger duquel il soit touché et dont il reçoive l'impression. Car d'avoir en soi la puissance de se mouvoir, de sentir et de penser, je ne croyais aucunement que l'on dût attribuer ces avantages à la nature corporelle ; au contraire, je m'étonnais plutôt de voir que de semblables facultés se rencontraient en certains corps.

Mais moi, qui suis-je, maintenant que je suppose qu'il y a quelqu'un qui est extrêmement puissant et, si je l'ose dire, malicieux et rusé, qui emploie toutes ses forces et toute son industrie à me tromper ? Puis-je m'assurer d'avoir la moindre de toutes les choses que j'ai attribuées ci-dessus à la nature corporelle ? Je m'arrête à y penser avec attention, je passe et repasse toutes ces choses en mon esprit, et je n'en rencontre aucune que je puisse dire être en moi. Il n'est pas besoin que je m'arrête à les dénombrer. Passons donc aux attributs de l'âme, et voyons s'il y en a quelques-uns qui soient en moi. Les premiers sont de me nourrir et de marcher ; mais s'il est vrai que je n'aie point de corps, il est vrai aussi que je ne puis marcher ni me nourrir. Un autre est de sentir ; mais on ne peut aussi sentir sans le corps : outre que j'ai pensé sentir autrefois plusieurs choses pendant le sommeil, que j'ai reconnu à mon réveil n'avoir point en effet senties. Un autre est de penser ; et je trouve ici que la pensée est un attribut qui m'appartient : elle seule ne peut être détachée de moi. Je suis, j'existe : cela est certain ; mais combien de temps ? À savoir, autant de temps que je pense ; car peut-être se pourrait-il faire, si je cessais de penser, que le cesserais en même temps d'être ou d'exister. Je n'admets maintenant rien qui ne soit nécessairement vrai : je ne suis donc, précisément parlant, qu'une chose qui pense, c'est-à-dire un esprit, un entendement ou une raison, qui sont des termes dont la signification m'était auparavant inconnue. Or je suis une chose vraie, et vraiment existante ; mais quelle chose ? Je l'ai dit : une chose qui pense. Et quoi davantage ? J'exciterai encore mon imagination, pour chercher si je ne suis point quelque chose de plus. Je ne suis point cet assemblage de membres, que l'on appelle le corps humain ; je ne suis point un air délié et pénétrant, répandu dans tous ces membres ; je ne suis point un vent, un souffle, une vapeur, ni rien de tout ce que je puis feindre et imaginer, puisque j'ai supposé que tout cela n'était rien, et que, sans changer cette supposition, je trouve que je ne laisse pas d'être certain que je suis quelque chose.

Mais aussi peut-il arriver que ces mêmes choses, que je suppose n'être point, parce qu'elles me sont inconnues, ne sont point en effet différentes de moi, que je connais ? Je n'en sais rien ; je ne dispute pas maintenant de cela, je ne puis donner mon jugement que des choses qui me sont connues : j'ai reconnu que j'étais, et je cherche quel je suis, moi que j'ai reconnu être. Or il est très certain que cette notion et connaissance de moi-même, ainsi précisément prise, ne dépend point des choses dont l'existence ne m'est pas encore connue ; ni par conséquent, et à plus forte raison, d'aucunes de celles qui sont feintes et inventées par l'imagination. Et même ces termes de feindre et d'imaginer m'avertissent de mon erreur ; car je feindrais en effet, si j'imaginais être quelque chose, puisque imaginer n'est autre chose que contempler la figure ou l'image d'une chose corporelle. Or je sais déjà certainement que je suis, et que tout ensemble il se peut faire que toutes ces images-là, et généralement toutes les choses que l'on rapporte à la nature du corps, ne soient que des songes ou des chimères. En suite de quoi je vois clairement que j'aurais aussi peu de raison en disant : j'exciterai mon imagination pour connaître plus distinctement qui je suis, que si je disais : je suis maintenant éveillé, et j'aperçois quelque chose de réel et de véritable ; mais, parce que je ne l'aperçois pas encore assez nettement, je m'endormirai tout exprès, afin que mes songes me représentent cela même avec plus de vérité et d'évidence. Et ainsi, je reconnais certainement que rien de tout ce que je puis comprendre par le moyen de l'imagination, n'appartient à cette connaissance que j'ai de moi-même, et qu'il est besoin de rappeler et détourner son esprit de cette façon de concevoir, afin qu'il puisse lui-même reconnaître bien distinctement sa nature.

Mais qu'est-ce donc que je suis ? Une chose qui pense. Qu'est-ce qu'une chose qui pense ? C'est-à-dire une chose qui doute, qui conçoit, qui affirme, qui nie, qui veut, qui ne veut pas, qui imagine aussi, et qui sent. Certes ce n'est pas peu si toutes ces choses appartiennent à ma nature. Mais pourquoi n'y appartiendraient-elles pas ? Ne suis-je pas encore ce même qui doute presque de tout, qui néanmoins entends et conçois certaines choses, qui assure et affirme celles-là seules être véritables, qui nie toutes les autres, qui veux et désire d'en connaître davantage, qui ne veux pas être trompé, qui imagine beaucoup de choses, même quelquefois en dépit que j'en aie, et qui en sens aussi beaucoup, comme par l'entremise des organes du corps ? Y a-t-il rien de tout cela qui ne soit aussi véritable qu'il est certain que je suis, et que j'existe, quand même je dormirais toujours, et que celui qui m'a donné l'être se servirait de toutes ses forces pour m'abuser ? Y a-t-il aussi aucun de ces attributs qui puisse être distingué de ma pensée, ou qu'on puisse dire être séparé de moi-même ? Car il est de soi si évident que c'est moi qui doute, qui entends, et qui désire, qu'il n'est pas ici besoin de rien ajouter pour l'expliquer. Et j'ai aussi certainement la puissance d'imaginer ; car encore qu'il puisse arriver (comme j'ai supposé auparavant) que les choses que j'imagine ne soient pas vraies, néanmoins cette puissance d'imaginer ne laisse pas d'être réellement en moi, et fait partie de ma pensée. Enfin je suis le même qui sens, c'est-à-dire qui reçois et connais les choses comme par les organes des sens, puisqu'en effet je vois la lumière, j'ouïs le bruit, je ressens la chaleur. Mais l'on me dira que ces apparences sont fausses et que je dors. Qu'il soit ainsi ; toutefois, à tout le moins il est très certain qu'il me semble que je vois, que j'ouïs, et que je m'échauffe ; et c'est proprement ce qui en moi s'appel-le sentir, et cela, pris ainsi précisément, n'est rien autre chose que penser. D'où je commence à connaître quel je suis, avec un peu plus de lumière et de distinction que ci-devant.

Mais je ne me puis empêcher de croire que les choses corporelles, dont les images se forment par ma pensée, et qui tombent sous le sens, ne soient plus distinctement connues que cette je ne sais quelle partie de moi-même qui ne tombe point sous l'imagination : quoiqu'en effet ce soit une chose bien étrange, que des choses que je trouve douteuses et éloignées, soient plus clairement et plus facilement connues de moi, que celles qui sont véritables et certaines, et qui appartiennent à ma propre nature. Mais je vois bien ce que c'est : mon esprit se plaît de s'égarer, et ne se peut encore contenir dans les justes bornes de la vérité. Relâchons-lui donc encore une fois la bride, afin que, venant ci-après à la retirer doucement et à propos, nous le puissions plus facilement régler et conduire.

Commençons par la considération des choses les plus communes, et que nous croyons comprendre le plus distinctement, à savoir les corps que nous touchons et que nous voyons. Je n'entends pas parler des corps en général, car ces notions générales sont d'ordinaire plus confuses, mais de quelqu'un en particulier. Prenons pour exemple ce morceau de cire qui vient d'être tiré de la ruche : il n'a pas encore perdu la douceur du miel qu'il contenait, il retient encore quelque chose de l'odeur des fleurs dont il a été recueilli ; sa couleur, sa figure, sa grandeur, sont apparentes ; il est dur, il est froid, on le touche, et si vous le frappez, il rendra quelque son. Enfin toutes les choses qui peuvent distinctement faire connaître un corps, se rencontrent en celui-ci.

Mais voici que, cependant que je parle, on l'approche du feu : ce qui y restait de saveur s'exhale, l'odeur s'évanouit, sa couleur se change, sa figure se perd, sa grandeur augmente, il devient liquide, il s'échauffe, à peine le peut-on toucher, et quoiqu'on le frappe, il ne rendra plus aucun son. La même cire demeure-t-elle après ce changement ? Il faut avouer qu'elle demeure ; et personne ne le peut nier. Qu'est-ce donc que l'on connaissait en ce morceau de cire avec tant de distinction ? Certes ce ne peut être rien de tout ce que j'y ai remarqué par l'entremise des sens, puisque toutes les choses qui tombaient sous le goût, ou l'odorat, ou la vue, ou l'attouchement, ou l'ouïe, se trouvent changées, et cependant la même cire demeure. Peut-être était-ce ce que je pense maintenant, à savoir que la cire n'était pas ni cette douceur du miel, ni cette agréable odeur des fleurs, ni cette blancheur, ni cette figure, ni ce son, mais seulement un corps qui un peu auparavant me paraissait sous ces formes, et qui maintenant se fait remarquer sous d'autres. Mais qu'est-ce précisément parlant que j'imagine, lorsque je la conçois en cette sorte ? Considérons-le attentivement, et éloignant toutes les choses qui n'appartiennent point à la cire, voyons ce qui reste. Certes il ne demeure rien que quelque chose d'étendu, de flexible et de muable. Or qu'est-ce que cela : flexible et muable ? N'est-ce pas que j'imagine que cette cire étant ronde est capable de devenir carrée, et de passer du carré en une figure triangulaire ? Non certes, ce n'est pas cela, puisque je la conçois capable de recevoir une infinité de semblables changements, et je ne saurais néanmoins parcourir cette infinité par mon imagination, et par conséquent cette conception que j'ai de la cire ne s'accomplit pas par la faculté d'imaginer.

Qu'est-ce maintenant que cette extension ? N'est-elle pas aussi inconnue, puisque dans la cire qui se fond elle augmente, et se trouve encore plus grande quand elle est entièrement fondue, et beaucoup plus encore quand la chaleur augmente davantage ? Et je ne concevrais pas clairement et selon la vérité ce que c'est que la cire, si je ne pensais qu'elle est capable de recevoir plus de variétés selon l'extension, que je n'en ai jamais imaginé. Il faut donc que je tombe d'accord, que je ne saurais pas même concevoir par l'imagination ce que c'est que cette cire, et qu'il n'y a que mon entendement seul qui le conçoive, je dis ce morceau de cire en particulier, car pour la cire en général il est encore plus évident. Or quelle est cette cire, qui ne peut être conçue que par l'entendement ou l'esprit ? Certes c'est la même que je vois, que je touche, que j'imagine, et la même que je connaissais dès le commencement. Mais ce qui est à remarquer sa perception, ou bien l'action par laquelle on l'aperçoit, n'est point une vision, ni un attouchement, ni une imagination, et ne l'a jamais été, quoiqu'il le semblât ainsi auparavant, mais seulement une inspection de l'esprit, laquelle peut être imparfaite et confuse, comme elle était auparavant, ou bien claire et distincte, comme elle est à présent, selon que mon attention se porte plus ou moins aux choses qui sont en elle, et dont elle est composée.

Cependant je ne me saurais trop étonner quand je considère combien mon esprit a de faiblesse, et de pente qui le porte insensiblement dans l'erreur. Car encore que sans parler je considère tout cela en moi-même, les paroles toutefois m'arrêtent, et je suis presque trompé par les termes du langage ordinaire ; car nous disons que nous voyons la même cire, si on nous la présente, et non pas que nous jugeons que c'est la même, de ce qu'elle a même couleur et même figure : d'où je voudrais presque conclure, que l'on connaît la cire par la vision des yeux, et non par la seule inspection de l'esprit, si par hasard je ne regardais d'une fenêtre des hommes qui passent dans la rue, à la vue desquels je ne manque pas de dire que je vois des hommes, tout de même que je dis que je vois de la cire ; et cependant que vois-je de cette fenêtre, sinon des chapeaux et des manteaux, qui peuvent couvrir des spectres ou des hommes feints qui ne se remuent que par ressorts ? Mais je juge que ce sont de vrais hommes, et ainsi je comprends, par la seule puissance de juger qui réside en mon esprit, ce que je croyais voir de mes yeux.

Un homme qui tâche d'élever sa connaissance au-delà du commun, doit avoir honte de tirer des occasions de douter des formes et des termes de parler du vulgaire ; j'aime mieux passer outre, et considérer, si je concevais avec plus d'évidence et de perfection ce qu'était la cire, lorsque je l'ai d'abord aperçue, et que j'ai cru la connaître par le moyen des sens extérieurs, ou à tout le moins du sens commun, ainsi qu'ils appellent, c'est-à-dire de la puissance imaginative, que je ne la conçois à présent, après avoir plus exactement examiné ce qu'elle est, et de quelle façon elle peut être connue. Certes il serait ridicule de mettre cela en doute. Car, qu'y avait-il dans cette première perception qui fût distinct et évident, et qui ne pourrait pas tomber en même sorte dans le sens du moindre des animaux ? Mais quand je distingue la cire d'avec ses formes extérieures, et que, tout de même que si je lui avais ôté ses vêtements, je la considère toute nue, certes, quoiqu'il se puisse encore rencontrer quelque erreur dans mon jugement, je ne la puis concevoir de cette sorte sans un esprit humain.

Mais enfin que dirai-je de cet esprit, c'est-à-dire de moi-même ? Car jusques ici je n'admets en moi autre chose qu'un esprit. Que prononcerai-je, dis-je, de moi qui semble concevoir avec tant de netteté et de distinction ce morceau de cire ? Ne me connais-je pas moi-même, non seulement avec bien plus de vérité et de certitude, mais encore avec beaucoup plus de distinction et de netteté ? Car si je juge que la cire est, ou existe, de ce que je la vois, certes il suit bien plus évidemment que je suis, ou que j'existe moi-même, de ce que je la vois. Car il se peut faire que ce que je vois ne soit pas en effet de la cire ; il peut aussi arriver que je n'aie pas même des yeux pour voir aucune chose ; mais il ne se peut pas faire que lorsque je vois, ou (ce que je ne distingue plus) lorsque je pense voir, que moi qui pense ne soit quelque chose. De même, si je juge que la cire existe, de ce que je la touche, il s'ensuivra encore la même chose, à savoir que je suis ; et si je le juge de ce que mon imagination me le persuade, ou de quelque autre cause que ce soit, je conclurai toujours la même chose. Et ce que j'ai remarqué ici de la cire, se peut appliquer à toutes les autres choses qui me sont extérieures, et qui se rencontrent hors de moi.

Or si la notion ou la connaissance de la cire semble être plus nette et plus distincte, après qu'elle a été découverte non seulement par la vue ou par l'attouchement, mais encore par beaucoup d'autres causes, avec combien plus d'évidence, de distinction et de netteté, me dois-je connaître moi-même, puisque toutes les raisons qui servent à connaître et concevoir la nature de la cire, ou de quelque autre corps, prouvent beaucoup plus facilement et plus évidemment la nature de mon esprit ? Et il se rencontre encore tant d'autres choses en l'esprit même, qui peuvent contribuer à l'éclaircissement de sa nature, que celles qui dépendent du corps, comme celles-ci, ne méritent quasi pas d'être nombrées.

Mais enfin me voici insensiblement revenu où je voulais ; car, puisque c'est une chose qui m'est à présent connue, qu'à proprement parler nous ne concevons les corps que par la faculté d'entendre qui est en nous et non point par l'imagination ni par les sens, et que nous ne les connaissons pas de ce que nous les voyons, ou que nous les touchons, mais seulement de ce que nous les concevons par la pensée, je connais évidemment qu'il n'y a rien qui me soit plus facile à connaître que mon esprit. Mais, parce qu'il est presque impossible de se défaire si promptement d'une ancienne opinion il sera bon que je m'arrête un peu en cet endroit, afin que, par la longueur de ma méditation, j'imprime plus profondément en ma mémoire cette nouvelle connaissance.

MÉDITATION TROISIÈME.
De Dieu, qu'il existe.

Je fermerai maintenant les yeux, je boucherai mes oreilles, je détournerai tous mes sens, j'effacerai même de ma pensée toutes les images des choses corporelles, ou du moins, parce qu'à peine cela se peut-il faire, je les réputerai comme vaines et comme fausses ; et ainsi m'entretenant seulement moi-même, et considérant mon intérieur, je tâcherai de me rendre peu à peu plus connu et plus familier à moi-même. Je suis une chose qui pense, c'est-à-dire qui doute, qui affirme, qui nie, qui connaît peu de choses, qui en ignore beaucoup, qui aime, qui hait, qui veut, qui ne veut pas, qui imagine aussi, et qui sent. Car, ainsi que j'ai remarqué ci-devant, quoique les choses que je sens et que j'imagine ne soient peut-être rien du tout hors de moi et en elles-mêmes, je suis néanmoins assuré que ces façons de penser, que j'appelle sentiments et imaginations, en tant seulement qu'elles sont des façons de penser, résident et se rencontrent certainement en moi. Et dans ce peu que je viens de dire, je crois avoir rapporté tout ce que je sais véritablement, ou du moins tout ce que jusques ici j'ai remarqué que je savais.

Maintenant je considérerai plus exactement si peut-être il ne se retrouve point en moi d'autres connaissances que je n'aie pas encore aperçues. Je suis certain que je suis une chose qui pense ; mais ne sais-je donc pas aussi ce qui est requis pour me rendre certain de quelque chose ? Dans cette première connaissance, il ne se rencontre rien qu'une claire et distincte perception de ce que je connais ; laquelle de vrai ne serait pas suffisante pour m'assurer qu'elle est vraie, s'il pouvait jamais arriver qu'une chose que je concevrais ainsi clairement et distinctement se trouvât fausse. Et partant il me semble que déjà je puis établir pour règle générale, que toutes les choses que nous concevons fort clairement et fort distinctement, sont toutes vraies.

Toutefois j'ai reçu et admis ci-devant plusieurs choses comme très certaines et très manifestes, lesquelles néanmoins j'ai reconnu par après être douteuses et incertaines. Quelles étaient donc ces choses-là ? C'était la terre, le ciel, les astres, et toutes les autres choses que j'apercevais par l'entremise de mes sens. Or qu'est-ce que je concevais clairement et distinctement en elles ? Certes rien autre chose sinon que les idées ou les pensées de ces choses se présentaient à mon esprit. Et encore à présent je ne nie pas que ces idées ne se rencontrent en moi. Mais il y avait encore une autre chose que j'assurais, et qu'à cause de l'habitude que j'avais à la croire, je pensais apercevoir très clairement, quoique véritablement je ne l'aperçusse point, à savoir qu'il y avait des choses hors de moi, d'où procédaient ces idées, et auxquelles elles étaient tout à fait semblables. Et c'était en cela que je me trompais ; ou, si peut-être je jugeais selon la vérité, ce n'était aucune connaissance que j'eusse, qui fût cause de la vérité de mon jugement.

Mais lorsque je considérais quelque chose de fort simple et de fort facile touchant l'arithmétique et la géométrie, par exemple que deux et trois joints ensemble produisent le nombre de cinq, et autres choses semblables, ne les concevais-je pas au moins assez clairement pour assurer qu'elles étaient vraies ? Certes si j'ai jugé depuis qu'on pouvait douter de ces choses, ce n'a point été pour autre raison, que parce qu'il me venait en l'esprit, que peut-être quelque Dieu avait pu me donner une telle nature, que je me trompasse même touchant les choses qui me semblent les plus manifestes. Mais toutes les fois que cette opinion ci-devant conçue de la souveraine puissance d'un Dieu se présente à ma pensée je suis contraint d'avouer qu'il lui est facile, s'il le veut, de faire en sorte que je m'abuse, même dans les choses que je crois connaître avec une évidence très grande. Et au contraire toutes les fois que je me tourne vers les choses que je pense concevoir fort clairement, je suis tellement persuadé par elles, que de moi-même je me laisse emporter à ces paroles : Me trompe qui pourra, si est-ce qu'il ne saurait jamais faire que je ne sois rien tandis que je penserai être quelque chose ; ou que quelque jour il soit vrai que je n'aie jamais été, étant vrai maintenant que je suis, ou bien que deux et trois joints ensemble fassent plus ni moins que cinq, ou choses semblables, que je vois clairement ne pouvoir être d'autre façon que je les conçois.

Et certes, puisque je n'ai aucune raison de croire qu'il y ait quelque Dieu qui soit trompeur, et même que je n'aie pas encore considéré celles qui prouvent qu'il y a un Dieu, la raison de douter qui dépend seulement de cette opinion, est bien légère, et pour ainsi dire métaphysique. Mais afin de la pouvoir tout à fait ôter, je dois examiner s'il y a un Dieu, sitôt que l'occasion s'en présentera ; et si je trouve qu'il y en ait un, je dois aussi examiner s'il peut être trompeur : car sans la connaissance de ces deux vérités, je ne vois pas que je puisse jamais être certain d'aucune chose. Et afin que je puisse avoir occasion d'examiner cela sans interrompre l'ordre de méditer que je me suis proposé, qui est de passer par degrés des notions que je trouverai les premières en mon esprit à celles que j'y pourrai trouver après, il faut ici que je divise toutes mes pensées en certains genres, et que je considère dans lesquels de ces genres il y a proprement de la vérité ou de l'erreur.

Entre mes pensées, quelques-unes sont comme les images des choses, et c'est à celles-là seules que convient proprement le nom d'idée : comme lorsque je me représente un homme, ou une chimère, ou le ciel, ou un ange, ou Dieu même. D'autres outre cela ont quelques autres formes : comme lorsque je veux, que je crains, que j'affirme ou que je nie, je conçois bien alors quelque chose comme le sujet de l'action de mon esprit, mais j'ajoute aussi quelque autre chose par cette action à l'idée que j'ai de cette chose-là ; et de ce genre de pensées, les unes sont appelées volontés ou affections, et les autres jugements.

Maintenant, pour ce qui concerne les idées, si on les considère seulement en elles-mêmes, et qu'on ne les rapporte point à quelque autre chose, elles ne peuvent, à proprement parler, être fausses ; car soit que j'imagine une chèvre ou une chimère, il n'est pas moins vrai que j'imagine l'une que l'autre.

Il ne faut pas craindre aussi qu'il se puisse rencontrer de la fausseté dans les affections ou volontés ; car encore que je puisse désirer des choses mauvaises, ou même qui ne furent jamais, toutefois il n'est pas pour cela moins vrai que je les désire.

Ainsi il ne reste plus que les seuls jugements, dans lesquels je dois prendre garde soigneusement de ne me point tromper. Or la principale erreur et la plus ordinaire qui s'y puisse rencontrer, consiste en ce que je juge que les idées qui sont en moi sont semblables, ou conformes à des choses qui sont hors de moi ; car certainement, si je considérais seulement les idées comme de certains modes ou façons de ma pensée, sans les vouloir rapporter à quelque autre chose d'extérieur, à peine me pourraient-elles donner occasion de faillir.

Or de ces idées les unes me semblent être nées avec moi, les autres être étrangères et venir de dehors, et les autres être faites et inventées par moi-même. Car, que j'aie la faculté de concevoir ce que c'est qu'on nomme en général une chose, ou une vérité, ou une pensée, il me semble que je ne tiens point cela d'ailleurs que de ma nature propre ; mais si j'ouis maintenant quelque bruit, si je vois le soleil, si je sens de la chaleur, jusqu'à cette heure j'ai jugé que ces sentiments procédaient de quelques choses qui existent hors de moi ; et enfin il me semble que les sirènes, les hippogriffes et toutes les autres semblables chimères sont des fictions et inventions de mon esprit. Mais aussi peut-être me puis-je persuader que toutes ces idées sont du genre de celles que j'appelle étrangères, et qui viennent de dehors, ou bien qu'elles sont toutes nées avec moi, ou bien qu'elles ont toutes été faites par moi ; car je n'ai point encore clairement découvert leur véritable origine. Et ce que j'ai principalement à faire en cet endroit, est de considérer, touchant celles qui me semblent venir de quelques objets qui sont hors de moi, quelles sont les raisons qui m'obligent à les croire semblables à ces objets.

La première de ces raisons est qu'il me semble que cela m'est enseigné par la nature ; et la seconde, que j'expérimente en moi-même que ces idées ne dépendent point de ma volonté ; car souvent elles se présentent à moi malgré moi, comme maintenant, soit que je le veuille, soit que je ne le veuille pas, je sens de la chaleur, et pour cette cause je me persuade que ce sentiment ou bien cette idée de la chaleur est produite en moi par une chose différente de moi, à savoir par la chaleur du feu auprès duquel je me rencontre. Et je ne vois rien qui me semble plus raisonnable, que de juger que cette chose étrangère envoie et imprime en moi sa ressemblance plutôt qu'aucune autre chose.

Maintenant il faut que je voie si ces raisons sont assez fortes et convaincantes. Quand je dis qu'il me semble que cela m'est enseigné par la nature, j'entends seulement par ce mot de nature une certaine inclination qui me porte à croire cette chose, et non pas une lumière naturelle qui me fasse connaître qu'elle est vraie. Or ces deux choses diffèrent beaucoup entre elles. Car je ne saurais rien révoquer en doute de ce que la lumière naturelle me fait voir être vrai, ainsi qu'elle m'a tantôt fait voir que, de ce que je doutais, je pouvais conclure que j'étais. Et je n'ai en moi aucune autre faculté, ou puissance, pour distinguer le vrai du faux, qui me puisse enseigner que ce que cette lumière me montre comme vrai ne l'est pas, et à qui je me puisse tant fier qu'à elle. Mais, pour ce qui est des inclinations qui me semblent aussi m'être naturelles, j'ai souvent remarqué, lorsqu'il a été question de faire choix entre les vertus et les vices, qu'elles ne m'ont pas moins porté au mal qu'au bien ; c'est pourquoi je n'ai pas sujet de les suivre non plus en ce qui regarde le vrai et le faux.

Et pour l'autre raison, qui est que ces idées doivent venir d'ailleurs, puisqu'elles ne dépendent pas de ma volonté, je ne la trouve non plus convaincante. Car tout de même que ces inclinations, dont je parlais tout maintenant, se trouvent en moi, nonobstant qu'elles ne s'accordent pas toujours avec ma volonté, ainsi peut-être qu'il y a en moi quelque faculté ou puissance propre à produire ces idées sans l'aide d'aucunes choses extérieures, bien qu'elle ne me soit pas encore connue ; comme en effet il m'a toujours semblé jusques ici que lorsque je dors, elles se forment ainsi en moi sans l'aide des objets qu'elles représentent. Et enfin, encore que je demeurasse d'accord qu'el-les sont causées par ces objets, ce n'est pas une conséquence nécessaire qu'elles doivent leur être semblables. Au contraire, j'ai souvent remarqué, en beaucoup d'exemples, qu'il y avait une grande différence entre l'objet et son idée. Comme, par exemple, je trouve dans mon esprit deux idées du soleil toutes diverses : l'une tire son origine des sens, et doit être placée dans le genre de celles que j'ai dit ci-dessus venir de dehors, par laquelle il me paraît extrêmement petit ; l'autre est prise des raisons de l'astronomie, c'est-à-dire de certaines notions nées avec moi, ou enfin est formée par moi-même de quelque sorte que ce puisse être par laquelle il me paraît plusieurs fois plus grand que toute la terre. Certes, ces deux idées que je conçois du soleil, ne peuvent pas être toutes deux semblables au même soleil ; et la raison me fait croire que celle qui vient immédiatement de son apparence, est celle qui lui est le plus dissemblable.

Tout cela me fait assez connaître que jusques à cette heure ce n'a point été par un jugement certain et prémédité, mais seulement par une aveugle et téméraire impulsion, que j'ai cru qu'il y avait des choses hors de moi, et différentes de mon être, qui par les organes de mes sens, ou par quelque autre moyen que ce puisse être, envoyaient en moi leurs idées ou images, et y imprimaient leurs ressemblances.

Mais il se présente encore une autre voie pour rechercher si, entre les choses dont j'ai en moi les idées, il y en a quelques-unes qui existent hors de moi. À savoir, si ces idées sont prises en tant seulement que ce sont de certaines façons de penser, je ne reconnais entre elles aucune différence ou inégalité, et toutes semblent procéder de moi d'une même sorte ; mais les considérant comme des images, dont les unes représentent une chose et les autres une autre, il est évident qu'elles sont fort différentes les unes des autres. Car, en effet celles qui me représentent des substances, sont sans doute quelque chose de plus, et contiennent en soi (pour ainsi parler) plus de réalité objective, c'est-à-dire participent par représentation à plus de degrés d'être ou de perfection, que celles qui me représentent seulement des modes ou accidents. De plus, celle par laquelle je conçois un Dieu souverain, éternel, infini, immuable, tout connaissant, tout-puissant, et Créateur universel de toutes les choses qui sont hors de lui ; celle-là, dis-je, a certainement en soi plus de réalité objective, que celles par qui les substances finies me sont représentées.

Maintenant, c'est une chose manifeste par la lumière naturelle, qu'il doit y avoir pour le moins autant de réalité dans la cause efficiente et totale que dans son effet : car d'où est-ce que l'effet peut tirer sa réalité sinon de sa cause ? et comment cette cause la lui pourrait-elle communiquer, si elle ne l'avait en elle-même ?

Et de là il suit, non seulement que le néant ne saurait produire aucune chose, mais aussi que ce qui est plus parfait, c'est-à-dire qui contient en soi plus de réalité, ne peut être une suite et une dépendance du moins parfait. Et cette vérité n'est pas seulement claire et évidente dans les effets qui ont cette réalité que les philosophes appellent actuelle ou formelle, mais aussi dans les idées où l'on considère seulement la réalité qu'ils nomment objective : par exemple, la pierre qui n'a point encore été, non seulement ne peut pas maintenant commencer d'être, si elle n'est produite par une chose qui possède en soi formellement, ou éminemment, tout ce qui entre en la composition de la pierre, c'est-à-dire qui contienne en soi les mêmes choses ou d'autres plus excellentes que celles qui sont dans la pierre ; et la chaleur ne peut être produite dans un sujet qui en était auparavant privé, si ce n'est par une chose qui soit d'un ordre, d'un degré ou d'un genre au moins aussi parfait que la chaleur, et ainsi des autres. Mais encore, outre cela, l'idée de la chaleur, ou de la pierre, ne peut pas être en moi, si elle n'y a été mise par quelque cause, qui contienne en soi pour le moins autant de réalité, que j'en conçois dans la chaleur ou dans la pierre. Car encore que cette cause-là ne transmette en mon idée aucune chose de sa réalité actuelle ou formelle, on ne doit pas pour cela s'imaginer que cette cause doive être moins réelle ; mais on doit savoir que toute idée étant un ouvrage de l'esprit, sa nature est telle qu'elle ne demande de soi aucune autre réalité formelle, que celle qu'elle reçoit et emprunte de la pensée ou de l'esprit, dont elle est seulement un mode, c'est-à-dire une manière ou façon de penser. Or, afin qu'une idée contienne une telle réalité objective plutôt qu'une autre, elle doit sans doute avoir cela de quelque cause, dans laquelle il se rencontre pour le moins autant de réalité formelle que cette idée contient de réalité objective. Car si nous supposons qu'il se trouve quelque chose dans l'idée, qui ne se rencontre pas dans sa cause, il faut donc qu'elle tienne cela du néant ; mais, pour imparfaite que soit cette façon d'être, par laquelle une chose est objectivement ou par représentation dans l'entendement par son idée, certes on ne peut pas néanmoins dire que cette façon et manière-là ne soit rien, ni par conséquent que cette idée tire son origine du néant. Je ne dois pas aussi douter qu'il ne soit nécessaire que la réalité soit formellement dans les causes de mes idées, quoique la réalité que je considère dans ces idées soit seulement objective, ni penser qu'il suffit que cette réalité se rencontre objectivement dans leurs causes ; car, tout ainsi que cette manière d'être objectivement appartient aux idées, de leur propre nature, de même aussi la manière ou la façon d'être formellement appartient aux causes de ces idées (à tout le moins aux premières et principales) de leur propre nature. Et encore qu'il puisse arriver qu'une idée donne la naissance à une autre idée, cela ne peut pas toutefois être à l'infini, mais il faut à la fin parvenir à une première idée, dont la cause soit comme un patron ou un original, dans lequel toute la réalité ou perfection soit contenue formellement et en effet, qui se rencontre seulement objectivement ou par représentation dans ces idées. En sorte que la lumière naturelle me fait connaître évidemment, que les idées sont en moi comme des tableaux, ou des images, qui peuvent à la vérité facilement déchoir de la perfection des choses dont elles ont été tirées, mais qui ne peuvent jamais rien contenir de plus grand ou de plus parfait.

Et d'autant plus longuement et soigneusement j'examine toutes ces choses, d'autant plus clairement et distinctement je connais qu'elles sont vraies. Mais enfin que conclurai-je de tout cela ? C'est à savoir que, si la réalité objective de quelqu'une de mes idées est telle, que je connaisse clairement qu'elle n'est point en moi, ni formellement, ni éminemment, et que par conséquent je ne puis pas moi-même en être la cause, il suit de la nécessairement que je ne suis pas seul dans le monde, mais qu'il y a encore quelque autre chose qui existe, et qui est la cause de cette idée ; au lieu que, s'il ne se rencontre point en moi de telle idée, je n'aurai aucun argument qui me puisse convaincre et rendre certain de l'existence d'aucune autre chose que de moi-même ; car je les ai tous soigneusement recherchés, et je n'en ai pu trouver aucun autre jusqu'à présent.

Or entre ces idées, outre celle qui me représente à moi-même, de laquelle il ne peut y avoir ici aucune difficulté, il y en a une autre qui me représente un Dieu, d'autres des choses corporelles et inanimées, d'autres des anges, d'autres des animaux, et d'autres enfin qui me représentent des hommes semblables à moi. Mais pour ce qui regarde les idées qui me représentent d'autres hommes, ou des animaux, ou des anges, je conçois facilement qu'elles peuvent être formées par le mélange et la composition des autres idées que j'ai des choses corporelles et de Dieu, encore que hors de moi il n'y eût point d'autres hommes dans le monde, ni aucuns animaux, ni aucuns anges. Et pour ce qui regarde les idées des choses corporelles, je n'y reconnais rien de si grand ni de si excellent, qui ne me semble pouvoir venir de moi-même ; car, si je les considère de plus près, et si je les examine de la même façon que j'examinais hier l'idée de la cire, je trouve qu'il ne s'y rencontre que fort peu de chose que je conçoive clairement et distinctement : à savoir, la grandeur ou bien l'extension en longueur, largeur et profondeur ; la figure qui est formée par les termes et les bornes de cette extension ; la situation que les corps diversement figurés gardent entre eux ; et le mouvement ou le changement de cette situation ; auxquelles on peut ajouter la substance, la durée, et le nombre. Quant aux autres choses, comme la lumière, les couleurs, les sons, les odeurs, les saveurs, la chaleur, le froid, et les autres qualités qui tombent sous l'attouchement, elles se rencontrent dans ma pensée avec tant d'obscurité et de confusion, que j'ignore même si elles sont véritables, ou fausses et seulement apparentes, c'est-à-dire si les idées que je conçois de ces qualités, sont en effet les idées de quelques choses réelles, ou bien si elles ne me représentent que des êtres chimériques, qui ne peuvent exister. Car, encore que j'aie remarqué ci-devant, qu'il n'y a que dans les jugements que se puisse rencontrer la vraie et formelle fausseté, il se peut néanmoins trouver dans les idées une certaine fausseté matérielle, à savoir, lorsqu'elles représentent ce qui n'est rien comme si c'était quelque chose. Par exemple, les idées que j'ai du froid et de la chaleur sont si peu claires et si peu distinctes, que par leur moyen je ne puis pas discerner si le froid est seulement une privation de la chaleur, ou la chaleur une privation du froid, ou bien si l'une et l'autre sont des qualités réelles, ou si elles ne le sont pas ; et d'autant que, les idées étant comme des images, il n'y en peut avoir aucune qui ne nous semble représenter quelque chose, s'il est vrai de dire que le froid ne soit autre chose qu'une privation de la chaleur, l'idée qui me le représente comme quelque chose de réel et de positif, ne sera pas mal à propos appelée fausse, et ainsi des autres semblables idées ; auxquelles certes il n'est pas nécessaire que j'attribue d'autre auteur que moi-même. Car, si elles sont fausses, c'est-à-dire si elles représentent des choses qui ne sont point, la lumière naturelle me fait connaître qu'elles procèdent du néant, c'est-à-dire qu'elles ne sont en moi, que parce qu'il manque quelque chose à ma nature, et qu'elle n'est pas toute parfaite. Et si ces idées sont vraies, néanmoins, parce qu'elles me font paraître si peu de réalité, que même je ne puis pas nettement discerner la chose représentée d'avec le non-être, je ne vois point de raison pourquoi elles ne puissent être produites par moi-même, et que je n'en puisse être l'auteur.

Quant aux idées claires et distinctes que j'ai des choses corporelles, il y en a quelques-unes qu'il semble que j'ai pu tirer de l'idée que j'ai de moi-même, comme celle que j'ai de la substance, de la durée, du nombre, et d'autres choses semblables. Car, lorsque je pense que la pierre est une substance, ou bien une chose qui de soi est capable d'exister, puis que je suis une substance, quoique je conçoive bien que je suis une chose qui pense et non étendue, et que la pierre au contraire est une chose étendue et qui ne pense point, et qu'ainsi entre ces deux conceptions il se rencontre une notable différence, toutefois elles semblent convenir en ce qu'elles représentent des substances. De même, quand je pense que je suis maintenant, et que je me ressouviens outre cela d'avoir été autrefois, et que je conçois plusieurs diverses pensées dont je connais le nombre, alors j'acquiers en moi les idées de la durée et du nombre, lesquelles, par après, je puis transférer à toutes les autres choses que je voudrai.

Pour ce qui est des autres qualités dont les idées des choses corporelles sont composées, à savoir, l'étendue, la figure, la situation, et le mouvement de lieu, il est vrai qu'elles ne sont point formellement en moi, puisque je ne suis qu'une chose qui pense ; mais parce que ce sont seulement de certains modes de la substance, et comme les vêtements sous lesquels la substance corporelle nous paraît, et que je suis aussi moi-même une substance, il semble qu'elles puissent être contenues en moi éminemment.

Partant il ne reste que la seule idée de Dieu, dans laquelle il faut considérer s'il y a quelque chose qui n'ait pu venir de moi-même. Par le nom de Dieu j'entends une substance infinie, éternelle, immuable, indépendante, toute connaissante, toute-puissante, et par laquelle moi-même, et toutes les autres choses qui sont (s'il est vrai qu'il y en ait qui existent) ont été créées et produites. Or ces avantages sont si grands et si éminents, que plus attentivement je les considère, et moins je me persuade que l'idée que j'en ai puisse tirer son origine de moi seul. Et par conséquent il faut nécessairement conclure de tout ce que j'ai dit auparavant, que Dieu existe. Car, encore que l'idée de la substance soit en moi, de cela même que je suis une substance, je n'aurais pas néanmoins l'idée d'une substance infinie, moi qui suis un être fini, si elle n'avait été mise en moi par quelque substance qui fût véritablement infinie.

Et je ne me dois pas imaginer que je ne conçois pas l'infini par une véritable idée, mais seulement par la négation de ce qui est fini, de même que je comprends le repos et les ténèbres par la négation du mouvement et de la lumière : puisque au contraire je vois manifestement qu'il se rencontre plus de réalité dans la substance infinie que dans la substance finie, et partant que j'ai en quelque façon premièrement en moi la notion de l'infini, que du fini, c'est-à-dire de Dieu, que de moi-même. Car comment serait-il possible que je pusse connaître que je doute et que je désire, c'est-à-dire qu'il me manque quelque chose et que je ne suis pas tout parfait, si je n'avais en moi aucune idée d'un être plus parfait que le mien, par la comparaison duquel je connaîtrais les défauts de ma nature ?

Et l'on ne peut pas dire que peut-être cette idée de Dieu est matériellement fausse, et que par conséquent je la puis tenir du néant, c'est-à-dire qu'elle peut être en moi pour ce que j'ai du défaut, comme j'ai dit ci-devant des idées de la chaleur et du froid, et d'autres choses semblables : car, au contraire, cette idée étant fort claire et fort distincte, et contenant en soi plus de réalité objective qu'aucune autre, il n'y en a point qui soit de soi plus vraie, ni qui puisse être moins soupçonnée d'erreur et de fausseté.

L'idée, dis-je, de cet être souverainement parfait et infini est entièrement vraie ; car, encore que peut-être l'on puisse feindre qu'un tel être n'existe point, on ne peut pas feindre néanmoins que son idée ne me représente rien de réel, comme j'ai tantôt dit de l'idée du froid.

Cette même idée est aussi fort claire et fort distincte, puisque tout ce que mon esprit conçoit clairement et distinctement de réel et de vrai, et qui contient en soi quelque perfection, est contenu et renfermé tout entier dans cette idée.

Et ceci ne laisse pas d'être vrai, encore que je ne comprenne pas l'infini, ou même qu'il se rencontre en Dieu une infinité de choses que je ne puis comprendre, ni peut-être aussi atteindre aucunement par la pensée : car il est de la nature de l'infini, que ma nature, qui est finie et bornée, ne le puisse comprendre ; et il suffit que je conçoive bien cela, et que je juge que toutes les choses que je conçois clairement, et dans lesquelles je sais qu'il y a quelque perfection, et peut-être aussi une infinité d'autres que j'ignore, sont en Dieu formellement ou éminemment, afin que l'idée que j'en ai soit la plus vraie, la plus claire et la plus distincte de toutes celles qui sont en mon esprit.

Mais peut-être aussi que je suis quelque chose de plus que je ne m'imagine, et que toutes les perfections que j'attribue à la nature d'un Dieu, sont en quelque façon en moi en puissance, quoiqu'elles ne se produisent pas encore, et ne se fassent point paraître par leurs actions. En effet j'expérimente déjà que ma connaissance s'augmente et se perfectionne peu à peu, et je ne vois rien qui la puisse empêcher de s'augmenter de plus en plus jusques à l'infini ; puis, étant ainsi accrue et perfectionnée, je ne vois rien qui empêche que je ne puisse m'acquérir par son moyen toutes les autres perfections de la nature divine ; et enfin il semble que la puissance que j'ai pour l'acquisition de ces perfections, si elle est en moi, peut être capable d'y imprimer et d'y introduire leurs idées. Toutefois, en y regardant un peu de près, je reconnais que cela ne peut-être ; car, premièrement, encore qu'il fût vrai que ma connaissance acquît tous les jours de nouveaux degrés de perfection, et qu'il y eût en ma nature beaucoup de choses en puissance, qui n'y sont pas encore actuellement, toutefois tous ces avantages n'appartiennent et n'approchent en aucune sorte de l'idée que j'ai de la Divinité, dans laquelle rien ne se rencontre seulement en puissance, mais tout y est actuellement et en effet. Et même n'est-ce pas un argument infaillible et très certain d'imperfection en ma connaissance, de ce qu'elle s'accroît peu à peu, et qu'elle s'augmente par degrés ? Davantage, encore que ma connaissance s'augmentât de plus en plus, néanmoins je ne laisse pas de concevoir qu'elle ne saurait être actuellement infinie, puisqu'elle n'arrivera jamais à un si haut point de perfection, qu'elle ne soit encore capable d'acquérir quelque plus grand accroissement. Mais je conçois Dieu actuellement infini en un si haut degré, qu'il ne se peut rien ajouter à la souveraine perfection qu'il possède. Et enfin je comprends fort bien que l'être objectif d'une idée ne peut être produit par un être qui existe seulement en puissance, lequel à proprement parler n'est rien, mais seulement par un être formel ou actuel.

Et certes je ne vois rien en tout ce que je viens de dire, qui ne soit très aisé à connaître par la lumière naturelle à tous ceux qui voudront y penser soigneusement ; mais lorsque je relâche quelque chose de mon attention, mon esprit se trouvant obscurci et comme aveuglé par les images des choses sensibles, ne se ressouvient pas facilement de la raison pourquoi l'idée que j'ai d'un être plus parfait que le mien, doit nécessairement avoir été mise en moi, par un être qui soit en effet plus parfait.

C'est pourquoi je veux ici passer outre, et considérer si moi-même, qui ai cette idée de Dieu, je pourrais être, en cas qu'il n'y eût point de Dieu. Et je demande, de qui aurais-je mon existence ? Peut-être de moi-même, ou de mes parents, ou bien de quelques autres causes moins parfaites que Dieu ; car on ne se peut rien imaginer de plus parfait, ni même d'égal à lui.

Or, si j'étais indépendant de tout autre, et que je fusse moi-même l'auteur de mon être, certes je ne douterais d'aucune chose, je ne concevrais plus de désirs, et enfin il ne me manquerait aucune perfection ; car je me serais donné à moi-même toutes celles dont j'ai en moi quelque idée, et ainsi je serais Dieu.

Et je ne me dois point imaginer que les choses qui me manquent sont peut-être plus difficiles à acquérir, que celles dont je suis déjà en possession ; car au contraire il est très certain, qu'il a été beaucoup plus difficile, que moi, c'est-à-dire une chose ou une substance qui pense, soit sorti du néant, qu'il ne me serait d'acquérir les lumières et les connaissances de plusieurs choses que j'ignore, et qui ne sont que des accidents de cette substance. Et ainsi sans difficulté, si je m'étais moi-même donné ce plus que je viens de dire, c'est-à-dire si j'étais l'auteur de ma naissance et de mon existence, je ne me serais pas privé au moins des choses qui sont de plus facile acquisition, à savoir, de beaucoup de connaissances dont ma nature est dénuée ; je ne me serais pas privé non plus d'aucune des choses qui sont contenues dans l'idée que je conçois de Dieu, parce qu'il n'y en a aucune qui me semble de plus difficile acquisition ; et s'il y en avait quelqu'une, certes elle me paraîtrait telle (supposé que j'eusse de moi toutes les autres choses que je possède), puisque j'expérimenterais que ma puissance s'y terminerait, et ne serait pas capable d'y arriver.

Et encore que je puisse supposer que peut-être j'ai toujours été comme je suis maintenant, je ne saurais pas pour cela éviter la force de ce raisonnement, et ne laisse pas de connaître qu'il est nécessaire que Dieu soit l'auteur de mon existence. Car tout le temps de ma vie peut être divisé en une infinité de parties, chacune desquelles ne dépend en aucune façon des autres ; et ainsi, de ce qu'un peu auparavant j'ai été, il ne s'ensuit pas que je doive maintenant être, si ce n'est qu'en ce moment quelque cause me produise et me crée, pour ainsi dire, derechef, c'est-à-dire me conserve.

En effet c'est une chose bien claire et bien évidente (à tous ceux qui considéreront avec attention la nature du temps), qu'une substance, pour être conservée dans tous les moments qu'elle dure, a besoin du même pouvoir et de la même action, qui serait nécessaire pour la produire et la créer tout de nouveau, si elle n'était point encore. En sorte que la lumière naturelle nous fait voir clairement, que la conservation et la création ne diffèrent qu'au regard de notre façon de penser, et non point en effet. Il faut donc seulement ici que je m'interroge moi-même, pour savoir si je possède quelque pouvoir et quelque vertu, qui soit capable de faire en sorte que moi, qui suis maintenant, sois encore à l'avenir : car, puisque je ne suis qu'une chose qui pense (ou du moins puisqu'il ne s'agit encore jusques ici précisément que de cette partie-là de moi-même), si une telle puissance résidait en moi, certes je devrais à tout le moins le penser, et en avoir connaissance ; mais je n'en ressens aucune dans moi, et par là je connais évidemment que je dépends de quelque être différent de moi.

Peut-être aussi que cet être-là, duquel je dépends, n'est pas ce que j'appelle Dieu, et que je suis produit, ou par mes parents, ou par quelques autres causes moins parfaites que lui ? Tant s'en faut, cela ne peut être ainsi. Car, comme j'ai déjà dit auparavant, c'est une chose très évidente qu'il doit y avoir au moins autant de réalité dans la cause que dans son effet. Et partant, puisque je suis une chose qui pense, et qui ai en moi quelque idée de Dieu, quelle que soit enfin la cause que l'on attribue à ma nature, il faut nécessairement avouer qu'elle doit pareillement être une chose qui pense, et posséder en soi l'idée de toutes les perfections que j'attribue à la nature Divine. Puis l'on peut derechef rechercher si cette cause tient son origine et son existence de soi-même, ou de quelque autre chose. Car si elle la tient de soi-même, il s'ensuit, par les raisons que j'ai ci-devant alléguées, qu'elle-même doit être Dieu ; puisque ayant la vertu d'être et d'exister par soi, elle doit aussi avoir sans doute la puissance de posséder actuellement toutes les perfections dont elle conçoit les idées, c'est-à-dire toutes celles que je conçois être en Dieu. Que si elle tient son existence de quelque autre cause que de soi, on demandera derechef, par la même raison, de cette seconde cause, si elle est par soi, ou par autrui, jusques à ce que de degrés en degrés on parvienne enfin à une dernière cause qui se trouvera être Dieu. Et il est très manifeste qu'en cela il ne peut y avoir de progrès à l'infini, vu qu'il ne s'agit pas tant ici de la cause qui m'a produit autrefois, comme de celle qui me conserve présentement. On ne peut pas feindre aussi que peut-être plusieurs causes ont ensemble concouru en partie à ma production, et que de l'une j'ai reçu l'idée d'une des perfections que j'attribue à Dieu, et d'une autre l'idée de quelque autre, en sorte que toutes ces perfections se trouvent bien à la vérité quelque part dans l'Univers, mais ne se rencontrent pas toutes jointes et assemblées dans une seule qui soit Dieu. Car, au contraire, l'unité, la simplicité, ou l'inséparabilité de toutes les choses qui sont en Dieu, est une des principales perfections que je conçois être en lui ; et certes l'idée de cette unité et assemblage de toutes les perfections de Dieu, n'a pu être mise en moi par aucune cause, de qui je n'aie point aussi reçu les idées de toutes les autres perfections. Car elle ne peut pas me les avoir fait comprendre ensemblement jointes et inséparables, sans avoir fait en sorte en même temps que je susse ce qu'elles étaient, et que je les connusse toutes en quelque façon.

Pour ce qui regarde mes parents, desquels il semble que je tire ma naissance, encore que tout ce que j'en ai jamais pu croire soit véritable, cela ne fait pas toutefois que ce soit eux qui me conservent, ni qui m'aient fait et produit en tant que je suis une chose qui pense, puisqu'ils ont seulement mis quelques dispositions dans cette matière, en laquelle je juge que moi, c'est-à-dire mon esprit, lequel seul je prends maintenant pour moi-même, se trouve renfermé ; et partant il ne peut y avoir ici à leur égard aucune difficulté, mais il faut nécessairement conclure que, de cela seul que j'existe, et que l'idée d'un être souverainement parfait (c'est-à-dire de Dieu) est en moi, l'existence de Dieu est très évidemment démontrée.

Il me reste seulement à examiner de quelle façon j'ai acquis cette idée. Car je ne l'ai pas reçue par les sens, et jamais elle ne s'est offerte à moi contre mon attente, ainsi que font les idées des choses sensibles, lorsque ces choses se présentent ou semblent se présenter aux organes extérieurs de mes sens. Elle n'est pas aussi une pure production ou fiction de mon esprit ; car il n'est pas en mon pouvoir d'y diminuer ni d'y ajouter aucune chose. Et par conséquent il ne reste plus autre chose à dire, sinon que, comme l'idée de moi-même, elle est née et produite avec moi dès lors que j'ai été créé.

Et certes on ne doit pas trouver étrange que Dieu, en me créant, ait mis en moi cette idée pour être comme la marque de l'ouvrier empreinte sur son ouvrage ; et il n'est pas aussi nécessaire que cette marque soit quelque chose de différent de ce même ouvrage. Mais de cela seul que Dieu m'a créé, il est fort croyable qu'il m'a en quelque façon produit à son image et semblance, et que je conçois cette ressemblance (dans laquelle l'idée de Dieu se trouve contenue) par la même faculté par laquelle je me conçois moi-même ; c'est-à-dire que, lorsque je fais réflexion sur moi, non seulement je connais que je suis une chose imparfaite, incomplète, et dépendante d'autrui, qui tend et qui aspire sans cesse à quelque chose de meilleur et de plus grand que je ne suis, mais je connais aussi, en même temps, que celui duquel je dépends, possède en soi toutes ces grandes choses auxquelles j'aspire, et dont je trouve en moi les idées, non pas indéfiniment et seulement en puissance, mais qu'il en jouit en effet, actuellement et infiniment et, ainsi qu'il est Dieu. Et toute la force de l'argument dont j'ai ici usé pour prouver l'existence de Dieu consiste en ce que je reconnais qu'il ne serait pas possible que ma nature fût telle qu'elle est, c'est-à-dire que j'eusse en moi l'idée d'un Dieu, si Dieu n'existait véritablement ; ce même Dieu, dis-je, duquel l'idée est en moi, c'est-à-dire qui possède toutes ces hautes perfections, dont notre esprit peut bien avoir quelque idée sans pourtant les comprendre toutes, qui n'est sujet à aucuns défauts, et qui n'a rien de toutes les choses qui marquent quelque imperfection.

D'où il est assez évident qu'il ne peut être trompeur, puisque la lumière naturelle nous enseigne que la tromperie dépend nécessairement de quelque défaut.

Mais, auparavant que j'examine cela plus soigneusement, et que je passe à la consideration des autres vérités que l'on en peut recueillir, il me semble très à propos de m'arrêter quelque temps à la contemplation de ce Dieu tout parfait, de peser tout à loisir ses merveilleux attributs, de considérer, d'admirer et d'adorer l'incomparable beauté de cette immense lumière, au moins autant que la force de mon esprit, qui en demeure en quelque sorte ébloui, me le pourra permettre.

Car, comme la foi nous apprend que la souveraine félicité de l'autre vie ne consiste que dans cette contemplation de la Majesté divine, ainsi expérimenterons-nous dès maintenant, qu'une semblable méditation, quoique incomparablement moins parfaite, nous fait jouir du plus grand contentement que nous soyons capables de ressentir en cette vie.

MÉDITATION QUATRIÈME.
Du vrai, et du faux.

IE me suis tellement accoutumé ces jours passés à détacher mon esprit des sens, et j'ai si exactement remarqué qu'il y a fort peu de choses que l'on connaisse avec certitude touchant les choses corporelles, qu'il y en a beaucoup plus qui nous sont connues touchant l'esprit humain, et beaucoup plus encore de Dieu même, que maintenant je détournerai sans aucune difficulté ma pensée de la considération des choses sensibles ou imaginables, pour la porter à celles qui, étant dégagées de toute matière, sont purement intelligibles.

Et certes l'idée que j'ai de l'esprit humain, en tant qu'il est une chose qui pense, et non étendue en longueur, largeur et profondeur, et qui ne participe à rien de ce qui appartient au corps, est incomparablement plus distincte que l'idée d'aucune chose corporelle. Et lorsque je considère que je doute, c'est-à-dire que je suis une chose incomplète et dépendante, l'idée d'un être complet et indépendant, c'est-à-dire de Dieu, se présente à mon esprit avec tant de distinction et de clarté ; et de cela seul que cette idée se retrouve en moi, ou bien que je suis ou existe, moi qui possède cette idée, je conclus si évidemment l'existence de Dieu, et que la mienne dépend entièrement de lui en tous les moments de ma vie, que je ne pense pas que l'esprit humain puisse rien connaître avec plus d'évidence et de certitude. Et déjà il me semble que je découvre un chemin qui nous conduira de cette contemplation du vrai Dieu (dans lequel tous les trésors de la science et de la sagesse sont renfermés) à la connaissance des autres choses de l'Univers.

Car, premièrement, je reconnais qu'il est impossible que jamais il me trompe, puisqu'en toute fraude et tromperie il se rencontre quelque sorte d'imperfection. Et quoiqu'il semble que pouvoir tromper soit une marque de subtilité, ou de puissance, toutefois vouloir tromper témoigne sans doute de la faiblesse ou de la malice. Et, partant, cela ne peut se rencontrer en Dieu.

En après j'expérimente en moi-même une certaine puissance de juger, laquelle sans doute j'ai reçue de Dieu, de même que tout le reste des choses que je possède ; et comme il ne voudrait pas m'abuser, il est certain qu'il ne me l'a pas donnée telle que je puisse jamais faillir, lorsque j'en userai comme il faut. Et il ne resterait aucun doute de cette vérité, si l'on n'en pouvait, ce semble, tirer cette conséquence, qu'ainsi donc je ne me suis jamais trompé ; car, si je tiens de Dieu tout ce que je possède, et s'il ne m'a point donné de puissance pour faillir, il semble que je ne me doive jamais abuser. Et de vrai, lorsque je ne pense qu'à Dieu, je ne découvre en moi aucune cause d'erreur ou de fausseté ; mais puis après, revenant à moi, l'expérience me fait connaître que je suis néanmoins sujet à une infinité d'erreurs, desquelles recherchant la cause de plus près, je remarque qu'il ne se présente pas seulement à ma pensée une réelle et positive idée de Dieu, ou bien d'un être souverainement parfait, mais aussi, pour ainsi parler, une certaine idée négative du néant, c'est-à-dire de ce qui est infiniment éloigné de toute sorte de perfection ; et que je suis comme un milieu entre Dieu et le néant, c'est-à-dire placé de telle sorte entre le souverain être et le non-être, qu'il ne se rencontre, de vrai, rien en moi qui me puisse conduire dans l'erreur, en tant qu'un souverain être m'a produit ; mais que, si je me considère comme participant en quelque façon du néant ou du non-être, c'est-à-dire en tant que je ne suis pas moi-même le souverain être, je me trouve exposé à une infinité de manquements, de façon que je ne me dois pas étonner si je me trompe.

Ainsi je connais que l'erreur, en tant que telle, n'est pas quelque chose de réel qui dépende de Dieu, mais que c'est seulement un défaut ; et partant, que je n'ai pas besoin pour faillir de quelque puissance qui m'ait été donnée de Dieu particulièrement pour cet effet, mais qu'il arrive que je me trompe, de ce que la puissance que Dieu m'a donnée pour discerner le vrai d'avec le faux, n'est pas en moi infinie.

Toutefois cela ne me satisfait pas encore tout à fait ; car l'erreur n'est pas une pure négation, c'est-à-dire, n'est pas le simple défaut ou manquement de quelque perfection qui ne m'est point due, mais plutôt est une privation de quelque connaissance qu'il semble que je devrais posséder. Et considérant la nature de Dieu il ne me semble pas possible qu'il m'ait donné quelque faculté qui soit imparfaite en son genre, c'est-à-dire qui manque de quelque perfection qui lui soit due ; car s'il est vrai que plus l'artisan est expert, plus les ouvrages qui sortent de ses mains sont parfaits et accomplis, quel être nous imaginerons-nous avoir été produit par ce souverain Créateur de toutes choses, qui ne soit parfait et entièrement achevé en toutes ses parties ? Et certes il n'y a point de doute que Dieu n'ait pu me créer tel que je ne me pusse jamais tromper, il est certain aussi qu'il veut toujours ce qui est le meilleur : m'est-il donc plus avantageux de faillir, que de ne point faillir ?

Considérant cela avec plus d'attention, il me vient d'abord en la pensée que je ne me dois point étonner, si mon intelligence n'est pas capable de comprendre pourquoi Dieu fait ce qu'il fait, et qu'ainsi je n'ai aucune raison de douter de son existence, de ce que peut-être je vois par expérience beaucoup d'autres choses, sans pouvoir comprendre pour quelle raison ni comment Dieu les a produites. Car, sachant déjà que ma nature est extrêmement faible et limitée, et au contraire que celle de Dieu est immense, incompréhensible, et infinie, je n'ai plus de peine à reconnaître qu'il y a une infinité de choses en sa puissance, desquelles les causes surpassent la portée de mon esprit. Et cette seule raison est suffisante pour me persuader que tout ce genre de causes, qu'on a coutume de tirer de la fin, n'est d'aucun usage dans les choses physiques, ou naturelles ; car il ne me semble pas que je puisse sans témérité rechercher et entreprendre de découvrir les fins impénétrables de Dieu.

De plus il me tombe encore en l'esprit, qu'on ne doit pas considérer une seule créature séparément, lorsqu'on recherche si les ouvrages de Dieu sont parfaits, mais généralement toutes les créatures ensemble. Car la même chose qui pourrait peut-être avec quelque sorte de raison sembler fort imparfaite, si elle était toute seule, se rencontre très parfaite en sa nature, si elle est regardée comme partie de tout cet Univers. Et quoique, depuis que j'ai fait dessein de douter de toutes choses, je n'ai connu certainement que mon existence et celle de Dieu, toutefois aussi, depuis que j'ai reconnu l'infinie puissance de Dieu, je ne saurais nier qu'il n'ait produit beaucoup d'autres choses, ou du moins qu'il n'en puisse produire, en sorte que j'existe et sois placé dans le monde, comme faisant partie de l'universalité de tous les êtres.

En suite de quoi, me regardant de plus près, et considérant quelles sont mes erreurs (lesquelles seules témoignent qu'il y a en moi de l'imperfection), je trouve qu'elles dépendent du concours de deux causes, à savoir, de la puissance de connaître qui est en moi, et de la puissance d'élire, ou bien de mon libre arbitre : c'est-à-dire, de mon entendement, et ensemble de ma volonté. Car par l'entendement seul je n'assure ni ne nie aucune chose, mais je conçois seulement les idées des choses, que je puis assurer ou nier. Or, en le considérant ainsi précisément, on peut dire qu'il ne se trouve jamais en lui aucune erreur, pourvu qu'on prenne le mot d'erreur en sa propre signification. Et encore qu'il y ait peut-être une infinité de choses dans le monde, dont je n'ai aucune idée en mon entendement, on ne peut pas dire pour cela qu'il soit privé de ces idées, comme de quelque chose qui soit due à sa nature, mais seulement qu'il ne les a pas ; parce qu'en effet il n'y a aucune raison qui puisse prouver que Dieu ait dû me donner une plus grande et plus ample faculté de connaître, que celle qu'il m'a donnée ; et, quelque adroit et savant ouvrier que je me le représente, je ne dois pas pour cela penser qu'il ait dû mettre dans chacun de ses ouvrages toutes les perfections qu'il peut mettre dans quelques-uns. Je ne puis pas aussi me plaindre que Dieu ne m'a pas donné un libre arbitre, ou une volonté assez ample et parfaite, puisqu'en effet je l'expérimente si vague et si étendue, qu'elle n'est renfermée dans aucunes bornes. Et ce qui me semble bien remarquable en cet endroit, est que, de toutes les autres choses qui sont en moi, il n'y en a aucune si parfaite et si étendue, que je ne reconnaisse bien qu'elle pourrait être encore plus grande et plus parfaite. Car, par exemple, si je considère la faculté de concevoir qui est en moi, je trouve qu'elle est d'une fort petite étendue, et grandement limitée, et tout ensemble je me représente l'idée d'une autre faculté beaucoup plus ample, et même infinie ; et de cela seul que je puis me représenter son idée, je connais sans difficulté qu'elle appartient à la nature de Dieu. En même façon, si j'examine la mémoire, ou l'imagination, ou quelque autre puissance, je n'en trouve aucune qui ne soit en moi très petite et bornée, et qui en Dieu ne soit immense et infinie. Il n'y a que la seule volonté, que j'expérimente en moi être si grande, que je ne conçois point l'idée d'aucune autre plus ample et plus étendue : en sorte que c'est elle principalement qui me fait connaître que je porte l'image et la ressemblance de Dieu. Car, encore qu'elle soit incomparablement plus grande dans Dieu, que dans moi, soit à raison de la connaissance et de la puissance, qui s'y trouvant jointes la rendent plus ferme et plus efficace, soit à raison de l'objet, d'autant qu'elle se porte et s'étend infiniment à plus de choses ; elle ne me semble pas toutefois plus grande, si je la considère formellement et précisément en elle-même.

Car elle consiste seulement en ce que nous pouvons faire une chose, ou ne la faire pas (c'est-à-dire affirmer ou nier, poursuivre ou fuir), ou plutôt seulement en ce que, pour affirmer ou nier, poursuivre ou fuir les choses que l'entendement nous propose, nous agissons en telle sorte que nous ne sentons point qu'aucune force extérieure nous y contraigne. Car, afin que je sois libre, il n'est pas nécessaire que je sois indifférent à choisir l'un ou l'autre des deux contraires ; mais plutôt, d'autant plus que je penche vers l'un, soit que je connaisse évidemment que le bien et le vrai s'y rencontrent, soit que Dieu dispose ainsi l'intérieur de ma pensée, d'autant plus librement j'en fais choix et je l'embrasse. Et certes la grâce divine et la connaissance naturelle, bien loin de diminuer ma liberté, l'augmentent plutôt, et la fortifient. De façon que cette indifférence que je sens, lorsque je ne suis point emporté vers un côté plutôt que vers un autre par le poids d'aucune raison, est le plus bas degré de la liberté, et fait plutôt paraître un défaut dans la connaissance, qu'une perfection dans la volonté, car si je connaissais toujours clairement ce qui est vrai et ce qui est bon, je ne serais jamais en peine de délibérer quel jugement et quel choix je devrais faire ; et ainsi je serais entièrement libre, sans jamais être indifférent.

De tout ceci je reconnais que ni la puissance de vouloir, laquelle j'ai reçue de Dieu, n'est point d'elle-même la cause de mes erreurs, car elle est très ample et très parfaite en son espèce ; ni aussi la puissance d'entendre ou de concevoir : car ne concevant rien que par le moyen de cette puissance que Dieu m'a donnée pour concevoir, sans doute que tout ce que je conçois, je le conçois comme il faut, et il n'est pas possible qu'en cela je me trompe. D'où est-ce donc que naissent mes erreurs ? C'est à savoir, de cela seul que, la volonté étant beaucoup plus ample et plus étendue que l'entendement, je ne la contiens pas dans les mêmes limites, mais que je l'étends aussi aux choses que je n'entends pas ; auxquelles étant de soi indifférente, elle s'égare fort aisément, et choisit le mal pour le bien, ou le faux pour le vrai. Ce qui fait que je me trompe et que je pèche.

Par exemple, examinant ces jours passés si quelque chose existait dans le monde, et connaissant que, de cela seul que j'examinais cette question, il suivait très évidemment que j'existais moi-même, je ne pouvais pas m'empêcher de juger qu'une chose que je concevais si clairement était vraie, non que je m'y trouvasse forcé par aucune cause extérieure, mais seulement, parce que d'une grande clarté qui était en mon entendement, a suivi une grande inclination en ma volonté ; et je me suis porté à croire avec d'autant plus de liberté, que je me suis trouvé avec moins d'indifférence. Au contraire, à présent je ne connais pas seulement que j'existe, en tant que je suis quelque chose qui pense, mais il se présente aussi à mon esprit une certaine idée de la nature corporelle : ce qui fait que je doute si cette nature qui pense, qui est en moi, ou plutôt par laquelle je suis ce que je suis, est différente de cette nature corporelle, ou bien si toutes deux ne sont qu'une même chose. Et je suppose ici que je ne connais encore aucune raison, qui me persuade plutôt l'un que l'autre : d'où il suit que je suis entièrement indifférent à le nier, ou à l'assurer, ou bien même à m'abstenir d'en donner aucun jugement.

Et cette indifférence ne s'étend pas seulement aux choses dont l'entendement n'a aucune connaissance, mais généralement aussi à toutes celles qu'il ne découvre pas avec une parfaite clarté, au moment que la volonté en délibère ; car, pour probables que soient les conjectures qui me rendent enclin à juger quelque chose, la seule connaissance que j'ai que ce ne sont que des conjectures, et non des raisons certaines et indubitables, suffit pour me donner occasion de juger le contraire. Ce que j'ai suffisamment expérimenté ces jours passés lorsque j'ai posé pour faux tout ce que j'avais tenu auparavant pour très véritable, pour cela seul que j'ai remarqué que l'on en pouvait douter en quelque sorte.

Or si je m'abstiens de donner mon jugement sur une chose, lorsque je ne la conçois pas avec assez de clarté et de distinction, il est évident que j'en use fort bien, et que je ne suis point trompé ; mais si je me détermine à la nier, ou assurer, alors je ne me sers plus comme je dois de mon libre arbitre ; et si j'assure ce qui n'est pas vrai, il est évident que je me trompe, même aussi, encore que je juge selon la vérité, cela n'arrive que par hasard, et je ne laisse pas de faillir, et d'user mal de mon libre arbitre ; car la lumière naturelle nous enseigne que la connaissance de l'entendement doit toujours précéder la détermination de la volonté. Et c'est dans ce mauvais usage du libre arbitre, que se rencontre la privation qui constitue la forme de l'erreur. La privation, dis-je, se rencontre dans l'opération, en tant qu'elle procède de moi ; mais elle ne se trouve pas dans la puissance que j'ai reçue de Dieu, ni même dans l'opération, en tant qu'elle dépend de lui. Car je n'ai certes aucun sujet de me plaindre, de ce que Dieu ne m'a pas donné une intelligence plus capable, ou une lumière naturelle plus grande que celle que je tiens de lui, puisqu'en effet il est du propre de l'entendement fini, de ne pas comprendre une infinité de choses, et du propre d'un entendement créé d'être fini : mais j'ai tout sujet de lui rendre grâces, de ce que, ne m'ayant jamais rien dû, il m'a néanmoins donné tout le peu de perfections qui est en moi ; bien loin de concevoir des sentiments si injustes que de m'imaginer qu'il m'ait ôté ou retenu injustement les autres perfections qu'il ne m'a point données. Je n'ai pas aussi sujet de me plaindre, de ce qu'il m'a donné une volonté plus étendue que l'entendement, puisque, la volonté ne consistant qu'en une seule chose, et son sujet étant comme indivisible, il semble que sa nature est telle qu'on ne lui saurait rien ôter sans la détruire ; et certes plus elle se trouve être grande, et plus j'ai à remercier la bonté de celui qui me l'a donnée. Et enfin je ne dois pas aussi me plaindre, de ce que Dieu concourt avec moi pour former les actes de cette volonté, c'est-à-dire les jugements dans lesquels je me trompe, parce que ces actes-là sont entièrement vrais, et absolument bons, en tant qu'ils dépendent de Dieu ; et il y a en quelque sorte plus de perfection en ma nature, de ce que je les puis former, que si je ne le pouvais pas. Pour la privation, dans laquelle seule consiste la raison formelle de l'erreur et du péché, elle n'a besoin d'aucun concours de Dieu, puisque ce n'est pas une chose, ou un être, et que, si on la rapporte à Dieu comme à sa cause, elle ne doit pas être nommée privation, mais seulement négation, selon la signification qu'on donne à ces mots dans l'École.

Car en effet ce n'est point une imperfection en Dieu, de ce qu'il m'a donné la liberté de donner mon jugement, ou de ne le pas donner, sur certaines choses dont il n'a pas mis une claire et distincte connaissance en mon entendement ; mais sans doute c'est en moi une imperfection, de ce que je n'en use pas bien, et que je donne témérairement mon jugement, sur des choses que je ne conçois qu'avec obscurité et confusion.

Je vois néanmoins qu'il était aisé à Dieu de faire en sorte que je ne me trompasse jamais, quoique je demeurasse libre, et d'une connaissance bornée, à savoir, en donnant à mon entendement une claire et distincte intelligence de toutes les choses dont je devais jamais délibérer, ou bien seulement s'il eût si profondément gravé dans ma mémoire la résolution de ne juger jamais d'aucune chose sans la concevoir clairement et distinctement, que je ne la pusse jamais oublier. Et je remarque bien qu'en tant que je me considère tout seul, comme s'il n'y avait que moi au monde, j'aurais été beaucoup plus parfait que je ne suis, si Dieu m'avait créé tel que je ne faillisse jamais. Mais je ne puis pas pour cela nier, que ce ne soit en quelque façon une plus grande perfection dans tout l'Univers, de ce que quelques-unes de ses parties ne sont pas exemptes de défauts, que si elles étaient toutes semblables.

Et je n'ai aucun droit de me plaindre, si Dieu, m'ayant mis au monde, n'a pas voulu me mettre au rang des choses les plus nobles et les plus parfaites. Même j'ai sujet de me contenter de ce que, s'il ne m'a pas donné la vertu de ne point faillir, par le premier moyen que j'ai ci-dessus déclaré, qui dépend d'une claire et évidente connaissance de toutes les choses dont je puis délibérer, il a au moins laissé en ma puissance l'autre moyen, qui est de retenir fermement la résolution de ne jamais donner mon jugement sur les choses dont la vérité ne m'est pas clairement connue. Car quoique je remarque cette faiblesse en ma nature, que je ne puis attacher continuellement mon esprit à une même pensée, je puis toutefois, par une méditation attentive et souvent réitérée, me l'imprimer si fortement en la mémoire, que je ne manque jamais de m'en ressouvenir, toutes les fois que j'en aurai besoin, et acquérir de cette façon l'habitude de ne point faillir. Et, d'autant que c'est en cela que consiste la plus grande et principale perfection de l'homme, j'estime n'avoir pas peu gagné par cette Méditation, que d'avoir découvert la cause des faussetés et des erreurs.

Et certes il n'y en peut avoir d'autre que celle que j'ai expliquée ; car toutes les fois que je retiens tellement ma volonté dans les bornes de ma connaissance, qu'elle ne fait aucun jugement que des choses qui lui sont clairement et distinctement représentées par l'entendement, il ne se peut faire que je me trompe ; parce que toute conception claire et distincte est sans doute quelque chose de réel et de positif, et partant ne peut tirer son origine du néant, mais doit nécessairement avoir Dieu pour son auteur, Dieu, dis-je, qui, étant souverainement parfait, ne peut être cause d'aucune erreur ; et par conséquent il faut conclure qu'une telle conception ou un tel jugement est véritable.

Au reste je n'ai pas seulement appris aujourd'hui ce que je dois éviter pour ne plus faillir mais aussi ce que je dois faire pour parvenir à la connaissance de la vérité. Car certainement j'y parviendrai, si j'arrête suffisamment mon attention sur toutes les choses que je concevrai parfaitement, et si je les sépare des autres que je ne comprends qu'avec confusion et obscurité. À quoi dorénavant je prendrai soigneusement garde.

MÉDITATION CINQUIÈME.
De l'essence des choses matérielles ; et derechef de Dieu, qu'il existe

IL me reste beaucoup d'autres choses à examiner, touchant les attributs de Dieu, et touchant ma propre nature, c'est-à-dire celle de mon esprit : mais j'en reprendrai peut-être une autre fois la recherche. Maintenant (après avoir remarqué ce qu'il faut faire ou éviter pour parvenir à la connaissance de la vérité), ce que j'ai principalement à faire, est d'essayer de sortir et de me débarrasser de tous les doutes où je suis tombé ces jours passés, et voir si l'on ne peut rien connaître de certain touchant les choses matérielles.

Mais avant que j'examine s'il y a de telles choses qui existent hors de moi, je dois considérer leurs idées, en tant qu'elles sont en ma pensée, et voir quelles sont celles qui sont distinctes, et quelles sont celles qui sont confuses.

En premier lieu, j'imagine distinctement cette quantité que les philosophes appellent vulgairement la quantité continue, ou bien l'extension en longueur, largeur et profondeur, qui est en cette quantité, ou plutôt en la chose à qui on l'attribue. De plus, je puis nombrer en elle plusieurs diverses parties, et attribuer à chacune de ces parties toutes sortes de grandeurs, de figures, de situations, et de mouvements ; et enfin, je puis assigner à chacun de ces mouvements toutes sortes de durées.

Et je ne connais pas seulement ces choses avec distinction, lorsque je les considère en général ; mais aussi, pour peu que j'y applique mon attention, je conçois une infinité de particularités touchant les nombres, les figures, les mouvements, et autres choses semblables, dont la vérité se fait paraître avec tant d'évidence et s'accorde si bien avec ma nature, que lorsque je commence à les découvrir, il ne me semble pas que j'apprenne rien de nouveau, mais plutôt que je me ressouviens de ce que je savais déjà auparavant, c'est-à-dire que j'aperçois des choses qui étaient déjà dans mon esprit, quoique je n'eusse pas encore tourné ma pensée vers elles.

Et ce que je trouve ici de plus considérable, est que je trouve en moi une infinité d'idées de certaines choses, qui ne peuvent pas être estimées un pur néant, quoique peut-être elles n'aient aucune existence hors de ma pensée, et qui ne sont pas feintes par moi, bien qu'il soit en ma liberté de les penser ou ne les penser pas ; mais elles ont leurs natures vraies et immuables. Comme, par exemple, lorsque j'imagine un triangle, encore qu'il n'y ait peut-être en aucun lieu du monde hors de ma pensée une telle figure, et qu'il n'y en ait jamais eu, il ne laisse pas néanmoins d'y avoir une certaine nature, ou forme, ou essence déterminée de cette figure, laquelle est immuable et éternelle, que je n'ai point inventée, et qui ne dépend en aucune façon de mon esprit ; comme il paraît de ce que l'on peut démontrer diverses propriétés de ce triangle, à savoir, que les trois angles sont égaux à deux droits, que le plus grand angle est soutenu par le plus grand côté, et autres semblables, lesquelles maintenant, soit que je le veuille ou non, je reconnais très clairement et très évidemment être en lui, encore que je n'y aie pensé auparavant en aucune façon, lorsque je me suis imaginé la première fois un triangle ; et partant on ne peut pas dire que je les aie feintes et inventées.

Et je n'ai que faire ici de m'objecter, que peut-être cette idée du triangle est venue en mon esprit par l'entremise de mes sens, parce que j'ai vu quelquefois des corps de figure triangulaire ; car je puis former en mon esprit une infinité d'autres figures, dont on ne peut avoir le moindre soupçon que jamais elles me soient tombées sous les sens, et je ne laisse pas toutefois de pouvoir démontrer diverses propriétés touchant leur nature, aussi bien que touchant celle du triangle : lesquelles certes doivent être toutes vraies, puisque je les conçois clairement. Et partant elles sont quelque chose, et non pas un pur néant ; car il est très évident que tout ce qui est vrai est quelque chose, et j'ai déjà amplement démontré ci-dessus que toutes les choses que je connais clairement et distinctement sont vraies. Et quoique je ne l'eusse pas démontré, toutefois la nature de mon esprit est telle, que je ne me saurais empêcher de les estimer vraies, pendant que je les conçois clairement et distinctement. Et je me ressouviens que, lors même que j'étais encore fortement attaché aux objets des sens, j'avais tenu au nombre des plus constantes vérités celles que je concevais clairement et distinctement touchant les figures, les nombres, et les autres choses qui appartiennent à l'arithmétique et a la géométrie.

Or maintenant, si de cela seul que je puis tirer de ma pensée l'idée de quelque chose, il s'ensuit que tout ce que je reconnais clairement et distinctement appartenir à cette chose, lui appartient en effet, ne puis-je pas tirer de ceci un argument et une preuve démonstrative de l'existence de Dieu ? Il est certain que je ne trouve pas moins en moi son idée, c'est-à-dire l'idée d'un être souverainement parfait, que celle de quelque figure ou de quelque nombre que ce soit. Et je ne connais pas moins clairement et distinctement qu'une actuelle et éternelle existence appartient à sa nature, que je connais que tout ce que je puis démontrer de quelque figure ou de quelque nombre, appartient véritablement à la nature de cette figure ou de ce nombre. Et partant, encore que tout ce que j'ai conclu dans les méditations précédentes, ne se trouvât point véritable, l'existence de Dieu doit passer en mon esprit au moins pour aussi certaine, que j'ai estimé jusques ici toutes les vérités des mathématiques, qui ne regardent que les nombres et les figures : bien qu'à la vérité. Cela ne paraisse pas d'abord entièrement manifeste, mais semble avoir quelque apparence de sophisme. Car, ayant accoutumé dans toutes les autres choses de faire distinction entre l'existence et l'essence, je me persuade aisément que l'existence peut être séparée de l'essence de Dieu, et qu'ainsi on peut concevoir Dieu comme n'étant pas actuellement. Mais néanmoins, lorsque j'y pense avec plus d'attention, je trouve manifestement que l'existence ne peut non plus être séparée de l'essence de Dieu, que de l'essence d'un triangle rectiligne la grandeur de ses trois angles égaux à deux droits, ou bien de l'idée d'une montagne l'idée d'une vallée ; en sorte qu'il n'y a pas moins de répugnance de concevoir un Dieu (c'est-à-dire un être souverainement parfait) auquel manque l'existence (c'est-à-dire auquel manque quelque perfection), que de concevoir une montagne qui n'ait point de vallée.

Mais encore qu'en effet je ne puisse pas concevoir un Dieu sans existence, non plus qu'une montagne sans vallée, toutefois, comme de cela seul que je conçois une montagne avec une vallée, il ne s'ensuit pas qu'il y ait aucune montagne dans le monde, de même aussi, quoique je conçoive Dieu avec l'existence, il semble qu'il ne s'ensuit pas pour cela qu'il y en ait aucun qui existe : car ma pensée n'impose aucune nécessité aux choses ; et comme il ne tient qu'à moi d'imaginer un cheval ailé, encore qu'il n'y en ait aucun qui ait des ailes, ainsi je pourrais peut-être attribuer l'existence à Dieu, encore qu'il n'y eût aucun Dieu qui existât. Tant s'en faut, c'est ici qu'il y a un sophisme caché sous l'apparence de cette objection : car de ce que je ne puis concevoir une montagne sans vallée, il ne s'ensuit pas qu'il y ait au monde aucune montagne, ni aucune vallée, mais seulement que la montagne et la vallée, soit qu'il y en ait, soit qu'il n'y en ait point, ne se peuvent en aucune façon séparer l'une d'avec l'autre ; au lieu que, de cela seul que je ne puis concevoir Dieu sans existence, il s'ensuit que l'existence est inséparable de lui, et partant puisse pas qu'il existe véritablement : non pas que ma pensée puisse faire que cela soit de la sorte, et qu'elle impose aux choses aucune nécessité, mais, au contraire, parce que la nécessité de la chose même, à savoir de l'existence de Dieu, détermine ma pensée à le concevoir de cette façon. Car il n'est pas en ma liberté de concevoir un Dieu sans existence (c'est-à-dire un être souverainement parfait sans une souveraine perfection), comme il m'est libre d'imaginer un cheval sans ailes ou avec des ailes.

Et on ne doit pas dire ici qu'il est à la vérité nécessaire que j'avoue que Dieu existe, après que j'ai supposé qu'il possède toutes sortes de perfections, puisque l'existence en est une, mais qu'en effet ma première supposition n'était pas nécessaire ; de même qu'il n'est point nécessaire de penser que toutes les figures de quatre côtés se peuvent inscrire dans le cercle, mais que, supposant que j'aie cette pensée, je suis contraint d'avouer que le rhombe se peut inscrire dans le cercle, puisque c'est une figure de quatre côtés ; et ainsi je serai contraint d'avouer une chose fausse. On ne doit point, dis-je, alléguer cela : car encore qu'il ne soit pas nécessaire que le tombe jamais dans aucune pensée de Dieu, néanmoins, toutes les fois qu'il m'arrive de penser à un être premier et souverain, et de tirer, pour ainsi dire, son idée du trésor de mon esprit, il est nécessaire que je lui attribue toutes sortes de perfections, quoique je ne vienne pas à les nombrer toutes, et à appliquer mon attention sur chacune d'elles en particulier. Et cette nécessité est suffisante pour me faire conclure (après que j'ai reconnu que l'existence est une perfection), que cet être premier et souverain existe véritablement : de même qu'il n'est pas nécessaire que j'imagine jamais aucun triangle ; mais toutes les fois que je veux considérer une figure rectiligne composée seulement de trois angles, il est absolument nécessaire que je lui attribue toutes les choses qui servent à conclure que ses trois angles ne sont pas plus grands que deux droits, encore que peut-être je ne considère pas alors cela en particulier. Mais quand j'examine quelles figures sont capables d'être inscrites dans le cercle, il n'est en aucune façon nécessaire que je pense que toutes les figures de quatre côtés sont de ce nombre ; au contraire, je ne puis pas même feindre que cela soit, tant que je ne voudrai rien recevoir en ma pensée, que ce que je pourrai concevoir clairement et distinctement. Et par conséquent il y a une grande différence entre les fausses suppositions, comme est celle-ci, et les véritables idées qui sont nées avec moi, dont la première et principale est celle de Dieu.

Car en effet je reconnais en plusieurs façons que cette idée n'est point quelque chose de feint ou d'inventé, dépendant seulement de ma pensée, mais que c'est l'image d'une vraie et immuable nature. Premièrement, à cause que je ne saurais concevoir autre chose que Dieu seul, à l'essence de laquelle l'existence appartienne avec nécessité. Puis aussi, parce qu'il ne m'est pas possible de concevoir deux ou plusieurs Dieux de même façon. Et, posé qu'il y en ait un maintenant qui existe, je vois clairement qu'il est nécessaire qu'il ait été auparavant de toute éternité, et qu'il soit éternellement à l'avenir. Et enfin, parce que je connais une infinité d'autres choses en Dieu, desquelles je ne puis rien diminuer ni changer.

Au reste, de quelque preuve et argument que je me serve, il en faut toujours revenir là, qu'il n'y a que les choses que je conçois clairement et distinctement, qui aient la force de me persuader entièrement. Et quoiqu'entre les choses que je conçois de cette sorte, il y en ait à la vérité quelques-unes manifestement connues d'un chacun, et qu'il y en ait d'autres aussi qui ne se découvrent qu'à ceux qui les considèrent de plus près et qui les examinent plus exactement ; toutefois, après qu'elles sont une fois découvertes, elles ne sont pas estimées moins certaines les unes que les autres. Comme, par exemple, en tout triangle rectangle, encore qu'il ne paraisse pas d'abord si facilement que le carré de la base est égal aux carrés des deux autres côtés, comme il est évident que cette base est opposée au plus grand angle, néanmoins, depuis que cela a été une fois reconnu, on est autant persuadé de la vérité de l'un que de l'autre. Et pour ce qui est de Dieu, certes, si mon esprit n'était prévenu d'aucuns préjugés, et que ma pensée ne se trouvât point divertie par la présence continuelle des images des choses sensibles, il n'y aurait aucune chose que je connusse plutôt ni plus facilement que lui. Car y a-t-il rien de soi plus clair et plus manifeste, que de penser qu'il y a un Dieu, c'est-à-dire un être souverain et parfait, en l'idée duquel seul l'existence nécessaire ou éternelle est comprise, et par conséquent qui existe ?

Et quoique pour bien concevoir cette vérité, j'aie eu besoin d'une grande application d'esprit, toutefois à présent je ne m'en tiens pas seulement aussi assuré que de tout ce qui me semble le plus certain : mais, outre cela, je remarque que la certitude de toutes les autres choses en dépend si absolument, que sans cette connaissance il est impossible de pouvoir jamais rien savoir parfaitement.

Car encore que je sois d'une telle nature, que, dès aussitôt que je comprends quelque chose fort clairement et fort distinctement, je suis naturellement porté à la croire vraie ; néanmoins, parce que je suis aussi d'une telle nature, que je ne puis pas avoir l'esprit toujours attaché à une même chose, et que souvent je me ressouviens d'avoir jugé une chose être vraie ; lorsque je cesse de considérer les raisons qui m'ont obligé à la juger telle, il peut arriver pendant ce temps-là que d'autres raisons se présentent à moi, lesquelles me feraient aisément changer d'opinion, si j'ignorais qu'il y eût un Dieu. Et ainsi je n'aurais jamais une vraie et certaine science d'aucune chose que ce soit, mais seulement de vagues et inconstantes opinions.

Comme, par exemple, lorsque je considère la nature du triangle, je connais évidemment, moi qui suis un peu versé dans la géométrie, que ses trois angles sont égaux à deux droits, et il ne m'est pas possible de ne le point croire, pendant que j'applique ma pensée à sa démonstration ; mais aussitôt que je l'en détourne, encore que je me ressouvienne de l'avoir clairement comprise, toutefois il se peut faire aisément que je doute de sa vérité, si j'ignore qu'il y ait un Dieu. Car je puis me persuader d'avoir été fait tel par la nature, que je me puisse aisément tromper, même dans les choses que je crois comprendre avec le plus d'évidence et de certitude ; vu principalement que je me ressouviens d'avoir souvent estimé beaucoup de choses pour vraies et certaines, lesquelles par après d'autres raisons m'ont porté à juger absolument fausses.

Mais après que j'ai reconnu qu'il y a un Dieu, parce qu'en même temps j'ai reconnu aussi que toutes choses dépendent de lui, et qu'il n'est point trompeur, et qu'en suite de cela j'ai jugé que tout ce que je conçois clairement et distinctement ne peut manquer d'être vrai : encore que je ne pense plus aux raisons pour lesquelles j'ai jugé cela être véritable, pourvu que je me ressouvienne de l'avoir clairement et distinctement compris, on ne me peut apporter aucune raison contraire, qui me le fasse jamais révoquer en doute ; et ainsi j'en ai une vraie et certaine science. Et cette même science s'étend aussi à toutes les autres choses que je me ressouviens d'avoir autrefois démontrées, comme aux vérités de la géométrie, et autres semblables : car qu'est-ce que l'on me peut objecter, pour m'obliger à les révoquer en doute ? Me dira-t-on que ma nature est telle que je suis fort sujet à me méprendre ? Mais je sais déjà que je ne puis me tromper dans les jugements dont je connais clairement les raisons. Me dira-t-on que j'ai tenu autrefois beaucoup de choses pour vraies et certaines, lesquelles j'ai reconnues par après être fausses ? Mais je n'avais connu clairement ni distinctement aucune de ces choses-là, et, ne sachant point encore cette règle par laquelle je m'assure de la vérité, j'avais été porté à les croire par des raisons que j'ai reconnues depuis être moins fortes que je ne me les étais pour lors imaginées. Que me pourra-t-on donc objecter davantage ? Que peut-être je dors (comme je me l'étais moi-même objecté ci-devant), ou bien que toutes les pensées que j'ai maintenant ne sont pas plus vraies que les rêveries que nous imaginons étant endormis ? Mais quand bien même je dormirais, tout ce qui se présente à mon esprit avec évidence, est absolument véritable. Et ainsi je reconnais très clairement que la certitude et la vérité de toute science dépend de la seule connaissance du vrai Dieu : en sorte qu'avant que je le connusse, je ne pouvais savoir parfaitement aucune autre chose. Et à présent que je le connais, j'ai le moyen d'acquérir une science parfaite touchant une infinité de choses, non seulement de celles qui sont en lui, mais aussi de celles qui appartiennent à la nature corporelle, en tant qu'elle peut servir d'objet aux démonstrations des géomètres, lesquels n'ont point d'égard à son existence.

MÉDITATION SIXIÈME.

De l'essence des choses matérielles ; et de la réelle distinction entre l'âme et le corps de l'homme.

Il ne me reste plus maintenant qu'à examiner s'il y a des choses matérielles : et certes au moins sais-je déjà qu'il y en peut avoir, en tant qu'on les considère comme l'objet des démonstrations de géométrie, vu que de cette façon je les conçois fort clairement et fort distinctement. Car il n'y a point de doute que Dieu n'ait la puissance de produire toutes les choses que je suis capable de concevoir avec distinction ; et je n'ai jamais jugé qu'il lui fût impossible de faire quelque chose, qu'alors que je trouvais de la contradiction à la pouvoir bien concevoir. De plus, la faculté d'imaginer qui est en moi, et de laquelle je vois par expérience que je me sers lorsque je m'applique à la considération des choses matérielles, est capable de me persuader leur existence : car quand je considère attentivement ce que c'est que l'imagination, je trouve qu'elle n'est autre chose qu'une certaine application de la faculté qui connaît, au corps qui lui est intimement présent, et partant qui existe.

Et pour rendre cela très manifeste, je remarque premièrement la différence qui est entre l'imagination et la pure intellection ou conception. Par exemple, lorsque j'imagine un triangle, je ne le conçois pas seulement comme une figure composée et comprise de trois lignes, mais outre cela je considère ces trois lignes comme présentes par la force et l'application intérieure de mon esprit ; et c'est proprement ce que j'appelle imaginer. Que si je veux penser à un chiliogone, je conçois bien à la vérité que c'est une figure composée de mille côtés, aussi facilement que je conçois qu'un triangle est une figure composée de trois côtés seulement ; mais je ne puis pas imaginer les mille côtés d'un chiliogone, comme je fais les trois d'un triangle, ni, pour ainsi dire, les regarder comme présents avec les yeux de mon esprit. Et quoique, suivant la coutume que j'ai de me servir toujours de mon imagination, lorsque je pense aux choses corporelles, il arrive qu'en concevant un chiliogone je me représente confusément quelque figure, toutefois il est très évident que cette figure n'est point un chiliogone, puisqu'elle ne diffère nullement de celle que je me représenterais, si je pensais à un myriogone, ou à quelque autre figure de beaucoup de côtés ; et qu'elle ne sert en aucune façon à découvrir les propriétés qui font la différence du chiliogone d'avec les autres polygones.

Que s'il est question de considérer un pentagone, il est bien vrai que je puis concevoir sa figure, aussi bien que celle d'un chiliogone, sans le secours de l'imagination ; mais je la puis aussi imaginer en appliquant l'attention de mon esprit à chacun de ses cinq côtés, et tout ensemble à l'aire, ou à l'espace qu'ils renferment. Ainsi je connais clairement que j'ai besoin d'une particulière contention d'esprit pour imaginer, de laquelle je ne me sers point pour concevoir ; et cette particulière contention d'esprit montre évidemment la différence qui est entre l'imagination et l'intellection ou conception pure.

Je remarque outre cela que cette vertu d'imaginer qui est en moi, en tant qu'elle diffère de la puissance de concevoir, n'est en aucune sorte nécessaire à ma nature ou à mon essence, c'est-à-dire à l'essence de mon esprit ; car, encore que je ne l'eusse point, il est sans doute que je demeurerais toujours le même que je suis maintenant : d'où il semble que l'on puisse conclure qu'elle dépend de quelque chose qui diffère de mon esprit. Et je conçois facilement que, si quelque corps existe, auquel mon esprit soit conjoint et uni de telle sorte, qu'il se puisse appliquer à le considérer quand il lui plaît, il se peut faire que par ce moyen il imagine les choses corporelles : en sorte que cette façon de penser diffère seulement de la pure intellection, en ce que l'esprit en concevant se tourne en quelque façon vers soi-même et considère quelqu'une des idées qu'il a en soi ; mais en imaginant il se tourne vers le corps, et y considère quelque chose de conforme à l'idée qu'il a formée de soi-même ou qu'il a reçue par les sens. Je conçois, dis-je, aisément que l'imagination se peut faire de cette sorte, s'il est vrai qu'il y ait des corps ; et parce que je ne puis rencontrer aucune autre voie pour expliquer comment elle se fait, je conjecture de là probablement qu'il y en a : mais ce n'est que probablement, et quoique j'examine soigneusement toutes choses, je ne trouve pas néanmoins que de cette idée distincte de la nature corporelle, que j'ai en mon imagination, le puisse tirer aucun argument qui conclue avec nécessité l'existence de quelque corps.

Or j'ai accoutumé d'imaginer beaucoup d'autres choses, outre cette nature corporelle qui est l'objet de la géométrie, à savoir les couleurs, les sons, les saveurs, la douleur, et autres choses semblables, quoique moins distinctement. Et d'autant que j'aperçois beaucoup mieux ces choses-là par les sens, par l'entremise desquels, et de la mémoire, elles semblent être parvenues jusqu'à mon imagination, je crois que, pour les examiner plus commodément, il est à propos que j'examine en même temps ce que c'est que sentir, et que je voie si des idées que je reçois en mon esprit par cette façon de penser, que j'appelle sentir, je puis tirer quelque preuve certaine de l'existence des choses corporelles.

Et premièrement je rappellerai dans ma mémoire quelles sont les choses que j'ai ci-devant tenues pour vraies, comme les ayant reçues par les sens, et sur quels fondements ma créance était appuyée. Et après, j'examinerai les raisons qui m'ont obligé depuis à les révoquer en doute. Et enfin je considérerai ce que j'en dois maintenant croire.

Premièrement donc j'ai senti que j'avais une tête, des mains, des pieds, et tous les autres membres dont est composé ce corps que je considérais comme une partie de moi-même, ou peut-être aussi comme le tout. De plus j'ai senti que ce corps était placé entre beaucoup d'autres, desquels il était capable de recevoir diverses commodités et incommodités, et je remarquais ces commodités par un certain sentiment de plaisir ou de volupté, et les incommodités par un sentiment de douleur. Et outre ce plaisir et cette douleur, je ressentais aussi en moi la faim, la soif, et d'autres semblables appétits, comme aussi de certaines inclinations corporelles vers la joie, la tristesse, la colère, et autres semblables passions. Et au dehors, outre l'extension, les figures, les mouvements des corps, je remarquais en eux de la dureté, de la chaleur, et toutes les autres qualités qui tombent sous l'attouchement. De plus j'y remarquais de la lumière, des couleurs, des odeurs, des saveurs et des sons, dont la variété me donnait moyen de distinguer le ciel, la terre, la mer, et généralement tous les autres corps les uns d'avec les autres.

Et certes, considérant les idées de toutes ces qualités qui se présentaient à ma pensée, et lesquelles seules je sentais proprement et immédiatement, ce n'était pas sans raison que je croyais sentir des choses entièrement différentes de ma pensée, à savoir des corps d'où procédaient ces idées. Car j'expérimentais qu'elles se présentaient à elle, sans que mon consentement y fût requis, en sorte que je ne pouvais sentir aucun objet, quelque volonté que j'en eusse, s'il ne se trouvait présent à l'organe d'un de mes sens ; et il n'était nullement en mon pouvoir de ne le pas sentir, lorsqu'il s'y trouvait présent.

Et parce que les idées que je recevais par les sens étaient beaucoup plus vives, plus expresses, et même à leur façon plus distinctes, qu'aucunes de celles que je pouvais feindre de moi-même en méditant, ou bien que je trouvais imprimées en ma mémoire, il semblait qu'elles ne pouvaient procéder de mon esprit ; de façon qu'il était nécessaire qu'elles fussent causées en moi par quelques autres choses. Desquelles choses n'ayant aucune connaissance, sinon celle que me donnaient ces mêmes idées, il ne me pouvait venir autre chose en l'esprit, sinon que ces choses-là étaient semblables aux idées qu'elles causaient.

Et parce que je me ressouvenais aussi que je m'étais plutôt servi des sens que de la raison, et que je reconnaissais que les idées que je formais de moi-même n'étaient pas si expresses, que celles que je recevais par les sens, et même qu'elles étaient le plus souvent composées des parties de celles-ci, je me persuadais aisément que je n'avais aucune idée dans mon esprit, qui n'eût passé auparavant par mes sens. Ce n'était pas aussi sans quelque raison que je croyais que ce corps (lequel par un certain droit particulier j'appelais mien) m'appartenait plus proprement et plus étroitement que pas un autre. Car en effet je n'en pouvais jamais être séparé comme des autres corps ; je ressentais en lui et pour lui tous mes appétits et toutes mes affections ; et enfin j'étais touché des sentiments de plaisir et de douleur en ses parties, et non pas en celles des autres corps qui en sont séparés.

Mais quand j'examinais pourquoi de ce je ne sais quel sentiment de douleur suit la tristesse en l'esprit, et du sentiment de plaisir naît la joie, ou bien pourquoi cette je ne sais quelle émotion de l'estomac, que j'appelle faim, nous fait avoir envie de manger, et la sécheresse du gosier nous fait avoir envie de boire, et ainsi du reste, je n'en pouvais rendre aucune raison, sinon que la nature me l'enseignait de la sorte ; car il n'y a certes aucune affinité ni aucun rapport (au moins que je puisse comprendre) entre cette émotion de l'estomac et le désir de manger, non plus qu'entre le sentiment de la chose qui cause de la douleur, et la pensée de tristesse que fait naître ce sentiment. Et en même façon il me semblait que j'avais appris de la nature toutes les autres choses que je jugeais touchant les objets de mes sens ; parce que je remarquais que les jugements que j'avais coutume de faire de ces objets, se formaient en moi avant que j'eusse le loisir de peser et considérer aucunes raisons qui me pussent obliger à les faire.

Mais par après plusieurs expériences ont peu à peu ruiné toute la créance que j'avais ajoutée aux sens. Car j'ai observé plusieurs fois que des tours, qui de loin m'avaient semblé rondes, me paraissaient de près être carrées, et que des colosses, élevés sur les plus hauts sommets de ces tours, me paraissaient de petites statues à les regarder d'en bas ; et ainsi, dans une infinité d'autres rencontres, j'ai trouvé de l'erreur dans les jugements fondés sur les sens extérieurs. Et non pas seulement sur les sens extérieurs, mais même sur les intérieurs : car y a-t-il chose plus intime ou plus intérieure que la douleur ? et cependant j'ai autrefois appris de quelques personnes qui avaient les bras et les jambes coupés, qu'il leur semblait encore quelquefois sentir de la douleur dans la partie qui leur avait été coupée ; ce qui me donnait sujet de penser, que je ne pouvais aussi être assuré d'avoir mal à quelqu'un de mes membres, quoique je sentisse en lui de la douleur.

Et à ces raisons de douter j'en ai encore ajouté depuis peu deux autres fort générales. La première est que je n'ai jamais rien cru sentir étant éveillé, que je ne puisse aussi quelquefois croire sentir quand je dors ; et comme je ne crois pas que les choses qu'il me semble que je sens en dormant, procèdent de quelques objets hors de moi, je ne voyais pas pourquoi je devais plutôt avoir cette créance touchant celles qu'il me semble que je sens étant éveillé. Et la seconde, que, ne connaissant pas encore, ou plutôt feignant de ne pas connaître l'auteur de mon être, je ne voyais rien qui pût empêcher que je n'eusse été fait tel par la nature, que je me trompasse même dans les choses qui me paraissaient les plus véritables.

Et pour les raisons qui m'avaient ci-devant persuadé la vérité des choses sensibles, je n'avais pas beaucoup de peine à y répondre. Car la nature semblant me porter à beaucoup de choses dont la raison me détournait, je ne croyais pas me devoir confier beaucoup aux enseignements de cette nature. Et quoique les idées que je reçois par les sens ne dépendent pas de ma volonté, je ne pensais pas que l'on dût pour cela conclure qu'elles procédaient de choses différentes de moi, puisque peut-être il se peut rencontrer en moi quelque faculté (bien qu'elle m'ait été jusques ici inconnue), qui en soit la cause, et qui les produise.

Mais maintenant que je commence à me mieux connaître moi-même et à découvrir plus clairement l'auteur de mon origine, je ne pense pas à la vérité que je doive témérairement admettre toutes les choses que les sens semblent nous enseigner, mais je ne pense pas aussi que je les doive toutes généralement révoquer en doute.

Et premièrement, parce que je sais que toutes les choses que je conçois clairement et distinctement, peuvent être produites par Dieu telles que je les conçois, il suffit que je puisse concevoir clairement et distinctement une chose sans une autre, pour être certain que l'une est distincte ou différente de l'autre, parce qu'elles peuvent être posées séparément, au moins par la toute-puissance de Dieu ; et il n'importe pas par quelle puissance cette séparation se fasse, pour m'obliger a les juger différentes. Et partant de cela même que je connais avec certitude que j'existe, et que cependant je ne remarque point qu'il appartienne nécessairement aucune autre chose à ma nature ou à mon essence, sinon que je suis une chose qui pense, je conclus fort bien que mon essence consiste en cela seul, que je suis une chose qui pense, ou une substance dont toute l'essence ou la nature n'est que de penser. Et quoique peut-être (ou plutôt certainement, comme je le dirai tantôt) j'aie un corps auquel je suis très étroitement conjoint ; néanmoins, parce que d'un côté j'ai une claire et distincte idée de moi-même, en tant que je suis seulement une chose qui pense et non étendue, et que d'un autre j'ai une idée distincte du corps, en tant qu'il est seulement une chose étendue et qui ne pense point, il est certain que ce moi, c'est-à-dire mon âme, par laquelle je suis ce que je suis, est entièrement et véritablement distincte de mon corps, et qu'elle peut être ou exister sans lui.

Davantage, je trouve en moi des facultés de penser toutes particulières, et distinctes de moi, à savoir les facultés d'imaginer et de sentir, sans lesquelles je puis bien me concevoir clairement et distinctement tout entier, mais non pas elles sans moi, c'est-à-dire sans une substance intelligente à qui elles soient attachées. Car dans la notion que nous avons de ces facultés, ou (pour me servir des termes de l'École) dans leur concept formel, elles enferment quelque sorte d'intellection : d'où je conçois qu'elles sont distinctes de moi, comme les figures, les mouvements, et les autres modes ou accidents des corps, le sont des corps mêmes qui les soutiennent.

Je reconnais aussi en moi quelques autres facultés comme celles de changer de lieu, de se mettre en plusieurs postures, et autres semblables, qui ne peuvent être conçues, non plus que les précédentes, sans quelque substance à qui elles soient attachées, ni par conséquent exister sans elles ; mais il est très évident que ces facultés s'il est vrai qu'elles existent, doivent être attachées à quelque substance corporelle ou étendue, et non pas à une substance intelligente, puisque, dans leur concept clair et distinct, il y a bien quelque sorte d'extension qui se trouve contenue, mais point du tout d'intelligence. De plus, il se rencontre en moi une certaine faculté passive de sentir, c'est-à-dire de recevoir et de connaître les idées des choses sensibles ; mais elle me serait inutile, et je ne m'en pourrais aucunement servir, s'il n'y avait en moi, ou en autrui, une autre faculté active, capable de former et produire ces idées. Or cette faculté active ne peut être en moi en tant que je ne suis qu'une chose qui pense, vu qu'elle ne présuppose point ma pensée, et aussi que ces idées-là me sont souvent représentées sans que j'y contribue en aucune sorte, et même souvent contre mon gré ; il faut donc nécessairement qu'elle soit en quelque substance différente de moi, dans laquelle toute la réalité, qui est objectivement dans les idées qui en sont produites, soit contenue formellement ou éminemment (comme je l'ai remarqué ci-devant). Et cette substance est ou un corps, c'est-à-dire une nature corporelle, dans laquelle est contenu formellement et en effet tout ce qui est objectivement et par représentation dans les idées ; ou bien c'est Dieu même, ou quelque autre créature plus noble que le corps, dans laquelle cela même est contenu éminemment.

Or, Dieu n'étant point trompeur, il est très manifeste qu'il ne m'envoie point ces idées immédiatement par lui-même, ni aussi par l'entremise de quelque créature, dans laquelle leur réalité ne soit pas contenue formellement, mais seulement éminemment. Car ne m'ayant donné aucune faculté pour connaître que cela soit, mais au contraire une très grande inclination à croire qu'elles me sont envoyées ou qu'elles partent des choses corporelles, je ne vois pas comment on pourrait l'excuser de tromperie, si en effet ces idées partaient ou étaient produites par d'autres causes que par des choses corporelles. Et partant il faut confesser qu'il y a des choses corporelles qui existent.

Toutefois elles ne sont peut-être pas entièrement telles que nous les apercevons par les sens, car cette perception des sens est fort obscure et confuse en plusieurs choses ; mais au moins faut-il avouer que toutes les choses que j'y conçois clairement et distinctement, c'est-à-dire toutes les choses, généralement parlant, qui sont comprises dans l'objet de la géométrie spéculative, s'y retrouvent véritablement. Mais pour ce qui est des autres choses, lesquelles ou sont seulement particulières, par exemple, que le soleil soit de telle grandeur et de telle figure, etc., ou bien sont conçues moins clairement et moins distinctement, comme la lumière, le son, la douleur, et autres semblables, il est certain qu'encore qu'elles soient fort douteuses et incertaines, toutefois de cela seul que Dieu n'est point trompeur, et que par conséquent il n'a point permis qu'il peut y avoir aucune fausseté dans mes opinions, qu'il ne m'ait aussi donné quelque faculté capable de la corriger, je crois pouvoir conclure assurément que j'ai en moi les moyens de les connaître avec certitude.

Et premièrement il n'y a point de doute que tout ce que la nature m'enseigne contient quelque vérité. Car par la nature, considérée en général, je n'entends maintenant autre chose que Dieu même, ou bien l'ordre et la disposition que Dieu a établie dans les choses créées. Et par ma nature en particulier, je n'entends autre chose que la complexion ou l'assemblage de toutes les choses que Dieu m'a données.

Or il n'y a rien que cette nature m'enseigne plus expressément, ni plus sensiblement, sinon que j'ai un corps qui est mal disposé quand je sens de la douleur, qui a besoin de manger ou de boire, quand j'ai les sentiments de la faim ou de la soif, etc. Et partant je ne dois aucunement douter qu'il n'y ait en cela quelque vérité.

La nature m'enseigne aussi par ces sentiments de douleur, de faim, de soif, etc., que je ne suis pas seulement logé dans mon corps, ainsi qu'un pilote en son navire, mais, outre cela, que je lui suis conjoint très étroitement et tellement confondu et mêlé, que je compose comme un seul tout avec lui. Car, si cela n'était lorsque mon corps est blessé, je ne sentirais pas pour cela de la douleur, moi qui ne suis qu'une chose qui pense, mais j'apercevrais cette blessure par le seul entendement, comme un pilote aperçoit par la vue si quelque chose se rompt dans son vaisseau ; et lorsque mon corps a besoin de boire ou de manger, je connaîtrais simplement cela même, sans en être averti par des sentiments confus de faim et de soif. Car en effet tous ces sentiments de faim, de soif, de douleur, etc., ne sont autre chose que de certaines façons confuses de penser, qui proviennent et dépendent de l'union et comme du mélange de l'esprit avec le corps.

Outre cela, la nature m'enseigne que plusieurs autres corps existent autour du mien, entre lesquels je dois poursuivre les uns et fuir les autres. Et certes, de ce que je sens différentes sortes de couleurs, d'odeurs, de saveurs, de sons, de chaleur, de dureté, etc., je conclus fort bien qu'il y a dans les corps, d'où procèdent toutes ces diverses perceptions des sens, quelques variétés qui leur répondent, quoique peut-être ces variétés ne leur soient point en effet semblables. Et aussi, de ce qu'entre ces diverses perceptions des sens, les unes me sont agréables, et les autres désagréables, je puis tirer une conséquence tout à fait certaine, que mon corps (ou plutôt moi-même tout entier, en tant que je suis composé du corps et de l'âme) peut recevoir diverses commodités ou incommodités des autres corps qui l'environnent.

Mais il y a plusieurs autres choses qu'il semble que la nature m'ait enseignées, lesquelles toutefois je n'ai pas véritablement reçues d'elle, mais qui se sont introduites en mon esprit par une certaine coutume que j'ai de juger inconsidérément des choses ; et ainsi il peut aisément arriver qu'elles contiennent quelque fausseté. Comme, par exemple, l'opinion que j'ai que tout espace dans lequel il n'y a rien qui meuve, et fasse impression sur mes sens, soit vide ; que dans un corps qui est chaud, il y ait quelque chose de semblable à l'idée de la chaleur qui est en moi ; que dans un corps blanc ou noir, il y ait la même blancheur ou noirceur que je sens ; que dans un corps amer ou doux, il y ait le même goût ou la même saveur, et ainsi des autres ; que les astres, les tours et tous les autres corps éloignés soient de la même figure et grandeur, qu'ils paraissent de loin à nos yeux, etc.

Mais afin qu'il n'y ait rien en ceci que je ne conçoive distinctement, je dois précisément définir ce que j'entends proprement lorsque je dis que la nature m'enseigne quelque chose. Car je prends ici la nature en une signification plus resserrée, que lorsque je l'appelle un assemblage ou une complexion de toutes les choses que Dieu m'a données ; vu que cet assemblage ou complexion comprend beaucoup de choses qui n'appartiennent qu'à l'esprit seul, desquelles je n'entends point ici parler, en parlant de la nature : comme, par exemple, la notion que j'ai de cette vérité, que ce qui a une fois été fait ne peut plus n'avoir point été fait, et une infinité d'autres semblables, que je connais par la lumière naturelle, sans l'aide du corps, et qu'il en comprend aussi plusieurs autres qui n'appartiennent qu'au corps seul, et ne sont point ici non plus contenues sous le nom de nature : comme la qualité qu'il a d'être pesant, et plusieurs autres semblables, desquelles je ne parle pas aussi, mais seulement des choses que Dieu m'a données, comme étant composé de l'esprit et du corps. Or cette nature m'apprend bien à fuir les choses qui causent en moi le sentiment de la douleur, et à me porter vers celles qui me communiquent quelque sentiment de plaisir ; mais je ne vois point qu'outre cela elle m'apprenne que de ces diverses perceptions des sens nous devions Jamais rien conclure touchant les choses qui sont hors de nous, sans que l'esprit les ait soigneusement et mûrement examinées. Car c'est, ce me semble, à l'esprit seul, et non point au composé de l'esprit et du corps, qu'il appartient de connaître la vérité de ces choses-là.

Ainsi, quoiqu'une étoile ne fasse pas plus d'impression en mon œil que le feu d'un petit flambeau, il n'y a toutefois en moi aucune faculté réelle ou naturelle, qui me porte à croire qu'elle n'est pas plus grande que ce feu, mais je l'ai jugé ainsi dès mes premières années sans aucun raisonnable fondement. Et quoiqu'en approchant du feu je sente de la chaleur, et même que m'en approchant un peu trop près je ressente de la douleur, il n'y a toutefois aucune raison qui me puisse persuader qu'il y a dans le feu quelque chose de semblable à cette chaleur, non plus qu'à cette douleur ; mais seulement j'ai raison de croire qu'il y a quelque chose en lui, quelle qu'elle puisse être, qui excite en moi ces sentiments de chaleur ou de douleur.

De même aussi, quoiqu'il y ait des espaces dans lesquels je ne trouve rien qui excite et meuve mes sens, je ne dois pas conclure pour cela que ces espaces ne contiennent en eux aucun corps ; mais je vois que, tant en ceci qu'en plusieurs autres choses semblables, j'ai accoutumé de pervertir et confondre l'ordre de la nature, parce que ces sentiments ou perceptions des sens n'ayant été mises en moi que pour signifier à mon esprit quelles choses sont convenables ou nuisibles au composé dont il est partie, et jusque-là étant assez claires et assez distinctes, je m'en sers néanmoins comme si elles étaient des règles très certaines, par lesquelles je pusse connaître immédiatement l'essence et la nature des corps qui sont hors de moi, de laquelle toutefois elles ne me peuvent rien enseigner que de fort obscur et confus.

Mais j'ai déjà ci-devant assez examiné comment, nonobstant la souveraine bonté de Dieu, il arrive qu'il y ait de la fausseté dans les jugements que je fais en cette sorte. Il se présente seulement encore ici une difficulté touchant les choses que la nature m'enseigne devoir être suivies ou évitées, et aussi touchant les sentiments intérieurs qu'elle a mis en moi ; car il me semble y avoir quelquefois remarqué de l'erreur, et ainsi que je suis directement trompé par ma nature. Comme, par exemple, le goût agréable de quelque viande, en laquelle on aura mêlé du poison, peut m'inviter à prendre ce poison, et ainsi me tromper. Il est vrai toutefois qu'en ceci la nature peut être excusée, car elle me porte seulement à désirer la viande dans laquelle je rencontre une saveur agréable, et non point à désirer le poison, lequel lui est inconnu ; de façon que je ne puis conclure de ceci autre chose, sinon que ma nature ne connaît pas entièrement et universellement toutes choses : de quoi certes il n'y a pas lieu de s'étonner, puisque l'homme, étant d'une nature finie, ne peut aussi avoir qu'une connaissance d'une perfection limitée.

Mais nous nous trompons aussi assez souvent, même dans les choses auxquelles nous sommes directement portés par la nature, comme il arrive aux malades, lorsqu'ils désirent de boire ou de manger des choses qui leur peuvent nuire. On dira peut-être ici que ce qui est cause qu'ils se trompent, est que leur nature est corrompue ; mais cela n'ôte pas la difficulté, parce qu'un homme malade n'est pas moins véritablement la créature de Dieu, qu'un homme qui est en pleine santé ; et partant il répugne autant à la bonté de Dieu, qu'il ait une nature trompeuse et fautive, que l'autre. Et comme une horloge, composée de roues et de contrepoids, n'observe pas moins exactement toutes les lois de la nature, lorsqu'elle est mal faite, et qu'elle ne montre pas bien les heures, que lorsqu'elle satisfait entièrement au désir de l'ouvrier ; de même aussi, si je considère le corps de l'homme comme étant une machine tellement bâtie et composée d'os, de nerfs, de muscles, de veines, de sang et de peau, qu'encore bien qu'il n'y eût en lui aucun esprit, il ne laisserait pas de se mouvoir en toutes les mêmes façons qu'il fait à présent, lorsqu'il ne se meut point par la direction de sa volonté, ni par conséquent par l'aide de l'esprit, mais seulement par la disposition de ses organes, je reconnais facilement qu'il serait aussi naturel à ce corps, étant, par exemple, hydropique, de souffrir la sécheresse du gosier, qui a coutume de signifier à l'esprit le sentiment de la soif, et d'être disposé par cette sécheresse à mouvoir ses nerfs et ses autres parties, en la façon qui est requise pour boire, et ainsi d'augmenter son mal et se nuire à soi-même, qu'il lui est naturel, lorsqu'il n'a aucune indisposition, d'être porté à boire pour son utilité par une semblable sécheresse du gosier. Et quoique, regardant à l'usage auquel l'horloge a été destinée par son ouvrier, je puisse dire qu'elle se détourne de sa nature, lorsqu'elle ne marque pas bien les heures ; et qu'en même façon, considérant la machine du corps humain comme ayant été formée de Dieu pour avoir en soi tous les mouvements qui ont coutume d'y être, j'aie sujet de penser qu'elle ne suit pas l'ordre de sa nature, quand son gosier est sec, et que le boire nuit à sa conservation ; je reconnais toutefois que cette dernière façon d'expliquer la nature est beaucoup différente de l'autre. Car celle-ci n'est autre chose qu'une simple dénomination, laquelle dépend entièrement de ma pensée, qui compare un homme malade et une horloge mal faite, avec l'idée que j'ai d'un homme sain et d'une horloge bien faite, et laquelle ne signifie rien qui se retrouve en la chose dont elle se dit ; au lieu que, par l'autre façon d'expliquer la nature, j'entends quelque chose qui se rencontre véritablement dans les choses, et partant qui n'est point sans quelque vérité.

Mais certes, quoique, au regard du corps hydropique, ce ne soit qu'une dénomination extérieure, lorsqu'on dit que sa nature est corrompue, en ce que, sans avoir besoin de boire, il ne laisse pas d'avoir le gosier sec et aride ; toutefois, au regard de tout le composé, c'est-à-dire de l'esprit ou de l'âme unie à ce corps, ce n'est pas une pure dénomination, mais bien une véritable erreur de nature, en ce qu'il a soif, lorsqu'il lui est très nuisible de boire ; et partant, il reste encore à examiner comment la bonté de Dieu n'empêche pas que la nature de l'homme, prise de cette sorte, soit fautive et trompeuse.

Pour commencer donc cet examen, je remarque ici, premièrement, qu'il y a une grande différence entre l'esprit et le corps, en ce que le corps, de sa nature, est toujours divisible, et que l'esprit est entièrement indivisible. Car en effet, lorsque je considère mon esprit, c'est-à-dire moi-même en tant que je suis seulement une chose qui pense, je n'y puis distinguer aucunes parties, mais je me conçois comme une chose seule et entière. Et quoique tout l'esprit semble être uni à tout le corps, toutefois un pied, ou un bras, ou quelque autre partie étant séparée de mon corps, il est certain que pour cela il n'y aura rien de retranché de mon esprit. Et les facultés de vouloir, de sentir, de concevoir, etc., ne peuvent pas proprement être dites ses parties : car le même esprit s'emploie tout entier à vouloir, et aussi tout entier à sentir, à concevoir, etc. Mais c'est tout le contraire dans les choses corporelles ou étendues : car il n'y en a pas une que je ne mette aisément en pièces par ma pensée, que mon esprit ne divise fort facilement en plusieurs parties et par conséquent que je ne connaisse être divisible. Ce qui suffirait pour m'enseigner que l'esprit ou l'âme de l'homme est entièrement différente du corps, si je ne l'avais déjà d'ailleurs assez appris.

Je remarque aussi que l'esprit ne reçoit pas immédiatement l'impression de toutes les parties du corps, mais seulement du cerveau, ou peut-être même d'une de ses plus petites parties, à savoir de celle où s'exerce cette faculté qu'ils appellent le sens commun, laquelle, toutes les fois qu'elle est disposée de même façon, fait sentir la même chose à l'esprit, quoique cependant les autres parties du corps puis sent être diversement disposées , comme le témoignent une infinité d'expériences, lesquelles il n'est pas ici besoin de rapporter.

Je remarque, outre cela, que la nature du corps est telle, qu'aucune de ses parties ne peut être mue par une autre partie un peu éloignée, qu'elle ne le puisse être aussi de la même sorte par chacune des parties qui sont entre deux, quoique cette partie plus éloignée n'agisse point. Comme, par exemple, dans la corde A B C D qui est toute tendue, si l'on vient à tirer et remuer la dernière partie D, la première A ne sera pas remuée d'une autre façon, qu'on la pourrait aussi faire mouvoir, si on tirait une des parties moyennes, B ou C, et que la dernière D demeurât cependant immobile.

Et en même façon, quand je ressens de la douleur au pied, la physique m'apprend que ce sentiment se communique par le moyen des nerfs dispersés dans le pied, qui se trouvant étendus comme des cordes depuis là jusqu'au cerveau, lorsqu'ils sont tirés dans le pied, tirent aussi en même temps l'endroit du cerveau d'où ils viennent et auquel ils aboutissent, et y excitent un certain mouvement, que la nature a institué pour faire sentir de la douleur à l'esprit, comme si cette douleur était dans le pied. Mais parce que ces nerfs doivent passer par la jambe, par la cuisse, par les reins, par le dos et par le col, pour s'étendre depuis le pied jusqu'au cerveau, il peut arriver qu'encore bien que leurs extrémités qui sont dans le pied ne soient point remuées, mais seulement quelques-unes de leurs parties qui passent par les reins ou par le col, cela néanmoins excite les mêmes mouvements dans le cerveau, qui pourraient y être excités par une blessure reçue dans le pied, en suite de quoi il sera nécessaire que l'esprit ressente dans le pied la même douleur que s'il y avait reçu une blessure. Et il faut juger le semblable de toutes les autres perceptions de nos sens.

Enfin je remarque que, puisque de tous les mouvements qui se font dans la partie du cerveau dont l'esprit reçoit immédiatement l'impression, chacun ne cause qu'un certain sentiment, on ne peut rien en cela souhaiter ni imaginer de mieux, sinon que ce mouvement fasse ressentir à l'esprit, entre tous les sentiments qu'il est capable de causer, celui qui est le plus propre et le plus ordinairement utile à la conservation du corps humain, lorsqu'il est en pleine santé. Or l'expérience nous fait connaître, que tous les sentiments que la nature nous a donnés sont tels que je viens de dire ; et partant, il ne se trouve rien en eux, qui ne fasse paraître la puissance et la bonté de Dieu qui les a produits.

Ainsi, par exemple, lorsque les nerfs qui sont dans le pied sont remués fortement, et plus qu'à l'ordinaire, leur mouvement, passant par la moelle de l'épine du dos jusqu'au cerveau, fait une impression à l'esprit qui lui fait sentir quelque chose, à savoir de la douleur, comme étant dans te pied par laquelle l'esprit est averti et excité à faire son possible pour en chasser la cause, comme très dangereuse et nuisible au pied.

Il est vrai que Dieu pouvait établir la nature de l'homme de telle sorte, que ce même mouvement dans le cerveau fît sentir toute autre chose à l'esprit : par exemple, qu'il se fît sentir soi-même, ou en tant qu'il est dans le cerveau, ou en tant qu'il est dans le pied, ou bien en tant qu'il est en quelque autre endroit entre le pied et le cerveau, ou enfin quelque autre chose telle qu'elle peut être ; mais rien de tout cela n'eût si bien contribué à la conservation du corps, que ce qu'il lui fait sentir.

De même, lorsque nous avons besoin de boire, il naît de là une certaine sécheresse dans le gosier, qui remue ses nerfs, et par leur moyen les parties intérieures du cerveau ; et ce mouvement fait ressentir à l'esprit le sentiment de la soif, parce qu'en cette occasion-là il n'y a rien qui nous soit plus utile que de savoir que nous avons besoin de boire, pour la conservation de notre santé, et ainsi des autres.

D'où il est entièrement manifeste que, nonobstant la souveraine bonté de Dieu, la nature de l'homme, en tant qu'il est composé de l'esprit et du corps, ne peut qu'elle ne soit quelquefois fautive et trompeuse.

Car s'il y a quelque cause qui excite, non dans le pied, mais en quelqu'une des parties du nerf qui est tendu depuis le pied jusqu'au cerveau, ou même dans le cerveau, le même mouvement qui se fait ordinairement quand le pied est mal disposé, on sentira de la douleur comme si elle était dans le pied, et le sens sera naturellement trompé ; parce qu'un même mouvement dans le cerveau ne pouvant causer en l'esprit qu'un même sentiment, et ce sentiment étant beaucoup plus souvent excité par une cause qui blesse le pied, que par une autre qui soit ailleurs, il est bien plus raisonnable qu'il porte à l'esprit la douleur du pied que celle d'aucune autre partie. Et quoique la sécheresse du gosier ne vienne pas toujours, comme à l'ordinaire, de ce que le boire est nécessaire pour la santé du corps, mais quelquefois d'une cause toute contraire, comme expérimentent les hydropiques, toutefois il est beaucoup mieux qu'elle trompe en ce rencontre-là, que si, au contraire, elle trompait toujours lorsque le corps est bien disposé ; et ainsi des autres.

Et certes cette considération me sert beaucoup, non seulement pour reconnaître toutes les erreurs auxquelles ma nature est sujette, mais aussi pour les éviter, ou pour les corriger plus facilement : car sachant que tous mes sens me signifient plus ordinairement le vrai que le faux, touchant les choses qui regardent les commodités ou incommodités du corps, et pouvant presque toujours me servir de plusieurs d'entre eux pour examiner une même chose, et outre cela, pouvant user de ma mémoire pour lier et joindre les connaissances présentes aux passées, et de mon entendement qui a déjà découvert toutes les causes de mes erreurs, je ne dois plus craindre désormais qu'il se rencontre de la fausseté dans les choses qui me sont le plus ordinairement représentées par mes sens. Et je dois rejeter tous les doutes de ces jours passés, comme hyperboliques et ridicules, particulièrement cette incertitude si générale touchant le sommeil, que je ne pouvais distinguer de la veille : car à présent j'y rencontre une très notable différence, en ce que notre mémoire ne peut jamais lier et joindre nos songes les uns aux autres et avec toute la suite de notre vie, ainsi qu'elle a de coutume de joindre les choses qui nous arrivent étant éveillés. Et, en effet, si quelqu'un, lorsque je veille, m'apparaissait tout soudain et disparaissait de même, comme font les images que je vois en dormant, en sorte que je ne pusse remarquer ni d'où il viendrait, ni où il irait, ce ne serait pas sans raison que je l'estimerais un spectre ou un fantôme formé dans mon cerveau, et semblable à ceux qui s'y forment quand je dors, plutôt qu'un vrai homme. Mais lorsque j'aperçois des choses dont je connais distinctement et le lieu d'où elles viennent, et celui où elles sont, et le temps auquel elles m'apparaissent et que, sans aucune interruption, je puis lier le sentiment que j'en ai, avec la suite du reste de ma vie, je suis entièrement assuré que je les aperçois en veillant, et non point dans le sommeil. Et je ne dois en aucune façon douter de la vérité de ces choses-là, si après avoir appelé tous mes sens, ma mémoire et mon entendement pour les examiner, il ne m'est rien rapporté par aucun d'eux, qui ait de la répugnance avec ce qui m'est rapporté par les autres. Car de ce que Dieu n'est point trompeur, il suit nécessairement que je ne suis point en cela trompé.

Mais parce que la nécessité des affaires nous oblige souvent à nous déterminer, avant que nous ayons eu le loisir de les examiner si soigneusement, il faut avouer que la vie de l'homme est sujette à faillir fort souvent dans les choses particulières, et enfin il faut reconnaître l'infirmité et la faiblesse de notre nature.

FIN.